금강경삼가해 강실을 논강하다

금강경삼가해 강설을 논강하다

무각 강설 ― 한국선불교연구회 논강

불광출판사

서문

『금강경삼가해』는 부처님의 법문에 육조스님, 야부스님, 종경스님의 해설과 함허스님의 설의를 더한 법문으로, 지금의 후학들로 하여금 깨달아 들어가게 하려는 크나큰 자비심과 노파심의 결실입니다.

근본적으로 성인의 법문은 일체중생을 진리의 길로 이끌어 주며 깨달음의 세계를 곧장 열어 보여 주시는 법의 문입니다.

논리나 이론이나 체계를 세우는 데 목적이 있지 않고 진리를 깨달아 체험하여 확인하고 증득하게 하는 데 그 뜻이 있습니다. 그러나 논리와 이론과 체계는 진리를 깨달아 체험하기 위한 방편이며 수단이므로 또한 없어서도 안 되는 것입니다.

성인의 법문을 믿어 받아들이고 참구하게 되면 정견이 서고 믿음이 성취되어 반드시 견성체험 하게 되어 있습니다. 이는 모든 성인들이 한결같이 말씀하신 뜻으로, 이 말씀을 좇아 지금의 수행자들도 각자 자기가 서 있는 상황 속에서 어떻게 수용하고 적용되는가를 비추어 보면 이 법문들이 현재에 우리가 안고 있는 모든 병들을 잘 치유할 수 있을 것입니다. 개별수행자는 견성하여 깨닫지 못하는 것이 병이며, 우리가 살고 있는 이 국토에는 모든 갈등과 고통이 병입니다.

성인의 법문 속에는 이미 진리가 완전하게 시설되어 있습니다. 그럼에도 불구하고 우리 후학들이 이를 깊이 알지 못하고 각자 자기 분상에서만 법문하는 것으로 만족하여 머물고 서로 탁마하지 않는 까닭에,

지혜가 증장하지 못하고 깨닫지 못하여 이 땅을 밝히는 선지식이 스스로 되지 못하였습니다.

이에 뜻을 같이하는 도반들이 모여 지금 한국선불교연구회를 발족하는 뜻은, 성인의 법문을 주장자 삼아 서로 탁마하고 안으로는 자기 스스로 깨달아 납득시키고 밖으로는 일체중생을 설득하여 이 법의 문 안으로 들어오게 하여 일체중생이 모두 안락함을 얻게 하려는 데 있습니다.

한국선불교연구회의 첫 번째 활동 과제는 '금강경삼가해 강설을 논강하다'입니다. 이를 위해 다섯 차례 워크숍을 진행하였고, 수차례 논강을 통해 서로의 의견을 조율하였습니다.

이 책 『금강경삼가해 강설을 논강하다』는 한국선불교연구회 회원들과 외호하신 대중들의 노고와 정성으로 이루어졌습니다.

많은 부족함을 무릅쓰고 이와 같이 나아가는 까닭은, 누구나 부처님의 제자라면 부처님과 조사인 선지식의 하해와 같은 은혜에 만분의 일이라도 보답해야 사람 노릇을 하게 되기 때문입니다.

그저 부처님 법이 널리 세상에 드리워져 일체중생이 모두 함께 해탈과 열반에 들어가기를 바랄 뿐입니다.

한국선불교연구회

차례

|

당당한 대도大道여, 밝고 밝아 분명하도다.

사람사람이 본래 갖추어졌고 낱낱이 원만하게 이루어졌도다.

다만 한생각 차별됨으로 인하여 만 가지 형상이 나타나도다.

- 야부 -

제 1

법회인유분

法會因由分

법회가 열린 인연

경문

이와 같이 내가 들었다. 한때 부처님께서 사위국 기수급고독원에서 큰 비구들 천이백오십 인과 함께하셨다.

如是我聞 一時 佛 在舍衛國祇樹給孤獨園 與大比丘衆千二百五十人 俱

해설

『금강경삼가해』의 강설을 통해 첫 구절 속에 마지막 구절이 있고, 시작함과 동시에 완성됨의 이치를 끝없이 증명할 것입니다.

　낱낱의 완전한 구슬들이 모여 백팔염주를 완성하듯, 첫 구절부터 더함도 덜함도 없이 완전해야 마지막까지 완전하게 되어 전체가 온통 완전한 것이 됩니다.

믿음의 성취

육조

'여如'는 가리킨다는 뜻이고, '시是'는 결정된 말이다. 아난이 스스로 말하기를, "이와 같은 법을 내가 부처님에게 들었다"고 말함은 자기의 말이 아닌 것을 밝힌 것이다. 그러므로 "이와 같이 내가 들었다"고 한 것이다. 또 '아我, 나'는 성품이다. 성품이 곧 '아我, 나'이기 때문이다. 이는 안팎의 동작이 모두 성품을 따라 일체를 다 듣기 때문에 "내가 들었다" 하였다.

'일시一時, 한때'라 함은 스승과 제자가 함께 모인 때이다. '불佛, 부처'은 법을 설법하는 주인이며, '재在, 있었다'는 계신 처소를 밝힌 것이다. '사위국'은 파사익왕이 거처하는 나라이다. '기祇'는 태자의 이름이고, '수樹, 나무'는 기타태자가 보시布施하여 '기수祇樹'라 한 것이다. '급고독給孤獨'은 수달장자의 다른 이름으로, '원園'이 본래 수달장자의 소유이기에 '급고독원'이라 했다.

'불佛'은 범어梵語이며 중국의 말로 각覺, 깨닫다이라고 번역한다. 각에는 두 가지 뜻이 있다. 하나는 외각外覺으로 모든 법이 공空함을 관觀하는 것이다. 또 하나는 내각內覺으로 마음이 공적空寂함을 알아서 육진六塵, 여섯 경계에 물들지 않고 밖으로 남의 허물을 보지 않으며 안으로 삿된 미혹에 현혹되지 않으므로 각이라 한 것이니 각은 곧 불佛이다.

'여與, 더불어'는 부처님이 비구들과 함께 금강반야의 무상도량無相道場에 머무르기 때문에 '여'라고 말하였다. '대비구大比丘'는 대아라한大阿羅漢으로 비구는 범어이고 중국의 말로는 육적六賊을 능히 부수기에 비구라 한다. '중衆'은 많다는 뜻으로 천이백오십 인이 그 수數이다. '구俱, 함께'는 평등법회平等法會에 함께 계신 것을 뜻한다.

해설

육조스님께서 "여如란 가리키는 뜻이고 시是란 결정된 말이다"라고 하셨습니다. '여'란 손가락으로 '저것' 하며 달을 가리킬 때, 가리키는 손가락이 아니라 달의 본체를 뜻하니 일체중생의 본래면목입니다.

'시'란 왜 결정된 말이라고 했을까? 달이 어디에 비추는가? 찻잔에도 비추고 개울물에도 비추고 바다에도 비추고 있습니다. 천강유수천강월千江流水千江月, 천 개의 흐르는 강물에 천 개의 달이 다 비춘다는 뜻입니다. 그런데 달이 깨끗한 물만 비추는가? 더러운 물에도 비추고 핏물에도 비추지요. 부처님 당시에도 그걸 증명하여 99명을 죽인 앙굴리마라도 성자 아라한이 되었습니다. 핏물에 달이 비추지 않았다면 그가 성자가 되는 것이 불가능했을 것입니다. 아주 더러운 물도 비춥니다. 유명한 창녀인 연화색녀도 바보였던 주리반타카도 아라한이 되었습니다.

그래서 결정된 말입니다. 깨끗한 물에 비춘 달, 더러운 물에 비춘 달, 간장 종지에 비춘 달, 술잔에 비춘 달, 큰 바다에 비춘 달. 달은 다 똑같습니다. 이것이 이름하여 여시如是입니다. 여시 속에 벌써 진리가 온통 드러나지 않았는가? 본체와 작용을 얘기한 것입니다.

'아我, 나는 성품이다. 성품이 곧 아我, 나이기 때문이다.' 하여 내가 누구인지를 자각하고 잊어버리지 말아야 합니다. 이것이 수행에 있어서 가장 중요한 문제입니다. 보조스님의 『진심직설』에 "조사문祖師門의 바른 믿음은 모든 유위의 인과를 믿지 않고 오직 자기가 본래부처라는 것만을 믿게 하니, 천진한 자기성품이 사람마다 갖추어져 있고 열반의 묘한 본체가 낱낱이 원만히 이루어졌으므로 다른 곳에서 구하려 하지 않고 원래 저절로 갖추어져 있음을 믿는 것이다" 하였습니다.

문問이란 안팎의 동작이 모두 성품을 따라 일체를 다 듣기 때문에, "내가 들었다"는 말은 듣는 자도 성품으로 좇아 듣고 말하는 자도 성품을 좇아 말하므로 둘이 아닌 도리不二法를 성취한 까닭에 들음의 성취입니다.

'일시라 함은 스승과 제자가 함께 모인 때이다.' 이것이 시간의 성취입니다.

'불佛'이란 법을 설하는 주인이며 깨달음覺입니다. 밖으로 모든 법이 공함을 관하고 안으로 마음이 공적함을 알아서 육진경계에 물들지 않으면 깨닫게 되므로 부처覺를 성취합니다.

'사위국 기수급고독원'은 부처님께서 계시는 장소로 기원정사입니다.

'부처님께서 비구들과 함께 금강반야의 무상도량無相道場에 머무르기 때문에 더불어與 함께 계시었다'는 말은 진리의 본체와 당체가 모습 없는 영원한 참모습인 무상도량에 항상 머무르시기 때문에 영원한 시간과 공간 속에 지금도 계시는 것입니다.

야부

여시如是**여,**

해설

여시, 이와 같음이여.

『지도론』에 여시는 믿음이 성취된 것이라고 하였습니다.

"불법의 큰 바다에는 믿음이 있어야 들어갈 수 있고 지혜로써 건널 수 있으니, 믿는 이는 이 일이 이와 같음을 말하고 믿지 않는 이는 이 일이 이와 같지 않음을 말한다." 왜 믿음을 이와 같다고 하는가?

성인이 하신 말씀을 스스로 확연히 납득하게 되면 '아, 그렇구나, 그와 같구나!' 이것이 믿음의 성취입니다. 원효스님은 큰 대大와 그럴 연然을 써서 대연大然, '크게 그렇다'고 하셨습니다. 이 공부를 해 가면서 마음이 깊어져 체험하게 되면 스스로 믿음이 성취됩니다.

경전이 이루어지려면 신信·문聞·시時·주主·처處·중衆의 여섯 가지 조건이 성립되어야 합니다. '이와 같이'는 믿음의 성취이고, '내가 들었다'는 들음의 성취이고, '한때'는 시간의 성취입니다. '부처님'은 설법하는 주인의 성취이고, '사위국 기수급고독원'은 처소의 성취이며, '큰 비구들 천이백오십 인'은 법을 함께 들은 대중의 성취니 육성취六成就가 이루어져 법문이 시작되었습니다. 성취는 바로 깨달음을 말합니다.

함허설의

여시란 말은 옛사람들이 여러 갈래로 설하셨는데, 지금 야부는 유有와 무無가 둘이 아님을 여如라 하였고, 여如가 유무가 아니기 때문에 시是라 하였다.

해설

유와 무가 둘이 아닙니다. 여기서 유와 무로 대변했지만, 너 나, 옳다 그르다, 좋다 나쁘다 등의 상대적인 세계 전체를 말한 것입니다.

둘이 아니란 것은 본체를 말합니다. 유와 무 둘 다 성품을 좇아 나왔기 때문에 본체는 하나로 "유와 무가 둘이 아니다"라고 한 것입니다.

여기 법문하는 스님이 있고 듣는 여러분들이 있지만, 법문하는 당사자와 듣는 당사자는 누구인가요? 성품자리에서 하는 것이지 다른 데서 하는 것이 아닙니다. 우리는 물질色과 정신작용受想行識으로 화합된 오온五蘊을 '나'라고 하지만, 오온은 실체가 아닙니다. 전생의 나, 현생의 나, 내생의 나는 같지 않고 항상 바뀝니다. 그럴 때 과연 나는 누구입니까. 지금은 인간으로서 여자이고 남자이지만, 앞으로 미래 생은 또 다른 모습으로 바뀔 것입니다.

상대가 나에게 해로운 행동을 하고 악담하고, 이에 대해 나는 악마 같은 마음, 아귀 같은 마음, 축생 같은 마음이 나와도, 상대의 말과 행동과 나의 마음이 성품으로부터 나왔음을 알면 미움이 덜해지거나 없어질 것입니다. 너와 나가 나누어졌지만 모든 것이 성품에서 나온 것이므로, 너와 나의 본체는 하나 아닌 하나입니다. 그러면 참나자리에 머물렀다 할 수 있습니다. 이것을 보고 '여'라 합니다. 이와 같이 알아야 저절로 풍요로워지고 업식은 무너집니다. 공부는 누가 대신해 주는 것이 아니라 스스로 하는 것입니다. 물론 부처님께서 대신해 주기도 합니다. 부처님이 우리들 가슴속에 있기 때문이지요.

'시'는 결정된 말, 본체에서 작용이 되어 나툴 때 낱낱이 결정되는 것입니다. 여러분이 참나의 본체에서 자식을 만나면 어머니라는 말과 행과 뜻이 결정되어 나가고, 남편이 부르면 아내라는 이름과 말과 행동으로 나가고, 시어머니가 부르면 며느리로 행동이 바뀌어 나갑니다. 내가 이제부터 어머니로서 작용하고 아내로서 작용하고 며느리로서 작용해야겠다는 생각 없이 순간순간 작용합니다. 어머니 노릇을 하나 어머니가 아닙니다. 자식을 만날 때 어머니인 것입니다.

아내도 며느리 노릇도 마찬가지입니다.

　흐르는 물을 두 번 적실 수 없듯이, 끊임없이 바뀌고 찰나찰나 분명하고 분명하게 작용합니다. 마치 맑은 거울에 만상이 비추면 비추는 모습을 분별없이 있는 그대로 드러내듯 바뀌는 것입니다.

야부

고인이 이르시되 "여여如如라 말한다면 이것은 이미 변한 것이라" 하시니 또 일러라. 변하여 어느 곳을 향해 갔는가. 돌咄. 어지럽게 좇아다니지 말지어다. 마침내 어떻게 해야 하는가. 불을 아무리 말해도 일찍이 입을 태운 적은 없도다.

해설

　불을 비춰도 불에 타지 않고
　물을 비춰도 물에 젖지 않고
　오물을 비춰도 더러움에 물들지 않는
　본래 청정한 자성을 말한다.

가지가지 악마 같은 행을 하여도 본체자리는 물들지 않는 본래 청정입니다. 우리는 물든 작용이 자기라 생각하고 벗어나지 못합니다. 자신의 성품자리본체자리는 본래 물들지 않는다는 것을 믿고 거기에 머무는 것이 수행이며 업식을 녹여 가는 것입니다. 물든 것이 자기라고 고집하면 절대 업식을 녹일 방법이 없습니다. 내가 본래부처라는 것을 자각하고, 부처는 본래 청정하고 어디에도 물들지 않음을 확연히 믿어야 합니다.

야부스님이 "여여라 말하면 벌써 변해 버렸다"고 하심은 여여라고 말하는 순간 결정되기 때문입니다. 어디에도 물들지 않는 자신을 자각하라는 것이고, "입으로 불을 말하여도 입은 타지 않는다"고 말함으로써 본래 무상이고 무아이기에 물들 것이 없음을 깨달으라고 말씀하신 것입니다.

함허설의

남전이 강사에게 묻기를, "무슨 경經을 강의하는가?" "열반경을 강의합니다." 또 묻기를 "경 가운데 무엇을 극칙極則으로 삼는가?" 답하기를 "여여로써 극칙을 삼습니다." 남전이 이르기를 "여여라 말하면 이미 변해 버렸으니 모름지기 이류異類 가운데를 향해 이중사異中事를 취해야 비로소 옳다" 하니 법진일이 송頌하기를,

> 열반적멸涅槃寂滅이 본래 이름이 없으니
> 여여라 하면 이미 변해버림이라.
> 만약 경 가운데에서 무엇이 극칙인가 물으면
> 석인石人이 밤에 목계木鷄, 나무로 만든 닭 소리를 듣는다 하시니라.

열반적멸이 본래 이름이 없으니 만약 이름을 세우면 변해 버림을 면치 못하니, 이류중을 향해 행한 곳에 나아가 이중사를 취해야 원만히 굴려 촉觸하지 않고 비로소 옳다.

또한 일러라. 변함은 어느 곳을 향해 갔는가. 돌! 어지럽게 좇아다니지 말

라. 만약 변함과 변하지 않음으로써 헤아리면 또한 도리어 옳지 못하다. 마침내 어떻게 할 것인가. 열반적멸이 비록 본래 이름은 없으나 또한 이름으로 인하여 열반적멸의 체體가 나툼을 방해하지도 않으니 어찌하여 그런가. 이름을 말할 때 이미 바람이 불어도 들어가지 못하고 물을 뿌려도 붙지 않는다. 다만 일단一段의 몸에 사무친 찬 빛이 있으니 여여如如라 부른들 무엇이 변해갈 게 있겠는가.

해설

이류異類는 지옥·아귀·축생·수라·인간·천상 등 온갖 종류의 갈래를 말합니다. 인간도 한정되어 있지 않습니다. 몸과 마음에 육도중생六道衆生의 업식이 다 들어 있습니다. 인간이라는 대표성을 가지고 인간의 모습을 하고 있는 육도구류六道九類 중생의 집합체입니다. 헤아릴 수 없는 중생이 이 몸을 인연하여 함께 공생共生하고 있는 하나의 가족이며 공동체입니다. 법문을 들어도 내가 듣는 것이 아니라 중생들에게 들려 드리는 것입니다.

여여如如란 항상한 것, 영원한 것으로 절대성을 의미합니다. 지금 듣는다 해도 혼자 듣는 것이 아니라 내 안의 육도구류 전체가 함께 듣습니다. 그 각각의 류類가 자기의 그릇대로 듣기 때문에 진실로 몸과 마음속의 일체중생들에게 여여가 되도록 해야 스스로 여여가 됩니다. 이것이 이류중을 향해 행하는 것입니다.

법진일스님은 게송에 "석인이 밤에 목계 소리를 듣는다" 했습니다. 석인, 돌로 만든 사람은 남이 욕을 한다고 해도 맞서서 화를 내지 않습니다. 석인은 무심자리로 스스로 무심이 되면 나라는 것이 공하여 어두운 무명 속에서 일체법도 또한 공하게 되어 밝게 빛난다는 뜻입니다.

"이류중을 향해 행한 곳에 나아가 이중사를 취해야 원만히 굴려 촉하지 않고 비로소 옳다" 함은 밖으로 존재하는 일체중생들도 자기 마음 가운데 있는 일체중생들과 둘 아니게 존재함을 알고 작용하면 낱낱의 중생들과 하나 되어 나툰다 해도 그 뜻이 원만하여 촉물든다하지 않고 비로소 옳다고 하는 것입니다.

야부
여如여 여如여, 고요한 밤 먼 하늘에 하나의 달이 외롭도다.

해설
'여如'는 고요한 밤 먼 하늘, 넓은 하늘에 하나의 달이 홀로 밝게 떠 있다는 말로 참마음의 본체·참나·불성·성품·진여·본래면목을 말합니다. 우리 가슴속에 항상 하나의 달이 홀로 비추고 있습니다. 현재의 식은 신경 쓰지 않고 믿지도 않고 의지하지도 않습니다. 바로 달月인 여如가 자기의 본체인지를 모릅니다.

부처님은 고요한 밤 먼 하늘에 달이 홀로 밝게 비추는 것이 여如이고 당신의 본체라는 것을 확연히 알았기에 스스로를 칭해 항상 '내가'라는 말을 쓰지 않고 '여래如來가'라는 말을 쓰셨습니다.

함허설의
물과 물결이 둘이 아니고, 물결과 물은 다르지 않다. 맑고 고요한 때가 원래 적적的的, 분명하고 백적적白的的, 밝게 분명함한 곳 또한 고요하다.

해설

물은 본체이고 물결은 작용입니다. 물에서 물결이 나오기 때문에 서로 다르지 않으며 구별이 없습니다.

우리가 지금 웃고 울고 말하는 물결 것이 진리 물로부터 나와 작용된 것입니다. 모두가 진리의 나툼으로 근본을 좇아서 나왔다는 것을 믿어 의심하지 않으면, 다른 사람이 못되게 군다고 해도 진리 본체, 부처 님 로부터 나온 소리구나 하고 받아들일 수 있습니다. 그러면 말에 물들지 않고, 상대방이 어떤 작용을 해도 무심으로 바르게 보는 안목이 열려 진리를 보게 되고 체험하게 됩니다.

야부

시분여 시분여,
물이 물결을 여의지 않으니 물결이 곧 이 물이로다.
거울 같은 물에 진풍塵風, 티끌 바람이 이르지 않아야
응해서 나타나며 티 없이 천지를 비추니
자세히 보고 자세히 보아라.

해설

물결이 곧 물로, 거울같이 맑은 물에 티끌 바람 분별 망상이 이르지 않을 때 만상이 응해서 제대로 나타납니다. 경계가 다가오면 티끌 바람이 불어오는 그곳 자기성품에 되놓아야 합니다. 우리는 티끌 바람이 일어나지 않은 본래 맑은 물로 공성空性입니다.

물은 가만히 놓아두면 스스로 맑을 뿐입니다. 그런데 티끌 바람이 부니 물이 파도치고 일렁거려 왜곡되어 있는 그대로 비춰지지 않아 여실지견如實知見하지 못하는 것입니다.

함허설의

물이 온전히 이 물결임을 가리키고, 물결이 온전히 이 물임을 가리켰다. 비로자나와 화장세계華藏世界가 사물 하나하나에 다 갖추어져 있고, 삼라만상 전부 때가 없다無垢.

삼라만상 때가 없어 본래 청정하여 거울도 맑고 물도 맑아서 바람과 티끌이 이르지 않아, 맑고 맑은 곳에 밝음이 또렷하여 하늘을 빛내고 땅을 비추어 옛도 빛났고 지금도 빛난다. 알고자 하면 눈을 높이 떠라.

해설

마음이 맑고 고요해지면 하늘과 땅이 밝아져서 온통 광명천지입니다. 높다는 뜻은 절대의 높음이지 상대적인 높음이 아닙니다. 절대의 높음이란 상대성을 떠난 높음으로, 상대성을 떠나기 위해서는 분별망상이 없고 무념이 되어야 합니다. 눈을 높이 뜨십시오.

나는 누구인가?

야부

아我여,

해설

아我, 나는 누구인가? 보통 나라고 하면 오온의 나, 업식의 나, 현재 의식으로 분별하는 나를 말합니다.

그러나 고요하게 앉아 내면을 응시해 보면 나라는 모습은 없습니다. 자기 마음을 찾아보면 흔적이 없이 고요하게 텅 비어 있습니다. 고요히 텅 빈 가운데 밝고 밝아 만상을 두루 비춥니다. 이것이 자기의 본래면목이며 본래부처입니다.

안팎으로 나와 너를 따진다면 수행자라 할 수 없습니다. 경계에 끌려 작용하는 것은 실체가 아닌 중생심입니다. '나'를 이야기할 때 참나인 성품자리에서 나를 인식해야 합니다.

함허설의

하늘을 가리키고 땅을 가리키며 홀로 서 있는 사람이다.

해설

부처님께서도 태어나자마자 하늘과 땅을 가리키면서 "천상천하天上天下 유아독존唯我獨尊, 하늘 위나 하늘 아래 나 홀로 존귀하다"고 선언하셨습니다. "나 홀로 존귀하다"는 것은 영원한 진리로서의 '나'로 이미 내 안에 있습니다.

야부

적나나^{赤裸裸}하고 정쇄쇄^{淨洒洒}하여 가히 잡을 수 없도다.

해설

'적나나' 발가벗은 듯 붉고, '정쇄쇄' 물로 씻은 듯이 깨끗하여 잡을 수
가 없다.

　지금의 나는 남자의 모습으로 또는 여자의 모습으로 있지만, 본
래 모습은 적나나하고 정쇄쇄하다는 사실을 믿어야 합니다. 마음이
깊어지면 나라는 것이 몸에 국한되어 존재하지 않음을 체험하게 됩
니다. 아무리 눈을 씻고 찾아보아도 나라고 할 만한 것이 하나도 없습
니다. 없는 그 가운데 묘하게 일체 삼라만상이 분명하고, 분명하게 나
타나는 것 또한 나 아님이 없음을 알게 됩니다.

함허설의

옛사람이 이르기를 하하하, 이것이 무엇인가? 남북동서에 오직 '나^我'라
하시니, 비록 남북동서에 오직 나 하나인데 어찌하여 일체처^{一切處}에서
찾지 못하였는가. 이는 경계 위에서 혼연^{渾然}히 크게 있으나 안팎과 중간
을 찾아봐도 찾을 수가 없다.

해설

『달마혈맥론』에 "일체처一切處 일체시一切時가 오직 마음이다"라고 했습니다. '일체처'란 일체 모든 곳남북동서이고 '일체시'는 과거·미래·현재로, 누구냐? 오직 나마음입니다. 이를 떠나서 나라는 것은 없습니다.

서정주의 「국화 옆에서」란 시詩 가운데 "한 송이의 국화꽃을 피우기 위해 봄부터 소쩍새는 그렇게 울었나보다"라는 구절을 보면, 국화꽃 속에 이미 일체의 시간과 공간이 다 있는 것을 볼 수 있습니다. 국화꽃 속에서 소쩍새 울음소리도 들을 수 있고, 그 속에 담겨 있는 시간에는 일체의 자연 현상뿐 아니라 모든 것이 들어 있다는 것을 알 수 있습니다. 이것이 연기법입니다. 모든 것이 홀로 존재하는 것은 없습니다.

『기신론』「수행신심분」에 보면 "마음이 산란하고 시끄러우면, 곧 마땅히 거두어 바른 생각에 머물러라住正念. 바른 생각正念이란 오직 마음이며 바깥경계는 없다고 마땅히 알아야 한다"했습니다. 이 마음을 제외하고는 모두 삿된 생각입니다.

바른 생각에 머물면 번뇌망념은 없어집니다. 불을 켜면 어둠은 저절로 스러집니다. '어둠아 물러가라'고 아무리 소리쳐도 어둠은 물러가지 않습니다. 스스로 바른 생각에 머물면 어둠은 존재할 수 없습니다. 그러니 탓을 하면 안 됩니다. 누구를 탓하여 손가락질하고 욕을 할 때, 나머지 손가락은 자기를 향해 있음을 알아야 합니다. 남을 향하는 모든 말과 행동과 뜻이 자기를 향해 있다는 것을 아는 이것이 정념바른 생각이고 깨달음입니다. 깨달음은 높은 곳에 있는 것이 아니고, 지금 일체처·일체시인 우리들의 삶 속에 있습니다.

또한 남북동서 온갖 것이 오직 나이지만, 이것이 나라고 딱 집어서 말할 수 없습니다. '나'는 지금도 찰나찰나 바뀝니다. 엄마로서 아내로서 며느리로서 고정된 나의 모습은 어디에서도 찾을 수 없습니다. '나'는 본체로 보아도 작용으로 보아도 무아無我입니다. 이름 지을 수도 없고, 모양 지을 수도 없고, 잡을 수도 없습니다. 잠시도 머물지 않고 거울이 만상을 있는 그대로 비추어 드러내듯 보여 줄 뿐입니다.

야부

아我여 아我여,
인식하면 분명해서 두 개를 이룸이다.
털끝만큼도 동動하지 않고 본연에 합하니
지음知音이 스스로 솔바람에 화답하도다.

해설

이 세상천지에 온통 나 아닌 것이 하나도 없습니다. 나라고 하면 너가 생겨서 주관과 객관 둘로 나누어집니다. 그런데 묘하게 마음을 거두어들이면 둘이 어디로 사라지고 그대로 하나가 되어 그 하나라는 것도 공해서 없습니다.

좌선할 때 고요히 선정에 들어 있으면 하나인가 둘인가? 하나라는 언어도 떠나서, 하나라는 것도 없기에 조금도 움직이지 않고 그대로 본연에 합해집니다.

'지음자知音者'란 중국 고사에 나오는 말로, 백아伯牙가 거문고를 타면 오직 종자기鍾子期만이 그의 마음을 알았다 하여 마음과 마음이 완전히 하나로 통하는 사이를 말합니다. 그러나 백아와 종자기만이 지음이 아닙니다. 소나무에 바람이 불면 솔바람이 되고 꽃나무에 바람이 불면 꽃바람이 되는 것도 지음입니다. 누군가 나를 모질게 대하면 기분이 나빠지는 것도 벌써 소통이 된 것이기 때문에 지음입니다. 소통이 안 되면 기분 나쁠 일이 없습니다. 상대방이 좋은 말을 하고 좋은 행동을 하면 좋고, 싫은 말을 하고 싫은 행동을 하면 싫어하는 것, 이것을 아는 것이 지음입니다. 그러나 이것은 불완전한 지음입니다. 왜 완전한 지음이 되지 못하는가? 나我相라는 것이 있고, 상대적인 너가 있는 까닭에 서로 완전히 통하지 못했기 때문입니다.

어떻게 해야 완전한 지음知에 이를 수 있는가? 나라는 분별망념이 쉬면 온통 하나로 통하게 됩니다. 즉 성품이 무념이 되면 여여如如하게 가지가지 노릇을 하는 것이 평상심으로 작용되어 온 세상과 소통할 수 있습니다. 사람뿐만 아니라 초목과 무정물과도 소통이 됩니다. 이것이 완전한 지음입니다.

함허설의

만약 내가 있다고 말한다면 눈 가운데 티이고 만약 내가 없다고 말한다면 살을 긁어 부스럼을 만듦이다. 그러므로 말하기를 내가 있다고 해도 이는 곧 통달하지 못함이고 내가 없다고 말하면 다시 어리석음이 된다.

한 몸 위에 두 가지 견해여, 허공을 쪼개어 두 조각을 만듦이다. 두 가지에 모두 들어가지 않아야 비로소 여여如如에 계합하여 자기 집의 땅을 밟고 무생곡無生曲을 부를 것이다.

무생의 곡조에 누가 화답하겠는가?

소소蕭蕭**한 솔바람 소리가 맑은 소리를 보낸다.**

해설

무아라는 것이 있는 것인가? 없는 것인가?

무아란 내가 없어서 없다고 말하는 것이 아니라, 찰나찰나 작용으로 나투어 고정되어 있는 바가 없다는 말입니다.

이를 알기 위해선, 일어나는 경계에서 억울한 '나'가 나오면 그 억울한 '나'를 나온 자리에 다시 놓아야 합니다. 놓는 순간 밝은 지혜般若가 생겨납니다. 지혜가 나오면 그 지혜광명을 누가 맛을 봅니까. 자기가 맛을 보고 알게 되고 깨닫게 됩니다.

듣는다는 것에 대하여

야부
문^聞이여,

해설
들음의 완성이란 무엇인가? 보통 우리는 법문을 설하고 법문을 듣는다고 합니다. 그러나 설함과 들음이 나누어지면 설함도 있게 되고, 들음도 있게 되어 유위법에 머무르니 치우친 소견이 됩니다. 설법하는 자는 누구이며, 듣는 자는 누구인가? 설법자와 청법자가 하나의 근원에서 작용된 두 가지니, 이 셋이 곧 하나임을 알면 상대적인 세계는 스러지고 홀로 천진하게 걸어가는 선재동자의 발걸음이 여여^{如如}로와 들음과 설함이 완성됩니다.

함허설의
본래 한 정명^{精明}이 나뉘어 육화합^{六和合}이 되었으니 합한 곳에서 깨달으면 보는 곳이 참으로 듣는 것이다.

해설
'정명' 즉 '밝은 기운', '밝은 생명력'이 나누어져서 육근^{六根}·육경^{六境}·육식^{六識}인 육화합이 되었다 함은 '나'라는 것이 생긴 것을 말합니다. 육근·육경·육식이 화합하여 촉^觸하면 오온인 수^受·상^想·사^思가 생기므로 이때를 일러 '나'가 생겼다 합니다. 나다 너다, 옳다 그르다 하는 모든 분별이 여기서 출발하므로, 이 모든 분별을 나온 그 자리에 되돌려 놓아야 합니다. 그래서 다시 합한 곳에서 깨달으면 보는 곳이 참다운 들음眞聞이 되는 것입니다.

야부

간절히 경계를 따라가지 말지어다.

해설

알아차리고 지켜보는 마음이야말로 모든 부처님과 하나 되는 통로입니다.

야부스님께서 우리들을 가르치기 위해 얼마나 절실하셨으면 "간절히 경계를 따라가지 말라" 하셨을까.

갖가지 번뇌가 낱낱이 따로 있다고 알고 있지만, 그 뿌리가 하나임을 놓치면 안 됩니다. 그럼 갈라져 있으면서도 합쳐져 있는 그 번뇌의 뿌리는 무엇인가? 바로 참된 나를 돌아보지 않고 경계를 따라다니는 것으로 탐·진·치가 근본이 됩니다.

함허설의

귀에 가득한 것이 소리가 아닌데 듣는 것이 무엇이며, 확연히 내가 없는데 듣는 이가 이 누구인가? 이와 같이 깨달으면 꾀꼬리 소리와 제비의 지저귐을 시끄러운 대로 맡겨 두나, 만약 그렇지 못하면 궁상각치우宮商角徵羽가 나를 항상 끌어당길 것이다. 그러므로 이르되 간절히 경계를 따라가지 말라 한 것이다.

해설

들려오는 모든 것은 소리가 아닙니다. 확연히 내가 없음을 안다면, 궁상각치우 즉 일체 모든 소리에 끌려다니지 않을 것입니다.

야부

문^聞이여 문^聞이여,

원숭이는 고개 위에서 울고, 학은 숲속에서 울도다.

조각구름 바람에 물은 길게 여울져 흐르도다.

가장 좋은 늦가을 서리 내린 한밤에

새끼기러기 한소리가 하늘의 차가움을 알리도다.

해설

상대적인 세계가 스러지고 주관과 객관이 온전히 하나가 되어 진정한 지음이 되면 좋은 소리에 기뻐하고 슬픈 소리에 슬퍼하여 모든 것이 법에 딱 맞습니다. 조각구름은 오대산의 청량한 바람으로 인하여 걷히고, 물의 성품은 본래 움직이지 않고 고요한 까닭에 가장 좋은 늦가을 서리 내린 한밤에 홀로 우뚝한 한생각이 하늘의 뜻을 누설합니다. 티끌 하나 없는 대무심大無心의 자리에서 평상심을 자유자재로 씁니다.

　　지혜의 종류는 세 가지가 있습니다. 첫째는 현량現量, 직접 보고 체험해서 아는 것입니다. 둘째는 비량比量, 추론해서 아는 것으로 하늘의 차가움은 새끼기러기 울음소리만 들어도 안다고 한 것을 말합

니다. 셋째는 성언량聖言量, 성인의 말씀은 지혜이므로 믿어야 합니다. 믿으면 저절로 지혜가 생깁니다.

함허설의

학이 울고 원숭이 우는 소리가 귀에 들어오니 누가 원통문圓通門이 크게 열림을 믿겠는가. 듣는 곳을 돌이켜 다시 듣는 곳에 마음길이 끊어지면 팔음八音이 귀에 가득하여도 티끌이 되지 않는다. 듣지 않는 것이 일찍이 듣는 데 장애 되지 않으니 두두頭頭, 낱낱 사물가 나를 위하여 무생無生을 말하도다.

> 고요한 밤 가을 하늘에 날아가는 기러기의 메아리여,
> 한 소리 울려 하늘이 차가움을 알려 오도다.
> 또 말하라. 이것이 듣는 것인가 듣지 않는 것인가.
> 담박淡薄한 것이 어찌 성색聲色 밖에 걸리며
> 비어 고요함이 어찌 유무 가운데 떨어질 것인가.

해설

'원통문이 크게 열렸다' 함은 원통의 지혜에 크게 들어갔다는 말로, 듣는 곳을 돌이켜 다시 듣는 곳에 마음의 길이 끊어지면 즉 분별이 쉬어지면 여덟 가지 음성온갖 소리이 귀에 가득하여도 티끌 번뇌가 되지 않는다는 것입니다.

보조스님은 『수심결修心訣』「관음이 이치에 들어가는 문을 보임」 편을 통해 이렇게 가르치고 계십니다.

"진리에 들어가는 길이 여러 갈래가 있으나 그대에게 하나의 문을 가르쳐 주어 그대로 하여금 근원에 돌아가게 하리라. 그대는 까마귀 우는 소리와 까치의 울음소리를 듣는가?"

"예 듣습니다."

"그대는 그대의 듣는 성품을 돌이켜 들어 보라. 거기에도 여러 가지 소리가 있는가?"

"거기에 들어가서는 어떤 소리도 어떤 분별도 얻을 수 없습니다."

"기특하다. 이것이 관음보살이 이치에 들어간 문이다."

무슨 뜻인가? 누구나 몹시 화를 내고 있을 때도 순간 '아, 내가 너무 화를 내고 있구나' 하고 알아차리고, 서럽게 울다가도 '너무 많이 울고 있구나' 하고 알아차린 경험이 있을 것입니다. 그 알아차리는 것을 '지켜본다'고 합니다. 내가 지금 무슨 말과 행을 하는지 여실히 보고 듣는 것입니다. 이 마음이 어떻게 작용하는지 알아차리고 자각하는 것입니다.

세상의 소리世音란 나다 너다 좋다 나쁘다 선이다 악이다 하는 일체 존재의 소리입니다. 이 세상의 소리를 잘 지켜보고 듣는 것이 바로 관觀하는 것이며, 관세음觀世音으로서 화하여 나투게 되는 것입니다.

마음을 관하는 것은 무엇인가? 마음이 마음을 듣고 보는 것으로, 끊임없이 일어나는 경계인 일체번뇌의 마음탐·진·치을 또 다른 마음이 놓치지 않고 주시하여 봄으로써 번뇌의 마음을 깨뜨리고 참나인 진여의 마음을 회복하는 것입니다.

이 지켜보는 마음이야말로 지혜를 낳고 깨달음을 열게 하며 모든 부처님과 하나 되게 하는 통로입니다. 그래서 관세음보살을 모든 부처님의 어머니라고 합니다.

진리가 하나라는 데 대하여

야부

일一이여,

해설

진리가 둘이면 이미 진리가 아닙니다. 여러분 가슴 깊은 곳에 하나인 진리가 있습니다. 무엇을 보든지 항상 둘로 보면 안 됩니다. 불이법不二法의 문을 통과해야 비로소 법을 보고 부처님을 뵐 수 있는 것입니다.

　　하나 아닌 하나는 일체 모든 것의 근원, 하나라는 이름도 없는 절대의 하나입니다.

　　『반야심경』에 "나지도 않고 없어지지도 않으며, 더럽지도 않고 깨끗하지도 않고, 늘지도 않고 줄지도 않는다"고 했습니다. 이것은 무엇을 말함인가? 늘지도 않고 줄지도 않는 존재, 있음이 곧 없음이며 있음과 없음이 함께 포함된 존재 이전의 존재인 '참나'를 이야기하는 것입니다.

함허설의

천지天地의 근본이요, 만화萬化, 온갖 변화의 근원이다. 천 가지 길이 다 저것一을 향하고 삼라만상이 다 이것一을 근본으로 한다.

해설

하나一여, 일체중생은 모두 부처의 길진리로 걸어가고 있는 구도자입니다. 이 자리에 앉아 있는 사람만 도 닦는 것이 아니고, 이 도리를 전혀 모르고 꾸물꾸물 기어 다니는 뱀, 너구리, 새들도 다 도를 닦으러 나왔습니다. 자기가 도 닦는지를 모르고 가기도 하고, 지도를 보고 길을 찾아가듯 알고 이 길을 걸어가기도 합니다.

무엇을 위해서 가느냐? 진리인 해탈과 열반을 위해서 갑니다. 해탈은 삼독심三毒心·오욕五慾 등 번뇌로부터 벗어나는 것은 물론 죽음 앞에서도 초연하고 담담해질 수 있는 마음 상태완전한 자유이고, 열반은 번뇌의 뜨거운 불을 끄고 고요한 상태에 이르는 것완전한 행복입니다. 이는 불교가 추구하는 가치로, 새의 두 날개처럼 양 측면에서 바라본 하나의 진리입니다.

하나라는 것은 완전한 상태의 자리를 이야기합니다. 예를 들어 햇빛을 프리즘에 통과시키면 빨주노초파남보로 나옵니다. 이 일곱 가지 색은 하나의 밝은 광명에서 나옵니다. 이것을 우리 삶에 비추어 보면, 얼굴도 다르고 삶을 살아가는 모습도 다르고 환경도 다르게 온갖 모습으로 나오지만 그 근본과 근원은 하나의 광명으로부터 나온 것입니다. 즉 프리즘일곱 가지 색이라는 것은 업식이고, 우리는 업식에 따라 색깔이 여러 가지로 나누어진 것뿐입니다. 이것을 하나로 합치면 광명이고, 하나로 귀결시키는 것이 공부입니다. 그렇기 때문에 무엇을 보든지 항상 둘로 보지 말라고 하신 것입니다. 둘로 보지 않고 모든 것이 이 하나에서 나왔음을 깊이 알아야 합니다.

야부
서로 따라옴이로다.

해설

왜 따라온다고 했을까요? 뭐든지 상대성으로 존재합니다. 어둠이 있으면 광명이 있고, 있음이 존재하면 없음이 있고, 잘난 것이 있으면 못난 것이 있고, 서로 따라오는 것입니다. 하나로부터 전부 두 가지로 갈라집니다.

진리는 이 상대성의 세계 속에서 현현히 출현합니다. 절대의 세계는 상대의 세계와 둘이 아닙니다. 그래서 건널 것도 없고 건널 문도 없습니다. 오직 생사의 바다를 건너 절대의 세계인 저 언덕에 이르려면 불이不二의 마음으로 차례차례 닥치는 모든 것을 참나인 자성에 믿고 맡기고 지켜보아야 합니다.

함허설의

삼계三界의 모든 법이 다 이로부터 일어나니, 병졸들은 인印, 깃발을 따라 움직이고 그림자는 형상을 좇아 나타난다.

해설

법法은 물질만의 존재가 아니고, 일체 모든 법諸法으로 당연히 지켜야만 하는 것입니다.

부모가 자식을 낳으면 부모가 해야 할 법이 생기고, 결혼하면 남편과 아내라는 법이 생기고, 자식으로서의 법, 청신사·청신녀로서의 법 등 모든 것에 법이 생기고, 그에 따라서 살아야 하므로 법이라고 합니다.

이 모든 법은 제법무아諸法無我로 고정된 실체가 없는 무유정법無

有定法입니다. 예를 들어 자기 자식이라고 하지만 이 아이가 자식으로만 고정되지는 않는다는 것입니다. 증조할아버지가 내 자식으로 태어났다면 이 아이가 증조할아버지인가요, 내 자식인가요? 결정할 수 없습니다. 수억겁을 돌면서 윤회를 반복하며 이것으로 나투고 저것으로 나투고, 만물만생이 끝없이 태어났으니 어떤 것이 지금의 자기 자식인가요? 어느 것이 나라고 고정되어 있지 않기에 무아입니다. 무아이기 때문에 본체도 공하고 그 작용도 공합니다.

공한 이 자리가 하나―이며, 이 하나가 이름하여 부처입니다. 삼계만법이 다 이것으로부터 일어납니다. 우리들의 본래 자성자리, 부처자리에서 나온 것입니다. 우리 마음 가운데서 성스러운 마음이 일어나도 악마 같은 마음이 일어나도, 모두 이 하나 자기성품본래부처으로부터 나왔다는 것을 받아들이고 믿고 긍정해야 합니다. 이를 받아들이면 벗어나서 보는 놈이 생깁니다. 그래서 자유스러울 수 있는 것입니다. 벗어나야 둘 다 쓸 수 있습니다. 모두가 나를 깨닫게 하고자 나왔다고 생각하며, 이것으로 인하여 지혜가 생긴다는 것을 아십시오. 마치 병졸들은 인印을 따라 움직이고 그림자는 형상을 좇아 나타나는 것과 같습니다.

야부

일―이여 일―이여,

둘을 파破하고 셋을 이루는 것이 이것으로 일어났도다.

천지가 나뉘기 이전에 이것으로 일생의 공부를 마쳤음이로다.

해설

둘을 파하고 셋을 이루는 것. 둘이란 상대성의 세계입니다. 옳다 그르다, 좋다 나쁘다, 여자 남자, 성인 범부, 선 악 이 모든 것이 둘입니다. 이러한 상대성인 생사의 세계를 파하고 절대의 세계로 가려면 둘을 없애서 하나로 만드는 게 아니라, 둘을 그대로 두고 하나^{근본}를 더하여 셋을 이루는 것입니다. 이 셋을 하나라 하고, 이 하나는 곧 셋을 포함한 하나입니다.

예를 들어 일반적으로 A^너에서 B^나로 더러운 물을 보내면 B^나가 다시 A^너에게 더러운 물을 보내고, 서로 끝없이 더러운 물만 왔다 갔다 하며 탓을 하고 갈등이 쉬어지지 않습니다. 이때 모든 작용의 근원이 수원지水源池, 자성임을 알고, 일체를 자성에 믿고 맡기며 다시 넣으면 항상 새롭고 청정한 물을 맛보게 됩니다.

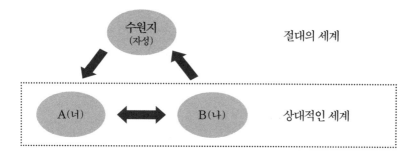

어떤 사람이 나한테 아주 나쁘게 대하면 기분이 나빠지고 화가 납니다. 그러나 저 사람의 행위와 말이 어디로부터 왔으며 나의 반응은 또한 어디로부터 왔는가? 하고 되물어야 합니다. 해답은 모두 근본성품을 좇아서 나온 것입니다. 하나의 성품을 좇아 두 가지 작용이 일어남을 깨달으면 이 셋이 곧 하나임을 알게 되고 상대적인 세계를 뛰어넘어, 이름하여 '절대의 세계'에 이르게 됩니다.

하늘과 땅이라는 것도 둘입니다. 하늘과 땅이 무엇으로 인하여 일어났는가? 이것 또한 성품을 좇아서 나왔지 다른 데서 나온 적이 없습니다. 그래서 "천지가 나뉘기 이전에 이것으로 일생의 공부를 마쳤음이로다"라고 한 것입니다.

이같은 도리를 알아 체득하여 활용하면 상대적인 세계俗諦에도 머물지 않고 절대의 세계眞諦에도 머물지 않아 곧 머무름 없음에 머무는 것이라 할 수 있습니다.

함허설의

둘을 파하는 것도 일一로서 하고 셋을 이룸도 일一로서 하니, 이루고 파하는 것이 다 이를 좇아 얻어진다. 이루어지기는 천지보다 먼저이고, 형상 없이 본래 고요하므로 만상의 주인이 되고 또한 제불의 어머니가 된다. 만약 사람이 이것을 요달하면 일마다 원만히 통하지 않음이 없을 것이다.

해설

둘을 파하고 셋을 이루는 것 모두 이 '하나一'를 좇아서 나왔다 함은 천지가 다 여러분의 근본참나, 자성 마음으로부터 나왔다는 것입니다. 마음은 삼라만상의 주인, 일체가 마음이니 주인으로 살아야 합니다.

임제스님께서도 "'수처작주隨處作主', 처하는 곳마다 주인이 되라. '입처개진立處皆眞', 지금 서 있는 곳이 진리이다"라고 하셨습니다.

어떤 경계가 와도 경계가 주인 되게 하는 것이 아니라, 사기가 항상 주인으로 살아야 하는 것입니다.

시간에 대하여

야부

시時여,

물고기가 물을 마시매 차고 더움을 스스로 앎이로다.

해설

시간을 얘기하는데 왜 "물고기가 물을 마시매 차고 더움을 스스로 앎이로다" 이렇게 말씀하셨을까? 우리들이 1분, 2분, 1시간, 2시간이라는 관념의 시간을 실체화해서 고집하고 집착하니까 "실감 나고 생생하게 살아 있는 시간을 살라" 하신 것입니다. 보통 "내일 보자"고 하지만 내일은 영원히 오지 않습니다. 시간이란 것은 1초 전도 없으며 1초 후도 없습니다. 찰나찰나 점 찍고 가지만 점 찍은 것도 순간 사라지고 없어지는 것입니다. 과거는 지나갔으니 없고 미래는 오지 않았으니 없고 현재는 찰나찰나 변해 가니까 시간은 따로 존재하지 않는 것입니다.

불교에서 시간은 둥근 일원상一圓相과 같아서 시작도 끝도 없는 무시무종無始無終입니다. 일반적으로 시간을 과거-현재-미래 이와 같이 일직선으로 흐른다 생각하지만, 불교 흐름으로 본다면 과거-미래-현재로 삼각원형을 이루며 돌아갑니다.

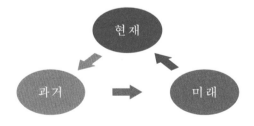

현재의 지금 이 순간 이 찰나는 과거·미래·현재를 모두 포함하고 있는 위대한 순간이요, 찰나입니다. 지금 이 순간 이 찰나의 행위 속에 수억겁의 전생이 들어 있고, 무한의 미래가 내포되어 있으며, 현재가 규정되고 있습니다.

지금 닥치는 모든 경계들은 과거로부터 오고, 현재에 지은 행위와 결과들은 미래에 나옵니다. 미래에서 일어나는 시점을 기준으로 볼 때 현재에 나옵니다. 그래서 과거로부터 미래를 거쳐 현재에 나오는 것입니다. 그러나 현재에 나온 모든 행위는 다시 과거로 되돌아가 버리기 때문에 공하다 합니다.

시간적으로 '지금' 한생각 일어나는 곳을 향해서 관觀하면, 찰나 속에서 영겁을 보고 영겁이 찰나임을 알게 됩니다. 영겁이 찰나에 있으며 찰나가 영겁임을 알게 되면 한생각이 그대로 법이 되어, 지금 여여如如하게 걸어가는 자유로운 한 사람이 과거·미래·현재를 한 손에 움켜쥐고 보살행을 행하면서 불국토를 장엄할 것입니다.

함허설의

오랜 세월과 한순간이 걸림 없고 옛과 지금古今과 처음과 끝始終이 두루 통한다. 무엇이 이와 같은가. 움직임과 고요함이 항상 청산靑山 중에 있다.

무엇이 이 차고 더운 것의 맛인가.
달 밝은 집 앞에는 항상 여름이고
햇빛 가득한 문 앞에는 나날이 가을이로다.
이 맛을 아는 사람 없으니
친히 맛보아야 비로소 스스로 앎이로다.

해설

시간이란 무엇인가?

오랜 세월과 한순간이 걸림 없고 고금古今과 시종始終이 두루 통한다 함은 시간과 지금 한생각 일어나는 것이 둘이 아니며 시작이 끝이고 끝이 시작이라는 말입니다. 불교의 시간은 일직선으로 존재하는 것이 아니고, 찰나의 한생각에 과거·미래·현재가 다 들어 있습니다.

비유하자면 염주를 굴릴 때 지금 손에 잡고 있는 그 알, 그 시간이 과거이자 미래며 현재입니다. 시간은 이렇게 끊임없이 연결되어 돌고 돌아갑니다. 현재에 점 찍었다 하면 과거로 돌아가고 미래를 거쳐 현재에 나투는 것입니다. 찰나찰나 변해 가니까 과거·미래·현재를 따로 어디에 점 찍을 수 없게 됩니다. 공한 그 가운데 우리가 찰나찰나 실천하면서 살아가고 있는 것입니다. 찰나를 결정하는 자유권이 누구에게 있는가? 자기에게 있습니다. 화를 낼 것인가 말 것인가, 갈 것인가 말 것인가 모든 것이 정해져 있지 않습니다. 이것이 시간입니다.

전생의 업보도 따로 있는 것이 아니며, 지금 이 순간 이 찰나에 닥치는 경계 속에 과거가 있고 전생이 있습니다. '지금 이 순간 이 찰나' 이것 말고는 아무것도 없습니다. 순간순간 드러나는 모든 경계가 자기의 전생입니다. 이 전생을 어떻게 전개할 것인가 그것도 자기의 한생각입니다. 자기가 점을 찍은 한생각, 이것이 진정한 시간의 실체입니다.

야부

시時여 시時여,
청풍명월清風明月은 항상 서로 따르고 도화는 붉고 배꽃은 희며 장미가 붉음을 봄바람에게 물으니 스스로 알지 못하도다.

해설

시간이여! 시간이여! 과거·미래·현재를 모두 포함하고 있는 위대한 지금 이 순간, 찰나가 영원이고 영원이 찰나인 이 시간을 사는 사람을 부처라 이름합니다. 앞생각과 뒷생각이 뚝 끊어진, 고요한 무심에서 우뚝 솟은 한생각이 법이 되어 작용하는 자유인이 그대로 부처입니다.

흔히 시간을 과거-현재-미래로 봅니다. 과거의 원인이 현재의 결과로 드러나고, 현재의 행위가 미래의 원인을 심어 미래의 결과로 드러난다고 이해합니다. 인과법입니다. 옛날 선지식들은 인과법이 바늘 끝과 바늘 끝이 서로 만나듯 한 치의 오차도 없이 딱 들어맞는다고 하셨습니다. 맞는 말입니다.

이 인과법을 자유자재로 쓰는 자, 그를 일러 부처라고 합니다. 어떻게 자유자재로 쓰느냐? 순간을 영원으로 살고 영원을 순간으로 살기 때문에 자유자재입니다. 어떻게 순간을 영원으로 살 수 있는가? 시간이 과거-미래-현재라는 흐름을 이해하고 지금 이 순간 이 찰나가 과거와 미래를 거머쥔 위대한 한순간임을 깨달아 문득 금강반야의 참자기를 드러낸 자는 업식이 한생각 성품 따라 법으로 우뚝 작용하여 법의 꽃, 둘이 아닌 꽃, 공생의 꽃, 평등의 꽃을 피워내기 때문입니다.

함허설의

청풍淸風과 명월明月을 따로 알지 말지니, 청풍이 불 때 명월이 비치고, 명월이 비출 때 청풍이 분다. 복숭아꽃과 배꽃과 장미꽃은 봄바람의 조화

속의 산물인데 봄바람이 알지 못하고, 청풍과 명월은 사람마다 수용하는 집안일이나 사람들이 알지 못한다. 알지 못하고 알지 못함이여, 사람마다 모두 한 쌍의 눈썹을 가지고 있고 낱낱의 얼굴 앞에 다시 사람이 없다. 착어에 말하기를 "스스로 안다"고 하고, 송頌에는 "알지 못한다" 하시니 알지 못함과 스스로 아는 것이 서로의 거리가 얼마나 되는가.

다만 알고 알지 못함을 안다면 이것이 참으로 스스로 아는 것이다.

해설

불교에서의 시간 개념에 대하여 조금만 납득한다면 우리의 삶은 완전히 달라질 것입니다. 마치 맑은 바람이 불면 밝은 달이 훤히 드러나는 것과 같은 이치입니다. 달을 가리고 있던 구름이 다 없어지니 청풍이 불 때 명월이 비치고, 명월이 비출 때 청풍이 붑니다. 마음에 봄바람이 불면 즉 스스로 마음에서 보리심을 일으키면 자기의 몸과 마음속에 있는 갖가지 업식들이 성품에 따라 붉게 피어나고 희게 피어나고 노랗게 피어납니다.

봄바람은 스스로 무심하여 분별이 없습니다. 너는 붉게 피어라, 너는 하얗게 피어라 하지 않아도 꽃들은 각기 성품 따라 복숭아꽃은 붉고 배꽃은 희며 개나리는 노랗게 피어납니다. 우리의 마음도 봄바람보리심이 불면 마음속에 있는 모든 업식들이 한생각 성품따라 법으로 우뚝 작용하여 붉게 피어나고, 공생으로 작용하여 하얗게 피어나고, 조롱박이 파도를 타듯 모든 경계에 천차만별로 꽃을 피워 냅니다. 이와 같이 작용할 때만이 오직 생생하게 살아 있는 시간이라 합니다. 이 얼마나 실감 나는 구체적인 시간입니까?

부처란 무엇인가?

야부

불佛이여, 면목도 없이 시비是非를 설하는 놈이로다.

해설

여래십호如來十號와 십팔불공법十八不共法 속에 부처님의 정체와 정의가 분명히 드러나 있습니다. 부처님의 열 가지 이름은 여여하게 오신 님如來, 응당 공양 받으실 님應供, 바르고 평등하게 깨달으신 님正遍知, 지혜와 행을 갖추신 님明行足, 훌륭하게 가신 님善逝, 세상을 잘 아시는 님世間解, 더없이 고귀한 님無上士, 중생을 잘 다스리는 님調御丈夫, 천신과 인간의 스승이신 님天人師, 완전히 깨달으신 님佛世尊이십니다.

십팔불공법이란 오직 부처님만이 가지고 있는 열여덟 가지 덕성으로 열 가지 힘十力과 네 가지 확신四無所畏, 세 가지 마음 자세三念住, 크나큰 슬픔大悲을 말합니다남전중부『대사자후경』.

유일신적인 종교의 입장에서는 신을 절대자, 조물주 또는 모든 것을 아는 선한 자 등으로 표현함으로써 인간과 신이라는 상대적인 세계가 나누어질 수밖에 없습니다. 불교의 표현 양식은 이와는 사뭇 다릅니다. 열 가지 이름이 구체적으로 거론되어 있고 열여덟 가지 덕성이 구체적으로 표현되어 있어, 누구나 이와 같은 조건에 합당하게 일치하면 '부처'라는 이름을 평등하게 얻습니다. 특별한 어떤 존재만이 그 이름을 갖는 것이 아니라, 조건에 맞으면 누구라도 그 이름을 갖게 됩니다. 이름하여 부처이고, 이름하여 중생이 됩니다. 그런 까닭에 야부스님이 부처란 모습이 없고 모습이 없으면서 또 분명히 법을 설하니 면목도 없이 시비를 설하는 놈이라고 하였습니다.

함허설의

본래 천진한 근원이 이것인가. 훌륭한 상호가 이것인가. 한 몸이 나누어져 두 마음을 짓는다.

형상이 없는데 도리어 모습이 있다 하니 사람을 만나 시비를 설한다.

해설

부처님의 본체는 형상과 모습이 없는 천진한 자리이지만 삼십이상 팔십종호의 모습으로 장엄되어 나타났습니다. 본체로는 모습이 없기 때문에 텅 비어 고요하고, 맑은 거울과 같아 무심자리에서 중생들의 마음을 분별하지 않고 있는 그대로 비추어 설법하십니다.

여러분의 마음이 쉬어지고 고요해지면 즉 경계가 일어나서 나온 곳으로 모두 돌려놓으면, 이미 모든 지혜를 가지고 있는 본래 청정한 거울처럼 투명하게 만상을 비추어 갖가지 행을 한다고 하더라도 거짓됨이 조금도 없게 되는 것입니다.

야부

어릴 때 이름은 싯다르타이고 커서 이름은 석가라.

수많은 사람을 제도하시고, 삿된 무리를 거두어 항복받으셨도다.

만약 저를 부처라 하면 자기는 도리어 마魔가 되리니,

다만 한 대의 구멍 없는 피리無孔笛를 잡아서

그대를 위해 태평가를 부르리라.

해설

역사 속의 고타마 싯다르타 태자가 수행하여 성불한 석가모니부처님
은 화신化身부처님입니다. 화신만을 부처라 한다면 뿌리 없는 나무와
같아서 바른 안목이라 할 수 없습니다. 육근경계에 따라다니는 것에
익숙한 사람들은 법당에 모셔진 형상의 부처님, 역사적으로 살다 가
신 화신의 부처님만을 부처님으로 알고 나와 이분법으로 나누어 기
도하고 갈구하고 복을 구합니다.

　석가모니부처님만이 "수많은 사람을 제도하시고 삿된 무리를
거두어 항복 받으셨도다"라고 이해한다면 이는 제도하는 자와 제도
받은 자, 항복받은 자와 항복한 자로 능소주관과 객관가 나누어져 삿된
소견이 됩니다.

　부처님께서는 당신을 지칭할 때 '내가'라고 하지 않고 항상 '여래
가'라는 말을 쓰셨습니다. 부처라는 형상이 따로 정해져 있지 않고 일
체중생이 본래부처라는 뜻을 가르치신 것입니다. 그런 까닭에 만약
저것을 부처라고 한다면 자기는 도리어 마가 된다 하셨습니다. 마는
다른 데 있는 것이 아니고 따로 보는 자기 마음 안에 있기 때문입니다.

　어떻게 해야 하는가? "다만 한 대의 구멍 없는 피리無孔笛를 잡아
서 그대를 위해 태평가를 부르리라." 여기서 구멍 없는 피리란 우리
의 성품자리를 말하는 것입니다. 성품자리는 그 어디에도 구멍이 없
고 틈이 없지만 말하고 생각하고 느끼고 행동하는 온갖 일을 하는 지
금 그대로 살아 있는 이 존재입니다.

　그대가 삶을 살아가는 그 모든 작용이 부처님 법에 부합하여 하

나도 남김없이 부처행이 될 때, 지금 웃고 울고 말하고 행하는 모든 것이 태평가가 되는 것입니다. 삶이 여여如如로운 것입니다. 그래서 여래라 이름합니다.

함허설의

세간世間과 출세간出世間이 모두 교화敎化하는 의식이다. 비록 이와 같으나 묘한 상相은 형상이 없고 참된 이름은 글자가 아니니, 형상과 이름을 어느 곳에서 얻어 올 것인가. 강江을 인하여 달을 불러오지 않았으면, 온갖 곳에 응함을 어찌 알 것인가. 온갖 곳에 응함이여, 많은 사람과 천인이 언하言下, 말끝에서에 귀의할 줄 알고 많은 마군이 삿됨을 돌려 바른 것에 돌아오니 이는 어지러움을 빼내어 바른 것에 돌아가 태평을 얻는 데 이르겠지만, 본래 태평이 있음을 알아야 비로소 옳다.

만약 보신報身과 화신化身을 가리켜 이를 부처라 한다면 자기의 천진天眞은 다시 무슨 물건인가.

그대는 사십구 년의 자취를 보라. 태허공太虛空 속에 번갯불이 번쩍 일어남이다.

그대는 사십구 년간 설법하신 것을 보라. 방편으로 황엽經을 가지고 아이의 울음소리를 그치게 한 것이다. 오직 한곳이 크게 잊기 어려우나, 황엽과 구멍 없는 피리로써 우리 집의 겁외가劫外歌를 불러일으킨 것이다. 겁외가여! 무엇을 노래하는가. 사람사람이 본래 가지고 있는 태평가를 부르는 것이다. 무엇이 본래 태평인가. 사람사람의 발아래에 맑은 바람이 불고 낱낱 얼굴 앞에 밝은 달이 비친다.

해설

"강경계으로 인하여 달을 부르지 않았으면" 즉 경계가 없으면 진리_{부처}를 알 수 없습니다. 체험하여 깨달아 태평 시대를 이루려 한다면 반드시 근본적인 태평_{본래} 깨달음을 본래 가지고 있음을 알아야 합니다. '보화비진요망연報化非眞了妄緣'이란 게송을 봐도 화신과 보신은 진신眞身이 아닙니다.

'겁외가'는 진리의 말씀으로, 이 진리라는 것은 본래 사람마다 다 가지고 있는 것으로 멀리 다른 곳에서 찾으면 안 됩니다. 우리가 서 있는 바로 이 자리, 나의 발아래서 청량한 바람이 불어 구름이 걷히면 진리는 그대로 드러납니다. 그러면 지금 그대로 밝은 광명_달을 체험하게 되는 것입니다.

존재란?

야부

존재여, 객客이 오면 자세히 살필지니
그냥 지나치지 말고 뒤따라가서 문득 쳐야 하느니라.

해설

누구나 경계를 만나면 눈으로 색을 보고, 귀로 소리를 듣고, 코로 냄새를 맡는 등 육근六根을 통해 보고 듣고 말하고 느끼고 알게 됩니다. 그러나 이것은 객을 주인으로 잘못 알고 착각하는 것과 같으니, '객이 오면' 즉 경계가 닥치면 바로 알아차리고 무심처無心處에 맡겨야 합니다.

함허설의

주인 가운데 주인이여, 긴 세월 동안 문밖을 벗어나지 않았도다. 또한 적연寂然하여 움직이지 않았고 또 홀로 암자에 앉아 고요히 일없음이로다. 만약 한결같이 집에 앉아만 있으면 도중途中의 일이 잘못되고 또 한결같이 도중에만 있으면 집안일이 소홀해짐이니, 모름지기 가사家事에 있으면서도 도중의 일을 잊지 말고 도중에 있으면서도 가사를 소홀히 하지 않아야 비로소 옳다. 이런 까닭으로 말하기를 묘희妙喜, 문수보살가 어찌 무착선사의 물음을 용납하리오만은, 방편으로 어찌 절류기絶類機, 대근기를 저버리겠는가 하였다. 또 '객이 오면'이라 한 것은 느껴서 마침내 통한 것이요, '그냥 지나치지 말라' 한 것은 인연을 따라 집착하지 않음이다.
또한 '객이 오면'이라 한 것은 만약 객이 오면 모름지기 잘 대접하고, '그

낭 지나치지 말라' 함은 이 객은 약간 도적의 기운이 있으니 도적기가 있음을 알면 모름지기 쳐 죽여야 한다는 것이다.

해설

우리의 본래면목인 자성이 어떻게 존재하는가? '주인 가운데 주인'으로 세상의 주인은 중생의 마음속에서 보살의 마음이 생겨나면 스스로 주인이 됩니다. 그 자리는 본래 움직이지 않는 자리이기 때문에 긴 세월 동안 문밖을 벗어나지 않았습니다. 또한 성품은 고요하고 오직 하나 아닌 하나로 상대적인 세계를 초월해 있기 때문에 홀로 암자에 앉아 고요히 일없다고 한 것입니다.

한결같이 집안에만 앉아서 바깥경계를 신경 쓰지 않고 고요히 본체만 지키려고 한다면 작용할 줄 모르게 되고, 도중의 일 즉 바깥으로만 작용하게 되면 본체를 잊게 되어 둘 다 잘못되어 버립니다. 시계추가 이리 왔다 저리 갔다 하면서 잠시도 머무르지 않듯이, 고요하게 있으면서도 작용하고, 작용하는 가운데에서도 삼매에 들 줄 알아야 비로소 옳습니다. 이를 머무름이 없는 가운데 머무는 것無住이라 합니다.

'객'은 경계분별망상로 우리의 업식이라 할 수 있습니다. 업식은 육적六賊을 주인으로 압니다. 그러니 객이 도적의 기운이 있음을 알면 쳐서 죽여야 합니다. 하나로 합쳐서 나의 근본자리에 내려놓는 것입니다. 그러면 둘 아닌 도리不二法를 깨달아 묘하게 진리를 체험하게 됩니다.

야부

홀로 한 향불을 피우고 앉아서 경전 두어 줄을 외우도다.

가련하다, 마차를 탄 객이여. 문밖에서 그의 분망함에 맡기도다.

해설

'홀로'란 말 속에 본체를 드러내고, '향불을 피우고'에서 작용을 나타냅니다. 이 두 마디 속에 일체존재의 본래면목이 온통 드러나 있으므로, 만 사람이 성불을 해도 한 부처─佛라 하고 한 부처가 천백억으로 나투면 화신의 부처라 이름하는 것입니다.

천백억 화신부처님이 천백억 중생을 떠나서 따로 존재하지 않고, 천백억 중생은 자기의 몸과 마음을 떠나서 따로 존재하지 않습니다. 이런 까닭에 자기의 마음을 청정히 하면 일체중생이 청정해지고, 일체중생이 청정해지면 일체의 국토가 청정해지므로 일체가 부처 아님이 없습니다.

함허설의

집안일과 도중의 일을 한 길로 함께 해야 하는데, 항상 도중에만 있어서 집안일에 어두운 것이 가련하다 한 것이다.

또한 "홀로 한 향불을 피우고 앉아서 운운云云" 함은 적寂과 조照가 둘이 아니어서 체와 용이 한결같은 것이고, "가련하다 운운云云" 함은 깨닫지 못한 자가 성색聲色 속에 앉아 있어 삼덕三德의 저 언덕에서 서로 거리가 너무 먼 까닭에 이를 "가련하다" 한 것이다.

소연惱然히 홀로 앉아 눈이 성성惺惺하니, 저 객적客賊이 문밖에서 분망함을 그대로 맡김이로다.

해설

집안일과 도중의 일은 새의 두 날개와 같이 둘 아니게 행해야 하는데, 항상 도중에만 있어서 집안일에 어둡기 때문에 '가련하다'고 합니다.

　"홀로 한 향불을 피우고 앉아서 운운云云" 함은 적조寂照로, 고요한 것은 참나의 본체이며 이는 물과 같습니다. 물은 가만히 놓아두면 저절로 고요해지고, 고요하면 광명이 나와 밝게 비추니 적본체과 조지혜는 하나인 것입니다.

　삼덕이란 법신·반야·해탈을 말합니다. 법신은 지덕智德으로 지혜의 덕이며, 반야는 모든 번뇌가 끊어져야 생기므로 단덕斷德이라 하고, 해탈은 모든 중생을 해탈시키므로 은덕恩德이라고 합니다. 깨닫지 못한 사람은 성색聲色에 집착하고 있으므로 삼덕과 거리가 멀기에 "가련하다 운운云云" 하였습니다.

　또 소연히 홀로 앉아 눈이 성성함은 마음거울이 티끌 하나 없이 깨끗하게 비워졌으므로 문밖의 객적대상경계이 분주히 바빠도 마음 쓰지 않는다는 뜻입니다. 방거사가 "다만 스스로 만물에 무심하면 만물이 항상 나를 둘러싸고 있다 하더라도 무엇이 방해가 되리요"라고 한 말과 같습니다.

야부

큰 비구들 천이백오십 인과 함께함이여,

해설

부처님과 제자들이 한마음으로 한자리에 함께함이 이와 같으니 부처님이 다자탑에서 가섭에게 자리를 나누어 앉은 까닭이 이것인가? 일체중생도 또한 다 이와 같음이로다.

함허설의

주主, 부처님와 반伴, 대중이 서로 참예하고 말하는 이와 듣는 이가 함께 모였다.

해설

깨닫지 못한 사람은 상대성의 세계에 있기에 주객을 나누지만, 깨달은 사람에게는 주반主伴으로 서로에게 주인과 같은 도반입니다. 분명히 너는 너고 나는 나지만, 서로 함께하면서 말하는 이와 듣는 이가 하나가 되니 진리의 참모습입니다.

야부

한 손바닥만으로는 소리가 나지 않도다.

해설

부처님이 없으면 중생이 없고
중생이 없으면 부처님도 없습니다.
마치 나무의 잎과 꽃과 열매가 뿌리를 의지하듯이

일체중생은 부처님께 귀의하십시오.

함허설의

스승과 제자가 함께 모여서 바야흐로 선창^{先唱}하고 화답^{和答}함을 이룬다.

해설

스승부처님과 제자가 한마음으로 한자리에서 설법하시고 수지독송하시니, 일체제불과 일체중생도 또한 이와 같습니다.

야부

높고 높아 당당함이여, 만법 가운데 왕이로다.
삼십이상이요, 백 천 가지의 빛이로다.
성현·범부가 우러르고 외도가 귀의하여 항복하도다.
자비로운 모습 뵙기 어렵다 이르지 말라.
기원 대도량^{大道場}을 떠나지 않으셨도다.

해설

허공 가운데 부처님 아니 계신 곳이 어디 있는가?
예경을 하려 해도 어디에 할 것이며,
입으로 부르려 해도 어떻게 이 작은 입으로 다 말할 수 있겠는가.
차라리 입을 다물고 고요히 앉아 있는 것만 못하도다.

오직 자기 마음이 본래주인이라는 것을 잊지 말고 만법 가운데 왕이라 믿는다면 한 치의 오차도 없이 지금 이 자리가 그대로 기원 대도량입니다.

함허설의

진리를 의지하여 교화를 일으킴에 교화의 도道가 바야흐로 이루어지고, 감응하여 마치면 드디어 숨으니 진리는 항상 머물도다. 세간에서 "부처님은 가비라에서 탄생하시고 마갈타에서 도를 이루시고, 바라나에서 법을 설하시고 구시라에서 입멸入滅하셨다" 말한다.

석가모니께서는 정반왕궁에서 출생하시어 19세에 출가하시고 30세에 도를 이루시고 49년간 세상에 머무시면서 3백여 회를 설법하시고 나이 팔십에 이르러 입멸하셨으니, 입멸을 보인 이래로 지금까지 2천여 년이 되었다.

이런 행적을 보고 세간에서는 "부처님은 오고 감이 있다"고 말하는 것이 옳지만 실체를 들어 보면 와도 온 바가 없어 달은 천강千江에 비침이요, 가도 간 바가 없어 허공을 모든 세계로 나눔과 같다.

이러한즉 비록 세상에 태어났다 하나 일찍이 세상에 나지 않았고, 비록 입멸하였으나 일찍이 입멸하지 아니한 것이다. 이런 까닭에 말하기를 "자비로운 모습을 보기 어렵다 말하지 말라. 기원의 대도량을 떠나지 않았다" 한 것이다.

자비로운 모습을 알고자 하는가. 의심하고 사량하면 천만리나 멀어지도다.

기원정사의 대도량을 알고자 하는가. 눈빛 부딪치는 곳마다 옛 도량 아님이 없도다.

해설

진리의 본체는 법신으로 모든 작용化身은 본체法身를 의지하여 나옵니다. 석가모니부처님도 그 속의 진眞,법신에 있었기 때문에 깨달아 성불해서 화신부처님이 되신 후, 일체중생들에게 가르침을 펴시고감응하시고 이 일을 마치시고 다시 법신의 자리로 돌아가셨습니다. 법신 비로자나부처님으로 지금도 항상 계십니다.

화신부처님의 행적으로 보면 세상에 가고 옴을 보이신 것이라 하겠으나, 참 진리에 의지하여 본다면 석가모니부처님께서는 오셨어도 오신 바가 없으므로 마치 허공 가운데 달이 일천 개의 강물에 비친 것과 같습니다.

비록 석가부처님이 세상에 출현했다 하여도 세상에 출현한 것이 아니요, 세상 인연을 마쳤다 하여도 일찍이 세상 인연을 마친 것이 아닙니다. 그러기에 자비하신 얼굴을 알고자 하거나 도량이 어디인지 알고자 한다면 분별망상을 떠난 자리에서 우리의 눈빛이 부딪치는 곳이 모두 기원 대도량大道場임을 알게 됩니다.

여래의 법공양

그때 세존께서 공양하실 때가 되어 가사를 입으시고 발우를 가지시어
사위대성에 들어가셔서 걸식을 하실 때에 그 성안에서 차례로 걸식하
여 본래의 처소로 돌아오시어 공양을 마치시고 옷과 발우를 거두시고
발을 씻으신 뒤 자리를 펴고 앉으셨다.

爾時 世尊 食時 着衣持鉢 入舍衛大城 乞食 於其城中 次第乞已 還
至本處 飯食訖 收衣鉢 洗足已 敷座而坐

해설

부처님께서 보이시는 걸음걸음과 모든 행위와 일체 상황이 이미 진
리를 표현하고 법을 드러내셨습니다. 모두가 중생을 깨우치고 가르
치기 위한 방편이라는 것을 알아야 하고, 이와 같이 간파하여야 바른
견해正見라 할 수 있습니다. 또한 부처님의 걸음걸음과 모든 중생의
걸음걸음이 털끝만큼도 다르지 않음을 알아야 바른 안목입니다.

공양은 '재식齋食'이라 하여 음식을 먹는 것을 말합니다. 음식을
먹을 때에는 단순히 물질만 먹는 것이 아니라 그 마음도 더불어 취한

다는 것을 알아야 합니다. 『달마관심론』에 다섯 가지 재식법이 있습니다.

첫째 법희식法喜食은 부처님의 바른 법에 의지하여 기쁜 마음으로 받들어 행하는 것입니다. 부처님의 바른 법은 법문이니, 우리의 업식이 두터운 것을 알고 듣기 싫어도 부지런히 듣기를 많이 하면 기쁨이 생깁니다.

둘째 선열식禪悅食은 안과 밖이 맑고 고요하여 몸과 마음이 즐거운 것입니다. 이는 능소가 없어짐으로 내가 공함과 법이 공함을 알게되어 지혜의 몸을 체험하게 되는 것입니다.

셋째 염식念食은 모든 부처님을 생각하는 것입니다. 일체중생 가운데는 모두 부처님이 계십니다. 제불을 항상 생각하면 마음과 입이 서로 상응하니, 입으로 부처님을 부르면 곧바로 자기 마음 본체로 향하게 되어 확연히 둘 아닌 도리를 알게 됩니다.

넷째 원식願食은 착한 서원으로 가장 잘 알려진 사홍서원도 있고, 아미타불의 인행시因行時에 법장비구가 세운 사십팔 대원大願도 있습니다. 일체 부처님은 모두 서원을 세웠기 때문에 성불하였습니다. 부처란 우리의 본래면목이기에 서원 또한 본래면목의 작용입니다.

다섯째 해탈식解脫食은 마음이 항상 청정하여 세상 어느 티끌에도 물들지 않는 것입니다.

부처님께서도 항상 공양하실 때에는 이와 같이 하셨습니다. 우리도 부처님같이 이 다섯 가지 식사를 하면 모두가 견성성불見性成佛할 것입니다.

함허설의

성城에 들어가 걸식하는 것은 법신이 어리석지 않은 것이니 반야로 열어 보인 것이고, 가사를 거두고 발을 씻으신 것은 반야가 집착함이 없음이니 해탈로 열어 보인 것이고, 자리를 펴고 앉은 것은 해탈이 적멸함이니 법신으로 열어 보인 것이다. 바야흐로 반야를 말함에 이것법신과 해탈으로 열어 보인 것은 반야가 반야 된 까닭이 그 본체를 가리키면 이름이 '법신'이고, 작용을 가리키면 이름이 '해탈'이고, 당체當體를 가리키면 '반야'라 한다. 무슨 까닭인가.

반야는 반야가 아니라 반야는 법신과 해탈을 갖추어야 하고, 해탈은 해탈이 아니라 해탈은 법신과 반야를 갖추어야 하고, 법신은 법신이 아니라 법신은 해탈과 반야를 갖추어야 한다. 하나를 들면 셋이 갖추고, 셋을 말하면 체는 곧 하나이다. 바야흐로 반야를 말하면서 이것으로 열어 보인 것이 그러하지 않겠는가.

해설

법신은 텅 비어 고요합니다. 마음이 일어나기 이전의 자리로 이는 허공이라 할 수 있습니다. 텅 비어 고요하면 아무것도 없는 것이 아니라 그 자리는 밝고 밝은 광명이 나와서 만상을 두루 비추는 작용을 합니다. 이것을 반야지혜라 하며 문수묘혜文殊妙慧입니다. 반야는 본래 청정하여 밝고 밝게 알 뿐 안다는 것에 집착하지 않습니다. 밝음이 만상을 비추지만 만상에 물들지 않는 도리입니다. 그래서 해탈로 자유자재한 것입니다.

밝음으로 광명이 드러나면 반야이고, 반야가 만상을 비춰서 조금도 물들지 않고 자유자재하게 드러나면 해탈입니다. 법신과 반야와 해탈은 항상 같이 돌아가는 것입니다. 본체로 보면 법신이라 이름하고 작용으로 보면 해탈이라 이름하고 당체로 보면 반야가 되는 것입니다.

　　어느 것 하나를 들어도 반드시 셋이 갖추어지고, 이 셋을 말하여도 체는 곧 하나입니다. 일즉일체一即一切로 이 셋이 하나인 것입니다.

육조

'그때爾時'라는 것은 바로 이때이고, '공양하실 때食時'란 진시辰時, 오전7시~9시이니 재시齋時, 오전9시~11시가 가까워진 때이다. '가사를 입으시고 발우를 가지시어'라 함은 가르침을 나타내고 자취를 보이기 위한 것이고, '들어간다'란 성 밖으로부터 성안으로 들어간 것이다. '사위대성'은 사위국의 풍덕성豊德城을 말하니 곧 파사익왕이 사는 성이기 때문에 '사위대성'이라 한 것이다.

'걸식'이란 여래께서 일체중생에게 하심下心함을 나타내 보인 것이다. '차례로'란 빈부를 가리지 않고 평등하게 교화한 것이다. '걸식하여'라 함은 많이 빌 때는 일곱 집을 넘지 않았으니, 일곱 집이 차면 더 가지 않았다. '본래의 처소로 돌아오시어'는 부처님의 뜻이 모든 비구를 제어하여 밖에서 요청해 부르는 것 외에 재가자 집에 가지 못하게 하므로 그렇게 말한 것이다. '발을 씻음'은 여래도 똑같이 범부와 다름없는 까닭으로 발을 씻는다고 한 것이다. 또 대승법은 손발을 씻는 것으로만 깨끗한 것으로 삼지 않으니, 손발을 씻는 것이 마음을 깨끗하게 하는 것만 같지 못하다는 것을 말한다. 일념이 깨끗하면 곧 죄의 때가 모두 사라진다. 여래께서 법을 설하고자 할 때는 먼저 단좌禪座를 펴시는 까닭에 '자리를 펴고 앉았다'라고 하였다.

해설

'그때'라 함은 공양하실 때, 한생각 일어나 경계가 닥칠 때 부처님께서 가사와 발우를 가지고 법답게 공양하셨음을 일컫습니다.

'공양'은 한자로 '받들 공供'과 '기를 양養'이며, 받들어 기른다는 뜻입니다. 일반적으로 식사하는 것을 공양한다고 하는데, 입으로만 공양하는 것이 아니고 눈으로 색을 보고 귀로 소리를 듣고 코로 냄새를 맡고 몸으로 감촉을 느끼고 뜻으로 이치를 아는 것 모두가 '참나'에게 바치는 공양임을 알아야 합니다. 정성스러운 음식을 먹고 좋은 법문을 듣고 맑아지는 생각을 깊이 하는 사람은 자신을 잘 공양하는 사람입니다. 탐욕과 분노와 어리석음을 공양하면 중생이 되고 불이 법을 공양하면 부처를 이루게 됩니다.

'가사를 입으시고 발우를 가지시어'라고 할 때 가사와 발우는 법반야을 비유하고, '사위대성에 들어가셔서' 즉 성에 들어가는 것은 경계의 바다에 들어가는 것을 비유합니다. 일체의 경계 속에서 법을 의지하지 않고서 어떻게 생사의 큰 파도를 넘어갈 수 있겠습니까. 가사와 발우는 삶을 살아가는 우산이자 나침반입니다. 폭풍우가 몰아치는 생사의 바다에서 갈 길을 알려 주고 심신을 쉬게 하여 줍니다. 가사와 발우도 없이 맨몸으로 생사의 바다에 뛰어들면 빠져 죽습니다. 이것이 중생들의 삶입니다. 가사와 발우는 전쟁터의 갑옷이자 무기로, 전쟁터에 나갈 때 법의 갑옷을 입고 반야의 검을 들고 나가서 경계가 오면 두 쪽을 내서 확 죽여 버려야 합니다. 이것이 공양을 하는 방법입니다. 모든 상대적인 경계를 쓰러뜨려 둘 아닌 절대의 경지에 집어넣어야 합니다.

'차례로 걸식하여'에서 '차례로'는 불교적 삶의 자세를 가르치는 매우 귀중한 말씀입니다. 부처님 당시에 10대 제자였던 가섭과 수보리의 탁발 방법은 매우 달랐습니다. 가섭은 가난한 집만 탁발하고 수보리는 부잣집만 골라서 탁발했기에, 가섭은 늘 거친 음식을 먹고 수보리는 늘 좋은 음식을 먹었습니다. 두 스님이 음식을 가리고 탐하여서 그리 한 것이 아닙니다. 가섭이 가난한 집을 돌아다니며 탁발한 것은 일부러라도 가난한 이들이 복을 짓게 하여 내생에 윤택하게 살 수 있도록 하기 위함이었고, 수보리가 부잣집만 다니며 탁발한 것은 일부러라도 부자가 복을 짓게 하여 현생의 교만함에 빠지지 않도록 도와주기 위함이었습니다. 부처님께서는 가섭과 수보리의 이와 같은 행동을 아시고 부자든 가난한 이든 가리지 말고 차례로 일곱 집을 돌아 탁발하도록 규율을 세우셨습니다. 인위적으로 좋은 것과 나쁜 것을 취사선택하지 않도록 가르치신 것입니다.

'본래처소로 돌아오시어'는 일체의 업식을 녹이고 모든 경계를 해결할 수 있는 곳은 오직 하나, 자성자리·본래면목임을 가르치신 것입니다. 마치 나무가 시들면 뿌리에 물을 주듯, 인생에 번뇌가 찾아오면 그것을 해결할 수 있는 곳은 오직 본분자리 한곳밖에 없으니 그 자리에 놓고 지켜봐야 합니다.

'발을 씻으신 다음 자리를 펴고 앉으셨다'는 여래께서 행하시는 모든 행은 본래 둘이 없음을 보이시고, 삼매에서 나와 삼매에 다시 들어감에 틈이 없음을 보이신 것입니다.

부처님은 시작과 끝이 여여如如하게 둘이 아닌 이치를 보이고 일체 모든 존재도 부처님과 조금도 다르지 않음을 드러내 보이기 위하여, 손수 가사와 발우를 가지고 성에 들어 걸식하고 처소에 돌아와 공양을 마치고 앉으심으로 일체중생의 모범이 되어 그 길을 분명히 밝히셨습니다.

야부

성성惺惺하게 깨어 있어라.

해설

깨어 있어라.

자성의 부처에 귀의하고 부처님이 설하여 주신 말씀에 귀의하라.

자성의 부처를 등불로 삼고 부처님이 설하여 주신 말씀을 등불로 삼아라.

함허설의

'성惺'이라는 한 글자를 '요혜了慧'라 하고 혹은 '적정寂靜'이라 하니, 곧 '성성'은 정과 혜가 두루 밝아 적寂과 조照가 둘이 아님을 말한다. 다만 정과 혜가 두루 밝아 적과 조가 둘이 아님을 무엇이라 말할 것인가. 눈을 장공長空, 긴 하늘에 걸어 두고 손으로 신령스런 칼을 잡았도다.

해설

마음이 텅 비어 고요히 쉬어지면 적정이고, 거기서 밝고 밝게 드러나 비추는 광명은 묘혜입니다. 적정과 묘혜는 본체와 작용으로 둘이 아닙니다. 긴 허공에 눈을 걸어 두니 위로 보리를 구함이며, 손으로 신령스러운 칼을 잡아 아래로 낱낱광명을 비추어서 함이 없이 중생을 교화함입니다.

야부

공양을 하시고 발을 씻으신 뒤에 자리를 펴고 앉으심은
누구와 함께하심인가.
아래의 긴 문장을 아는가, 모르는가.
보고 보아라.
평지에 파도가 일어나도다.

해설

발을 씻고 자리를 펴고 앉으신 것은 누구와 함께하신 것입니까? 일체
중생과 함께하신 것입니다. 일체중생과 항상 함께하기에, 공양을 하
신 것도 일식一食, 자리에 앉으심도 일좌一座, 말을 하심도 일언一言, 누
구에게든 분별이 없이 하기 때문에 하나로 돌아갑니다.

　　나 하나 밝아지면 주변이 다 밝아지고 우주만물 모든 생명이 밝게
살게 됩니다. 일체법은 모두 구경의 깨달음에 닿아 있는 까닭입니다. 이
와 같이 모두 안다고 하더라도 긁어 부스럼을 만드는 일입니다. 무슨 까
닭인가. 자성은 본래 청정하여 부처와 중생이 둘이 아니기 때문입니다.

함허설의

성에 들어가 걸식하고 가사를 거두고 발을 씻으며 자리를 펴고 편히 앉으
심이 낱낱이 다 간절하게 사람을 위한 소식이다. 성에 들어가 걸식하고
가사를 거두고 발을 씻음은 그만두고, 저 자리를 펴고 편히 앉으신 것은
어떻게 말할 것인가. 조사의 가르침을 높이 들어 찬 빛光寒을 발하니 바로
비야리성에서 입을 벽에 건 것과 같다. 이 속에서 최상의 근기上上根機를

제외하고는 한바탕 부끄러움을 면치 못할 것이니, 근기가 같지 않으므로 여러 방편으로 제접提接한 것이다.

새를 잡는 것은 그물의 한 눈이지만 한 눈만으로는 그물이라 하지 못하고, 나라를 다스림에 그 공功은 한 사람에게 있지만 한 사람만으로 나라가 될 수 없다. 그러므로 황면노자黃面老子, 부처님가 간곡히 중하근기中下根機를 위하여 한 걸음 내려와서 언설言說의 바다를 향해 몸을 비껴 들어가 동설서설東說西說하시고 횡설수설橫說竪說하신 것이다. 이런 까닭에 조사의 가르침을 높이 들어 근기에 따라 쓰니, 중생을 이롭게 하는 것은 그 말씀이 자비를 띠고 있음을 알라 하시니 아래의 문장이 긴 것이 바로 이 때문이다. 그러나 자비하신 부처님께서 베푸신 이러한 말씀이 요컨대 이로움과 해로움이 미세하지 않으니 도리어 이로움이 되고 해로움이 됨을 알겠는가.

성에 들어가 걸식하고 가사를 거두고 편히 앉으심으로부터 동설서설과 횡설수설에 이르기까지 좋은 방편은 없지 않으나, 실제에 의거하여 보면 사람마다의 분상分上은 청천백일靑天白日, 푸른 하늘 밝은 햇살과 같아서 본래 함이 없고 일이 없어서 온 대지大地가 모두 그대로 비로자나의 청평세계淸平世界, 불국토거늘 황면노자가 청평세계를 향하여 창과 갑옷을 시설하시니 이것은 일없는 가운데서 일을 만든 것이다. 그러기에 "보고 보아라. 평지에 파도가 일어나도다"라고 말했다.

또 옛사람이 말하기를 "맑고 맑은 성품의 바다와 깊고 깊은 지혜의 근원이여, 문자와 언사言辭가 여기로부터 흘러나왔다"고 하니, 곧 황면노자가 대적멸의 바다를 향하여 번거롭게 언설의 파도를 일으켰으나 그 언설의 파도가 처음부터 밖에서 온 것이 아니라 마침내 대적멸의 바다를 떠나지 않았으니, 자리를 펴고 앉은 그곳에서 알아듣지 못하면 언설의 바다를 향하여 취해 알아들어야 비로소 옳다. 그러기에 "보고 보아라. 평지에 파도가 일어나도다"라고 말하였다.

해설

부처님께서 성에 들어가 걸식하고 가사를 거두고 발을 씻으며 자리를 펴고 앉으신 낱낱의 거동은 모두 다 간절하게 일체중생을 위한 소식입니다. 조사의 가르침을 높이 들어 찬 빛을 발함은 유마의 침묵인 일구의 도리를 바로 보이신 것이나 이는 최상승의 근기를 제외하고는 알기 어렵기 때문에 중근기와 하근기를 위하여 다시 언설의 바다^{법문의 바다}로 들어가셨습니다.

부처님의 낱낱 거동에서 법문을 널리 펴신 것이 다 중생을 위한 좋은 방편이라 할 수 있겠으나, 진실실제로는 밝고 밝은 본래부처이므로 함도 없고 일도 없습니다. 진리 그 자체인 것입니다. 청평세계를 향하여 창과 갑옷을 시설하시니, 이것은 일없는 가운데서 일을 만든 것으로 평지에 파도가 일어난 격입니다. 맨살을 긁어서 부스럼을 만드는 격이라는 소리입니다.

우리의 일상이 그대로 맑고 맑은 성품의 바다와 깊고 깊은 지혜의 근원이며 모든 법문이 여기서 나왔다는 말로, 경전이 그대로 우리의 삶입니다. 그래서 부처님께서 하신 일체법문이 처음부터 밖에서 오지 않고, 전부 자기 마음을 좇아서 나왔다는 말입니다.

종경

조어사^{부처님}께서 친히 사위성에 가시니 위의威儀는 하늘과 땅을 진동하고, 아라한이 기원정사에 구름처럼 모이니 그 빛이 해와 달처럼 빛났다. 발우를 가지고 성에 들어감은 진실로 빈궁함을 슬퍼하고 애민하게 여김이요, 발을 씻고 가사를 거두심은 바로 편안한 시절이다. 만약 세존께서 꽃을 들기 이전拈華微笑을 향하여 알아차렸다 해도 오히려 아직은 능하지 못함인데 입을 연 이후에 알아차리면 자기 구제도 못할 것이다.

종경이 급히 이끌어 온다 해도 벌써 팔각두 시간이 늦었으니 어찌된 까닭인가. 좋은 말은 이미 채찍의 그림자를 따라 달리거늘 아난은 여전히 세존 앞에 있도다.

걸식하고 돌아와 급고독원에 모여서
가사를 거두고 자리를 펴고 편안히 안거하시니
참다운 자비와 큰 모범이 삼계를 초월하여
인간과 천상을 조어調御하여 스스로 여여如如함을 얻으셨도다.

해설

조어사는 여래를 일컫는 열 가지 명호 가운데 하나로 중생들을 잘 조복하고 제어하여 바른 이치를 잃지 않게 한다는 의미입니다.

부처님께서 꽃을 들기 이전에 즉 발우를 가지고 성에 들어가거나 발을 씻고 가사를 거둘 때에 본체를 알아차려도 될까 말까 하는데, 법문에 겨우 알아차린다고 한다면 이는 사실 자기도 구제하지 못하는 것입니다.

좋은 말은 이미 채찍의 그림자가 허공에 비치기만 해도 따라 달리는데, 아난은 여전히 세존 앞에 앉아 있음은 이미 차가 지나간 뒤에 손을 든 것과 같습니다.

제
2

선현기청분

善現起請分

수보리가 법을 청하다

경문

그때에 장로 수보리가 대중 가운데 있다가 자리에서 일어나 오른쪽 어깨에 옷을 벗어 메어 오른쪽 무릎을 땅에 꿇으며 합장하고 공경히 부처님께 사뢰었다.

"희유하십니다, 세존이시여. 여래께서는 모든 보살들을 잘 호념하시며 모든 보살들에게 잘 부촉하십니다."

時 長老須菩提 在大衆中 卽從座起 偏袒右肩 右膝著地 合掌恭敬 而白佛言 希有世尊 如來 善護念諸菩薩 善付囑諸菩薩

해설

『금강경』에는 법을 설하시는 부처님과 법을 청하는 수보리와 법을 듣는 대중이 등장합니다. 부처님은 누구이고 수보리는 누구이며 대중은 또 누구인가? 부처님과 수보리와 대중을 따로 본다면 이는 삿된 견해이며 『금강경』의 본뜻과 한참 어긋나는 것입니다. 부처님·수보리·대중이 모두 이 경을 읽고 있는 그대 마음 가운데 드러난 자성의 작용임을 알아야만 둘 아닌 이치를 체험하고 계합하게 되는 것입니다.

부처란 고요히 움직이지 않는 마음 나기 이전 법신의 자리이며 금강의 자리입니다.

수보리는 해공제일解空第一이라 하였으니 공한 이치에 통달한 반야의 마음입니다. 자기 마음 가운데 본래 물들지 않아 청정히 아는 마음, 그 마음이 곧 이름하여 수보리의 마음인 것입니다.

대중이란 자기의 몸과 마음 가운데 있는 육도구류중생을 말합니다. 본래부처인 근본에서 한생각 밝은 반야의 마음수보리을 드러내면 대중이 모두 밝아져 해탈하는 것입니다. 법신과 반야와 해탈, 이 셋이 하나가 되고 하나가 곧 셋이 되는 뜻입니다.

함허설의

양기선사楊岐方會가 이르되 황면노자가 다행히 스스로 가련하게 되었다. 수보리가 나와서 "희유하십니다"라고 말함을 듣고 바로 그 자리에서 얼음이 녹고 기와가 풀렸다 하시니 이 늙은이양기선사의 이 말씀은 사람들로 하여금 겁劫 밖을 향하여 알아차리게 하는 소식이다. 이런 까닭에 대혜선사가 이 말씀을 듣고 "황면노자가 한 말씀도 하지 않았는데 수보리가 무슨 도리를 보았기에 '희유하십니다' 하였는가. 다만 양기선사가 말한 얼음이 녹고 기와가 풀린 곳을 향하여 자연히 간파하면 일생참학一生參學을 마칠 것이다" 하였다. 고덕정음선사이 게송으로 이르길,

사해四海에 바람이 쉬니 달이 하늘에 떠 있어서
파도를 움직이지 않고 철선鐵船을 몰고 가도다.
공생이 거듭 누설함을 힘입어서

양마良馬는 그윽히 채찍을 엿보아 면하도다.

즉 세존이 단정히 앉아 한마디 말도 하지 않은 그곳에서 최초 일구를 엿보아 가져다 여러 사람 앞에 두 손으로 분부하시니, 수보리가 일찍 이와 같은 도리를 알고 자리에서 나와 희유하다고 말하시니 수보리가 아니었다면 누가 어둠 속에서 밝음을 알았을 것인가.

비야리성의 그때 일유마의 침묵을 기억하니
한 우렛소리가 삼천세계를 진동하도다.

해설

황면노자는 얼굴이 누런 금빛으로 부처님을 중국식으로 표현한 말입니다.

양기선사는 무슨 까닭으로 부처님을 가련하다고 하였으며, 대혜선사는 부처님이 한 말씀도 하지 않았는데 수보리가 무슨 도리를 보았기에 '희유하십니다'라고 한 것입니까? 부처님과 수보리가 둘이 아닌 한자리임을 역력히 보여준 것입니다. 공양을 마치시고 자리를 펴고 앉으신 부처님은 무심의 자리 본체의 자리 그대로입니다. '희유하십니다'라는 수보리의 한마디에 본체가 작용으로 나투었으니 부처님이 수보리이고 수보리가 부처님입니다.

여러분이 지금 저의 법문을 듣고 있습니다. 법문을 하는 저의 본체와 듣는 여러분의 본체는 하나입니다. 이와 같이 하나인 줄 알아야 위의 '가련하다'는 말이 무슨 말인지 알 수 있습니다. 즉 한자리에 있으면서 각각 모두가 하나라는 것을 안다면 그 자리에 가련한 사람은 없습니다.

　얼음이 녹고 기와가 풀어졌다는 옛 선지식의 말씀은 아무 자취도 없이 소멸한다는 의미이기도 하고, 업식이 녹아 모든 것이 풀어졌다고도 할 수 있습니다. 얼음도 녹아야 물이 되어 마실 수 있고, 씻을 수 있는 등 여러 가지 공덕이 나오는 것입니다. 이는 이치를 깨달아 완전히 진리와 하나가 되었다는 말입니다.

　알든 모르든 깊이 참구해 보아야 여러분 가슴속에 이미 모든 것이 갖추어져 있다는 것을 믿게 됩니다. 이와 같은 말들은 가슴속에서 시원한 참다운 생명수가 나오게 하는 마중물과 같습니다. 이것이 선禪의 기본입니다.

　겁 밖이란 시간과 공간을 초월한 것으로 삼계욕계·색계·무색계를 벗어난다는 말입니다. 양기선사의 이 말씀은 사람들로 하여금 삼계를 벗어나서 깨닫게 하시는 말씀입니다.

　사해는 우리가 사는 삼천대천세계입니다. 바람이 쉬니 달이 하늘에 떠 있고 파도를 움직이지 않음은 모든 분별망상이 쉬어져 나라는 것이 없어진無我 때이므로 좋고 싫음을 다 놓아버려 상대적인 차별이 없는 것입니다. 그러면 부처님과 수보리가 함께 밑 없는 배인 철선을 몰고 가는 것입니다.

　세존께서 단정히 앉아 한마디도 하지 않은 도리가 수보리에 의해 낱낱광명이 되어 삼천대천세계를 고루 비춥니다.

육조

무엇을 장로라 이름하는가. 덕이 높고 나이가 많은 것을 장로라고 한다.

수보리는 범어이다. 한자漢言로는 해공解空이니, 대중을 따라 앉았기에 '즉종좌기卽從座起'라 하였다.

제자가 법문을 청할 때는 먼저 다섯 가지 위의를 행해야 하니, 첫째는 자리로부터 일어나는 것이고, 둘째는 의복을 단정히 하는 것이며, 셋째는 오른쪽 어깨에 옷을 벗어 메고 오른쪽 무릎을 땅에 붙이는 것이며, 넷째는 합장하고 존안을 우러러보아 눈을 잠시도 떼지 않는 것이며, 다섯째는 일심으로 공경하여 묻는 말을 잘 물어야 한다.

희유는 간략히 세 가지 뜻이 있다. 첫째 희유는 능히 금륜왕위金輪王位를 버리는 것이고, 둘째 희유는 신장이 육 척이고 자마금紫磨金의 용모와 삼십이상 팔십종호를 갖추어 삼계에 견줄 데가 없는 것이고, 셋째 희유는 성품이 능히 팔만사천 법을 머금기도 하고 토하기도 하여 삼신三身을 원만히 갖추어 있으니 이로써 위의 세 가지 뜻을 갖춘 까닭에 희유라 한다.

'세존'이란 지혜가 삼계를 초월하여 능히 미칠 자가 없으며 덕이 높아 다시 위가 없어서 일체가 다 공경하기 때문에 세상에서 가장 높다 한다. '호념護念'이란 여래께서 반야바라밀법으로 모든 보살들을 보호하는 것이고, '부촉付囑'이란 여래께서 반야바라밀법으로 모든 보살에게 주어서 맡기는 것이다. '선호념善護念'은 모든 학인으로 하여금 반야의 지혜로 몸과 마음을 호념하여 이로 하여금 망령되이 증애憎愛를 일으켜 밖으로 육진六塵에 물들어 생사고해에 떨어지지 않게 하며, 자기 마음 가운데 생각생각을 항상 바르게 하여 삿된 마음이 일어나지 않게 해서 자성여래自性如來를 스스로 잘 호념하는 것이다. '선부촉善付囑'은 앞생각이 청정한 것을 뒷생각까지 청정하게 잘 부촉하여 끊어짐이 없게 하여 구경에는 해탈하는 것이다. 여래께서 중생과 모임 가운데 있는 중생에게 자세히 가르쳐 보여서 항상 이것을 행하게 하신 까닭에 '선부촉'이라 한 것이다. 보살은 범어이다. 한자로 도심중생道心衆生이며 또한 각유정覺有情이다. 도심道心이란 항상 공경을 행하여 준동함령蠢動含靈, 미물에 이르기까지 널리 공경하고 사랑하여, 가벼이 여기고 업신여기는 마음이 없는 까닭에 보살이라 한다.

해설

『천친론天親論: 金剛般若波羅蜜經論』을 보면 부처님께서 '보살들을 잘 호념하심'은 근기가 성숙한 보살을 의지하여 설함이니 지혜의 힘을 주어서 불법을 성취케 하고 교화의 힘을 주어서 중생을 통솔케 하는 것이라고 하였으며, '보살들에게 잘 부촉하심'은 근기가 미숙한 보살을 의지하여 설함이니 혹 물러설까 두려워하여 지혜로운 사람에게 붙여 주는 것이라고 하였습니다.

부처님께서 호념하시고 부촉하시는 보살들 또한 이 경을 보는 사람과 둘이 아닙니다. 자기의 몸과 마음속에 지옥·아귀·축생·인간·수라·천상이 모두 들어 있으므로 인연 따라 번갈아 가며 그 의식들이 나옵니다. 이때 근기가 성숙한 의식들 즉 성숙한 보살들이 나오면 불법을 성취하게 하고 중생을 통솔하게 합니다. 또 근기가 미숙한 의식들 즉 미숙한 보살들이 나오면 지혜로운 한생각을 잘 돌려서 이끌어 가게 합니다. 부처님은 이와 같은 작용을 잘하시기 때문에 여래라는 이름을 가지게 된 것입니다. 그래서 수보리가 '희유하십니다, 세존이시여'라고 찬탄한 것입니다.

근기가 성숙한 의식들만이 지혜가 아닙니다. 근기가 미숙한 의식도 우리를 밝음으로 이끌기 위해 출현하는 것입니다. 자기 마음의 금강반야를 닦기 위해서 경계가 끝없이 출현하는 것이니 경계가 나타나면 오히려 이것을 고마워해야 합니다. 아직도 닦아야 할 것이 있다는 반증입니다. 닦아야 할 것이 있는데도 불구하고 나타나지 않는다면 이것이 더 큰 문제입니다. 경계가 안 나오면 무엇으로 닦을 수 있겠습니까. 경계가 출현하는 것은 아주 좋은 것입니다. 감사하게 '응, 잘 오는구나' 하고 아주 산뜻하게, 그야말로 싱그럽게 받아들이십시오. 문제는 항상 사방에서 터집니다. 문제 앞에서도 괴로움이 없는 사람은 보살이요, 항상 괴로움에 싸여 있는 사람은 중생입니다.

야부

여래가 한 말씀도 하지 않으셨거늘 수보리가 문득 찬탄하였으니,
눈을 갖춘 훌륭한 무리들은 시험 삼아 잘 착안해 볼지어다.

해설

여래가 침묵으로 금강의 법을 설하시는 것을 제대로 보는 이는 오직 반야의 깨달은 마음 즉 수보리 한 사람뿐입니다. 침묵으로 설하신 완전한 설법이란 말로도 형용할 수 없고 말 아님으로도 형용할 수 없으니 이를 이름하여 무념이라 하고 무심이라 하고 무주라 하고 반야바라밀이라 합니다.

함허설의

서로 만나서 드러내지 않아도 뜻을 들면 문득 아는 자가 있으니, 이것은 무슨 경계인가. 도道가 같아야만 비로소 안다.

해설

공부가 깊어지면 확실히 체험하게 됩니다. 손바닥이 마주치면 소리가 나듯, 알려고 해서 아는 것이 아니고 저절로 알게 되고 통하게 되는 것입니다.

야부

담 너머 뿔을 보면 문득 소인 줄 알고,
산 너머 연기를 보면 문득 불인 줄 알도다.
홀로 앉아 높고 높음이여, 천상천하거늘
남북동서에서 거북과 기와로 점을 치도다. 돌!

해설

밝고 청정한 수보리의 마음을 얻는 이는 담 너머 뿔을 보면 문득 소인 줄 알게 되고 산 너머 연기를 보면 문득 불인 줄 알게 됩니다. 이같은 마음은 천상천하에서 홀로 앉아 높고 높으며, 남북동서에서 한 생각이 법이 되어 법의 인法印을 치게 되는 것입니다.

마음을 놓고 쉬면 무심이 됩니다. 어떤 경계가 닥쳐도 대적할 수 있는 법이 우뚝 서게 되어 만 가지 작용을 하게 됩니다. 한생각 일어나 작용하면 모두 법이 되는 까닭이 이와 같기 때문입니다.

함허설의

불을 알고 소를 아는 일이 희귀하니, 지음을 서로 보는 것이 바로 이와 같다. '홀로 앉아'라 함은 온 허공으로 자신을 삼고 온 대지를 방석으로 삼아서 온갖 차별을 끊고 앉아서 범부와 성인에 통하지 않으니 이것이 천상천하에 혼연히 늠름한 모습이다. 다시 어떤 물건이 있어서 그것과 짝하겠는가. 만약 이와 같은 과량한過量漢, 대근기이면 한번 보고 문득 의심이 없으나, 과량한이 아니라면 가만히 사량함을 면치 못할 것이다.

해설

일체 모든 현상은 다 구경의 근본에 닿아 있음을 깨달아야 합니다.

　'홀로 앉아'라 함은 '온 허공으로 자신을 삼고 온 대지를 방석으로 삼아서 온갖 차별을 끊고 앉았다' 했는데 '나'라는 것이 본래 없음을 알면, 온 허공이 자신이 되고 온 대지가 자기 아님이 없게 되므로 한생각이 그대로 법이 됩니다.

우리 마음 가운데 선남자 선여인

경문

세존이시여, 선남자 선여인이 아뇩다라삼먁삼보리심을 발하오니 응당
어떻게 머무르며 어떻게 그 마음을 항복받으오리까.

世尊 善男子善女人 發阿耨多羅三藐三菩提心 應云何住 云何降伏其心

해설

'응운하주 운하항복기심' 응당 어떻게 머무르며 어떻게 그 마음을 항
복받아야 합니까? 이것은 『금강경』에서 가장 중요한 명제입니다.

함허설의

공생이 세존께서 단정히 앉아 계신 것을 한번 보고 문득 시방의 바가범
婆伽梵, 부처님을 의심하지 않아서, 제불과 같이 증득한 마음을 발하여 바로
묻기를 "육진六塵, 일체경계에서 벗어나지 못함은 머물 자리에 머물지 못하
기 때문이고, 마음이 해탈하지 못함은 마음을 항복받지 못하기 때문입니
다. 어떻게 머물러야 육진에 물들지 않고 머물며 어떻게 항복받아야 마음

에 해탈을 얻겠습니까?"라고 하시니, "제가 이미 발심했으니 어떻게 머물고 항복받아야 합니까?"라고 말하지 않고 선남자 선여인으로서 말한 것은 자기의 깨달음을 숨긴 것이다.

사람사람의 그릇이 닦고 다스림을 빌리지 않아도 본래 스스로 원만히 이루어져 있는데 공생이 이렇게 물은 것은 비록 본래 금金이지만 마침내 녹여야 새롭게 성취되는 것이니 이는 마치 선재동자가 복성福城의 동쪽 언덕에서 처음 문수보살을 만나 단박에 법계를 증득하고도 차례로 오십삼 선지식을 두루 참예參詣하여 낱낱 선지식의 처소에서 말하기를 "제가 이미 보리심을 내었으니 어떻게 보리심을 배우고 보살행을 닦아야 합니까?"라고 물은 것과 같다.

해설

"육진에서 벗어나지 못함은 머물 자리에 머물지 못하기 때문이다"라고 하는 말은 견성체험을 하지 못한 까닭이고, "마음이 해탈하지 못함은 마음을 항복 받지 못하기 때문이다"라고 하는 말은 연기법·불이법을 돈오한견성체험 분상에서 자기 마음 가운데 있는 중생들을 낱낱이 제도하지 못했기 때문입니다. 이것이 운하주云何住, 어떻게 머무르며 운하항복기심云何降伏其心, 어떻게 그 마음을 항복 받습니까에 대한 함허스님의 대답입니다.

수보리가 '제가 발심했으니'라고 말하지 않고, '선남자 선여인'이라고 한 것은 무슨 뜻인가? 함허득통선사는 "수보리가 선남자 선여인으로 말한 것은 자기의 깨달음을 숨긴 것이다"라고 하였습니다. 이말은 중생이 본래부처이지만 홀연히 스스로 미혹하여 중생노릇을 하는 까닭에 닦아 익혀야 견성성불할 수 있기 때문입니다. 비유하자면 비록 본래 금이지만 마침내 녹여야 새롭게 성취되는 것처럼, 사람의 분상은 본래 원만히 구족한 광명 그 자체입니다. 광명이 비출 때 두루 하지 않은 곳이 없습니다. 선재동자가 문수보살을 친견한 바로 그 순간 이미 법계를 증득하고도 오십삼 선지식을 참예하여 "제가 이미 보리심을 내었으니 어떻게 보리심을 배우고 보살행을 닦아야 합니까?"라고 물은 선재동자의 구법행求法行과 같습니다.

육조

선남자란 평탄심平坦心, 평탄한 마음이며, 또 정정심正定心, 바른 선정의 마음이니, 능히 일체공덕을 성취하여 가는 곳마다 걸림이 없다. 선여인이란 정혜심正慧心, 바른 지혜의 마음이니 정혜심을 말미암아 능히 일체 유위와 무위의 공덕이 출생한다. 수보리가 묻기를 "일체의 보리심을 낸 사람은 응당 어떻게 머물며 어떻게 그 마음을 항복받아야 합니까"라고 하시니, 수보리가 일체중생을 보니 조급하고 흔들려서 머물지 못하는 것이 마치 창문 틈으로 비치는 티끌과 같고 요동치는 마음이 회오리바람이 일어남과 같아서 생각생각이 상속하여 쉴 사이가 없음을 보고 그런 마음을 항복하게 하고자 묻기를 "만약 수행을 하고자 하면 어떻게 그 마음을 항복받아야 합니까?"라고 하신 것이다

해설

선남자는 평탄한 마음 바른 선정의 마음으로, 우리 마음 본체자리인 하늘의 마음입니다. 하늘이 일체를 낳게 하였으면서도 스스로를 내세우지 않고 무심이듯이, 본래 고요히 만법을 갖추고 일체 공덕을 성

취해서 가는 곳마다 걸림이 없습니다.

선여인은 지혜의 마음으로, 일체 유위와 무위의 공덕이 출생하는 우리 마음작용인 대지의 마음입니다. 만물만생을 큰 것은 크게, 작은 것은 작게, 흰 것은 희게, 붉은 것은 붉게 천차만별로 응하여 길러내는 것은 스스로 지혜를 갖추고 있기 때문입니다. 만물을 길러 내는 대지의 마음은 우리 마음속에 있는 지옥·아귀·축생·인간·수라·천상인 육도의 마음을 바른 지혜로서 평등하게 제도함에 차별이 없습니다. 부모가 자식을 절대로 포기하지 않는 것같이 마음속의 부모 역시 우리를 깨달음으로 인도하기 위하여 절대로 포기하지 않습니다.

자기의 마음속에 있는 하늘의 성품인 선남자와 대지의 성품인 선여인 사이에서 일체중생이 훌륭하게 커서 부처를 이루게 되는 것입니다. 그래서 선남자인 본래부처의 성품에 머무르고, 선여인인 지혜롭게 다스려 가는 마음으로 일체중생을 항복받으라고 하는 것입니다.

야부
이 한 물음은 어느 곳으로부터 나왔는가.

해설
이 한 물음은 "만약 수행을 하고자 하면 어떻게 머무르며 어떻게 그 마음을 항복받아야 합니까?"입니다. 모든 것은 자기 마음의 근본자리인 자성에서 나왔습니다. 자성에서 나왔음을 알면 머무를 곳을 알 것이요, 항복받을 줄을 알 것입니다.

함허설의

법과 법이 텅 비어 원융하여 법이 머물 곳이 없고, 마음과 마음이 적멸하여 마음을 항복받을 것 없다. 그런데 지금 머물고 항복받는다 하는 이 두 가지 물음은 어느 곳으로부터 왔는가.

또 수보리는 해공제일이라고 부처님께서 일컬으시니 어찌 망령된 마음이 본래 공적空寂하고 바깥경계가 본래 고요한 도리를 몰랐겠는가. 만약 알아서 얻었다면 어떻게 가볍게 이런 질문을 던졌겠는가. 또 법을 물음에 법은 가히 물을 것이 없고, 도를 닦음에 도는 가히 닦을 것이 없다. 다만 그 묻기 이전의 소식을 향하여 착안해야 하니 어찌 '머물고 머물지 못함'과 '항복하고 항복하지 못함'을 다시 물을 것이 있겠는가. 이와 같이 착어着語, 이 한 물음은 어느 곳으로부터 나왔는가하신 뜻이 무엇인가.

> 만약 오늘의 일을 밝힌다면
> 도리어 본래의 몸을 못 보게 되리라.

해설

일체법은 텅 비어 원융하기에 머물 곳이 없습니다. 원융하다는 것은 둘 아닌 도리로 바로 우리의 마음자리입니다. 법은 이미 우리의 마음자리에 있기 때문에 머물 곳이 없는 것이고, 이 마음과 마음이 적멸하여 항복받을 것도 없는 것입니다.

『전등록』에 보면 2대 조사인 혜가스님이 초조 달마스님에게 마음이 너무나 괴롭다고 하니, 달마스님께서 괴로운 마음을 가지고 오면 편안하게 해 주겠다고 했습니다. 혜가스님이 괴로운 마음을 찾아보니, 그 마음은 잡을 수도 없고 어떠한 실체도 없음을 알게 된 것을 달마스님에게 말씀드렸습니다. 그러자 달마스님께서 그 괴로운 마음을 편안하게 해주었다고 하였습니다.

이미 마음이라는 것은 본래 텅 비어 고요하여 완전한 것입니다. 비유하면 물이라는 것은 본래 고요하나 바람이 불어 물결이 일고 파도가 치는 것입니다. 우리의 성품도 마찬가지입니다. 오욕팔풍의 바람만 불지 않으면 천연적으로 고요한 것이고, 고요하면 밝고 밝게 작용하고 잘 비추니 거기에 특별히 애쓸 필요가 없습니다.

이와 같은 이치를 알면 지금 머물고 항복받는다 하는 이 두 가지 물음이 나의 본래 참마음에서 나온 것임을 알게 됩니다.

야부

그대는 기뻐도 나는 기쁘지 않고
그대는 슬퍼도 나는 슬프지 않도다.
기러기는 북쪽으로 날아갈 것을 생각하고
제비는 옛집으로 돌아갈 것을 생각하도다.
가을 달 봄꽃의 무한한 뜻은
그 속에서 다만 스스로 알 뿐이로다.

해설

'그대는 기뻐도'는 지금 작용하는 선여인이고, '나는 기쁘지 않고'는 본체 자리인 선남자입니다. 이 두 가지 마음은 본래부터 함께 존재하는 것이므로 인연에 의해서 나툴 뿐입니다.

'기러기는 북쪽을, 제비는 옛집을 생각한다'는 것은 우리가 숭상하는 모든 행위들이 본질적으로 진리를 향해 있음을 뜻합니다. 우리의 존재는 모두 대광명으로부터 나와서 지금 한생각 무명에 갇혀 있기 때문에 본래고향인 광명으로 돌아가고자 하는 것입니다. 그래서 만물만생은 모두 부처로 가는 구도자라고 하는 것입니다.

'가을 달 봄꽃의 무한한 뜻은' 가을 달과 봄꽃 즉 만물만생이 본래부처의 나툼임을 깨달으면 낱낱이 '그 속에서 다만 스스로 알 뿐이로다'라고 하였습니다.

모든 사람이 명절에 고향에 가려고 하는 행위도 다 본래고향인 본성자리에 돌아가고자 하는 근원적인 열망이 구체적인 모습으로 반영되어 나타나는 것입니다. 어떤 대상을 온 마음으로 사랑하는 것조차 그 대상을 상대적으로 표현해 놓고, 자기가 자기 마음속의 그 성스럽고 영원한 사랑의 맛을 보고 체험하여 광대무변한 나를 알아 가는 수행의 과정입니다.

함허설의

너와 나, 그대와 나는 본분인本分人이 금시인今時人을 향하여 일컬은 것이니 너는 머물고 항복하면 마음이 기뻐하고, 머물고 항복하지 못하면 마음이 슬프고 근심하거니와 나의 이 세계本分人는 본래 스스로 맑고 고요하여 정리되고 정리되지 않음이 모두 없으니 무엇이 슬프고 무엇이 기쁘겠는가. 마치 기러기가 저 북쪽을 생각하는 것과 제비가 옛집을 생각함과 같으니 어찌 슬프고 기뻐함으로 마음을 삼겠는가. 다만 일단一段의 공이 오고 감에 자유로울 뿐이다. 이로써 봄에는 만물이 소생하고 여름에는 자라며 가을에는 거두고 겨울엔 갈무리저장하는 것과 달이 차고 기울며 꽃이 피고 지는 데 이르기까지 무릇 줄고 늘며 차고 비는 것이 각각 무궁무진한 뜻이 있으니, 이는 아버지가 전할 수 없으며 스승이 줄 수 없다. 각자 본인이 스스로 긍정하고 스스로 깨달아야 비로소 옳다.

해설

본분인은 본성자리·본래인이고, 금시인은 지금 옳다 그르다 분별하고 작용하고 있는 사람을 말합니다.

지금 작용하고 있는 사람이 슬프고 근심하고 기뻐해도, 작용하고 있는 사람의 본분자리는 맑고 고요합니다. 작용은 항상 본체자리를 의지하여 나왔을 뿐입니다. 이 사실을 안다면, 어떠한 슬픔과 괴로움과 즐거움과 성스러움이 나온다 해도 그저 자신이 맛을 볼 뿐입니다. 슬프면 슬픔의 맛을 보고 기쁘면 기쁨의 맛을 보고 다만 맛만 보는 것이지 이것으로 마음을 삼지 않습니다. 이를 통해 한량없는 자기를 알아 가는 것입니다. 이것이 지혜이고, 지혜를 체험해 가고 증장해 가는 과정입니다.

봄은 봄대로 여름은 여름대로 가을은 가을대로 겨울은 겨울대로 옳으며, 달이 차고 기울며 꽃이 피고 지는 모든 것에 무궁한 뜻이 있는 것입니다. 모두 옳은 것이니 진리의 작용입니다. 작용을 버리고 진리가 따로 있지 않고 또한 본체를 버리고 작용이 따로 있지 않습니다. 하나하나 점차 알아 체험해 갈 때 지혜가 풍부해지고 지혜가 증장되면, 스스로 맑고 고요하여 본래 내가 없는 나를 알게 되는 것입니다. 바로 참나를 알게 되는 것이고 그 광대무변한 나를 체험하게 됩니다. 이는 아버지도 전해 주지 못하는 도리이며 스승도 주지 못하는 소식입니다. 이미 각자 스스로 원만히 갖추어져 있기 때문입니다.

아뇩다라삼먁삼보리심

경문

부처님께서 말씀하시되,

"훌륭하고 훌륭하다, 수보리야. 네 말과 같이 여래는 모든 보살들을 잘 호념하며 모든 보살들을 잘 부촉하느니라. 너희는 지금 자세히 들으라. 마땅히 너희를 위해 설하리라. 선남자 선여인이 아뇩다라삼먁삼보리심을 발하였으면 응당히 이와 같이 머물며 이와 같이 그 마음을 항복받아야 하느니라."

"그렇습니다, 세존이시여. 바라옵건대 즐거이 듣고자 합니다."

佛言 善哉善哉 須菩提 如汝所說 如來 善護念諸菩薩 善付囑諸菩薩 汝今諦聽 當爲汝說 善男子善女人 發阿耨多羅三藐三菩提心 應如是住 如是降伏其心 唯然 世尊 願樂欲聞

해설

여래는 법신이고 무심이며 마음 나기 이전 고요한 자리, 모습 없는 모습의 자리 곧 금강이며 마하인 본체의 자리입니다. 수보리는 텅 비어 고요한 곳에서 밝은 광명으로 비추는 자리 곧 반야의 자리입니다. 무

심인 본체에서 밝은 반야의 마음인 수보리가 맑은 거울에 만상이 그
대로 비추어 응하듯이 근기가 성숙한 보살들은 잘 호념하며 근기가
미숙한 보살들은 잘 부촉하는 까닭에 훌륭하고 훌륭하다고 찬탄하신
겁니다.

　내 마음을 성스럽게 쓰면 선호념하고, 어리석은 마음이 나오면
선부촉합니다. 선호념과 선부촉하는 보살도 또한 한 집안일이며 둘
이 아닌 한 종자임을 알아야 합니다. 우리 마음이 고요히 무심이 되면
수보리는 부처가 되고, 고요한 곳에서 한생각 밝은 반야의 지혜가 드
러나면 부처님은 수보리가 되어 나투게 됩니다.

함허설의

"마땅히 너희를 위해 설한다"는 이 일을 말하고자 한 것이고, "바라옵건
대 즐거이 듣고자 합니다"는 이 일을 듣고자 한 것이다.

해설

'이 일'이란 본래면목의 일을 말합니다.

육조

이것은 부처님께서 수보리가 여래의 마음을 잘 알며 여래의 뜻을 잘 안
것을 찬탄하신 것이다. 부처님께서 설법하고자 하실 때는 항상 먼저 분부
하여 모든 청중으로 하여금 일심으로 조용하게 하는 까닭에 이르시기를
"너는 이제 자세히 들어라. 내가 마땅히 너를 위하여 설하리라" 하신 것

이다. '아阿'는 '없다無'는 말이고, '욕다라耨多羅'는 '위上'라는 말이며, '삼三'은 '바르다正'는 말이고, '먁藐'은 '두루編하다'는 말이며, '보리菩提'는 '안다知'는 말이다. 무無는 모든 때묻고 물듦이 없다는 말이고, 상上은 삼계에서 능히 견줄 것이 없는 것이고, 정正은 바른 견해이고, 변編은 일체지一切智이며, 지知는 일체 유정有情이 다 불성이 있어서 다만 닦고 행하면 모두 성불하게 됨을 아는 것이다. 부처란 곧 위없이 맑고 깨끗한 반야바라밀이니, 이로써 일체 선남자 선여인이 만약 수행하고자 하면 마땅히 위없는 보리도菩提道를 알아야 하며 마땅히 위없는 청정한 반야바라밀법을 알아 이것으로 그 마음을 항복시킨다 한 것이다. 유연唯然이란 응당 허락한 말이고 원요願樂는 부처님께서 널리 설하여 중·하근기로 하여금 모두 깨닫기를 원한 것이고, 요樂는 깊은 법을 즐거이 듣는 것이다. 욕문欲聞은 자비로운 가르침을 간절히 바란 것이다.

해설

'이것'은 부처님께서 수보리가 여래의 마음과 뜻을 잘 안 것을 '선재 선재'라고 하여 크게 찬탄하신 말을 가리킵니다.

　부처님께서 법문을 하실 때 듣는 자에게 일심으로 듣기를 항상 분부하셨는데, 『지도론』에 보면 잘 나타나 있습니다. 마치 목마른 자가 물을 마시듯이 법을 들을 때에는 단정히 우러르며 일심으로 말뜻 속에 들어가 법을 띨 듯이 기쁜 마음으로 듣고 마음으로 슬퍼하고 기뻐하며 감동하는 이를 위하여 법을 설하신다고 했습니다. 이런 마음이 되면 공부는 저절로 될 수밖에 없으며, 온통 자기 것이 됩니다. 이와 같다면 따로 정진이 필요할까요? 따로 참선이니 좌선이니 화두니 염불이니 있는 것이 아니고 이렇게 들으면 이것이 참선이며 좌선이며 화두 드는 것이며 염불하는 것으로 수행이고 정진인 것입니다. 선재동자가 일만팔천의 대중을 이끈 도리와 같습니다. 그 대중이 다 이 몸속에 있는 중생들입니다. 몸과 마음속에 있는 일체중생들에게 내가 한생각에 부모가 되어 끊임없이 보여 드리고 들려 드리고 해야 하는 것입니다. 내가 밝아지면 전체가 밝아집니다. 이것이 공부입니다. 어떠한 형식이 필요한 것이 아닙니다.

아뇩다라삼먁삼보리는 무상정변지無上正遍智로 일체중생이 모두 다 부처 될 성품이 있기에 다만 수행을 하면 모두가 부처를 이룰 수 있음을 아는 것입니다.

야부

가끔가끔의 일이 자세히 부촉함으로 인하여 생기도다.

해설

마음공부의 길로 막 들어선 사람에게 자기의 마음을 살피는 일이 처음에는 쉽지 않습니다. 자기 마음의 작용이 자기인 줄로 알지만 사실은 마음도 눈으로 보고 귀로 듣고 코로 냄새 맡고 혀로 맛보고 촉감으로 느끼는 것처럼 밖으로부터 들어와 내 속을 차지하고 있는 것입니다.

마음도 속이 아니라 바깥입니다. 진짜 나의 속 안인 것처럼 자꾸 속여 대는 그 마음이란 놈을 잘 살피려면 마음에 틈을 주면 안 됩니다. 잠시만 틈을 주면 겨울철 찬바람이 문풍지 사이로 들어오듯 마음에도 찬바람이 들어옵니다. 한암스님께서 "틈이 없이 결심을 하는 것이 바로 대결심이다!"라고 말씀하신 뜻이 이것입니다.

물러서지 말고 겁내지 말며 번민하지 말아야 합니다. 부르기만 하면 대답하는 어버이의 마음, 금강반야의 참마음, 참성품이 항상 내 안에 같이 있습니다. 마음공부가 체험의 단계로 올라서면, 바깥의 마음과 안의 참마음이 둘이 아닌 한마음임을 확연히 알게 됩니다.

함허설의
다만 이 일은 자세히 부촉하는 것으로 인하여 나타나도다.

해설
이 일이란 설법을 말하며, 자세히란 구체적인 것입니다.

부처님께서 법을 설하시는 것은 구체적인 부촉으로 인하여 일어납니다. 밖의 부처님만이 아니라 자기 안에 있는 부처님과 함께입니다. 안팎의 부처는 항상 둘이 아닙니다. 설법도 자기 속에 있는 부처로부터 법문이 나오는 것입니다.

부촉은 지혜로 성숙한 보살에게 맡기는 것으로, 경계가 닥쳤을 때 업식으로 행하지 말고 법문에 의지하여 대처해야 합니다. 이것이 바른 부촉입니다. 바깥에 있는 경계를 잘 해석하면 도리어 이것에 의지하여 여러분 가슴속에 있는 참부처가 법문을 해 주면서 경계를 구체적으로 대적하여 깨닫게 해 줍니다.

야부
손이 일곱에 다리가 여덟이요, 신의 머리에 귀신의 얼굴이라.

봉으로 쳐도 열지 못하고 칼로 베어도 끊지 못하도다.
염부제閻浮提에 가서 머뭇거리기를 그 몇천 번인가.
낱낱이 공왕전空王殿, 부처님 집을 떠나지 않았도다.

해설

'손이 일곱에 다리가 여덟이요'란 신통이 자재하다는 뜻으로 자기 마음을 말합니다. 밥 먹고 말하고 웃고 울고 들을 줄 아는 이놈, 일체처·일체시에 밝고 지혜롭게 작용하는 우리들의 삶을 가리킵니다.

'신의 머리에 귀신의 얼굴이라' 함은 어떨 때는 거룩하고 성스럽기가 신과 같고 어떨 때는 해롭고 악하기가 귀신과 같은 사람, 바로 우리를 말합니다. 나무가 잘 자라려면 햇빛도 필요하지만 비바람도 필요하듯이, 사람의 마음도 선악이 더불어 행해지면서 지혜로 나툽니다.

부처님이 도솔천에서가 아니라 인간세계에 나오셔서 부처가 되신 까닭이 여기에 있습니다. 마음을 정밀하게 닦으려면 선과 악이 모두 필요합니다. 우리가 선남자 선여인의 마음만 갖추면 선은 잘 호념하고 악은 잘 부촉하여 모두 공부로 돌릴 줄 알게 되어 삶이 자유자재하게 됩니다.

'봉으로 쳐도 열지 못하고 칼로 베어도 끊지 못한다'는 것은 자기 성품이 허공과 같은 까닭이니 무무역무無無亦無라고 했습니다. 얼어붙은 한겨울에 아무것도 없는 것 같아도 시절인연이 오면 모든 것이 살아 생동하듯 일체의 작용은 무심이 근본이 됩니다.

겨울에 오동나무를 칼로 베어도 그 안에 꽃이 숨어 있지 않지만 봄이 되면 스스로 꽃을 피우는 것처럼 우리의 마음도 봄바람이 불면 저절로 꽃이 피어서 깨달음을 이루게 되는 것입니다.

'염부제에 가서 머뭇거리기를 그 몇천 번인가. 낱낱이 공왕전을 떠나지 않았다' 하는 것은 끝도 없는 육도를 오고 가면서 수억겁을 돌고 돌아 익혀 온 우리의 삶이 그대로 본성이 굴러가는 모습이라는 뜻입니다.

함허설의

신비한 작용은 자유롭고 미묘한 체는 보기 어렵다. 흔들고 퉁겨 봐야 얻을 수 없고 견고하여 무너뜨리기 어렵다. 생사의 길에 몇 번이나 왔다 갔는가. 발자취는 원래 허공같이 청정하도다.

해설

우리의 본체는 모습이 없어서 보기 어렵지만, 자유롭고 자재하여 온갖 작용을 능수능란하게 합니다. 자식이 오면 어머니로, 남편이 오면 아내로, 시어머니가 오면 며느리로 찰나찰나 그에 맞추어 분명하게 한 치의 오차도 없이 작용하고 있습니다. 작용 속에 '이것이다'라고 이름을 붙일 수 없기 때문에 무너뜨릴 수도 없습니다.

수억겁을 살면서 죽고 살기를 거듭하는 생사의 길에서 얼마나 많이 오고 갔는지 셀 수가 없습니다. 그런데 우리는 지금의 생生만을 생각하지 전체를 보지 못합니다. 전체를 볼 수 있는 안목을 길러야 다음 생도 그다음 생도 잘 태어나서 여여하게 살 수 있습니다. 지금 깨달아야 나중에 깨닫는 것입니다. 지금 그렇게 믿고 물러서지 않아야, 나중에 물러서지 않는 모습으로 다시 나타날 수 있습니다. 지금 이 순간 부처님 법에 의지하여 항상 불이법·무위법으로 함 없이 행을 해야 하고, 중도법으로 치우침이 없이 마음을 써야 합니다.

이 공부를 하면 모든 것이 깨달음으로 회향되며, 모두가 갖추어져 저절로 자유스럽고 풍요롭고 건강하게 살게 됩니다. 예를 들어 마음 닦는 이 공부의 가치를 만 원이라고 하면, 건강하고 잘살고 행복한 것은 천 원이라고 볼 수 있습니다. 천 원짜리 하나를 잡으려 하지 말고, 만 원짜리 하나를 갖게 되면 그 안에 천 원이 들어있음을 알게 하는 것이 불교입니다.

종경

옛날 기특한 선현善現, 수보리이 희유하신 부처님慈尊을 찬탄하시며 오탁악세五濁惡世의 중생을 가엾게 여겨 보리심의 요체를 물어 해결하시니 일경一經의 정안正眼, 바른 눈이고 삼장三藏, 經·律·論의 훌륭한 말씀이다. 천 명의 성인도 전하지 못하고 모든 조사들도 설하지 못하였다. "이와 같이 항복받음이여", 조각배는 이미 동정호를 지나갔음이요. "호념하고 정녕丁寧하심이여", 어찌 흰 구름이 천만리일 뿐이리오. 무엇 때문에 이와 같은가. 비바시불이 일찍이 마음을 머물러서 바로 지금에 이르렀는데도 아직까지 묘함을 얻지 못하였다.

해설

보리심은 지혜의 마음이며, 요체는 핵심입니다. 수보리는 보리심의 핵심을 이미 알고 있지만 중생들을 위하여 스스로 물어서 해결했습니다. 이를 여기서 일경一經의 정안正眼이라 하였고, 일이란 너와 내가 나누어지기 이전 절대의 일을 말합니다. 일경, 하나의 경이란 항상 근본자성에서 들어서 법답게 설해진 것으로 진리를 뜻합니다. 더불어 일식一食과 일좌一座에 대해서도 마찬가지입니다. 일식은 부처님께서 본래의 처소로 돌아오셔서 공양하심이고, 일좌는 자리를 펴고 앉으셔 삼매에 드신 것입니다. 참선하는 수행자들은 이렇게 일, 하나로 돌아갈 줄 알아야 합니다.

이 도리는 우리가 천연적으로 본래 가지고 있기 때문에 천 명의 성인도 모든 조사도 전하지도 설하지도 못하는 것입니다. 작용 이전의 본체자리이기 때문입니다.

항복받을 것도 없는데 항복받았다고 하니 조각배가 이미 동정호를 지나갔다고 한 것입니다. 지나간 조각배는 잡으려 해도 잡을 수 없습니다. 달리 말하면 여러분은 이미 지금 부처의 행을 하고 있습니다. 이를 깨달으면 비바시불도 깨닫고 모두가 부처가 됩니다. 비바시불이 여러분 자신인 것입니다.

함허설의

선현이 기특하다고 한 것은 가르침聲教, 부처님께서 음성으로 설하심을 기다리지 않고 믿어 의심하지 않았기 때문이고, 자존慈尊이 희유하다는 것은 그 가르침을 나타내지 않고도 인천人天을 깨닫게 했으니 말 없음으로 교화를 펴는 것은 상근기와 상지혜자上智慧者에게는 곧 옳거니와 중·하근기는 눈먼 사람이 햇빛을 대하는 것과 같아서 현묘한 교화가 있는 곳을 알지 못하고, 또 말세중생은 오히려 현묘한 교화를 얻지 못하여 이장二障, 번뇌장·소지장의 장애를 입어 보리의 지견知見을 어둡게 했으니 모름지기 언어의 방편을 빌려서 보리심의 요체를 열어 보여야 한다. 이런 까닭에 공생이 그들을 위하여 물으신 것이니 단지 이 보리심의 요체는 가히 일경의 정안正眼이 고 삼장의 절묘한 말씀이다. 여러 성인이 전하지 못하고 모든 조사가 설 하지 못하시니 이와 같이 항복함과 정성스러운 호념은, 이것을 가지고 달 을 가리키는 손가락으로 안다면 좋거니와 이것을 일러 일경의 정안이라 말한다면 조각배는 이미 동정호를 지나간 것이다. 어찌 흰 구름이 천만리 뿐이겠는가. 무엇 때문에 이와 같은가. 오랜 세월 동안 여기에 대해 마음 을 써 왔지만 아직도 아득하기만 하다.

해설

『법화경』에 보면, 거지 아이가 자기 옷 속에 무진보無盡寶, 다함이 없는 보 배가 있는 것을 모르고 항상 얻어먹으러 다녔다는 이야기가 있습니 다. 우리도 이 아이처럼 이미 보리심의 요체를 갖고 있으나 알지 못 합니다.

이 생生을 허비하고 또다시 다음 생에 나오기를 반복하면서 점 점 더 아득해집니다. 이 법문을 만나기 너무나 어렵기 때문에 지금 생 을 어영부영 허비해 버리면 안 됩니다. 우리가 각기 처한 처지는 다르 지만, 이 중에서 누가 공부하기 좋은 조건인지는 알 수 없습니다.

나는 이래서 공부가 안되고, 저래서 공부하기 힘들다고 탓하는 데, 이렇게 탓하는 마음이 근기입니다. 어떤 상황이 벌어져도 공부 재 료인 줄 알고 공부로써 밀고 들어갈 줄 알아야 수승한 근기이며 지혜 가 높은 자입니다.

종경

묻는 곳도 높고 답한 곳도 깊으니
묘하고 원만하고 참되고 청정하여 찾을 수 없어라.
언뜻 이같이 단적端的함을 알면
묵묵히 보리의 대도심大道心에 계합契合하리라.

해설

단적이라는 것은 묻는 곳과 대답하는 곳이 한곳입니다. 묻는 것은 누가 묻고 대답은 누가 하는가 하면 그곳은 같은 자리인 것입니다. 그 한자리를 알면, 그 자리는 둘이 아닌 중도법·불이법·연기법으로, 보리의 대도심에 계합하게 됩니다.

함허설의

한 번 묻고 한 번 답하는데 묘한 이치가 그 안에 있으니, 묘하고 원만하고 참되고 청정함을 다른 데서 찾지 말라.

> 한산寒山의 손가락 끝에 달은 둥근데,
> 많은 방관자들의 눈은 장님과 같도다.
> 다만 손가락 끝을 향하여 활안活眼을 열면
> 눈에 가득한 찬 빛은 감출 곳이 없으리라.

해설

한산은 깊은 산중에 계신 문수보살의 화신으로 문수묘혜文殊妙慧를 나타내고, 습득은 시정市井에서 법을 펴신 보현보살의 화신으로 보현만행普賢萬行을 표현한 것입니다. 그렇지만 한산과 습득은 본체와 작용으로 한자리의 소식입니다.

　한산은 항상 달문수묘혜을 가리키나 사람들은 장님처럼 달을 보지 못하는 것입니다. 그러니 악을 쓰고 욕을 하는 저 사람이 "아! 부처님이 저러시는구나" 하고 이렇게 알아야 문수묘혜를 제대로 아는 것인데 사람들이 방관만 하다가 지나쳐 버리고 보지 못합니다. 만약 손가락 끝을 향해 활안을 열면 눈에 가득한 찬 빛寒光, 시원한 광명이 자기의 가슴속에서 나옵니다. 그 시원한 광명진리이 쏟아져 나올 때 감출 수 없습니다. 그것은 그냥 나와 버릴 뿐입니다. 어디를 통해서 나오느냐? 육문六門, 눈·귀·코·혀·몸·뜻을 통해서 나옵니다.

제
3

대
승
정
종
분

大乘正宗分

내 마음 안의 구류중생

경문

부처님께서 수보리에게 말씀하시되,

"모든 보살마하살은 응당 이와 같이 그 마음을 항복받을지니라."

佛告須菩提 諸菩薩摩訶薩 應如是降伏其心

해설

앞생각이 미혹하면 중생이요, 뒷생각이 청정하면 보살입니다.

일체중생을 공경하는 것이 곧 그 마음을 항복받음이요,

일체중생이 나와 둘 아닌 이치를 깨닫는 것이 항복의 극치입니다.

육조

앞생각이 청정하고 뒷생각도 청정한 것을 보살이라 하고, 생각생각이 물러서지 않고 비록 세상 가운데塵勞에 있으면서도 마음이 항상 청정한 것을 마하살이라 한다. 또 자비희사慈悲喜捨의 갖가지 방편으로 중생을 교화 인도하는 것이 보살이고, 교화하는 사람이나 교화받는 사람에 대하여 마음에 집착함이 없는 것을 마하살이라 하니, 일체중생을 공경하는 것이 곧 그 마음을 항복받는 것이 된다. 진眞에 처함을 불변不變이라 하고 여如에 계합契合함을 불이不異라고 하니, 모든 경계를 만나도 마음에 변하고 달라짐이 없음을 진여眞如라 한다. 또 이르되 밖으로 거짓 없음을 진이라 하고 안으로 산란하지 않음을 여라 하며, 생각생각에 차별이 없음을 시是라 한다.

해설

누군가 '나는 앞생각이 아직 청정해지지 않았는데 언제 청정해지나' 하고 생각한다면 지금 바로 청정하게 마음을 쓰십시오. 새롭게 찾아오는 순간순간에 계속 법답게 마음을 쓰면 앞생각이 청정해집니다. 그러다 보면 경계와 마주쳤을 때 그 전에 앞생각을 계속 내려놓았고 뒷생각은 깨달았으니, 지금 다시 나올 때는 앞생각이 청정하게 나올 수밖에 없습니다. 선근을 닦는다 혹은 업보를 무너뜨린다는 것이 모두 지금 한생각에 달려 있습니다.

자비희사의 갖가지 방편으로 중생을 교화하여 인도하는 분을 보살이라 했습니다. 밖의 중생만을 말하는 것이 아닙니다. 안팎의 중생이 원래 둘이 아니므로 먼저 스스로 마음 가운데 있는 중생을 제도해야 합니다. 내 안에 있는 중생들은 밖에 있는 중생들과 연기로 함께 존재하니, 내 안의 중생을 제도하면 밖에 있는 중생을 제도하는 것이 됩니다. 그기에 밖으로 작용할 때도 그 중생들에게 법에 의지해서 물러서지 않고 끝없이 법답게 생각하고 법답게 행을 해야 합니다. 이는 다시 스스로의 중생을 제도하기 때문입니다. 육조스님은 이를 자성중생서원도自性衆生誓願度라고 했던 것입니다.

진에 처해 있는 것을 변하지 않는 항상한 것不變이라고 하고, 여에 계합하는 것을 다르지 않다不異고 했습니다. 진은 진리의 본체이고, 여는 진리의 작용입니다. 진리의 본체는 변하지 않는 것이고, 작용은 항상 둘 아니게 돌아가야 합니다. 모습은 각각 다르지만 실은 진의 나툼입니다. 아주 못돼 먹은 사람을 보더라도 저것도 진리로서의 내 모습이라고 받아들일 수 있어야 하고, 잘난 모습을 봐도 잘난 내 모습으로 볼 줄 알아야 합니다.

경문

"일체중생의 종류인 난생·태생·습생·화생·유색·무색·유상·무상·비유상비무상을 내가 다 무여열반에 들어가게 해서 그들을 다 멸도하리라."

所有一切衆生之類 若卵生 若胎生 若濕生若化生 若有色 若無色 若有想 若無想 若非有想非無想 我皆令入無餘涅槃 而滅度之

해설

중생심을 어떻게 무여열반에 들게 해서 멸도하는가? 육조스님은 중생심을 멸도하는 방법으로 '일체중생을 공경하는 것이 곧 그 마음을 항복받음이라'고 하였습니다. 공경을 해서 항복받는다. 참 멋진 말입니다. 공경을 한다는 것은 자기의 몸과 마음 안에 있는 중생이 본래성품과 둘 아닌 줄 아는 것입니다. 둘 아님을 알게 되면 곧 항복받습니다.

어떻게 중생과 내 마음이 둘이 아니라고 하는가? 예를 들면 내면에서 악한 생각이 나오면 이것을 알아차리는 마음이 있는 것처럼 자기 안의 중생에게서 무수히 많은 업식들이 나오지만 이것을 종합해서 알아차리는 그 마음이 다스려 가는 것입니다. 나오는 마음과 다스려 가는 마음이 곧 둘이 아닌 자기의 마음입니다. 이 마음근본과 마음작용을 하나라 할 수도 없고 둘이라 할 수도 없어 둘이 아닌 마음이라고 합니다.

　일체중생을 공경하는 것의 극치는 일체중생이 둘이 아닌 이치를 자각하는 것입니다. 내면에 흐르는 자기 안의 중생이 곧 불성이고 불성이 곧 나인 줄 알아야 스스로 항복받게 됩니다. 이렇게 함으로써 무여열반 즉 남음이 없는 완전한 열반에 듭니다.

　부처님은 일체중생의 종류를 아홉 가지로 분류하고 그 모든 마음을 항복받으라 하셨습니다. 알로 낳는 것, 태로 낳는 것, 습해서 낳는 것, 화해서 낳는 것, 색이 있는 것, 색이 없는 것, 생각이 있는 것, 생각이 없는 것, 생각이 있는 것도 아니고 생각이 없는 것도 아닌 것으로 통틀어 육도구류라고 합니다. 육도란 지옥·아귀·축생·인간·수라·천상을 말하고, 구류는 중생심으로부터 일어난 가지가지 성품의 나툼작용을 아홉 가지로 분류한 것입니다. 삼라만상에 구류중생이 존재한다면 내 몸과 마음 안에도 구류중생이 존재하게 됩니다. 안팎이 둘이 아닌 까닭에 안은 밖을 의지해 있고, 밖은 안을 의지해 존재하기 때문입니다. 마음 안에 구류중생을 항복받으면 마음 밖의 존재도 더불어 항복받게 되는 것입니다.

육조

난생은 미혹한 성품이고, 태생은 습기에 젖는 성품이고, 습생은 삿됨을 따르는 성품이며, 화생은 보고 취하는 성품이다. 미혹한 까닭에 모든 업을 짓고 거듭함으로써 항상 흘러가며, 삿됨을 따르므로 마음이 안정되지 않고, 온갖 갈래를 다 보고 나아가기 때문에 빠지고 떨어짐이 많다. 마음을 일으키고 마음을 닦아서 망령되이 옳고 그름을 보아 안으로 무상의 이치에 계합하지 못하는 것을 이름하여 유색이라 한다.

내심內心으론 곧은 마음만 지켜서 공경·공양을 행하지 않고 다만 곧은 마음만이 부처라고 보아서 복과 지혜를 닦지 않는 것을 무색이라 한다. 중도를 요달하지 못하고 눈으로 보고 귀로 들으며 마음으로 사유하여 법상에 애착하여 입으로는 부처의 행을 말하되 마음을 의지해서 행하지 않는 것을 유상이라 하고, 어리석은 사람이 좌선하며 한결같이 망념만을 없애고 자비희사의 지혜방편을 배우지 않아 마치 목석과 같이 아무 작용이 없는 것을 무상이라 한다. 두 가지 법法相, 유무에 집착하지 않는 까닭에 비유상이라 하고, 이치를 구하는 마음이 있는 까닭에 비무상이라 한다.

번뇌는 만 가지 차별이 있으나 모두 때문은 마음이고, 몸의 형상이 헤아릴 수 없으나 모두 중생이라 한다. 여래께서 대비심으로 널리 교화하여 모두 무여열반에 들게 하여 그들을 다 멸도케 하신 것은 여래께서 삼계의 구지중생九地衆生이 각각 열반묘심涅槃妙心이 있음을 가리켜 보임으로써, 그들로 하여금 스스로 깨달아 무여열반에 들게 하신 것이다. 무여란 습기와 번뇌가 없다는 말이다. 열반은 원만하고 청정하다는 뜻이니 일체 습기를 모두 멸하여 영원히 번뇌가 다시 나지 않게 하여야 마침내 이에 계합한다. 도度란 생사의 큰 바다를 건너는 것이다. 불심佛心이 평등하여 널리 일체중생과 더불어 원만하고 청정한 무여열반에 들어서 함께 생사의 큰 바다를 건너 과거 모든 부처님이 증득한 것과 똑같이 되길 원함이다. 어떤 사람이 비록 깨닫고 닦으나 얻을 것이 있다고 하는 마음을 짓는 자는 도리어 아상我相을 냄이니 그것을 이름하여 법에 대한 아상이 된다. 법에 대한 아상을 모두 없애야 비로소 멸도라 한다.

해설

육조스님은 구류중생을 마음자리인 당체에서 수행으로 돌아가게 낱낱이 정의하여 말씀하셨습니다.

모든 중생의 업식들인 구류중생을 밖에 의지하여 제도하려 하지 않고 자기의 마음 안에서 제도하게 되면 '이것이 있음으로 저것이 있고 이것이 사라짐으로 저것도 사라진다'는 연기의 법칙처럼 모두 함께 제도되는 까닭에 구류중생의 근원을 낱낱이 마음의 작용으로 풀이하신 것입니다.

때로는 독사와 같은 마음이 올라오고 돼지 같은 마음이 올라오는 것은 수억겁을 거쳐 오면서 갖가지로 살았던 전생의 업식이 올라오는 것입니다.

어디 짐승의 마음뿐이겠습니까? 부자의 마음, 가난한 자의 마음, 남자의 마음, 여자의 마음도 올라오고 때로는 성인의 마음, 하늘사람의 마음도 올라옵니다. 이 갖가지 전생의 업식이 현재와 따로 떨어져 있지 않고 지금 바로 한생각 한생각에 끝없이 태어나고 사라집니다.

앞생각이 올라오면 뒷생각이 깨달아야 합니다. 갖가지 올라오는 구류중생의 마음에 집착하고 휘둘리면 중생이요, 올라오는 생각생각이 둘 아닌 자기 마음임을 알고서 뒷생각이 청정하게 멸도하면 보살마하살입니다.

우리가 이 세상에 나온 것은 자기가 자기를 알기 위함입니다. 그래서 일체중생은 모두 구도의 길을 걸어가는 수행자라 할 수 있습니다. 그 구도의 길 위에서 구류중생의 갖가지 마음을 낱낱이 체험하게 됩니다.

　한생각 나오는 지금 이 자리가 한량없고 셀 수 없고 가없는 중생이 드러나는 자리이며, 한량없는 자기를 체험하고 깨달아 가는 자리인 것입니다.

무여열반, 완전한 깨달음

경문

이와 같이 한량없고 셀 수 없고 가없는 중생을 멸도하되 실로는 멸도를 얻은 중생이 없느니라.

如是滅度無量無數無邊衆生 實無衆生得滅度者

해설

부처님께서 수많은 중생을 제도했지만 아무도 제도받은 이가 없다고 하는 것은 진여의 본체자리에서는 스스로 원만하고 구족하여 부족함이 없고 중생이 부처님과 조금도 다르지 않은 까닭입니다.

　　스스로 미혹하여 구류의 마음을 쓰기 때문에 중생이라 이름하고, 가없는 중생을 멸도하되 실로 멸도를 얻은 중생이 없다고 하는 것을 깨달은 이는 부처라 이름합니다.

육조

여시如是는 앞의 법을 가리킨 것이다. 멸도는 대해탈이다. 대해탈은 번뇌와 습기와 일체 업장이 다 사라져 다시 남음이 없음으로 이를 대해탈이라 한다. 한량없고 셀 수 없고 가없는 중생이 원래 각기 일체의 번뇌와 탐貪·진瞋·치癡와 악업惡業이 있으니 만약 끊어 없애지 못하면 마침내 해탈을 얻지 못한다. 그러므로 "이와 같이 한량없고 셀 수 없고 가없는 중생을 멸도한다"고 말씀하신 것이다. 일체의 미혹한 사람들이 자성을 깨닫게 되면, 비로소 부처님께서는 자신의 상을 보지 않으며 자신의 지혜도 두지 않음을 알게 될 것이니, 하물며 어찌 일찍이 중생을 제도하였겠는가. 다만 범부가 스스로 본심을 보지 못하고 부처님의 뜻을 알지 못하여 모든 상에 집착하여 무위의 이치를 통달하지 못하여 아我와 인人을 없애지 못했기 때문에 중생이라 이름한다. 만약 이 병病만 여의면 진실로 중생이 멸도를 얻음이 없을 것이다. 그러므로 "망심이 없는 곳이 곧 보리이고 생사와 열반이 본래 평등하다"고 한 것이니 또 어찌 무슨 멸도함이 있겠는가.

해설

일체중생들이 바라는 가치는 완전한 자유와 완전한 행복으로 해탈과 열반을 성취하는 것입니다. 부처님으로부터 수많은 선지식께서 이것을 성취하고 증명하였습니다. 우리도 이것을 성취하려고 이렇게 공부합니다.

해탈과 열반을 성취한다 함은 한량없고 셀 수 없고 가없는 중생을 멸도하는 것입니다. 일체중생은 다름 아닌 나我라는 몸과 마음입니다. 이것을 어떻게 건지느냐? 탐·진·치 삼독三毒을 제거하여 내려놓기만 하면 됩니다. 탐·진·치가 나온 자리가 내 마음자리이기 때문에 나온 그 자리에 다시 돌려놓는 것입니다.

『유마경』에 '심정국토정心淨國土淨'이란 말이 나옵니다. 내 마음이 청정하면 국토는 저절로 청정해집니다. 내 마음과 국토는 둘이 아니기 때문입니다. 나라는 한물건의 마음을 건지면 일체중생을 모두 건집니다. 이와 같이 한다면 바른 안목을 얻게 되어 모든 나툼이 본래부처 자리에서 나왔다는 것을 알게 되며 상을 떠나서 보게 됩니다. 상 그대로가 부처임을 보게 되는 것입니다.

경문

왜냐하면 수보리야, 만약 보살이 아상·인상·중생상·수자상이 있으면 곧 보살이 아니기 때문이니라.

何以故 須菩提 若菩薩 有 我相 人相 衆生相 壽者相 卽非菩薩

해설

사상四相은『금강경』의 중요한 개념입니다.

아상이란 마음에 주관과 객관, 나와 너가 있어서 자기를 더 위하고 남을 가볍게 여기는 마음입니다.

인상이란 사람이라는 생각으로 내가 있으면 너가 있으니 이렇게 나와 너, 사람과 동물, 잘난 사람과 못난 사람 등 상대성의 세계에 떨어져 둘로 나누어지는 것입니다.

중생상이란 중생이라는 생각으로 못난 사람을 보면 나는 잘났다 하고, 잘난 사람을 보면 나는 못났다 하여 높낮이를 분별하는 평평하지 않은 마음입니다.

수자상이란 내가 영원할 거라고 착각함으로 죽음을 늘 뒤로 미루고 애착을 놓지 못하는 마음입니다.

내 안에 구류중생의 갖가지 마음을 아상·인상·중생상·수자상이 없이 제도한다는 것은 무슨 뜻입니까?

좌선하려고 조용히 앉아 있으면 평소에 생각하지도 않던 별의별 생각이 다 올라옵니다. 이 올라오는 생각들은 마음이 정리정돈을 하려고 나오는 것입니다. 내가 하는 것이 아닙니다. 에고에 사로잡힌 나는 정리정돈을 하려 해도 할 수가 없습니다.

그러면 누가 하는 것일까요? 나보다 나를 더 잘 알고 사랑하는 자성이 합니다. 내가 할 일은 올라오는 갖가지 생각들을 자성에 내려 놓는 일밖에 없습니다. 무심자리에 맡겨 놓고 무심에 계합하는 겁니다. 착한 생각도 없고 악한 생각도 없습니다. 선업도 없고 악업도 없습니다.

여기 칼 한자루가 있다고 합시다. 이것이 선업인가요, 악업인가요? 부엌에 있으면 선업이요, 침실에 있으면 악업입니다. 있을 자리, 쓰일 곳에 있으면 모든 것이 법에 맞습니다. 자기자성에 믿고 맡기면 모두 보살행이요, 진리에 계합하는 것입니다. 자성을 믿지 못하고 스스로 잘 났다 하여 여기다 놓고 저기다 놓고 하는 바람에 스스로 괴로움을 받습니다. 이것이 아상이요, 인상이요, 중생상이요, 수자상입니다.

이제 막 좌선하려고 앉아서 올라오는 생각들을 바라보면서 괴로워하는 것은 봄에 씨앗을 뿌려 놓고 열매가 안 열린다고 하는 것과 마찬가지입니다. 싹이 트고 여름의 모진 뙤약볕과 비바람을 맞아야 가을의 수확이 풍성한 것처럼 자기자성의 완전무결함을 믿고 맡기고 지켜보십시오. 지켜본다는 것은 곧 기다린다는 것이니 조바심을 내지 마십시오.

함허설의

자비로써 중생을 교화하여 무여에 들어가게 하고 지혜가 진제眞際, 진리·깨달음에 명합冥合하여 능과 소를 끊었도다. 가히 제도할 것이 있다고 보면 진리와 어긋남이라. 아상과 인상이 나지 않아야 보살이라 이름한다.

해설

자기 마음속의 중생을 자비로써 교화하여 남음이 없게 되면 업식은 녹아지고 지혜는 밝아져 본래의 진리에 그윽하게 하나가 되어 주관과 객관이 끊어집니다. 그렇게 되면 제도하는 자와 제도받는 자가 둘이 아니게 되므로 불이문에 들어가 견성체험을 하게 됩니다.

육조

중생과 불성이 본래 다름이 없건만 사상이 있음으로 인하여 무여열반에 들어가지 못한다. 사상이 있으면 곧 중생이고 사상이 없으면 곧 부처이다. 미혹하면 부처가 곧 중생이 되고, 깨달으면 중생이 곧 부처이다. 미혹한 사람이 재산이나 학문과 가문族姓이 있는 것을 믿고 모든 사람을 업신여기는 것이 아상이며, 비록 인仁·의義·예禮·지智·신信을 행하나 뜻이 높다는 자부심을 가져서 널리 모든 사람들을 공경하지 않고 말하기를 "나는 인·의·예·지·신을 행할 줄 안다" 하고 남을 공경하지 않음을 인상이라 한다. 좋은 일은 자기에게 돌리고 나쁜 일은 남에게 돌리는 것을 중생상이라 하며, 어떤 경계에 대하여 취사분별取捨分別하는 것을 수자상이라 하니 이것들을 범부의 사상이라 한다. 수행인도 또한 사상이 있으니 마음에 주관·객관이 있어서 중생을 가벼이 여김을 아상이라 하고, 자기가 계戒

가짐을 믿고 파계자를 업신여기는 것을 인상이라 한다. 삼악도의 고통을 싫어하여 천상에 나기를 바라는 것은 중생상이고, 마음에 오래 삶을 좋아해서 부지런히 복업을 닦아 모든 집착을 잊지 못하는 것이 수자상이다. 사상이 있으면 곧 중생이요 사상이 없으면 곧 부처이다.

해설

육조스님은 아주 자상하게 사상에 대하여 써 놓았습니다. 먼저 범부의 사상, 다음에 수행하는 사람의 사상을 나누어 말씀하셨습니다. 육조스님의 말씀은 정리가 잘 되어 있어서 기억해 두면 여러분이 혼란스럽지 않고 공부하기에 좋습니다.

야부

이마는 하늘을 향하여 땅 위에 서 있고
코는 수직으로 있으며
눈은 가로놓여 있다.

해설

구류의 중생은 따로 있는 것이 아니고 보고 듣고 작용하는 내 몸과 마음 안에 있습니다. 헤아릴 수 없는 중생들을 대변하여 울고 웃는 까닭에 『유마경』에서 '중생이 아프면 내가 아프다'라고 했습니다.

　　이 세상 어느 누구도 이마는 하늘을 향하고 코는 수직이며 눈이 가로로 놓여 있지 않은 이가 없습니다. 일체중생이 곧 나 아님이 없는 까닭입니다. 마치 몸속의 중생들이 아프면 내가 아프다고 고함을 지르듯이 나와 중생이 둘이 아닙니다. 그러므로 제도하되 제도한 중생이 없는 것입니다.

함허설의

한 법계로부터 형상이 아홉 가지로 나누어지니 모양마다 모두 한 법계를 갖추고 있다. 그런 까닭에 낱낱의 머리는 하늘을 가리키고 다리는 땅을 밟고, 낱낱의 코는 아래를 향해 곧게 드리워져 있고 눈은 옆으로 비껴 위쪽에 있다.

해설

낱낱의 머리는 하늘을 가리키고 다리는 땅을 밟고 서 있으며, 낱낱의 코는 우뚝 솟아 아래를 향해 수직으로 서 있고 눈은 위쪽에 가로로 놓여 있음은 사람뿐만 아니라 일체중생이 이와 같이 평등함을 나타낸 말입니다. 평등하게 보기가 쉽지 않지만 노력하는 것이 수행입니다.

마음 씀에 따라 자기 형상을 그려서 나옵니다. 자기가 그린 그림대로 살아가고 있습니다. 그러니 지나가는 뱀을 보아도 나도 저런 시절이 있음을 되새기고 평등하게 마음을 내어야 합니다.

날아가는 새의 모습을 보고 자유로움을 부러워하지만, 실제로 그 삶 속에 들어가 보면 내가 생각했던 것과 무척 다릅니다. 겨울에 먹을 것이 없어 많이 굶어 죽을 뿐만 아니라 강인하지 못하면 살아남기조차 힘듭니다.

성스러운 천상세계를 이야기하면 여유와 행복이 가득해 보입니다. 자신의 잘난 모습이거든요. 그러나 얼마 후 복이 다하면 다시 하천세계로 떨어집니다. 이와 같이 우리는 돌고 도는 것입니다. 결국은 이 마음공부를 해야만 자유스러워집니다.

　　부자와 가난한 사람, 잘난 것과 못난 것, 좋은 것과 나쁜 것 등을 체험하면서 지혜를 광대무변하게 하여 이 도리연기법를 알고서 깨달음의 세계에 들어가야 합니다. 물론 부처를 이루면 더욱더 좋은 일입니다. 깨닫지 못하더라도 공부의 길에 들어가서 걸어가고 있으면 나 자신에게 감사하게 되고, 자기가 할 수 있는 만큼 베풀며 살게 됩니다. 결국 자기의 행복을 위해서 공부하는 것입니다.

야부

당당한 대도大道여, 밝고 밝아 분명하도다.
사람사람이 본래 갖추어졌고 낱낱이 원만하게 이루어졌도다.
다만 한생각 차별됨으로 인하여 만 가지 형상이 나타나도다.

해설

여래의 광명이 두루 비추는 것은 법신의 본체가 밝기 때문이고, 일체 중생이 완전무결하게 갖춰져 원만하게 이루어진 까닭은 반야가 청정하기 때문이며, 한생각 차별함으로 인하여 수많은 인연과 육도가 펼쳐져서 서로 걸림이 없는 까닭은 해탈이 적멸하기 때문입니다. 법신이 고요히 움직이지 않아 부동하면 반야와 해탈이 같이하고, 반야가 밝게 우뚝하면 법신과 해탈이 함께하고, 해탈의 작용이 걸림이 없는 까닭은 법신과 반야가 같이하는 까닭입니다.

함허설의

당당한 큰 도大道여, 확연하여 항하사 세계에 두루 펼쳐져 있음이요. 밝고 밝아 분명함이여, 그 빛이 만상萬象을 머금었도다. 사람사람이 본래 갖춰 져 있음이여, 옷 입고 밥 먹는 것과 손가락을 퉁기고 눈썹을 움직임은 다른 사람에게 요鬧하는 것이 아니다. 낱낱이 원만하게 이룸이여, 절선부앙 折旋俯仰, 상하좌우로 움직임과 흠신경해欠伸謦欬, 하품 기지개 기침함는 남의 힘을 빌리지 않는다. '다만 한생각 차별됨으로 인하여 운운云云'은 봄빛은 높고 낮음이 없으나 꽃가지가 스스로 짧고 길다. 스스로 짧고 길음이여, 이 또한 서로 방해하지 않으니 구류九類가 함께 한 법계에 사니 붉은 비단 장막 위에 진주를 뿌려 놓음과 같도다. 비록 그러하기가 이와 같으나, 만약 다만 이렇게만 헤아린다면 온 시방세계가 모두 구멍 없는 쇠망치와 같아서 축생은 영원히 축생만 되고 아귀는 영원히 아귀만 되어서 한 개도 진眞을 발하여 근원에 돌아갈 수 없을 것이다. 이미 이와 같다면 마침내 어떻게 할 것인가.

봄바람이 불면 꽃이 땅을 수놓고
구름이 걷히면 달빛이 하늘에 가득하도다.

해설

당당한 큰 도는 참마음의 본체입니다.

밝고 밝아 분명함은 참마음의 당체로 진리의 모습이 광명으로 나타난 것입니다. 여러분 마음이 바로 참마음의 광명입니다.

사람마다 본래 갖추어져 있기에, 옷을 입고 밥을 먹으며 손가락 을 퉁기고 눈썹을 움직임이 다른 사람을 필요로 하지 않고 스스로 하며, 꺾고 돌리고 구부리고 우러르며 하품하고 기지개를 켜고 기침하는 것들을 바로 자신이 자유스럽게 합니다. 보면 볼 줄 알고, 들으면 들을 줄 알고, 말하면 말할 줄 알고 행하면 행할 줄 아는 그놈, 이렇게 하는 것이 다른 이의 힘을 빌리지 않고 스스로 하고 알고 있으니 밝고 밝아 분명합니다.

"다만 한생각 차별로 인하여 만 가지 형상이 나타났다"고 함은 똑같이 빛을 비추지만 어떤 나무는 길게 자라고 어떤 나무는 짧게 자라고, 노랗게 피기도 하고 빨갛게 피기도 하면서 갖가지 모두 다르게 작용합니다. 햇빛의 탓은 아닙니다. 앞의 야부 송에 "도화는 붉고, 배꽃은 희며, 장미가 붉음을 봄바람에게 물으니 스스로 알지 못하도다"라는 말과 같습니다.

이렇듯 스스로 짧거나 길더라도 서로 방해하지 않으니 구류중생이 한 세계에 살며, 이 모습이 붉은 비단 장막 위에 진주를 뿌려 놓음과 같다고 했습니다. 붉은 비단이란 법의 본체자리로, 뿌려진 각각의 진주는 색깔과 형상이 다 다릅니다.

비록 그러하기가 이와 같으나, 만약 다만 이렇게만 헤아린다면 온 시방세계가 모두 구멍 없는 쇠망치와 같아서 축생은 영원히 축생만 되고 아귀는 영원히 아귀만 되어서 한 개도 진眞을 발하여 근원에 돌아갈 수 없을 것입니다. 만약 이렇다면 어떻게 해야 되겠습니까?

그리고 다시 "봄바람이 불면 꽃이 땅을 수놓고 구름이 걷히면 달빛이 하늘에 가득하도다" 즉 진주를 다시 뿌려 놓은 것과 같다고 했습니다. 한번 깊이 참구해 보아야 합니다. 이 말의 뜻을!

종경

열반청정이여! 일체중생을 다 귀의케 하고, 사상四相을 모두 잊음이여! 진실로 중생을 멸도함이 없으니, 이와 같이 깨달으면 생사를 초탈超脫하나 그렇지 못하면 옛을 의지하여 미망迷妄의 껍질에 갇힐 것이다. 알겠는가. 생사와 열반이 본래 평등하니 망심 다한 곳이 곧 보리깨달음이다.

해설

우리 몸은 오온의 결합으로 되어 있는 껍질일 뿐입니다. 그 속에 참주인이 있으므로 이를 참부처·참주인공·참성품이라고 합니다. 사상을 모두 잊고, 잊었다는 생각조차 일어나지 않으면 마음의 참성품이 그대로 드러납니다. 미망의 껍질에서 벗어날 수 있도록, 시절인연이 도래하면 끊임없이 인因을 심어 놓아야 합니다.

　『수심결』을 보면 인행因行, 보살행이 불과佛果, 깨달음와 조금도 다르지 않음을 깊이 알아야만 비로소 성신成信, 믿음이 이루어짐이라고 합니다. 믿음이 이루어지면 체험하게 되고 깨닫게 됩니다. 시작점과 끝점이 따로 있는 것이 아니라 항상 함께 같은 자리에 원융하게 있음을 깊이 생각하고, 믿어 들어가면 생사와 열반이 평등하여 둘이 아니게 되니 이것을 이름하여 망심이 다한 곳이 바로 깨달음이다 하는 것입니다.

함허설의

자비로 중생을 교화함은 없지 않으나 능소가 분명함은 어찌할 것인가. 지혜가 진제眞際에 그윽히 계합하면 평등하여 높고 낮음이 없다. 이같이 깨달으면 능히 생사를 초탈하거니와 혹 그렇지 못하면 옛처럼 무명의 미迷

한 겉몸뚱이에 미혹하여 유루有漏의 껍질에 머무르리라.

해설

자비로 중생을 교화함이 없어서는 안 되지만, 교화했다는 것을 확연히 놓아야 능소가 없어져 견성체험 합니다. 그러면 밝고 밝은 지혜가 진제에 그윽히 계합되어 평등해지므로 높고 낮음이 없어지고 생사를 초월하게 됩니다.

종경

정문頂門, 정수리의 눈을 갖추어 단서端緒, 실마리를 가려 보니
온갖 종류가 일찍이 열반에 들었으리오.
끊어진 후에 다시 소생하여 한물건도 없어야
생사가 서로 간섭되지 않음을 깨달아 앎이로다.

해설

대사각활大死却活, 크게 한 번 죽으면 다시 살아난다.

　　나라는 것을 전부 놓고 쉬면, 무명의 몸이 푹 죽으면 지혜의 몸이 완전하게 다시 살아납니다. 돈오하여 지혜의 몸慧身을 성취한다고 하지만 얻을 것 없는 것이 성취이고 얻을 바 없는 것을 확연히 얻는 것을 이름하여 성취라고 합니다. 이와 같다면 열반에 들 중생도 없으며 생사가 서로 간섭하지 않으니 비로소 둘이 아님을 알게 됩니다.

함허설의

지혜는 있고 자비가 없음은 다만 한쪽의 눈이고, 자비만 있고 지혜가 없음도 또한 다만 이 한쪽의 눈이다. 자비와 지혜를 쌍^雙으로 굴려 출입이 자재하여야 비로소 정문의 눈을 갖춤이 되도다. 내단^{來端}, 단서이란 중생과 부처가 평등의 한 근원이고, 자비와 지혜가 둘이 아닌 한 몸이니 오직 눈을 갖춰야 가려낼 분수가 있도다. 단서를 이미 가려낼진대 어찌 다시 능히 제도하고 제도할 것이 있음을 보겠는가.

중생이 다 멸하되 멸함이 없으니
중생과 부처가 모두 눈^眼 속의 꽃이로다.

해설

중생이 없으면 부처도 없고, 부처를 부르면 중생은 따라오니 중생과 부처가 평등하고, 지혜와 자비가 또한 둘이 아닌 한 몸입니다. 오직 두 눈을 갖춰야만 이를 분별할 수 있습니다. 이것이 중도법문입니다.

이를 이미 가려내었다면 모든 능소가 없는 자리이며, 따라서 제도한 이도 제도받을 이도 없습니다. 중생도 부처도 모두 내 눈^{자성}에 비추어진 그림자로, 자성은 상을 드러내는 작용을 통해서 자신의 존재를 알리는 것입니다.

제
4

묘
행
무
주
분

妙行無住分

머무름이 없는 마음이 부처의 마음

경문

또 수보리야, 보살은 법에 응당히 머문 바 없이 보시를 행할지니 이른 바 색에 머물지 않고 보시를 하며 성·향·미·촉·법에도 머물지 않고 보시해야 하느니라.

復次須菩提 菩薩 於法 應無所住 行於布施 所謂不住色布施 不住聲香味觸法布施

해설

'응무소주 행어보시', 이 경經 서두에 벌써 '응당 머무는 바 없이 보시를 행하라'고 하니 불교의 수행에서 보시가 얼마나 중요한지 알 수 있습니다.

규봉스님은 "응무소주란 수행을 바르게 밝힌 것이다"라고 하였습니다. 이 한마디 말씀으로 수행의 정의를 분명히 드러냈습니다. '응무소주'로 지혜를 구족하게 하고, '행어보시'로 복덕을 구족하게 하였습니다. '머문 바가 없다' 함은 고정되어 있지 않다는 것입니다. 우리들은 원래 고정됨이 없습니다. 한 예로 지금 어머니라는 법이 생겼다고 할 때에 어머니의 노릇만 하는 것이 아닙니다. 남편을 만나면 아내로서 법이 생기고, 절에 오면 청신녀로서 법이 생깁니다. 제법무아라 하지요. 잠시도 머문 바 없이 경계에 따라서 찰나찰나 응해서 바뀝니다. 모든 법에 무소주無所住입니다.

과거 미래를 거쳐 현재의 한생각이 조금 지혜롭게 나왔다 하여 항상 지혜롭지 않기 때문에, 성스러운 마음도 지옥 같은 마음도 아귀 같은 마음도 나오는 순간순간 잘 제도해야 합니다.

육조

범부의 보시는 다만 몸의 단정하고 엄숙함身相端嚴과 오욕의 쾌락을 구하는 까닭에 과보가 다하면 곧 삼도三塗, 지옥·아귀·축생에 떨어진다. 그러므로 세존께서 대자비로 무상보시無相布施를 행하게 하여 신상단엄身相端嚴과 오욕의 쾌락을 구하지 않고 다만 안으로는 간탐심慳貪心을 깨뜨리고 밖으로는 일체중생을 이익케 하기 위함이니, 이와 같이 상응하는 것을 색色에 머물지 않고 보시한다고 한다.

해설

범부들은 보시를 할 때 보통 바라는 것이 있습니다. 미래에 잘사는 것, 신상의 단엄과 오욕의 쾌락을 구합니다.

그러나 천상에 태어나도 과보가 다하면 삼악도로 떨어지므로, 우리는 지금처럼 불법을 부지런히 공부해야 하는 것입니다.

무상의 보시, 머문 바 없는 보시로 인색하고 욕심이 많은 마음을 깨뜨리고 일체중생을 이익되게 하는 것이 색에 머물지 않고 하는 보시입니다. 더 나아가 성·향·미·촉·법도 이와 같은 줄 알아야 합니다.

경문

수보리야, 보살은 응당 이와 같이 보시하여 상에 머물지 않아야 되느니라.

須菩提 菩薩應如是布施 不住於相

해설

불교 수행에서 가장 중요한 것은 마음입니다. 가난한 마음은 가난을 불러들이고 풍요로운 마음은 풍요를 불러들입니다. 마음과 물질이 둘이 아닌 것입니다. 보시의 행위는 가난한 마음을 없애 주고 베푸는 마음, 나누는 마음을 불러들이니 자연히 삶이 풍요로워집니다. 함이 없이 행해야 상에 머물지 않습니다. 상에 머물지 않아야 보시의 완성인 보시바라밀이 되는 것입니다.

육조

응당 무상심無相心과 같이 보시한다는 것은, 능히 보시한다는 마음도 없고 베푸는 물건도 보지 않으며 받는 사람도 분별하지 않는 것이다. 이것을 상에 머물지 않는 보시라 한다.

해설

상이 없는 보시는 보시하는 사람과 보시하는 물건과 보시받는 사람이 모두 청정한 보시를 말합니다. 보시는 불교인으로서 지켜야 할 삶의 덕목인 육바라밀 가운데 첫 번째 바라밀입니다. 보시·지계·인욕·선정·정진·지혜의 육바라밀은 실은 우리들의 삶 자체를 지칭하는 것입니다. 삶 자체가 수행의 길이기 때문입니다. 우리들이 말하고 행하고 웃고 울고 기뻐하고 슬퍼하는 이 모든 것이 육바라밀인데 왜 바라밀이 안 되느냐, 그것에 집착하기 때문입니다. 내가 함이 없다는 사실을 깨닫게 되면 이름이 바라밀입니다.

바라밀은 건넌다는 뜻으로, 여기에서 저기로 건너는 것입니다. 이 언덕에서 저 언덕, 상대적인 세계인 생사의 언덕에서 생사가 없는 절대의 세계로 들어간다는 것이지요. 이 언덕이 따로 어디 공간이 있고 저 언덕이 따로 있지 않습니다. 한생각이 분별하고 상대적인 세계에 머무르면 이 언덕이고, 본래 그게 둘이 아니라는 것을 알고 깨달으면 저 언덕입니다. 이 언덕과 저 언덕이 한생각에 달려 있습니다.

경문

무슨 까닭인가. 만약 보살이 상에 머물지 않고 보시하면 그 복덕은 가히 헤아릴 수 없느니라.

何以故 若菩薩 不住相布施 其福德 不可思量

해설

보살은 어떤 이치를 아는 사람인가? 공을 벽에 던지면 튕겨 나온다는 이치를 깨달은 사람입니다. 중생은 남에게 주면 사라져 버리는 줄 알기 때문에 안 주려고 움켜쥐고 있으나, 제행무상이기 때문에 어쩔 수 없이 사라집니다. 반면 보살은 없어도 베풀고 항상 손해 보는 듯 삽니다. 그렇지만 절대 손해날 리가 없습니다. 벽에 던진 공이 되돌아오고 허공에 친 소리가 메아리가 되어 돌아오는 것이 진리입니다. 이 진리를 터득하고 실천하는 사람이 보살입니다.

　보시를 행할 때 돌려받기 위해서 행하면 그것은 부주상보시不住相布施가 아닙니다. 보시를 행한 자가 이만큼 했다는 상을 가지면 복덕도 이만큼이라는 한계가 생깁니다. 그래서 색·성·향·미·촉·법에 머물지 않는 보시를 해야 부주상不住相으로 오는 것입니다. 보시를 했다는 생각도 없고 잘했다는 생각도 없으면 복덕이 한량없이 옵니다. 중생의 세간에서 보면 오고 감이 있지만, 진리의 분상에서 보면 오고 감이 없어 가히 헤아릴 수 없다 하는 것입니다.

함허설의
지혜로써 자비행을 일으키면, 복을 얻음이 한량없다.

해설
지혜는 삼륜청정三輪淸淨을 말합니다. 보시의 공덕은 삼륜이 청정해야 완성됩니다. 보시한다는 마음施者도 없고, 베푸는 물건施物도 보지 않으며, 받는 사람受者도 분별하지 않아야 보시바라밀로 완성됩니다. 이것이 바로 상에 머물지 않는 보시입니다. 흔적 없이 보시를 할 때 무상심無相心이고 그 복 얻음이 한량없습니다.

육조
보살이 보시를 행할 때 마음에 바라는 것이 없으면 그 얻은 복이 시방의 허공과 같아서 가히 헤아릴 수 없다. 일설一說에 보布는 보普, 넓다이고 시施

는 산散, 사방에 흩는다이니 가슴 가운데 있는 모든 망념·습관·번뇌를 널리 흩어 버리고 사상四相을 끊어 없애서 온적蘊積, 오온의 집착이 없는 것을 참 보시라 하고, 또 말하기를 보布는 보普이니 육진경계에 머물지 않으며 유루有漏의 분별도 하지 않고 오직 항상 청정한 데 돌아가서 만법이 공적함을 요달함이다. 만약 이 뜻을 요달하지 못하면 오직 온갖 업만 더하므로, 모름지기 안으로 탐애를 없애고 밖으로 보시를 행해서 안팎이 상응하여야 복 얻음이 한량없다. 사람이 악을 짓는 것을 보더라도 그것을 허물로 보지 않아서 자성 가운데 분별을 내지 않으면 이것이 상을 여읜 것이고 가르침에 의해 닦고 행하여 마음에 능소가 없는 것이 곧 선법善法이다. 수행하는 사람이 마음에 능소가 있으면 선법이라 할 수 없고 능소심이 멸하지 않으면 마침내 해탈하지 못한다. 순간순간 항상 반야지般若智를 행하여야 그 복이 무량무변한 것이다. 이 같은 수행에 의지하면 일체 인천人天의 공경하고 공양함이 따르니 이것을 복덕이라 한다. 항상 부주상보시를 행하여 널리 일체 모든 생명을 공경하면 그 공덕이 끝이 없어서 가히 헤아릴 수 없다.

해설

마음이 있으면 항상 작용이 따라옵니다. 마음이 있으면 행이 있어야 한다는 말입니다. 마음과 행이 함께 돌아가야 업식이 무너지고 공덕이 될 수 있습니다.

　남이 악한 일을 하는 것을 보고 그의 허물을 보지 않을 정도가 못 되더라도, 옛날에 어리석고 몰랐을 때 나 역시 그랬을 것이라 생각하며 이해해야 합니다. 또한 미래에는 한생각이 이보다 더할 수 있다는 생각을 해야 합니다. 한 걸음 더 나아가 그 모습이 내 모습이라고 받아들일 수 있는 정도의 지혜가 생긴다면 더욱 좋습니다.

지혜는 수많은 부딪침과 어려움이라는 시행착오를 거치면서 생깁니다. 부딪히는 경계를 회피하지 말고 언제나 둘로 보지 않도록 해야 합니다.

옛날에 성인들이 깨닫고 나서 사흘 밤낮을 울어도 시원치 않다는 말이 있습니다. 자기를 돌아보니 기나긴 세월 동안 헤아릴 수 없는 고통을 받으면서 견디고 애써서 지금 깨달음의 최고 지혜를 얻은 것입니다.

불자는 어떤 사람을 보더라도 불쌍하다는 생각을 내면 안 됩니다. 상대를 불쌍하다고 생각한다는 것은 이미 자기는 수승하다는 것입니다. 역력히 불쌍함과 수승함이 둘이 되어 버리므로 바른 지혜도 보시도 아닙니다.

참다운 보시는 생각을 잘 해 주는 것입니다. 한생각 마음을 잘 내는 것이 참다운 보시이며 지혜가 되며 이것이 무외시無畏施이고 법시法施입니다. 여기에 물질까지 주면 재시財施가 되어 완전한 보시를 이루게 됩니다. 참다운 보시가 될 때 공덕이 되는 것입니다.

야부

만약 천하에서 행하고자 하면 한 가지 재주를 뛰어나게 할지니라.

해설

오직 한 가지 재주는 마음의 근본, 바로 능과 소가 없는 법을 아는 것입니다. 지혜의 안목應無所住을 갖추고 경계에 들어가면行於布施 마음

마음이 청정해서 일체의 바라밀을 성취하게 됩니다.

함허설의

재주 없는 자가 천하를 돌아다니면 발 가는 곳마다 더불어 말할 사람이 없으니 그 궁함을 가히 알 수 있고, 재주 있는 자가 천하에 돌아다니면 가는 곳마다 스스로 얻으니 그 즐거움을 가히 말할 수 없다. 혜안慧眼이 없는 자가 망령되이 공행功行을 더하면 행마다 집착이 있어서 도道에 이르기가 더욱 멀어지고, 혜안이 있는 사람이 행의 바다行海에 들어가면 마음마다 청정하여 바로 근본지本地와 더불어 상응할 것이다. 이미 본지本地와 상응하면 온갖 많은 덕과 작용과 무량한 묘한 뜻이 원래 스스로 구족하여 다른 데서 얻지 않을 것이다.

해설

재주와 혜안이 있는 자는 지혜가 두루하기 때문에 가는 곳마다 행하는 곳마다 항상 이롭게 하는 보살행이 됩니다. 그 마음이 청정하여 진리의 본바탕과 둘 아니게 상응하니, 미진수 항하사와 같은 덕용과 한량없는 묘의妙義가 원래 스스로 구족하여 있음을 알게 됩니다.

지혜가 생기는 방법 즉 진리를 깨닫는 방법 중에 종교성信과 철학성解 그리고 도덕성行이 있습니다. 종교성이라는 것은 믿는 마음으로 신信입니다. 믿는 마음이 서면 곧 발심이 되면 일체법이 자성임을 알게 되어 전체와 하나가 자기의 삶과 연결되어 둥글게 이어지도록 깊은 철학적 통찰력을 통해 시작도 끝도 없는 하나로 마주치게 됩니다. 이 과정을 통해 지혜가 원만해지고 완전해져서 체험하게 되고, 한 걸음 더 나아가 자기 삶 속에서 작은 것이라도 실천하고자 하여 자신이 깨달은 지혜가 견고하여 무너지지 않게 되는 것입니다.

믿음과 앎과 실천 이 세 가지가 균형을 이루어 완전해지면 증득했다고 할 수 있습니다. 달리 말해서 신信·해解·행行의 균형이 맞아야만 지혜가 원만하다는 것입니다. 이 셋이 하나로 돌아가야 합니다. 이 세 가지가 균형이 맞아야 신·해·행을 통해서 증득할 수 있습니다.

내가 어느 곳에 치우쳐 있는가를 살펴보고 보완해서 하기 싫은 것도 할 수 있도록 해야 합니다.

야부

서천의 십양금十樣錦, 중국의 좋은 비단에
꽃을 수놓으니 색이 더욱 곱도다.
분명한 뜻을 알고자 하면
북두칠성을 남쪽을 향해 볼지니라.
허공은 털끝만 한 생각도 거리끼지 않으니
이 까닭에 대각선大覺仙이라 이름함이로다.

해설

순일 무잡하고 고요한 바탕에 육바라밀의 꽃을 수놓으니 본체와 작용이 서로 원만하게 어울려 머무름이 없습니다. 분명한 뜻을 알고자 하면 '북두칠성을 남쪽을 향해 보라' 했는데, 마음이 허공과 같아 동서남북이 마음 안에 있지만 굳이 남쪽을 보라고 방편으로 말한 뜻은 나무에 잎이 시들면 뿌리에 물을 주는 이치와 같습니다. 그러면 반드시 견성체험을 하게 되어 마음이 허공과 같아져서 일체의 경계가 그대로 보리지혜의 작용이 됩니다. 이름하여 부처님이십니다.

함허설의

반야의 지혜로 바탕을 삼고 만행萬行, 보살행의 꽃으로 무늬를 놓으니 지혜와 만행이 서로 어울려 무늬와 바탕이 빛나고 빛남이라. 이러한즉 지혜로써 행을 일으키니 지혜가 더욱 밝아져서 비단 위에 꽃을 더한 듯 색이 더욱 고움이로다. 또한 보시하는 것이 진실로 이미 거룩한데 그 위에 다시 머묾이 없으니無住相布施 그 베풂은 더욱더 크도다. 이 까닭에 "서천의 좋은 비단에 꽃을 수놓으니 색이 더욱 곱도다. 그 분명한 뜻을 알고자 하면 북두칠성을 남쪽을 향해 볼지니라" 했으니, 북두北斗와 남성南星이 그 위치가 다르지 않은데 남이라 말하고 북이라 말함은 또한 정情, 집착에서 말미암은 까닭이다. 이러므로 보시는 무주상으로 행하면 일시에 전후가 없어서 멀리 유무의 경계를 벗어나고 격외의 근기에도 앉지 않으니 소연히 의지함이 없어 그 양이 허공과 같아서, 대각의 이름이 여기서 드러나며 한량없는 복 무더기가 여기에 이뤄지도다.

해설

북두칠성을 남쪽을 향해 보라는 말은, 남산에서 구름이 일어나니 북산에서 비가 내린다는 말과 같습니다. 상식적으로 남산에서 구름이 일어나면 남산에 비가 와야 하는데 왜 북산에 비가 내리는가 하는 의심을 합니다. 그 이유는 남산과 북산을 둘로 보는 분별심 때문입니다. 너와 나를 분별하고, 옳고 그름을 분별하는 등 끝없이 분별하니까 이

해가 안 되는 것입니다.

　한 송이 꽃을 피우기 위해서 우주의 삼라만상 만물만생이 동참합니다. 꽃 하나를 보면서 삼라만상 만물만생을 볼 줄 알아야 여기 꽃 한 송이를 제대로 보는 것입니다.

　만약 여러분에게 경계가 닥치면 그것이 단순하게 닥치는 경계가 아니고 중중무진 법계연기로 알 수가 없고 정할 수도 없는 것입니다. 둘 아닌 도리라고 생각이 미치지 못하더라도, 본래 내 모습의 나툼이라고 믿는 것이 지혜로운 판단입니다. 내 마음^{부처자리}에 다 맡겨 놓아야 합니다. 일체법이 자기 마음의 자성임을 알아야 지혜의 몸^{慧身}을 성취했다 하듯이.

　한생각 내면 법입니다. 할 수 있다 없다 가능하다 불가능하다고 정해 버리면 그대로 흘러갑니다. 긍정도 부정도 내 마음에 맡기고 가야만 다 해결되는 것입니다. 내 마음 부처자리에 진실하게 놓고 맡겼을 때 삶도 죽음도 모두 제대로 그 자리에서 끌고 갑니다. 살리고 죽이는 것은 그 자리에서 하는 것이고 나는 그 자리를 의지하는 것이니 걱정할 것이 없습니다. 이게 공부입니다. 이런 사람이 진정한 수행자이고 참으로 자유스럽습니다. 죽고 살고를 초월한 것입니다. 이 까닭에 대각선^{大覺仙}이라 이름합니다.

허공 같은 마음

경문

"수보리야, 어떻게 생각하느냐. 동쪽 허공을 가히 생각으로 헤아릴 수 있겠느냐?"

"없습니다, 세존이시여."

須菩提 於意云何 東方虛空 可思量不 不也 世尊

해설

허공은 시방의 허공이자 마음의 허공입니다. 허공과 같은 마음 그대로가 보시바라밀이요, 허공과 같은 마음을 체험하면 그 복덕이 한량 없습니다.

육조

상에 머물지 않는 보시로 인하여 얻은 그 공덕은 가히 헤아릴 수 없다. 부처님께서 동쪽 허공을 비유로 삼고 수보리에게 묻되 "동쪽 허공을 가히 생각으로 헤아릴 수 있겠느냐?" 하니 "없습니다, 세존이시여" 하신 것은 수보리가 동쪽 허공을 가히 생각으로 헤아릴 수 없음을 말한 것이다.

해설

상에 머물지 않고 보시하면 그 복덕이 가히 헤아릴 수 없다는 것을 허공에 비유하여 말한 것입니다.

경문

"수보리야, 남서북방과 사유와 상하 허공을 가히 생각으로 헤아릴 수 있겠느냐?"

"없습니다, 세존이시여."

"수보리야, 보살의 상에 머물지 않고 보시한 복덕도 또한 이와 같아서 가히 생각으로 헤아릴 수 없느니라."

須菩提 南西北方 四維 上下虛空 可思量不 不也 世尊 須菩提 菩薩 無住相 布施福德 亦復如是 不可思量

해설

동서남북 사방과 간방인 사유와 상하를 합하여 시방十方이라 합니다. 시방은 모두 방편으로써 실체가 없습니다. 어떻게 허공을 나누어서 동쪽 허공, 서쪽 허공이라 헤아릴 수 있겠습니까. 허공은 한계가 없어 헤아릴 수 없습니다. 보살이 상에 머물지 않고 보시한 복덕 또한 이와 같습니다.

함허설의

보살의 만행이 무념으로 종宗, 근본을 삼으니, 한 번 그 종을 얻으면 베푸는 것마다 옳지 않음이 없어서 그 얻는 복이 너그럽고 넓기가 마치 허공과 같도다.

해설

무념은 생각 속에서 생각이 없는 것으로 삿된 마음분별을 내려놓는 것입니다. 너와 나, 좋다 싫다 등의 분별하는 생각을 내려놓고 함 없이 베푼다면, 그 베푸는 마음은 밝음지혜이 되기 때문에 낱낱이 모두 옳습니다.

분별을 내려놓는다 함은 나를 놓는 것으로 상 속에서 상에 머물지 않는 것입니다. 이렇게 되면 한없이 지혜로워집니다. 마치 거울에 묻은 때를 닦으면 거울이 맑고 밝아지듯, 마음거울의 때를 벗겨서 분별을 놓으면 만상을 있는 그대로 비추니 여실지견如實知見을 이룹니다. 반면에 마음거울에 고정관념의 때가 있으면 제대로 비추지 못하니 이를 있는 그대로 보지 못합니다.

항상 놓고 쉬는 공부를 하다 보면 묘하게 밝고 밝은 광명이 나오는 것이 당연한 이치입니다. 그래서 보살만행은 무념으로 종근본을 삼는다고 말하는 것입니다. 무념이 곧 지혜의 근본이기 때문입니다.

육조

부처님께서 말씀하시기를 "허공은 끝이 없어서 생각으로 헤아릴 수 없으니 보살이 상에 머물지 않고 보시하여 얻은 공덕도 마치 허공과 같아서 가히 헤아릴 수도 없고 끝이 없다"고 하셨다. 세계 가운데 가장 큰 것은 허공만큼 큰 것이 없고 일체 성품 가운데 불성佛性보다 큰 것이 없으니 무슨 까닭인가. 무릇 형상이 있는 것은 크다고 할 수 없으나 허공은 형상이 없으므로 크다고 할 수 있다. 즉 일체의 모든 성품은 다 한량이 있어서 크다고 하지 못하나 불성은 한량이 없어서 크다고 이름할 수 있다. 이 허공 가운데 본래 동서남북이 없으나 만약 동서남북을 본다면 역시 상에 머묾이 되어서 해탈을 얻을 수 없고, 불성에는 본래 아·인·중생·수자가 없으나 만약 이 사상이 있음을 보면 곧 중생상인 것이어서 불성이라 이름할 수 없으며 또한 상에 머무는 보시가 되는 것이다. 비록 망심 가운데는 동서남북이 있다고 말하나 이치에 있어서는 무엇이 있겠는가. 이른바 동서가 참이 아닌데 남북인들 어찌 다르겠는가. 자성이 본래 공적하고 혼융混融하여 분별이 없으므로 여래께서 분별을 내지 않는 것을 깊이 찬탄하셨다.

해설

세계에서 가장 큰 것은 허공이고, 일체 성품 중에 제일 큰 것은 부처의 성품인 불성으로 여러분들의 가슴 속에 있습니다.

　　불교에서는 마음을 자주 허공에 비유합니다. 허공과 같은 마음은 텅 비고空 고요하며寂 신령스럽게靈 모두 다 아는知 마음입니다. 보통 색·수·상·행·식의 오온으로 한계 지어진 나를 나인 줄 알지만 그것은 빙산의 일각처럼, 허공 가운데 티끌처럼 작은 나입니다. 티끌이 허공에 포함되지 않는 것은 아니지만, 참나는 텅 비어 고요하면서도 밝고 밝게 빛나서 소소영영昭昭靈靈하게 두루 비추는 것입니다. 허공과 같은 마음을 체험하면 그 복덕도 무한하여 응함에 어떤 경우이건 부족함이 없습니다.

그래서 수보리가 생각으로 헤아릴 수 없다고 대답한 것은 분별을 내지 않은 것이므로 이를 부처님께서 깊이 찬탄하신 것입니다.

경문

"수보리야, 보살은 다만 응당히 가르친 바와 같이 머물지니라."

須菩提菩薩 但應如所敎住

해설

뿌리가 확실히 자기 자리에 머물게 되면 안주하여 어떤 바람이 불어도 반석처럼 움직이지 않습니다. 믿음이 확고해져 사량분별이 쉬어 버린 그때 그 자리에 머물게 되면 오욕팔풍五欲八風의 거센 바람이 불어와도 전혀 영향을 받지 않습니다.

오욕팔풍의 바람이 다른 것이 아닙니다. 일상에서 마주하는 일체경계를 말합니다. 누가 나를 칭찬하면 기분이 좋고 비난하면 화가 납니다. 언제나 바람에 영향을 받습니다. 뿌리가 튼튼히 내리면 칭찬이나 비난에 감정이 흔들리지 않으므로 분별에 머물지 않는다고 할 수 있습니다. 그러니 여러분 스스로 머묾이 있는지 한번 점검해 보시기 바랍니다.

육조

'응당'이란 '따른다'이니, 다만 위와 같이 설한 가르침을 따라서 무상보시에 머물면 곧 보살이다.

해설

따른다는 것은 믿기 때문에 가능한 것입니다.

『선요』에 "집을 떠난 사람이 집에 도착하는데, 어떤 사람은 해가 지나서 도착하고, 어떤 사람은 달이 지나서 도착하고, 어떤 사람은 날이 지나서 도착하고, 어떤 사람은 찰나에 도착하고, 어떤 사람은 죽음에 이르러도 도착하지 못한다. 그것은 무슨 까닭인가?"라고 하였습니다.

집에서 멀리 있는 사람은 늦게 도착하고 가까이 있는 사람은 빨리 도착할 것입니다. 멀고 가까운 거리가 바로 믿음의 길, 신심의 길입니다. 믿음이 멀리 있는 사람은 한참 걸리고 믿음이 가까이 있는 사람은 찰나에 가는 길입니다.

야부

가히 예禮를 알도다.

해설

예는 지혜입니다.

본래 밝은 자성에 일체의 경계를 믿고 맡기고 지켜보는 수행을 하면 마음이 스스로 밝아져서 본래 밝은 자성에 계합契合됩니다.

함허설의

무주無住란 만행萬行의 큰 근본이요, 만행이란 무주의 큰 작용이다. 자존이 무주로써 머무는 것을 가르쳤으니, 그 근본은 이미 밝혔으나 그 큰 작용은 불가불不可不 알아야 한다. 예란 인간세상의 큰 작용이라서 삶과 죽음에 얽매이고 화禍와 복福이 예로 인하여 일어나는 것이니, 사람이 예를 알면 진퇴進退가 아름다우며 들고 놓음에 마땅함을 얻어서 그 베푸는 것마다 옳지 아니함이 없고, 진실로 예를 모른다면 비록 마음에 일이 없다고 하나 그 움직임이 문득 예를 어김이니 어찌 진퇴와 오르고 내림이 아름답다고 할 수 있겠는가. 이로 말미암아 예란 가히 알아야 하며 불가불 알아야 한다.

해설

근본을 말미암아 만 가지 작용이 나오기 때문에 근본뿐만이 아니라 작용도 알아야 합니다. 이 작용이라는 것이 마음이 움직이지 않고 놓아지면 근본으로 계합됩니다. 어떤 경계가 닥치더라도 자기 부처에 맡겨 버리면 이미 그 경계는 존재하지 않게 되며, 신·구·의 삼업三業이 지혜롭게 작용되어 나아갑니다.

　　예를 알면 자기자성의 부처를 믿고 귀의하여 무명인 탐·진·치를 벗어나 자기 안의 오묘한 지혜가 나옵니다. 그리하여 나아가고 물러남과 오르고 내림이 자유스럽게 되는 것입니다.

야부

허공 경계를 어찌 사량하겠는가.
대도大道가 맑고 깊어 그 이치 더욱 길도다.
다만 오호五湖에 풍월風月이 있음을 안다면

봄이 옴에 여전히 백화百花가 향기로우리라.

해설

마음이 머문 바 없이 머무니 대도가 저절로 계합합니다.

　오호는 오온으로, 마음속 오온에 바람이 불면 파도가 이는 것은 당연한 일입니다. 여기에 달이 있다고 합니다. 파도가 쳐도 달이 비추지 않는 것은 아니지요. 온갖 만행이 우주의 큰 작용임을 믿어야 합니다. 되는 일도 안 되는 일도 다 어디에선가 나와 작용이 된 것인지를 알아야 합니다. 일체법이 진리의 나툼임을 알면 울면서도 울지 않는 도리가 있고 웃으면서도 웃지 않는 도리를 알게 되어 여여如如해지는 것입니다.

함허설의

무주無住로 머묾을 삼으니 확연히 허공과 같다. 비록 그러나 대도는 유주有住와 무주無住에 속하지 않으니 저 해인에 견줄 수 있고 저 태허를 넘었다. 큰 허공 가운데는 오호의 풍월이 있음도 방해롭지 않고, 무주 가운데는 대용大用이 크게 일으킴도 방해롭지 않으니 옛사람이 말하길 "무심을 가지고 도道라고 말하지 말라. 무심도 오히려 관문이 남아있다" 하니 무심이 바로 무주의 뜻이다. 무주 가운데를 향하여 큰 작용을 많이 일으켜서 원만히 만행만덕萬行萬德을 갖추어야 바야흐로 대도와 더불어 상응하여 가리니 여기에 이르러서는 보고, 듣고, 깨달아 아는 것見聞覺知이 예로부터 수용하는 가풍이며 색·향·미·촉육진경계이 원래 유희하는 장소이다.

해설

큰 바다는 만물을 싫다 좋다 깨끗하다 더럽다 하는 분별 없이 다 받아들이고, 파도가 이리 치고 저리 치는 것에 상관없이 도장 찍듯이 그대로 비추어 보이는데 이를 해인海印이라 합니다.

큰 도大道는 무주 유주에 속하지 않으므로 해인과 같습니다. 해인을 통해 얻어지는 삼매가 해인삼매인데 삼매 가운데 왕입니다.

머무름이 없음으로써 머묾을 삼는 것이 해인삼매에 견줄 수 있고 저 허공마저 넘습니다. 우리의 마음불성이 그렇다는 말입니다. 자기의 본래면목이 허공임을 믿으면 허공처럼 마음을 씁니다. 밝고 밝은 지혜의 달이 있기 때문에 온갖 번뇌망념의 바람이 불어와도 마음은 방해받지 않습니다.

또 옛사람이 무심도 관문이 남아 있다고 한 말은 머물지 않고 근본에 의지하면서 작용보살행이 나와야 한다는 뜻입니다. 괘종시계를 보면 추가 이쪽으로 가서 머무는가 싶으면 다시 저쪽으로 가고, 거기서 머무는가 싶으면 다시 이쪽으로 오고 잠시도 한쪽에 머물지 않습니다. 이것을 무주라고 합니다.

이와 같이 머물지 않고 근본에 의지하면서 작용을 하는데, 다른 말로 상구보리上求菩提 하화중생下化衆生이라고 하지요. 보리에 머물지노 않고 중생을 제도하는 데도 머물지 않고, 잠시도 머물지 않아야 바른 안목이고 바른 수행이 되는 것입니다.

종경

상에 머물러 보시하는 것은 일월日月이 끝이 있음과 같고, 육진六塵에 집착하지 않음은 허공이 한계가 없는 것과 같다. 자타가 함께 이롭게 하는 복덕은 헤아리기 어려우니 활연히 운용해서 신령스럽게 통하고 확 트여 종횡으로 자재함이로다. 한번 일러 보아라. 또한 어디에 머문 곳이 있는가. 묘체는 본래처소가 없으니 온몸이 어찌 다시 자취가 있겠는가.

해설

무주상보시라야만 너와 나, 자타를 함께 이롭게 하는 한량없는 복덕으로 자유자재하게 쓸 수 있습니다.

　　또 본체의 자리는 처소가 없으니 잠시도 머무름이 있으면 안 되고, 그런 까닭에 무주에 머물도록 해야 합니다.

함허설의

상에 머물러 보시하는 것은 한갓 부질없이 남의 이목을 현혹시키는 것이며 무주의 대도大道에 어긋난다. 다만 유루의 과보만 얻고 가없는 큰 이익을 잃어버림이 마치 저 해와 달이 교대로 밝아서 밤낮에 통할 수 없는 것과 같다. 무주상보시를 행하는 것은 몸과 마음이 맑고 고요하며 안과 밖이 한결같아서 무주대도無住大道에 계합하여 마침내 끝없는 큰 이익을 얻는 것이 저 허공이 넓고 끝이 없는 것과 같다. 그로써 자기에게도 처하며 미루어 남에게도 미치게 함이니 그 복덕이 실로 헤아리기 어렵다. 복덕이 헤아리기 어려움은 그만두고 무엇이 무주의 도리인가. 활연히 운용하여 신령스럽게 통하고, 확 트여 종횡으로 자재하도다. 또 말하라. 집착할 곳이 있는가. 묘체는 원래 처소가 없으니 온몸이 자취가 없도다.

해설

무엇이 무주의 도리인가. 생각과 상에 머물지 않는 것이 무주인데, 어디에도 의지하지 않는 자리에 머문다는 것은 본성에 대한 확고한 믿음입니다.

『종경록』에 "종경宗鏡, 참마음에 어떻게 믿어 들어가는가?" 이와 같이 믿어 들어가야 합니다. "부동일심不動一心, 한마음은 부동하다고 믿어 들어가야 한다." 곧 참마음의 본체는 텅 비어 고요한 까닭입니다. 또한 "부주제법不住諸法, 모든 법이 머물지 않음에 믿어 들어가야 한다." 참마음의 작용은 본래 청정하여 찰나찰나 머물지 않고 나투는 까닭이기 때문입니다. 이와 같으면 반드시 능소마저 사라져 증득하게 됩니다. 곧 견성체험 한다는 말입니다. 성인의 법문은 한마디만 하여도 그 속에 일체를 갖추었으므로 글만 보지 말고 백지를 보아야 글의 근본 뜻이 드러납니다.

종경

단도檀度, 보시에 힘써서 진상眞常에 계합하니,
복이 허공과 같아 가히 헤아리기 어렵도다.
그림자 없는 나무에 꽃이 많이 피었으니,
마음대로 꺾어서 법중왕法中王께 바치리라.

해설

보시바라밀은 법다운 행으로 언제나 진리와 계합합니다.
그림자 없는 나무는 무주無住이며 본래면목을 말합니다. 진리는 상대성에 머무는 것이 아니며, 본래면목本來面目 역시 잠시 인연소생으로 생겼다가 없어지는 것이 아닙니다.

그림자 없는 나무로 돌아가야만 참되게 신·구·의 삼업을 이끌어 가고, 삶은 진리 위에 또 절대의 세계에 서 있게 됩니다. 마음속에 꽁꽁 얼어 있던 악업과 선업이 봄바람 불면서 자연스럽게 녹아 새순이 돋고 작용하여 꽃이 활짝 핍니다. 자신의 마음 가운데 있는 일체중생들이 낱낱이 깨달아지는 것입니다. 깨달음의 꽃이 되어 이 꽃을 법중왕法中王부처님에게 바치니, 나와 부처님의 광대무변한 지혜가 이심전심以心傳心으로 하나가 되어 다름이 없게 됩니다.

함허설의

머무름 없이 행하는 보시는 그 보시가 성품이 공함에 계합하니, 성공性空은 끝없으며 복 또한 끝이 없다. 무주로 인한 만행이 함께 잠기면 그 결과가 원상圓常을 손상시킨즉 무주를 행한 결과가 진실로 방해가 되겠지만, 무주로 인한 만행이 일어나면 가없는 복을 얻은즉 무주를 행한 결과는 큰 이익이 있어서 진실로 방해함이 없다. 이미 방해가 없은즉 행과 행이 집착이 없어서 복 또한 받지 않는 것은 진실로 당연하다. 어찌하여 이와 같은가. 나무가 있으나 원래 그림자가 없으니 겁 밖의 봄劫外春에 생장함이라. 신령스런 뿌리가 밀밀히 많은 세계에 서렸으니 찬 가지에 그림자가 없어서 새도 깃들지 않도다. 하유향何有鄕, 이상향에서 재배한다고 이르지 말라. 겁 밖의 봄바람에 꽃이 만발하였다. 꽃이 만발함이여, 꽃을 꺾어 법중왕께 바치리다.

해설

머무름 없이 행하는 보시바라밀은 저절로 성품이 공함에 계합합니다. 하나하나의 보시행이 그대로 깨달았다는 것입니다.

만행이 잠겼다 함은 그 행이 물들었다는 말이고, 일어난다 함은 보살만행인 육바라밀을 행하여 한생각 우뚝 서 경계에 흔들리지 않음을 말합니다. 이는 육바라밀의 만행이 갖추어져서 서로 융통함이 거울과 거울이 마주치듯 하나의 등불을 켜면 백천 개의 등불이 켜지는 것과 같습니다. 한생각이 밝아지니 일체의 마음이 밝아지는 것과 같은 것입니다.

나무가 있으나 원래 그림자가 없다는 말은 본래 무주를 말하고, 그런 까닭에 스스로 마음에는 겁 밖의 봄바람이 불어와 천만 가지 인연에 응하여 생각하고 말하고 행함에 있어 장애가 없으므로 자기 안의 중생들이 낱낱이 보살로서 화하여 나투게 됩니다.

제 5

여리실견분

如理實見分

몸의 형상 아닌 형상을 보라

경문

"수보리야, 어떻게 생각하느냐. 몸의 형상으로써 여래를 볼 수 있겠느냐?"

"볼 수 없습니다. 세존이시여, 몸의 형상으로써 여래를 볼 수 없습니다."

須菩提 於意云何 可以身相 見如來不 不也 世尊 不可以身相 得見如來

해설

여래如來란 진여如에서 왔다來는 뜻입니다. 여는 진여의 본체로 법신인 지혜의 몸으로 몸의 형상을 떠나 있고, 래는 진여의 작용인데 두 가지로 나타납니다.

범부의 위치에서는 눈·귀·코·혀·몸·뜻을 경계로 보기 때문에 법신여래를 색신으로만 봅니다. 색신 곧 모습으로 보기 때문에 자기 마음 밖에 부처님이 따로 있다고 잘못 알아 진여를 미혹하게 됩니다.

보살의 지위에서는 육근이 청정하고 사상 없이 보기 때문에 법신여래를 보신으로 봅니다. 보신이란 한량없는 색과 상과 이름으로 나타나는 것입니다.

부처님께서 수보리에게 물으시되, "몸의 형상으로써 여래를 볼 수 있겠느냐?" 하시니 수보리가 범부와 이승二乘들은 색신으로만 보고 법신을 보지 못하므로 "볼 수 없습니다. 세존이시여, 몸의 형상으로써 여래를 볼 수 없습니다"라고 한 것입니다.

육조

색신은 곧 유상有相이고 법신은 곧 무상無相이다. 색신이란 사대四大가 화합하여 부모가 낳았기에 육안으로 볼 수 있지만, 법신이란 형상이 없어서 청青·황黃·적赤·백白이 있지 않으므로 일체 형상과 모양이 없어 육안으로 볼 수 없으므로 혜안이라야 능히 볼 수 있다. 범부는 다만 색신으로 된 여래만 보고 법신여래는 보지 못하니 법신은 그 양이 허공과 같다. 이런 까닭에 부처님이 수보리에게 물으시되 "몸의 형상으로 여래를 볼 수 있겠느냐" 하신 것이다. 수보리가 범부는 단지 색신여래만 보고 법신여래는 보지 못하는 것을 알고서 "볼 수 없습니다. 세존이시여, 몸의 형상으로써 여래를 볼 수 없습니다"라고 대답하였다.

해설

색신은 유상有相으로 남자다 여자다 늙었다 젊었다 하는 모습이 있습니다. 지·수·화·풍의 사대四大로 이루어졌기에 형상이 있으며 육안으로 볼 수 있는 것입니다.

이 색신 안에 법신이 있습니다. 모습이 없어서無相 있는 줄을 모르나 색신의 작용으로 나툽니다. 지금 온갖 작용을 하는 이것이 법신의 나툼입니다. 물을 마시면 물맛을 알고, 꽃을 보면 아름다운 꽃인 줄 알고, 더우면 더운 줄 알고, 추우면 추운 줄 알고, 잠시도 머물지 않고 상황 따라 순간순간 바뀌어서 여여하게 작용하는 놈이 있습니다. 모습이 없고 머물지 않기에 볼 수 없으며 만질 수도 없고 정할 수도 없기 때문에 무아입니다. 모습은 없어도 그 모습 없는 참모습 법신은 항상 있습니다. 모습이 없으니 생사도 없으며 유무를 초월해 있습니다.

법신은 허공과 같아서 한계가 없습니다. 우리 눈앞에 있는 것이 모두 허공 가운데 있는데 그 허공이 한계가 있습니까? 법신도 마찬가지입니다. 항상 있는데 광대무변합니다. 작게 따지면 조그만 티끌 속에 충분히 들어갈 정도로 작고, 크게 따지면 삼천대천세계를 다 덮고도 남을 정도로 큽니다. 법신이 우주 천하를 다 감싸고도 남는다고 하니 법신을 알기 어렵다고 한 것입니다.

경문

"왜냐하면 여래께서 말씀하신 몸의 형상은 곧 몸의 형상이 아니기 때문입니다."

何以故 如來所說身相 卽非身相

해설

여래께서 말씀하신 몸의 형상은 곧 몸의 형상이 아니라 했는데 무엇을 이름하여 몸의 형상이 아닌 몸이라 하는가.

예를 들어 하나의 모습 없는 모습인 본체法身가 자식을 만나면 어머니로 나투고, 남편을 만나면 아내로 나투고, 어머니를 만나면 딸로 나툽니다. 갖가지 모습으로 나툴 때 색신은 한 모습이지만 모두 하나하나 상 아닌 상으로 상황 따라 분명히 다르게 나투는 것이 원만하므로 보신이 됩니다. 우리의 마음은 이미 법신과 보신과 화신을 갖추고 자유자재하나 스스로 미혹하여 색신에 취착取着하는 까닭에 법신여래를 볼 수 없다 한 것입니다.

함허설의

부처님께서 몸의 형상을 들어 수보리에게 물으시어 묘하고 원만한 무상신無相身을 밝히고자 하시니 수보리는 본래 사자 새끼라서 일찍이 흙덩이를 좇지 않고 사람을 깨물었도다. 무상을 일러서 의심을 끊었다고 이르지 말라. 형상이 아닌 것은 마침내 형상을 벗어난 것이 아니니라.

해설

무상신, 모양이 없는 참 모양이 진짜 모양입니다. 이것은 영원히 없어지지 않으니 참 몸입니다. 모양이 있어야 없어지고 사라지는 등 성주괴공成住壞空을 하는데, 모양이 없으면 불생불멸不生不滅로 참 모양입니다. 우리들이 보는 모든 모양은 제행무상諸行無常으로 변해 갑니다. 그래서 모양 없는 참 몸無常身을 밝히려는 것입니다.

수보리가 본래 사자 새끼라서 흙덩이를 좇지 않고 사람을 깨물었다고 함은, 사자 새끼이기에 흙덩이경계가 아닌 그것을 던진 사람을 좇아가서 물었다는 것입니다. 사자 새끼는 본래부처라는 말로 경계가 와도 따라가지 않고 경계가 나온 자리 즉 본래부처자리로 되놓으니, 어떤 경계가 와도 나를 어찌할 수 없습니다.

육조

색신은 상相이고 법신은 성性이다. 일체선악이 모두 법신에서 연유되고 색신에서 연유되지 않는다. 법신이 만약 악을 지으면 색신이 좋은 곳에 나지 않고, 법신이 선을 지으면 색신이 나쁜 곳에 떨어지지 않는다. 범부는 오직 색신만 보고 법신을 보지 못하므로 무주상보시를 행하지 못하며 일체처에 평등한 행을 행하지 못하여 널리 일체중생을 능히 공경치 못하는 것이다. 법신을 보는 자는 무주상보시를 행하며 널리 일체중생을 공경하여 능히 반야바라밀행을 닦아서 바야흐로 일체중생이 동일한 참된 성품眞性을 가져 본래 청정하여, 때묻거나 더러움이 없어서 많은 묘한 작용이 구족됨을 믿는 것이다.

해설

색신은 겉모습이고 법신은 겉모습 안의 참 주인공입니다. 일체의 선악·시비·분별은 법신인 주인공을 좇아 나오지 색신인 겉모습에 있지 않습니다.

　　일체선악의 출처가 마음의 자성法身임을 알게 되면 견성체험 하게 되어 바른 견해正見가 서고 법신을 보게 됩니다. 이때 비로소 무주상보시를 제대로 행합니다.

　　널리 일체중생을 공경한다는 것은 불이문을 열고 들어갔기 때문입니다. 이것이 반야바라밀행을 닦는다고 이름하는 것입니다.

야부

또 일러라. 지금의 행주좌와行住坐臥는 이 무슨 상인가. 졸지 말지어다.

해설

행주좌와, 가고 머물고 앉고 눕는 것은 일상입니다. 지금 작용하는 곳에 모자람이 있습니까? 있는 그대로 진리입니다. 단지 육진경계를 쉴수만 있다면 그뿐입니다. 지금 일상 속에서 말하고 행하는 모든 것이 법신의 작용이니 찰나찰나 깨어 있어야 합니다.

함허설의

나의 이 색신이 곧 상신常身인 법신이니 색신을 떠나서 따로 상신법신을 구하지 말라. 만약 색신을 떠나서 따로 상신법신을 구하면 자씨慈氏, 미륵 궁중에서 도솔천에 나기를 원함과 같고 함원전含元殿, 장안에 있는 궁전에 있으면서 다시 장안을 찾는 것과 같다. 그러므로 말하길 "지금의 행주좌와는 이 무슨 상인가?"하신 것이다. 상신법신을 보고자 하면 바로 행주좌와 처處를 향해 간파하여야 비로소 얻을 수 있으니, 날마다 쓰는 것을 떠나서 따로 상신법신을 구하면, 문득 이 귀신 굴속에서 살 궁리를 하는 것이다. 그러므로 말하길 "졸지 말지어다"라고 하였다.

해설

몸의 형상으로는 여래를 볼 수 없다고 하니 형상을 떠나 따로 법신이 존재하는 줄 잘못 알면 이 또한 삿된 소견에 떨어집니다. 법신은 광명으로 일체를 비추어 나투게 합니다. 비추어서 나투는 것을 범부와 법에 치우친 견해를 가진 이승二乘은 색신으로 보고, 보살의 경지에서는 보신으로 드러납니다.

그러나 비추는 놈과 비추어지는 놈이 따로 존재할 수 없어서, 시방세계에 항상 계신 부처님常身法身을 보고자 한다면 행주좌와 처處를 향해 자각하여야 비로소 얻을 수 있으니, 본성 스스로가 깨어나야 합니다. 이것을 떠나 법신을 따로 구하지 말라 하는 까닭에 '졸지 말지어다'라고 한 것입니다.

야부

몸이 바다 가운데 있으면서 물을 찾지 말고
매일 산 위를 거닐면서 산을 찾지 말지어다.
꾀꼬리 울음과 제비 지저귐이 서로 비슷하니
전삼前三과 더불어 후삼後三을 묻지 말지어다.

해설

몸은 그대로 바다 가운데 있고 산 위를 매일 거니는데, 어디서 다시 물을 찾고 산을 찾아다니는가. 꾀꼬리 울음과 제비 지저귐이 다르지만 한곳으로부터 좇아서 나온 것을 알아야 합니다. 바로 우리의 색신 그대로가 상신법신을 떠나지 않았음을 알기만 하면 되는 것입니다. 일체 사량분별도 법신의 나툼이므로 여기에 집착만 하지 않는다면 그대로 아무 일 없는 것이지만 스스로 분별하여 집착하는 까닭에 '전삼前三과 더불어 후삼後三을 묻지 말지어다'라고 했습니다.

함허설의

청정한 물 가운데 노는 고기는 스스로 미혹하고, 밝고 밝은 햇빛 가운데서도 눈먼 자는 볼 수 없다. 항상 그 가운데 있으면서 움직이고 앉고 눕지만, 사람들이 스스로 미혹하여 밖을 향해 부질없이 찾는다. 몸이 바다 가운데 있으면서 어찌 수고로이 물을 찾을 것이며, 날마다 산 고개를 오르면서 어찌 산을 찾는가. 꾀꼬리와 꾀꼬리의 울음이 둘이 아니고, 제비와 제비의 지저귐이 한가지로다. 다만 물물物物이 다른 물건이 아님을 알면 천 가지 만 가지 차별을 묻지 않으리라.

해설

이 몸 그대로가 법신의 나툼이고, 우리의 삶 그대로가 진리의 나툼입니다. 꾀꼬리의 울음과 제비의 지저귐이 어디로부터 나왔는가를 알게 되니 천 가지 만 가지 차별을 묻지 않게 됩니다.

쉴 수만 있다면 곧바로 청정법신의 세계이니, 모양 없이 작용하는 마음에 가만히 맡겨 두면 됩니다.

부처는 찾는 그 마음속에 있다

경문

부처님께서 수보리에게 이르시되, "무릇 형상이 있는 것은 다 허망하니 만약 모든 형상이 형상이 아님을 보면 곧 여래를 보리라."

佛告須菩提 凡所有相 皆是虛妄 若見諸相非相 即見如來

해설

존재의 다섯 가지 구성 요소인 오온이 본래 실체가 없어 공하고, 인연화합된 연기로 존재함을 깨달으면 법신여래를 볼 수 있습니다.

견여래見如來는 견불見佛과 같은 말입니다. 즉 성품을 본다, 견성했다는 말입니다.

『기신론』에 보면, 깨닫는다覺는 것은 몸과 마음에서 생각이 떠난 것이니 생각을 떠남이 마치 텅 빈 허공과 같아서 여래의 평등한 법신이라 했습니다. 우리가 보통 나라고 인식하는 것은 몸과 마음을 말하는데, 견불·견성이라는 것은 몸과 마음에서 생각이 떠난 것이라고 합니다. 이 말은 한번 참구해 볼 만합니다.

함허설의

눈앞에 법이 없으니 눈 닿는 곳마다 모두가 여여如如하다. 다만 이와 같이 알면 곧 부처를 보게 된다.

해설

다만 눈앞에 다가오는 것에 속지만 않으면, 모든 상을 상이 아닌 것으로 보면 다 진리입니다.

『상응부경전』에 "비구들아, 무상한 색·수·상·행·식오온을 무상하다고 보면 올바른 견해를 얻는다" 하고, "연기를 보는 사람은 법을 보며 법을 보는 사람은 연기를 본다", 또 "법을 보는 사람은 여래를 보며 나여래를 보는 사람은 법을 본다"고 하였습니다.

존재의 본질은 무상이고 무아이며 공한 것인데 스스로 미혹하여 실체라고 착각한 것입니다. 그래서 고정관념을 놓는 공부를 하는 것입니다. 잘났다는 것 못났다는 것, 옳은 것 그른 것을 놓아 버리고 놓아 버리다 보면 눈앞에 부딪히는 것에 속지 않아 그대로 여여如如하게 되어 여래를 보게 됩니다.

육조

여래께서 법신을 나타내고자 하므로 말씀하시기를 "일체 모든 상이 모두 허망한 것이니 만약 일체 모든 상이 허망하여 실實이 아님을 알면 곧 여래의 무상無相한 이치를 보리라" 하셨다.

해설

모든 것은 변하여 항상하지 않기 때문에 실체가 아니고, 믿을 만한 것이 못 되고, 고정되어 있지 않으므로 참모습이 아닙니다. 그래서 모습이 없는 것이 참모습입니다.

'나'라는 한물건을 한번 돌아보십시오. 어렸을 때 자기도 있고 지금의 나이든 자기도 있습니다. 또한 나의 마음이라는 것도 항상하지 않고 찰나찰나 변해가고 있습니다. 그런데도 항상 고정되게 자기라는 것이 있기는 있지요. 있는데 그것의 모습이 있습니까? 없습니다. 모습으로 지었다고 한다면 쉬이 변해 가거든요. 그래서 영원한 주체성을 갖는 자기의 모습은 공空으로서의 모습이고 무아로서 있는 것입니다.

야부

산은 산이요, 물은 물이니 부처님은 어느 곳에 계시는가?

해설

부처님은 어느 곳에 계시는가. 내 마음속에 있습니다. 내 마음은 어디에 있는가. 일체제불의 마음속에 있습니다. 일체제불의 마음은 어디에 있는가. 일체중생의 마음 행하는 바發菩提心 즉 찾는 그 마음속에 있습니다. 이러한 이치를 깨달아 증득하면 산은 산이요, 물은 물입니다.

함허설의

만약 한결같이 불신佛身은 모양이 없다 하면, 모양 밖에 반드시 불신이 있어야 하거늘, 지금 산을 보면 곧 이 산이요 물을 보면 곧 이 물이다. 부처님은 어느 곳에 계시는가.

해설

『돈오입도요문론』에 다음과 같은 말씀이 있습니다.

> "부처님의 몸과 마음은 무엇으로 보는 것입니까? 눈으로 봅니까, 귀로 봅니까, 코로 봅니까, 몸과 마음으로 봅니까?"
> "보는 것은 여러 가지로 보는 것이 없느니라."
> "이미 여러 가지로 보는 것이 없다면 다시 어떻게 보는 것입니까?"
> "이것은 자성이 보는 것이다. 왜냐하면 자성은 본래 청정하여 담연히 비고 고요하므로, 비고 고요한 본체 가운데서 보는 것이 능히 나오느니라."

야부

상相이 있고 구함이 있음은 이 모두 망妄이요
무형무견無形無見은 치우친 소견에 떨어짐이로다.
당당하고 밀밀하여 어찌 간격이 있으리오.
한 줄기의 찬 빛이 큰 허공을 빛내도다.

해설

모양이 있고 구하는 것이 있으면 허망한 것이라 하고, 모양이 없고 견해가 없으면 치우친 소견에 떨어진다고 하니 그럼 어떻게 하라는 소리인가. 상이 있어도 틀렸다고 하고 상이 없어도 틀렸다고 하면서 어디에도 서 있을 곳이 없게 해 놓고는 '당당하고 밀밀하다'라고 합니다.

수행자는 자성인 무심처無心處에서 작용한다면 어느 곳이든지 다 밝아 여래를 친견하게 됩니다.

함허설의

유有에 집착하고 무無에 집착하는 것은 함께 삿된 견해를 이루는 것이니, 유와 무가 둘 다 없어야 한맛一味으로 항상 나타나리라.

해설

상대적인 대상이 있고 구하고 바라는 마음이 있으면 망념이라 하고, 없다는 소견에 떨어져 있으면 이것 또한 망념이 됩니다. 양변을 벗어난 중도의 바른 안목은 당당하고 틈이 없이 항상 눈앞에 분명합니다. 마치 하나의 달이 모든 물에 널리 비추어 온갖 그릇에 나투는 것과 같습니다.

종경

금신金身, 부처님 몸이 환하게 나투심이여, 높고 높은 바다 위의 고봉孤峰이요, 묘상妙相이 장엄함이여, 밝고 밝은 별 중에 뚜렷한 달이로다. 비록 이와 같으나 마침내 진眞이 아니니, 경에 이르되 "진과 비진非眞에 미혹될까 두려워하여 내가 늘 열어 펴지 않는다" 하시니 또 일러라. 뜻이 어디에 있는가. 하나의 달이 모든 물에 널리 나타나니, 모든 물에 비친 달은 하나의 달에 포섭되도다.

해설

고봉孤峰, 상대성이 아닌 절대성이기 때문에 외로운 봉우리입니다.

천상천하 유아독존天上天下 唯我獨尊에서도 독존홀로 있다이라고 합니다. 홀로, 외롭다, 하나, 일미一味라고 한 말은 절대의 본체 그 자리를 말합니다. 일구법문一句法門과 같습니다.

바다라는 말은 많은 것을 대표할 때 씁니다. 때로는 삶을 바다에 비유해서 고해의 바다라고도 합니다. 바다에는 모든 물이 들어옵니다. 우리의 삶 인생이 바다와 같습니다. 어디서 오는지도 모르는데 끊임없이 계속 오지요. 바다는 본래 청정한 곳입니다. 더러움을 용납하지 않습니다. 철썩철썩 계속하여 파도쳐서 깊은 속까지 뒤집으면서 본래 청정한 곳으로 돌아가게 합니다. 바다가 고요하여 움직이지 않으면 어떻게 되겠습니까? 썩어서 죽어 버립니다. 이것을 잘 알아서 우리 삶에 비추어 보고 적용시켜야 합니다.

함허설의

보신과 화신의 높고 큼이 마치 바다 위에 산봉우리가 높음과 같고, 묘상의 단엄端嚴은 마치 강에 비친 달처럼 밝고 밝도다. 그러나 이 몸과 이 상은 인연을 만나면 곧 나타나고, 인연이 다하면 곧 숨는다. 보신과 화신이 숨고 나타나는 데 맡겨 두어서 대적광大寂光의 진신眞身은 늘 항상 맑으며, 물속의 달이 있고 없음에 맡겨 두어서 하늘에 뜬 달은 항상 밝고 밝도다.

일신一身이 응하여 천백억이 됨이여, 천백억화신은 일신에 포섭되도다.

해설

일체 모든 중생 속에는 반드시 불성이 있는 까닭에 천백억화신을 친견하게 됩니다. 그러니 수행하여 무념으로 지혜의 눈을 얻게 되면 보신을 체험하여 항상 머물되 머문 바 없는 법신을 깨달아 증득하게 될 것입니다.

종경

보신과 화신은 진真이 아니고 마침내 망령된 인연이니
법신은 청정하고 넓어 끝이 없음이라.
천강에 물 있으면 천강에 달이 비치고
만리에 구름이 없으니 만리가 하늘이로다.

해설

한생각 중생심에 따라서 법신과 보신·화신을 분별하여 보면 보신과 화신은 망념이지만, 불이법으로 둘 아니게 볼 수 있으면 그대로 진리의 작용입니다. 보신과 화신非身이 법신의 작용인 줄 알면 이미 비신이 아닙니다. 주와 객으로 나누어지나 법의 작용으로 나올 때는 주主와 반伴이 되어 도반입니다. 한생각에 달린 것입니다. 결국 내 한생각에 망념이 되기도 하고 법의 작용인 무위법행이 되기도 합니다.

근현대 조사이신 한암스님께서도 항상 마왕이 호법護法의 선신이라고 하신 말씀과 같습니다. 둘로 본다면 이미 마왕이지만, 둘 아니게 보는 순간 호법의 선신이 되어 주인과 같은 도반입니다.

함허설의

붕두棚頭, 무대 위에서의 인형극을 잘 보아라. 당기고 미는 것이 그 안에 있는 사람裏頭人, 뒤에서 조정하는 사람의 (힘을) 빌린 것이다. 이두인裏頭人이여, 그 양이 크고 크니 그 빛남은 맑은 하늘에 구름 한 점 없음과 같도다. 근기를 따라서 백억화신을 나투도다. 찰진剎塵에 기틀이 있으니 찰진의 몸이요, 찰진에 감득함이 없으면 다만 진신眞身이로다.

해설

자기 마음은 일체중생의 마음입니다. 그런 까닭에 팔만대장경이 부처님의 마음이 아니고 중생들의 마음이라 합니다. 부처님은 마음이 없으신 분입니다. 텅 빈 거울처럼 만상이 오는 대로 밝게 비추어 내는 작용으로 보신과 화신입니다.

  자기 마음이 본래부처임을 자각하면 보신과 화신을 거두어 법신眞身으로 돌아갑니다. 분별하고 판단하는 것을 멈춰 무심으로 쉴 수만 있다면 곧바로 청정한 법신의 세계입니다.

제
6

정
신
희
유
분

正信希有分

청정한 한생각이 바른 믿음이다

경문

수보리가 부처님께 사뢰어 말씀드리기를, "세존이시여, 자못 어떤 중생이 이와 같은 말씀을 듣고서 진실한 믿음을 내겠습니까?"

須菩提 白佛言 世尊 頗有衆生 得聞如是 言說章句 生實信不

해설

바른 믿음正信은 희유하다는 의미이며, 이와 같은 말씀이란 「여리실견분」의 사구게로 "범소유상 개시허망 약견제상비상 즉견여래"입니다.

육조

수보리가 "이 법은 심히 깊어서 믿기 어렵고 알기 어려우니, 말세의 범부는 지혜가 적고 하열해서 어떻게 믿어 들어가겠습니까?" 하고 물으셨다. 부처님의 답은 아래에 있다.

해설

수보리가 "이 말씀을 듣고서 진실한 믿음을 내겠습니까?"하고 여쭌 까닭이 있습니다. 범부와 이승二乘들의 안목은 육식六識의 경계로써 색신만을 보고 집착하기 때문에 "법신의 여래를 진실하게 믿겠습니까?" 하고 대중을 대신해서 묻는 것입니다.

경문

부처님이 수보리에게 이르시되, "그런 말 하지 말라. 여래가 멸도한 뒤 후 오백 세에도 계를 지니고 복을 닦는 자가 있어서 이 말씀에 능히 믿음을 내고 이로써 실다움을 삼으리라."

佛告 須菩提 莫作是說 如來滅後後五百歲 有持戒修福者 於此章句 能生信心 以此爲實

해설

'여래 멸후 후 오백 세'란 언제인가? 부처님께서는 당신이 열반에 드신 뒤 오백 년씩 다섯 번으로 끊어 제1기 오백 년은 해탈견고解脫堅固라 하여 깨달음을 얻은 이가 많고, 제2기는 선정견고禪定堅固라 하여 선정을 보전하는 이가 많고, 제3기는 다문견고多聞堅固라 하여 불법을 열심히 듣고, 제4기는 탑사견고塔寺堅固라 하여 탑을 쌓고 절을 짓는 일을 열심히 하고, 제5기는 투쟁견고鬪諍堅固라 하여 자기주장만을 고집하여 서로 다툰다고 하셨습니다.

2,600년이 지난 오늘날을 마지막의 오백 세라 하여 투쟁견고의 시대라고 합니다. 하지만 이것은 한계가 있는 유위법으로 보는 세계

이고 항상하지 않는 까닭에 진리의 근원이 될 수 없습니다.

진리란 무위법을 근거로 존재합니다. 마치 나무의 뿌리를 무위법에 비유하고, 나무의 잎과 꽃과 열매와 가지는 유위법에 비유하는 것과 같습니다. 나무의 뿌리는 보이지 않아 흡사 없는 듯하지만 잎과 열매와 가지에 결정적인 영향을 줍니다. 뿌리 없는 나무도 존재할 수 없고 나무 없는 뿌리도 존재할 수 없듯이 유위법과 무위법도 이와 같습니다. 여래 멸후 후 오백 세란 바로 지금 영겁인 이 순간입니다.

"계를 지니고 복을 닦는 자가 있어서 이 말씀에 믿음을 내고 실다움을 삼는다"에서 계를 지닌다는 것은 경계에 물들지 않는 것입니다. 이 물들지 않는 청정한 마음으로 일체의 선근을 쌓으면 곧 칠보로 장엄된 존재가 온통 내 마음에 드러남이 복을 닦는다고 말하는 것입니다. 믿음이 실답게 되기 위해서는 계를 지키고 복을 닦는 것이 전제되어야 합니다.

함허설의

위의 문답은 다만 무주無住 무상無相의 뜻을 밝힌 것이다. 만약 무주 무상의 뜻이라면 매우 깊고 알기 어려워서 우리 상식에 가깝지 않으니, 성인에 이르기가 더욱 멀어져서 혹 믿지 못함이 있을까 하여 물은 것이다. 그러나 이것은 진실로 중생의 일용日用에서 벗어나지 않은 것이며, 또한 과거, 현재, 미래를 전부 갖추고 있다. 이로 말미암아 비록 말세라 하나 만약 수승한 근기가 있으면 반드시 마땅히 신심을 내어서 이 무주 무상의 뜻으로써 실다움을 삼을 것이다. 무상은 텅 비고 현묘한 도妙道이고 무주는 집착이 없는 참된 근본眞宗이니 만약 이 진종眞宗 묘도妙道라면 바로 이 법신향상法身向上이다. 향하向下에는 간섭되지 않으니, 이러한즉 이로써 실다움을 삼는다 하는 것은 법신향상으로써 실다움을 삼는 것이다. 법신향상으로 실다움을 삼은즉 삼신이 모두 향하에 속하여서, 이는 방편이고 실實이 아님이 분명하도다. 무엇 때문에 이와 같은가. 삼신이 다 근기에 따라서 나타나므로 마침내 진眞이 아닌 까닭이다. 조주스님이 말씀하되 "금불金佛은 화로를 건너가지 못하고 목불木佛은 불을 건너가지 못하고 진흙불泥佛은 물을 건너가지 못하지만 진불眞佛은 내 안에 앉아 있다" 하시니 진불眞佛이 어찌 이 향상인이 아니며 삼불金佛·木佛·泥佛이 어찌 이 삼신三身이 아니겠는가. 임제가 이르되 정묘국토淨妙國土 중에 들어가서 정묘한 옷을 입고 법신불을 설하며 무차별국토無差別國土에 들어가서 차별 없는 옷을 입고 보신불을 설하며, 해탈국토解脫國土 중에 들어가서 해탈의 옷을 입고 화신불을 설한다 하거늘 대혜스님이 이것을 들어 말하되 임제스님의 취지를 알고자 하는가. 법신·화신·보신이여, 돌재라. 도깨비 요정이로다. 삼안국토三眼國土 중에서 만나 무위진인無位眞人, 차별심이 없는 참된 사람을 비웃는다 하시니 곧 향상은 이 진실이요, 삼신은 방편인 것이 분명하다. 또 경에서는 법신을 나타내서, 이것으로 실다움을 삼는다는 것은 법신으로 실을 삼음이니 법신이 실이라면 보신·화신은 방편이요 실이 아님이 분명하도다.

해설

무주는 생각과 상에 머물지 않는 마음입니다. 『돈오입도요문론』에서 머무는 곳이 없는 곳이란 일체처에 머물지 않는 마음으로, 너다 나다, 옳다 그르다, 좋다 나쁘다 등 모든 것에 머물지 않는 것입니다. 이곳이 무주처無住處이지요. 이 머물지 않는 마음을 무주심無住心이라고 하고 이것을 부처님 마음이라고 합니다. 무상은 상 속에서 상이 없는 것으로, 「여리실견분」의 '약견제상비상 즉견여래' 만약 상이 상이 아닌 것을 알면 여래를 보리라 했듯이 이것이 무상입니다. 머묾이 없고 상이 없는 것을 알면 여래를 봅니다.

무상이란 텅 비고 현묘한 도이고, 무주란 집착이 없는 참다운 근본입니다. 이렇게 참다운 근본이며 현묘한 도라면 법신보다 높다는 것입니다. 여기서 법신보다 높다는 것을 법신향상이라 했으니, 향하라고 하면 법신보다 낮은 것이 되겠지요.

여러분은 앞에 있는 꽃을 보고 실제로 있다고 봅니다. 이것은 실다움이 아닙니다. 성주괴공成住壞空인 것입니다. 실다움이 무엇인가. 그것은 법신입니다.

예를 들어서 광명이 꽃을 비추면 꽃이 드러납니다. 그러면 광명이 실實.법신이고 꽃은 허망한 것으로 보아야 합니다. 즉 무상이라는 말입니다. 이처럼 오온으로 취착된 이 몸과 마음이 나라고 고집하는 것도, 허망한 것을 실체로 생각하는 것과 같습니다. 오온을 드러나게 하는 근본이 실이 되고, 그 실이 법신입니다. 그래서 삼신으로 나누는 것은 방편이라 말한 것입니다.

법신을 떠나서 보신과 화신이 따로 있지 않습니다. 법신을 좇아서 보신과 화신이 나왔습니다. 우리도 오온으로 된 이 몸을 떠나서 법신부처가 따로 있는 것은 아닙니다. 지금의 이 망령된 몸을 떠나서 법신을 찾을 수는 없다는 것이지요. 이것이 이 법문의 핵심입니다.

이 말을 가슴에 놓고 참구하면서 읽으면 몸과 마음속에 있는 중생들이 반드시 깨어납니다. 중생들을 자식과 같이 생각한다면 자식을 포기하는 부모는 없듯이, 한생각을 내서 이와 같은 마음을 갖는다면 바로 보리심을 발하는 것입니다. 그러면 내 안의 중생들이 응하여 감동하고 개심開心하여 애쓰는 부모를 따라오게 됩니다.

선근을 심었다는 뜻

경문

마땅히 알라. 이 사람은 한 부처나 두 부처나 셋, 넷, 다섯 부처님께 선근을 심었을 뿐만 아니라 이미 한량없는 천만 부처님 처소에서 모든 선근을 심었으므로 이 말씀을 듣고 한생각에 청정한 믿음을 내는 사람이니라.

當知是人 不於一佛二佛三四五佛 而種善根 已於無量千萬佛所 種諸善根 聞是章句 乃至一念生淨信者

해설

'이 사람'을 자기 말고 다른 곳에서 찾으면 안 됩니다. 자기 마음 안에서 보리심을 일으킨 그 마음입니다. 발보리심이 분명하면 육근이 청정해집니다. 눈으로 보고 분별을 놓고 귀로 듣고 분별을 놓습니다. 분별과 경계가 어디로부터 왔는가를 분명히 자각하게 되어 놓아지는 것입니다. 그러면 그 마음이 칠보로 장엄되어 이름하여 '모든 부처님 처소에서 선근을 심었다' 합니다.

　석가모니부처님은 전생에 어떻게 마음을 쓰고 선근을 심어서 지금 이렇게 부처라는 이름을 얻었고, 나는 지금 어떻게 마음을 써야 내일 이와 같이 될 것인가 점검해 볼 필요가 있습니다.

전생이란 지금 나오는 이 마음이고, 내생이란 것도 지금 쓰는 이 마음으로 오직 이 마음뿐입니다. 부처님은 본생담에서 쥐도 되고 사슴도 되고 마구니도 되고 선인도 되고 헤아릴 수 없는 모습으로 바뀌어 돌고 돌아 오셨습니다.

하지만 모습이 어떻든 간에 한결같이 보살과 같은 마음을 쓰신 까닭에 지금 부처를 이루셨습니다. 축생의 모습을 하고서도 그 업식에 물든 마음을 쓰지 않고 보살로서 마음을 쓰셨습니다. 범부들은 어떻게 마음을 써서 지금 중생이라는 이름을 얻게 되었습니까?

우리의 마음속에 지옥·아귀·축생·인간·수라·천상의 마음이 끝없이 번갈아 가며 나오는 것이 한량없는 전생 살림살이입니다. 독사의 업식이 나오면 독사같이 마음을 쓰고, 아귀의 업식이 나오면 아귀같이 마음을 쓰고, 축생의 업식이 나오면 축생으로 마음을 쓰는 까닭에 중생이라는 이름을 얻게 되었습니다. 자기 마음을 보살로서 쓴다면 모든 부처님 처소에서 선근을 심은 것이니, 이 무위법의 말씀을 듣고 한생각에 청정한 믿음을 내게 될 것입니다

부처다 중생이다 하는 것은 다른 곳에서 온 것이 아니라 자기 마음을 좇아서 나타난 것입니다. 과거에 내가 던져 놓았던 원인이 벽에 공을 던지면 다시 돌아오듯이 결국 나에게 돌아오는 모든 경계는 자기 마음인 것입니다.

육조

부처님 멸도 후 후 오백 세에 만약 어떤 사람이 대승大乘의 무상계無相戒를

가지고 망령되이 모든 상을 취하지 않으며, 생사의 업을 짓지 않고 일체의 시간 가운데서 마음이 항상 공적하여 모든 모양의 얽힌 바가 되지 아니하면 곧 이것이 머무름이 없는 마음이다. 저 여래의 깊은 법에 마음으로 능히 믿어 들어가리니 이런 사람의 말은 진실해서 가히 믿을 만하다. 왜냐하면 이 사람은 일겁, 이겁, 삼, 사, 오겁에 선근을 심었을 뿐만 아니라 이미 무량천만억겁에 모든 선근을 심었기 때문이다. 그러므로 여래께서 말씀하시되 "내가 멸도한 뒤 후 오백 세에 능히 상을 여읜 수행자가 있으면 마땅히 알라. 이 사람은 한 부처님, 두 부처님, 세 부처님, 네 부처님, 다섯 부처님께만 여러 선근을 심은 것이 아니다"라고 하셨다.

무엇을 이름하여 선근을 심었다 하는가. 아래에 간략히 설하면 이른바 모든 부처님 처소에 일심으로 공양하여 교법을 수순하고, 모든 보살과 선지식과 스승이나 스님과 부모와 연세 많고 덕이 많은 분 등 존경하는 분들의 처소에 항상 공경공양하여 높은 가르침을 받들어서 그 뜻을 어기지 않는 것을 이름하여 모든 선근을 심는 것이라 하며, 육도의 모든 중생을 살해하지 않고 속이지도 않고 천하게 여기지도 않으며 해치지도 욕하지도 않고 타지도 않고 채찍질도 하지 않으며 그 고기를 먹지 않고 항상 이익되게 하는 것을 모든 선근을 심는 것이라 한다. 일체 가난하고 고통받는 중생에게 자비하고 불쌍히 여기는 마음을 일으켜서 가벼이 여기거나 싫어하는 생각을 내지 않고, 구하려 하면 힘을 따라서 베풀어 줌을 이름하여 모든 선근을 심음이 되는 것이다. 일체의 악한 무리에게 스스로 화유(和柔)하고 인욕을 행해서 즐거이 맞이하여 그 뜻을 거스르지 않고 그로 하여금 환희심을 내게 하여 사나운 마음을 쉬게 하는 것을 모든 선근을 심는다고 하는 것이다.

신심(信心)이란 것은 반야바라밀이 능히 일체번뇌를 제거함을 믿으며, 반야바라밀이 일체 출세간의 공덕을 성취함을 믿으며, 반야바라밀이 일체 모든 부처님을 출생시킴을 믿으며, 자기 몸 중의 불성이 본래 청정하여 더러움에 물듦이 없어서 모든 불성과 더불어 평등하여 둘이 없음을 믿으며, 육도중생이 본래 상이 없음을 믿으며, 일체중생이 모두 능히 성불함을 믿는 것이니, 이것을 청정하게 믿는 마음이라 한다.

해설

우리의 자성은 대승의 무상계를 가지고 상을 취하지 않으며 생사의 업을 짓지 않고 항상 공적한 자리로 참마음의 본체입니다. 이곳은 항상 밝고 밝아 반야지혜가 충만하고 모든 상에 머무는 바 없는 부처님 마음입니다.

  부처님의 깊은 법에 마음으로 믿어 들어가니 이 사람의 말은 진실하여 믿을 만하다고 하는 것입니다. 이미 한량없는 천만억겁에 온갖 선근을 심은 분이기 때문이지요. 진실로 우리도 수억겁 동안 선근을 심었기 때문에 지금 이 자리에서 법문과 경을 만날 수 있음을 믿어야 합니다. 그렇지 않으면 지금과 같은 인연은 있을 수 없습니다.

  선근은 어떻게 심어야 하는가. 모든 사람을 부처님으로 대하는 것입니다. 누가 나한테 나쁘게 하고 험하게 하면 '이게 부처님이 나한테 하는 소리구나, 하늘이 나한테 야단치는 소리구나' 하고 알아야 합니다. 이렇게 마음작용을 하는 사람이 수행하는 사람이고 선근을 심는 사람입니다. 누가 나한테 잘해 주면 '하늘이 나한테 상을 내리는 거구나, 감사하다, 내가 잘나서가 아니라 부처님이 나에게 주는 상이다' 하고 알면 됩니다.

야부

금불金佛은 용광로를 건너가지 못하고
목불木佛은 불을 건너가지 못하고
진흙불泥佛은 물을 건너지 못한다.

해설

쇠붙이로 만든 부처는 용광로에서 녹아 버리고
나무로 만든 부처는 불에 타 버리고
진흙으로 만든 부처는 물에 풀어져 버립니다.
그럼 무엇이 부처인가.
이렇게 소소영영昭昭靈靈히 아는 그 자리로 인하여
삼라만상이 모두 밝게 광명을 내는 것입니다.

함허설의

삼불三佛이 종래로 부서짐을 면치 못하고 삼신三身도 또한 그러하여 필경
진眞이 아닌 것이다. 삼불로서 삼신을 배대하신 뜻은 무엇인가. 법신은 견
고하여 움직이지 않고, 보신은 위로 명합하고 아래로 응하며, 화신은 근
기에 마땅함을 따라 구부려서 수순하니, 금金은 강하나 부드럽지 않고 나
무는 능히 부드럽고 강하며 진흙은 부드럽지만 강하지 못하니 삼불로서
삼신을 짝지은 뜻이 이런 것이다. 또 금의 기운은 가을의 서늘함과 같고
그 바탕이 땅에 있은즉 확연하여 그 견고한 것이 체의 구體句이고, 나무의
기운은 봄의 따뜻함과 같아서 그 바탕이 땅에 있으면 파랗게 푸르른 것
이 용의 구用句이고, 토土는 사계절이 왕성해서 금金·목木·수水·화火 등

에 의지함이 되는 것이 중간의 구中間句이다. 또 금불은 한 번 녹여 부으면 금방 이뤄지니 이것은 중간구中間句이고, 목불은 깎고 깎아서 이루어지니 이것은 무구無句이고, 진흙불은 더하고 더해서 이뤄지니 이것은 유구有句이다. 금불은 가히 용광로를 지나가지 못하니 용광로를 지나가면 녹아 버리고, 목불은 불을 건너가지 못하니 불을 건너가면 타 버리고, 진흙불은 물을 건너가지 못하니 물을 건너가면 풀어져 버린다. 이것은 삼구三句가 낱낱이 진眞이 아니니, 이런즉 "이것으로써 실다움을 삼는다"는 삼구 밖의 일구一句로써 실實을 삼는 것이다. 또 금불은 모름지기 용광로를 지나가지 못하고, 목불은 불을 건너가지 못하고, 진흙불은 물을 건너가지 못하니, 이러한즉 삼구가 낱낱이 모두 움직이지 못한다. 이러한즉 유구는 분명하고 뚜렷하고 무구도 분명하고 뚜렷하며 중간구도 분명하고 뚜렷해서 체와 용 등도 또한 그러하다. 또 법신은 마침내 공적空寂으로 깃들어 의지하는 것이니, 무슨 소리를 가히 들을 것이며 무슨 상을 가히 볼 수 있겠는가. 금이나 나무 등으로 능히 모양을 본뜨지 못하며, 오직 보신 화신은 묘상이 단엄하여 사람들이 즐겨 보게 하며, 음성이 청아하여 사람들이 즐겨 듣게 하다가 급기야 멸함을 보이는 데 미쳐서는 사람들이 그것을 형상으로 만드는데, 혹 금으로 주조하기도 하고 혹은 나무로 조각하며 혹은 진흙으로 빚으니, 이러한 앞에 드러난 금불·목불·진흙불은 모두 보신 화신 가운데서부터 나온 것이다. 용광로를 건너지 못하고 불을 건너지 못하고 물을 건너지 못함은 보신 화신이 실實답지 않음을 밝힌 것이다.

해설

진리를 표현할 때 두리뭉실하게 하지 않고 구체적으로 '본체'와 '당체'와 '작용'으로 나누어 말합니다. 이 셋이 각각 따로 나누어져 있는 것이 아니라 항상 하나로 돌아가고 있습니다. 마치 자기를 돌아보아도 '나'라는 물건이 있고, 이 물건은 남편을 만나면 아내가 되고 자식을 만나면 어머니가 되듯이 작용으로써 '나'가 존재하듯 말입니다.

'나'는 잠시도 가만히 있지 않고 찰나찰나 계속 변해 갑니다. 그렇게 변하게 하는 원인이 되는 놈은 모습이 없고 이름도 없으니 '본체' 자리는 텅 비어 고요하다고 이야기합니다. 이 텅 비어 고요한 그 자리는 항상 밝고 밝게 비추고 있으니 그 광명이 바로 반야지혜인 '당체'가 됩니다.

자기 자신이 체인 '본체'와 용인 '작용'과 상인 '당체'를 다 가지고 있습니다. 바로 진리를 표현하는 것입니다. 우리는 텅 비어 고요한 본체 자리를 알기 힘들지만, 그것을 현재 의식이 깨닫는 것을 두고 '견성'이라 합니다. 자기 자신의 삶으로 돌아보아야 이것이 실감이 납니다. 이를 체험해 보시기 바랍니다.

야부

삼불三佛의 형상과 거동은 다 진실이 아니고
눈 가운데의 동자瞳子엔 그대 앞의 사람이라.
만약 능히 집에 있는 보배를 믿기만 하면
새 울고 꽃피는 것이 한결같은 봄이로다.

해설

물의 본성은 본래 움직이지 않고 고요한 것인데 바람이 불면 파도가 일어나서 만 가지 모습을 나툽니다. 삼불의 형상과 거동도 바람으로 인하여 있으니 다 진실이 아닌 것입니다.

　'눈 가운데 동자는 그대 앞의 사람이라' 함은 마음거울 위에 만상을 비추어 나투는 것이 모두 한결같이 자기 마음속의 그림자입니다. 거울 속의 그림자를 보면서 거울의 본체를 깨닫는 것입니다. 자성의 거울을 믿기만 하면 일체경계가 거울 속의 그림자와 같이 그대로 걸림 없는 법이 되어 자유자재 하게 됩니다.

함허설의

삼신三身은 다만 그 사람의 그림자이고, 깨닫고 보면 그림자 그림자가 다른 것이 아니로다. 또 삼구三句가 다만 일구一句로부터 왔으니 일구를 깨달으면 삼이 곧 일이로다. 또 보신과 화신은 진眞이 아니라 온전히 그림자이지만 만약 진을 깨달으면 그림자가 다른 것이 아니로다.

해설

삼신이 본래 그 사람의 그림자로, 깨달으면 그림자는 다른 이가 아닙니다. 그 사람 따로 있고 그림자 따로 있지 않으며, 또 서로 다르지 않습니다.

　하나의 본체로부터 만 가지 작용이 나오듯 일구로부터 삼구가 나왔으니 일이 곧 삼이요 삼이 곧 일입니다. 일이다 삼이다 분별을 놓으면 그대로 만상이 진리 아님이 없습니다.

부처님의 마음과 내 마음이
둘이 아닌 까닭에 다 알고 다 본다

경문

수보리야, 여래는 다 알고 다 보나니, 이 모든 중생들이 이렇게 한량없
는 복덕을 얻느니라.

須菩提 如來 悉知悉見 是諸衆生 得如是 無量福德

해설

허공중에 가득 차 아니 계신 곳 없는 부처님은 보리심을 발한 이 사
람의 마음과 둘이 아닙니다. 이 사람이 알면 일체제불이 다 아시고 이
사람이 보면 일체제불이 다 보시는 까닭에, 자기 안의 중생들이 한량
없는 복덕을 얻게 됩니다.

   청정법신 비로자나불은 종종광명변조種種光明遍照로 가지가지 광
명이 두루 비추는 것을 뜻합니다. 법신여래는 이 사람을 다 알고 다
본다고 했는데 어떻게 다 알고 다 보는가. 자신의 마음이 스스로 보리
심을 일으키면 육근이 청정해지고, 청정한 육근의 작용들이 모두 칠

보로 화할 때 보살의 안목이 생기고, 보살의 경계에서는 법신여래가 한량없는 색과 상과 이름으로 허공 가운데 가득히 나투어 있음을 보게 됩니다.

함허설의

모든 부처님들이 증득한 것이 다 이 법을 증득하심이며 이 사람이 믿는 것도 또한 이 법을 믿는 것이다. 믿음은 숙세宿世, 과거에 익혀 온 것을 말미암은 것이라서 원인이 없지 않고 믿으면 반드시 증득함이 있어서 마땅히 양족존지혜와 복덕을 이룬다.

해설

믿음은 숙세에 익혀 훈습된 것이기에 원인이 없다 할 수 없습니다. 믿으면 반드시 증득하게 되어 있습니다. 알고 보면 숙세가 지금입니다. 그러니 안 믿어지면 지금 믿으면 됩니다.

지금 한생각이 과거이고 지금 한생각이 미래입니다. 시간이라는 것이 정해져 있지 않습니다. 자유롭게 과거·미래·현재라는 시간에서 벗어나 시간을 쓰는 사람이 되어야 합니다. 이것이 부처입니다.

과거·미래·현재에 얽매여서 끄달려 다니면 중생이라 하고, 이를 굴리면서 자유롭게 쓰면 부처라고 합니다.

야부

오이를 심으면 오이를 얻음이요, 과일을 심으면 과일을 얻도다.

해설

내가 예전에 실천했던 것이 지금 체험하는 것이고,

내가 지금 깨닫는 것이 예전에 내가 실천했던 것입니다.

그런데 예전도 지금이고 지금도 예전이니

찰나찰나 마음 쓰는 곳에서 실천하고 체험할 일입니다.

함허설의

옛날에 배운 것이 곧 오늘에 믿는 것이요, 인지因地에서 익힌 것이 과果 위에 증득한 것이로다.

해설

예전에 오이를 심어야만 오늘 오이를 얻듯이, 옛적에 배운 것이 오늘의 믿음이 됩니다. 지금 믿지 않고 분별하면 내일 분별의 과일이 되니, 지금 믿어서 들어가야 믿음이라는 과일이 열립니다.

　　인지란 발심하여 부지런히 보살만행을 닦는 것입니다. 인지에서 익힌 것이 그 결과인 과위果位를 증득하게 되니, 지금 깨달아지지 않는다고 발버둥 치지 말고 지금 믿음을 심어 내일 깨달음의 과일을 열어 그 맛을 보십시오.

야부

일불, 이불, 천만불이 각각

눈은 가로 있고 코는 세로 놓였도다.

옛날에 친히 선근을 심어 왔더니
오늘은 옛에 의지하여 큰 힘을 얻었도다.
수보리 수보리여,
옷 입고 밥 먹음이 일상의 일이거늘
어찌하여 모름지기 특별히 의심을 내는가.

해설

일불, 이불, 천만불 모든 부처님이 자기의 마음을 떠나서 존재하지 않고, 이 마음은 이 몸을 떠나서 존재하지 않습니다.

옛날에 친히 선근을 심어 왔더니 오늘은 옛을 의지하여 큰 힘을 얻습니다. 옛날이란 지금 나오는 모든 업식이고 지금은 찰나찰나 옛으로 돌아가 버리니 이름을 공空하다고 합니다.

본래 구족해 있는데 무엇을 구하려 합니까.

함허설의

제불諸佛이 눈은 가로 있고 코는 세로인 것을 함께 증득하셨으니 제불을 받들어 섬기는 것도 바로 눈은 가로 있고 코는 세로인 것을 배우고자 하는 것이다. 눈이 가로 있고 코가 세로인 몸은 천만 부처님뿐만 아니라 장삼이사張三李四도 다 똑같이 있으니 옛날에 배워 얻은 것이라서 지금에 능히 믿음을 낸 것이다. 수보리 수보리여, 곧 일용이 문득 이것이니 무엇이 알기 어렵겠는가.

해설

눈은 가로 있고 코는 세로인 것은 부처님뿐만 아니라 장삼이사 즉 평범한 모든 사람들도 한가지로 있습니다. 그렇기 때문에 우리 모두가 다 부처요, 부처의 나툼이고 진리의 나툼임을 배우는 것입니다. 저기 있는 큰스님만 가지고 있는 것이 아니고 모두가 가지고 있다는 것이지요. 그러기에 옛날에 배워 익혔던 것으로 인하여 이제 믿음을 낼 수 있게 된 것입니다.

가끔 여러분이 "나는 믿음이 일어나지 않아서 죽겠습니다. 어떻게 해야 믿음이 일어나겠습니까? 믿음이 나는 방편을 가르쳐 주십시오!" 하면 내가 "믿음을 내십시오!"라고 말합니다. 또 나를 보고 "용기를 주십시오!" 하면 "용기를 내십시오!" 합니다. 그러면 용기가 나옵니다. 누구에게 용기를 구하지 말고 자기 안에 있는 부처에게 말하라는 것입니다. 자신과 스님을 둘로 보는 안목에서 말하는 것은 소용이 없으니, 자기를 이끌어 가는 내면의 본래부처에게 나의 부족함을 부탁해야 합니다.

이렇게 보면 분명히 부탁하는 놈이 있고 들어주는 놈이 있지요. 그런데 들어주는 놈도 자기고 부탁하는 놈도 자기거든요. 참 묘하게 둘인데 하나로 돌아갑니다. 결론은 둘이 아니게 됩니다.

내면의 본래부처에게 당신이 있으니 내가 있는 것이므로 지혜 문리文理가 터지게 하는 것도 당신이 해야 하는 것이라고 말하십시오. 말하는 놈과 듣는 놈이 한 놈이 됩니다.

법상과 비법상

경문

무슨 까닭인가, 이 모든 중생은 다시 아상·인상·중생상·수자상이 없으며 법이라는 상도 없으며 법이 아니라는 상도 또한 없느니라.

何以故 是諸衆生 無復我相人相衆生相壽者相 無法相 亦無非法相

해설

'이 모든 중생'은 자기의 몸과 마음속에 있는 모든 업식을 말하며 구류의 중생으로 나툽니다. 구류중생이 곧 자기 아님이 없음을 아는 까닭에 안으로는 사상아·인·중생·수자이 없고, 밖으로는 법상과 비법상이 없어야 보살이라는 이름을 얻게 됩니다.

사상은 앞의 「대승정종분」에서 설명했으니 여기서는 법상과 비법상에 대해서만 다루겠습니다.

법상이란 '이것만이 진리다'라고 법을 세우는 것이고 비법상이란 '이것은 진리가 아니다'라고 법을 파하는 것입니다. 모두 고정관념입니다. 이것이다 저것이다 하는 모든 주장들은 상대성을 더욱더 분명하게 하는 모순 속에 빠지게 할 뿐입니다.

법상과 비법상은 모든 중생이 사람답게 살고 더욱 발전된 모습으로 진화하여 진리를 알게 하려는 방편이었는데, 후에여래 멸후 후 오백세 미혹한 중생들이 방편을 방편으로 알지 못하고 실체화하여 고집하는 까닭에 스스로 자유를 잃어버리고 고통을 자초하게 되었습니다.

함허설의

거칠고 미세한 때坵가 다하면 원명圜明한 체가 드러나도다.

해설

사상과 법상·비법상까지 다 놓아 버리면 여러분 마음 가운데 둥글고 밝은 본체가 나타납니다. 이것을 마음달心月이라고 합니다. 여러분은 이 마음달을 직접 눈으로 보고 찾으려 하고 있어요. 그것은 잘못된 생각입니다. 마음달은 눈으로 보는 것이 아니라 자신과 하나가 되어야 하는 것입니다.

자기가 마음달과 하나가 되었는데 마음달이 보입니까? 다시 말해 자신의 눈동자로 자신의 눈동자를 볼 수 있습니까? 못 보지요. 이와 같습니다.

그것과 하나가 되어 보는 놈이 되면, 보이는 모든 것이 자신과 하나가 되어서 보는 놈이 됩니다. 이렇게 되는 것이 비법상도 없는 것을 깨닫고 놓는 것입니다.

육조

만약 어떤 사람이 여래가 멸도한 뒤에 반야바라밀의 마음을 내어 반야바라밀을 행해서 닦고 익히고 알고 깨달아 부처님의 깊은 뜻을 얻은 사람은 모든 부처님이 그것을 알지 못함이 없다. 만약 어떤 사람이 상승법上乘法을 듣고 일심으로 받아가지면 곧 능히 반야바라밀 무상무착행을 행하게 되어서 마침내 아·인·중생·수자의 사상이 없으리라. 아상이 없다는 것은 수·상·행·식이 없음이고, 인상이 없다는 것은 사대四大가 실實이 아니어서 마침내 지·수·화·풍으로 돌아감을 요달함이요, 중생상이 없다는 것은 생멸심이 없음이고, 수자상이 없다는 것은 내 몸이 본래 없음이니 어찌 목숨이 있겠는가. 사상이 이미 없으면 곧 법안法眼이 밝게 드러나서, 유무에 집착함이 없이 이변二邊을 멀리 떠나고 자기 마음 가운데 있는 여래를 스스로 깨닫고 자각해서 영원히 진로망상塵勞妄想을 떠나면 자연히 복 얻음이 끝이 없다. 무법상無法相이란 이름을 떠나고 상을 떠나서 문자에 얽매이지 않음이고, 또한 무비법상無非法相이란 반야바라밀법이 없음을 말하는 것이 아니니, 만약 반야바라밀법이 없다고 한다면 곧 이 법을 비방하는 것이다.

해설

어떤 사람이 반야바라밀의 마음을 내어 반야바라밀을 행하고 닦고 익히고 알고 깨달아 부처님의 깊은 뜻을 얻는 사람은 바로 우리 마음 가운데 있는 부처님을 믿기 때문입니다.

마음 가운데 있는 그 부처자리는 수억겁을 거치면서 모두 다 알고 있습니다. 즉 무시무종無始無終입니다. 현재 공부하고 있는 우리는 이것을 다 알기 어렵기 때문에 이를 믿어 들어가야 합니다. 믿으면 알지 못함이 없는 것입니다.

상승의 법을 듣고 일심으로 받아가지면 이는 곧 반야바라밀의 상이 없고 집착이 없는 행을 행하게 되니 아상·인상·중생상·수자상이 없습니다.

아상이 없다 함은 수受받아들임·상想생각함·행行행함·식識인식함이 없다는 것입니다.

인상이 없다 함은 사대四大가 실체가 없기 때문에 마침내 지·수·화·풍으로 돌아가는 것을 아는 것입니다. 우리가 죽으면 맨 처음에 무엇이 빠져 나갑니까? 바람風이 나갑니다. 숨이 끊어지는 것이지요. 공기로 돌아간다는 것입니다. 다음으로 몸이 차가워지니 화火가 없어지는 것이고, 물水의 기운이 나가니 썩어서 하늘로 돌아가고, 거기서 구름이 되어서 다시 내려옵니다. 수억겁을 지·수·화·풍으로 돌아가고 돌아오는 것이지요.

중생상이 없다 함은 나고 멸하는 마음이 없다는 것으로, 무생멸심을 말합니다. 생멸이라는 것이 뭔지 아십니까? 한생각이 일어나는 것이 생이요, 한생각이 없어지는 것이 멸입니다. 이는 분별을 놓으면 생멸은 없다는 것입니다. 한번 분별하는 마음을 놓아 버리는 것을 실천해 보십시오!

수자상이 없다 함은 나의 몸이 본래 공한 자리이기 때문에 목숨이라는 것이 붙을 자리가 없음을 아는 것입니다.

사상이 없으면 법의 눈이 밝아져서 있다와 없다有無에 집착하지 않으니 양변에 치우친 견해를 놓고 자기 마음이 곧 여래라는 것을 스스로 깨닫습니다.

무법상이란 법상이 없다는 것으로 이름과 상을 벗어나 문자에 얽매이지 않고 모든 분별이 다 쉬어지고 벗어나는 것입니다. 예를 들어 어린 자식이 어른에게 대든다고 화를 낸다면 이것이 법상입니다. 지금의 자식이 전생에 칠대조 할아버지였는데 자식으로 나왔다면 대들 수 있겠습니까? 그럴 수는 없는 거지요. 이러한 법상法相이 없어야 상相에서 벗어나 평등하게 작용할 수 있습니다.

무비법상은 법이 아닌 것도 없다는 것입니다. 법상이 없다고 해서 전부다 똑같다平等하다는 것이 아닙니다. 지혜로운 작용이 나올 줄 알아야 합니다.

법상이 없다는 것은 모든 것이 공해서 본체인 무심자리로 들어간 자리이고, 비법상이 없다는 것은 지혜로운 작용이 나온 자리입니다. 법상이 없다는 것은 적멸이고 진공眞空이고 무심이며, 비법상이 없다는 것은 묘용妙用이고 묘유妙有이고 평상심으로 작용하는 것입니다.

야부

원만함이 큰 허공과 같아 모자람도 없고 남음도 없도다.

해설

큰 허공과 같이 모든 것이 어우러진 법의 본체, 생겨나거나 없어지지 않으면서 삼라만상 우주법계가 모두 나 아님이 없습니다. 우리의 성품자리가 이와 같습니다.

함허설의

사람에게 몸이 있음이여, 원만공적圓滿空寂한 것이 이것이요. 사람에게 마음이 있음이여, 광대하고 영통靈通한 것이 이것이다. 이 몸 이 마음이 누군들 홀로 없을까마는 다만 무명을 요달하지 못하여 망령되이 사대四大를 잘못 알아서 자신의 몸뚱이로 여기고 육진의 그림자로 자기 마음을 삼아서 이로 말미암아 몸의 원만한 체가 형체의 틀 속에 갇히고, 마음의 영통한 쓰임이 생각하는 마음속에 숨어 있으니, 설혹 잘못된 줄을 알더라도 또한 단견을 이루는 것이다. 이변二邊에 막혀서 원만한 체와 영통한 용이 능히 드러나지 못하다가 지금에 와서 아我와 법法을 쌍으로 잊고 그 잊은 것 또한 잊으니, 원만한 체와 영통한 용이 활연히 앞에 나타나서 아예 모자람도 없고 남음도 없도다.

해설

사람에게 몸이 있다는 것은 오온으로 된 껍데기의 몸을 말하는 것이 아니라 참몸本體을 말합니다. 이 참몸은 진실로 원만하고 텅 비어 고요하며 어디에도 고정되어 있지 않고 모든 것을 포함하고 있습니다. 또한 사람에게 있는 마음은 변화무쌍한 마음이 아니라 광대하고 신령스럽게 통하는 것입니다.

　신령스럽고 밝고 밝은 이 몸과 마음은 누구에게나 다 있습니다. 그러나 무명 때문에 지·수·화·풍의 사대로 이루어져 있는 허망한 것을 자기 몸으로 삼고 있습니다. 그뿐만 아니라 알음알이가 자기 마음인 줄 알고 있습니다.

　지금이라도 분별하고 나누는 모든 것을 다 놓고, 놓았다는 것조차 놓아 버리면, 한량없는 지혜와 덕성을 갖춘 참몸과 참마음이 뚜렷이 앞에 나타나 처음부터 모자라고 남음이 없음을 깨닫게 됩니다. 이 것을 알기 위해 공부하는 것입니다.

야부

법상과 비법상이여, 주먹을 펴니 다시 손바닥이로다.
뜬구름이 푸른 허공에 흩어지니 만리의 하늘이 온통 한 모양이로다.

해설

법상과 비법상이라는 방편으로 미혹한 사람들을 이끌어 진리의 문에 들어가게 하였으나 정작 이러한 방편이 더욱 큰 병을 가져와 사람들로 하여금 더 큰 미혹에 빠지게 함을 알지 못합니다. 주먹을 쥠법상과 손바닥을 폄비법상이 자유로워야 양변을 벗어나 중도를 행하는 자유인이라 할 수 있습니다.

함허설의

옳은 법과 그른 법이여, 하나는 상常이고 하나는 단斷이니 단과 상이 비록 다르나 병이 되는 것은 같다. 병이 되는 것이 이와 같음이여, 주먹을 펴니 손바닥이 되도다. 주먹을 펴니 손바닥이 됨이여, 하필何必이요 불필不必이로다. 단상이 함께 없어야 일미한맛가 바야흐로 나타나리라.

해설

일미란 여래를 본다卽見如來는 것입니다. 견불, 견성으로 성품을 보게 된다는 것이지요. 이것도 양변상견과 단견이라 할 수 있는데, 이 양변을 떠나되 비추어 보는 것이 중도법입니다.

　부처님께서 어디서 깨달았습니까? 중도에서 깨달았습니다. 불이법을 통과한 것이 중도법입니다. 중도법을 알아야 그대로 부처와 진리를 보게 되는 것입니다.

법과 비법이 둘이 아니다

경문

무슨 까닭인가, 이 모든 중생이 만약 마음에 상을 취하면 곧 아상·인상·중생상·수자상에 집착함이 되나니, 무슨 까닭인가. 만약 법상을 취하더라도 곧 아상·인상·중생상·수자상에 집착함이며, 마음에 만약 법 아닌 상을 취하더라도 곧 아상·인상·중생상·수자상에 집착함이 되느니라.

何以故　是諸衆生　若心取相　則爲着我人衆生壽者　何以故　若取法相
卽着我人衆生壽者　若取非法相　卽着我人衆生壽者

해설

자기의 한생각이 마음에 상을 취하고, 법이라는 상을 취하고, 법이 아니라는 상을 취하면, 곧 아상·인상·중생상·수자상四相에 집착함이 된다고 했습니다. 이 삼상三相, 相·法相·非法相을 취하면 사상에 집착함이 되고, 사상이 있으면 삼상에 집착하게 되는 것이 마치 갈대의 단이 서로 의지해야 땅에 설 수 있는 것처럼 연기로서 존재합니다.

이것이 법이다, 저것은 법이 아니다 하고 집착하게 된다면 이것으로 인해 사상이 자라게 됩니다. 법상과 비법상이 둘이 아닌 줄 알고서 법을 쓰고 비법을 씀에 자유로우면 아·인·중생·수자가 마음에 붙을 자리가 없게 됩니다.

육조

이 삼상을 취하면 아울러 사견에 집착함이니 모두 미혹한 사람이다. 경의 뜻을 깨닫지 못한 것이다. 그러므로 수행인은 여래의 삽십이상을 애착하지 말고, 나는 반야바라밀법을 안다고 말하지도 말며 또한 반야바라밀행을 행하지 않고도 성불한다고 말하지 말아야 할 것이다.

해설

공부는 지켜보고 믿어 들어가야 합니다. 믿어 들어간다는 것은 놓는다는 것으로, 지켜보고 놓아야 하는 것입니다.

우리가 사랑하는 사람에 대해서도 믿음이 서야 하지요. 믿지 않고 계속 의심하면 결국 파국으로 치달아 끝납니다.

법이라는 것도 놓아야 합니다. 취착하면 단견이 되기도 하고, 상견이 되기도 합니다. 단상이견이 되면 결국 사견이 됩니다. 상·법상·비법상을 취하게 되면 사견에 집착하게 되어 바른 안목이 아니며 경의 뜻을 바르게 깨닫지 못합니다.

경문

이러한 까닭에 응당 법을 취하지 말아야 하며 응당 법 아님도 취하지 말아야 하느니라.

是故 不應取法 不應取非法

해설

손바닥과 손등이 하나이듯 유위법과 무위법은 같은 것입니다. 나무의 뿌리와 줄기, 잎이 둘이 아니거든요. 법과 비법이 둘이 아닙니다. 이 둘이 하나라는 것입니다. 이래야 둘 아닌 불이법으로 들어갈 수 있고, 법의 문이 열려 부처님을 친견할 수 있습니다.

함허설의

법을 취함은 다만 법이 곧 비법임을 알지 못하기 때문이고, 비법을 취함도 다만 비법이 곧 법임을 알지 못하기 때문이니, 일진법계一眞法界는 옳음도 없고 그름도 없으며, 이 없다는 것도 또한 없는 것이다. 이 까닭에 말하되 "어찌 일법一法 중에 법이 있음과 법 아님이 있으리오" 하시니 설혹 이 법과 법 아님을 분별할지라도 하나를 잡고 하나를 놓음이라 언제 마칠 기약이 있겠는가.

해설

법을 취하는 것은 법이 곧 법이 아님을 알지 못하기 때문이고, 비법을 취함도 비법이 법이 아님을 알지 못하기 때문입니다. 비법과 법이 둘이 아니라는 것입니다.

　　일진법계에서는 옳음도 없고 그름도 없다는 말입니다. 우리 마음속에서 악마 같은 마음이 나오면 이것을 버리려고 합니다. 버리려고 하지 마세요. 악마 같은 마음도 쓰는 사람의 지혜에 달린 것입니다. 지혜가 없는 사람에게는 모든 사람을 괴로움에 빠뜨리는 작용이 되지만, 잘 쓰는 사람은 이것을 통해서 많은 사람을 살리게 됩니다. 마치 좋은 의사는 독초를 가지고 사람을 살리듯이 말입니다.

한생각 악마 같은 마음, 독사 같은 마음의 업식이 나오더라도 이것을 잘 쓰고 잘 다스리면 됩니다. 어떻게 다스리느냐, 나온 자리에 다시 되돌려 놓으면 됩니다. 그러면 보살로 바뀝니다.

일체법이 자기 마음을 떠나서 따로 있지 않습니다. 그렇다고 '오직 마음으로만 해결해야 되겠네' 하고 생각하는 것도 치우친 생각입니다. 치우친 생각으로 바른 판단을 내리기 어렵습니다. 이런 생각조차도 다 놓아야 합니다. 그 자리에서 다 알아서 할 것이기 때문입니다. 그 자리는 죽고 살고를 뛰어넘었기에 죽고 살고까지도 다 놓아야 하는 것입니다. 사사로운 마음이 아니라 공적인 마음으로 다만 맡겨 놓으면 가장 올바른 길로 인도합니다.

야부
금으로 금을 살 수 없고 물로써 물을 씻지 못하도다.

해설
자기의 눈동자가 자기 눈동자를 볼 수 없듯이, 본래 보고 취할 수 없는 것임을 깨달으면 성품을 본 것입니다.

함허설의

다만 이 똑같은 금이니 어찌 능히 바꿔 줄 것과 바꿔 가질 것으로 나누며, 다만 똑같은 물인데 어찌 씻는 물과 씻어지는 물로 나누겠는가. 이러한즉 법은 한맛이거늘 견見에 두 가지 취함이 있으니, 이취二取의 상이 없어야 한맛이 바야흐로 나타난다.

해설

금으로 가지가지 모습을 만들어 내도 그 바탕은 금이고, 물 또한 씻는 물과 씻어지는 물로 나누어도 성질은 둘이 아닙니다. 우리 역시 모습도 다르고 사는 것도 다르고 성격도 다르고, 온갖 것이 다르지만 본래 하나의 진리 성품으로부터 나왔습니다.

다만 법은 하나인데 보는 것을 둘로 나누니, 두 가지 취하는 상이 나온 것입니다. 나누기 이전으로 돌아가면 진리는 그대로 한맛입니다.

야부

나뭇가지를 잡음은 족히 기이함이 아니라,
벼랑에서 손을 놓아야 비로소 장부로다.
물도 차고 밤도 깊어 고기조차 찾기 어려우니
빈 배에 달빛만 가득 싣고 돌아오도다.

해설

놓는다는 것은 믿어 들어간다는 것입니다. 믿어 들어갈 때 깨달음과 체험이 생깁니다. 이렇게 놓을 줄 알면 참으로 수행자가 되는 것이고 부처를 이루는 일입니다.

물도 차고 밤도 깊다 함은 일체가 고요해졌다는 말로 자성자리를 믿고 맡겨 놓아 버리면 모든 망상이 쉬어진 상태입니다.

빈 배는 여러분의 몸과 마음입니다. 마음이 텅 비었으니 여기에 달빛이 생깁니다. 달빛은 반야지혜를 말합니다. 텅 비어 고요한 가운데 밝고 밝게 빛난다고 했습니다.

함허설의

한마음을 얻어 두는 것이 기이한 게 아니라 한곳마저도 없어야 장부이다. 이 경지에 이르러서는 범부의 뜻이 다 떨어지고 성인의 앎도 또한 없어야 함이니, 다만 사심 없이 비춤을 가져서 도리어 시비是非의 장場에 왔도다.

해설

수행하여 깨달아 얻을 것이 있음이 기이한 일이 아닙니다. 이것마저 단박에 놓을 줄 알아야 장부입니다. 이 경지에 이르면 범부의 뜻이 다 떨어지고 성인의 앎도 없어 다만 그대로 평상심이 도道가 됩니다. 견성체험 해서 알았다 하더라도 그 마음 또한 허물이며, 지견知見이 없어지지 않아서 지혜와 앎도 없애 버려야 합니다.

사심 없이 비춤이란 무심으로 작용하는 것입니다. 작용은 벌써 옳고 그름의 장소로 상대성으로 나옵니다. 무심에 머물러 있으면 안 되고 무심에서 작용으로 나와야 합니다. 평상심으로 시정市井에 나와 중생교화를 위해 여러 방편으로 보현행을 해야 합니다.

경문

이런 뜻인 까닭으로 여래가 항상 말하길 '너희들 비구는 내 설법을 뗏목으로 비유함과 같이 알라' 하노니 법도 오히려 응당 버려야 하거늘 어찌 하물며 법 아님이겠는가.

以是義故 如來常說 汝等比丘 知我說法 如筏喩者 法尙應捨 何況非法

해설

여래의 법 설함은 강을 건너는 뗏목과 같고 달을 가리키는 손가락과 같습니다. 팔만사천 법문이 다 방편설이며 병에 응하여 약을 쓴 처방입니다. 『기신론』에 '법이란 중생의 마음이다' 하였듯이 여래의 법도 중생의 마음 따라 응하여 시설施設한 것입니다. 그런 까닭에 부처님은 한 말씀도 하시지 않으셨다고 합니다.

함허설의

부처님이 설하신 법은 다만 도道에 들어가는 방편이니, 이 방편에 의해서 도에 들어가는 것은 옳거니와 방편을 지키고 버리지 않음은 옳지 않다. 방편도 오히려 응당히 버려야 하거늘 이 버려야 할 것을 어찌 보존하는가.

해설

옛날에 어떤 사람이 고양이를 기둥에 묶어 놓고 제사를 지냈다고 합니다. 왜 고양이를 묶어 놓았느냐, 그 절에 사는 고양이가 제사를 지내려면 음식 차려 놓은 곳을 왔다 갔다 하므로 방해되어 묶어 놓을 수밖에 없었습니다.

그분이 돌아가시고 난 다음에 제자는 고양이가 없는데도 고양이를 잡아다가 기둥에 묶어 놓고 제사를 지냈습니다. 스승이 제사 지낼 때마다 고양이를 묶어 놓고 지내는 것을 보고, 고양이를 사 와서 기둥에 묶고 제사 지내는 것이 법이 되어 버렸습니다. 방편이 법이 된 사례입니다.

방편은 그때그때 상황에 맞춰서 쓰는 것인데 방편을 법으로 알고 놓지 못한 것입니다. 법도 놓아야 할 형국에 말입니다.

육조

법이란 반야바라밀법이요, 비법이란 천상에 태어나는 것 등의 법이다. 반야바라밀법은 능히 일체중생으로 하여금 생사의 큰 바다를 건너가게 한다. 이미 건너가서는 오히려 응당 머물지 말아야 하는데 어찌 천상에 나는 등의 법에 즐거이 집착하겠는가.

해설

반야바라밀법은 일체중생으로 하여금 생사의 바다를 건너가게 합니다. 이미 건너갔으면 이 반야바라밀법에도 머물지 않아야 하지요. 그런데 하물며 하늘에 태어나는 등의 유위법에 집착해서야 되겠습니까.

야부

물이 이르면 개울이 이루어지도다.

해설

나무의 잎이 비법이라면 가지는 법이고, 나뭇가지가 비법이라면 줄기는 법이며, 줄기가 비법이라면 뿌리는 법이 됩니다.

　　이런 까닭에 대승심을 발하여야 최상승심을 얻게 되는 것입니다. 하늘에서 비가 내리면 개울을 이루고 강이 되고 강은 다시 바다로 갑니다. 바다는 또다시 하늘로 올라가 비로 내리니 시작과 끝이 따로 없는 무시무종임을 깨달아야 합니다. 이렇게 되어야 무념을 이루고 둘 아닌 불이문을 통과했다고 이름합니다.

함허설의

부처님께서 설하신 법은 진이고 속이다卽眞卽俗. 속인 까닭에 해탈이 곧 문자여서 사십구 년을 동설서설東說西說 하시고, 진인 까닭에 문자가 곧 해탈이다. 삼백여 회에 일찍이 한 글자도 설하지 않았다 하시니 만일 문자에 집착하면 줄기만 보고 근원을 미迷할 것이고, 만약 문자를 버리면 근원만 보게 되어 줄기를 미하게 되니 근원과 줄기를 함께 미하지 않아야 바야흐로 법성의 바다에 들어간다. 이미 법성해法性海에 들어가서는 무념지無念智가 현전現前함이니 무념지가 현전함이여, 향하는 데마다 걸림이 없어서 부딪치는 곳마다 다 통하리라.

해설

즉진즉속卽眞卽俗, 즉卽은 하나가 됐다는 말로 부처님께서 설하신 법은 진이고 속입니다. 진과 속이 하나라는 것입니다.

　　속인 까닭에 해탈이 문자여서 사십구 년을 동설서설 하셨다 함은 항상 경계에 따라서 끝없이 법문을 하셨음을 말합니다. 바로 여기 현상세계, 끊임없이 변하는 이 세계에서 항상 법문을 하신 것입니다. 일체법문이 속俗에 즉한 광명이기 때문에 법문을 자주 들어야 합니다. 몸 가운데 있는 업식들이 그 광명을 받아서 스스로 밝아집니다. 내 몸과 마음의 업식들이 광명을 받으니 동시에 내가 밝아지고 깨닫게 됩니다. 그래서 내 안의 중생들에게 법문을 자주자주 들려 드리라고 하는 것입니다.

진眞인 까닭에 문자가 곧 해탈이어서 삼백여 회에 일찍이 한 글자도 설하지 않았다 했습니다. 문자는 뗏목과 같습니다. 뗏목을 타고 이미 저 언덕으로 건너갔으면 뗏목은 놓고 가야 합니다. 문자를 통해서 해탈을 얻었으면 그 문자法門도 놓아야 한다는 것입니다.

문자에 집착하면 줄기만 보고 근원에 미迷하고, 문자를 버리면 근원만 보게 되어 줄기에 미혹하게 되니, 근원과 줄기를 함께 봐야 합니다. 근원은 본체이고 줄기는 작용이니 본체와 작용을 모두 갖추어야 성품의 바다知慧의 바다에 들어갑니다.

광대무변하고 모든 것을 포함하니까 바다라고 합니다. 여러분에게 좋은 일이 닥치고 나쁜 일이 닥치고, 기쁘고 슬프고 하는 모든 것이 바다에서 일어나는 작용에 불과합니다. 우리에게 일어나는 일이 바다의 작용이라는 것을 알고 여여如如할 수 있다면 해인삼매에 들어갑니다. 바다에 도장을 찍어 보십시오. 흔적이 있습니까? 없습니다.

무심으로 무위로서 살라는 겁니다. 그러면 항상 삼매의 왕인 해인삼매에 듭니다. 법성의 바다에 들어갔으면 무념의 지혜로 작용하니, 향하는 곳마다 걸림이 없어서 부딪히는 경계마다 낱낱이 다 응해서 통합니다.

야부

종일토록 바쁘고 바쁘나 그 어느 일도 방해되지 않도다.
해탈도 구하지 않고 천당도 즐기지 않도다.
다만 능히 한생각 무념으로 돌아가면
높이 비로정상毗盧頂上을 걸어가리라.

해설

공부하는 사람은 바쁘면 바쁜 대로 그게 공부인줄 알고, 아무 일 없으면 없는 대로 공부인 줄 알아야 합니다. 사람들은 바쁘면 바쁘다고 힘들어하고, 아무 일 없으면 없다고 괴로워하지요. 공부하는 사람은 이 낱낱의 일을 공부로 받아들여야 합니다.

    마음에서 상이 쉬어지면 일체경계의 상도 쉬어지고, 무념에서 둘 아니게 작용하면 걸음걸음이 비로자나의 정수리를 밟게 되는 것입니다. 법신부처님의 핵심을 관통하게 됩니다.

함허설의

무념지無念智가 나타남이여, 이쪽과 저쪽을 쳐서 한 덩어리를 이루는지라. 속박과 해탈이 둘이 아니고, 떠오름과 잠김이 한때一際이다. 이미 정인正因을 얻고서 다만 오인하지만 않는다면 비로정상을 높이 걸어서 스스로 참다운 쾌활을 이룰 것이다.

해설

무념은 아무 생각 없이 멍청하게 있는 것이 아니라, 양극단의 분별이 모두 쉬어진 자리로 정념正念을 말합니다.

바른 생각이 있으므로 밝은 마음이요. 무념의 지혜가 밝게 드러나 이쪽과 저쪽을 두루 비추니 하나가 되는 것입니다. 밝게 두루 비추므로 속박도 해탈도 둘이 아니고 떠오름과 잠김도 한 곳입니다.

모든 것에 집착하지 않고 둘 아니게 놓고 쉬기 때문에 법신부처인 비로자나 정수리핵심 위를 높이 걸어가서 참다운 쾌활을 스스로 이루어 시원하게 자유스러워집니다.

종경

원인도 수승하고 결과도 수승함이여, 믿는 마음이 명료하여 의심이 없음이요. 인人도 공하고 법法도 공함이여, 진성眞性이 본래 평등하도다. 설사 이름과 모습이 함께 없어지고, 취하고 버림을 둘 다 잊는다 해도 오히려 뗏목이 남아 있다. 이咦! 손가락을 퉁기는 사이에 이미 생사의 바다를 뛰어넘으니, 어찌 다시 사람 건너는 배를 찾으리오.

선근善根이 성숙하여 믿어 의심하지 않으니
상을 취하고 현묘한 이치를 구하는 것이 더욱 배치됨이라.
한생각에 몰록 공겁空劫 밖을 초월하니
원래 노호老胡, 달마의 앎을 허락하지 않도다.

해설

잊었다고 생각하는 것 자체가 뗏목입니다. 이미 놓아 버렸다는 생각도 놓아 버려야 뗏목이 없다고 할 수 있습니다. 모든 상을 취하지 않고 놓아 버리면 두 번 다시 건널 배는 없습니다. 그대로 활활자재와 계합된 것입니다.

제

7

무 득 무 설 분

無得無說分

무유정법 아뇩다라삼먁삼보리

경문

"수보리야 어떻게 생각하느냐? 여래가 아뇩다라삼먁삼보리를 얻었느냐? 여래가 설한 법이 있느냐?"

수보리가 말씀드리기를 "제가 부처님께서 말씀하신 바를 이해하기로는 정한 법이 있지 않으므로 이름하여 아뇩다라삼먁삼보리라 하며 또한 정함이 있지 않은 법을 여래께서 설하셨나이다."

須菩提 於意云何 如來 得阿耨多羅三藐三菩提耶 如來 有所說法耶 須菩提言 如我解佛所說義 無有定法名阿耨多羅三藐三菩提 亦無有 定法如來可說

해설

아뇩다라삼먁삼보리는 정함이 있지 않은 법으로 무유정법無有定法입니다. 얻을 것도 없고 설할 것도 없는 법입니다. 마음에 아·인·중생·수자상이 없으면 거울에 티끌이 없어 만상이 응하는 대로 비추어 나투는 것과 같습니다.

　　물을 세모 형상의 그릇에 넣으면 세모가 되고 둥근 그릇에 넣으면 둥글게 됩니다. 물은 정한 법이 없습니다. 그저 그릇의 모양에 응하여 나툽니다.

여러분도 마찬가지입니다. 여자의 몸에 들어가면 여자로서 작용하고, 남자의 몸에 들어가면 남자로서 작용하고, 개에 들어가면 개의 작용을 합니다. 찰나찰나 바뀌서 작용하여 응할 뿐입니다. 일체만법이 한결같이 정함이 있지 않은 무유정법인 것입니다.

함허설의

진여·불성·보리·열반으로부터 육도六度·사제四諦·연기十二緣起 등 일체의 이름에 이르기까지 다 근기를 대하여 부득이 시설한 것이다. 사실에 나아가 보면 처음부터 이런 일은 없었다. 또한 때에 따라서 설함은 있으나 실다운 법으로 사람에게 준 것은 없도다.

해설

육도는 육바라밀로 보살을 위해서 설한 것이며, 사제四聖諦는 성문을 위해, 연기십이연기는 연각을 위해서 설했습니다. 부처님은 항상 똑같은 법을 시설하는데 오는 대상에 따라서 법문이 다릅니다. 부처님은 맑은 거울과 같습니다.

부처님은 법을 설한 바가 없습니다. 왜 그런가. 성문이 오면 맑은 거울에 그대로 비춰지니까 거기에 맞는 사제 법문이 나갈 뿐입니다. 성문이 왔구나 하는 생각이 없으신 분입니다. 그래서 무념이 곧 부처님입니다.

부처님 스스로도 49년간 설했는데 단 한마디도 설한 적이 없었다고 하셨습니다. 중생에 응해서 법이 나온 것입니다. 그냥 비춰진 것입니다. 그러니 팔만대장경은 부처님의 마음이 아니라, 거기에 비춰져서 드러난 법문으로 중생들의 낱낱 마음입니다.

여러분도 마찬가지입니다. 어린애가 오면 같이 어려지게 되잖아요. 어른 대하듯이 상대하지 않지요. 벌써 발음도 아이의 수준에 맞춰서 말하고 같이 어린애가 되어서 응해 주지요. 노인이 오면 노인의 수준에 맞춰서 응해 줍니다. 무유정법을 부처님만 가지고 있는 것이 아니라 일체중생이 가지고 있습니다. 여러분이 부처라는 것이 여기서 증명되는 것입니다.

육조

아뇩다라阿耨多羅는 밖으로부터 얻은 것이 아니고 다만 마음에 아소我所가 없으면 곧 이것이다. 다만 병에 따라 약을 베풂을 인하여, 마땅함을 따라서 설하시니, 어찌 결정적인 법이 있겠는가. 여래께서 말씀하시되 위없는 정법은 마음에 본래 얻을 것이 없으며 또한 얻지 못했다고도 말할 수 없으니, 다만 중생들의 소견이 같지 않으므로 여래가 근성에 따라 갖가지 방편으로 열어 주고 달래고 이끌어 주고 인도하시며 그들로 하여금 모든 집착을 떠나게 하시어 일체중생의 망령된 마음이 생멸하며 머물지 않아서 경계를 좇아 움직이는 까닭에 앞생각이 문득 일어나면 뒷생각이 바로 깨달을 것이니, 바로 망상이 일어난 줄 알면 이미 머물지 않음이라서 봄見도 또한 있지 않다고 가리켜 보이셨다. 만약 그러하다면 어찌 정한 법이 있어서 여래께서 가히 설함이 되겠는가. 아阿,無란 것은 마음에 망념이 없는 것이고, 뇩다라耨多羅는 마음에 교만이 없음이고, 삼三이란 마음이 항상 정정正定에 있는 것이고, 먁藐이란 마음이 항상 정혜正慧에 있는 것이

다. 삼보리三菩提는 마음이 항상 공적해서 한생각 범부의 마음을 단박에 제거하면 곧 불성을 보는 것이다.

해설

'불교'라고 할 때에 '불'은 영원한 생명의 근본이고 '교'는 서로 간에 걸림이 없이 소통하는 것입니다. 성인이 오면 성인과 소통하고 속인이 오면 속인과 소통하고 짐승이 오면 짐승과 소통하는 것이 이름하여 교입니다. 이것을 무아라 하고, 찰나찰나 작용되는 나툼이라 하고, 공이라 하고, 무유정법이라고 합니다. 우리는 모두 무유정법을 가지고 있습니다. 무유정법은 마치 천연적으로 맑고 청정한 거울과 같습니다.

그 거울이 스스로 고정관념의 때를 만들어 마음에 저장해 놓고 고정관념의 프리즘을 통해서만 세상을 보려고 하고 또 집착하고 취사取捨 선택합니다. 이건 법이라고 집착하고 저건 법이 아니라고 내칩니다. 소통이 되지 않습니다. 심지어 가족하고도 소통이 되지 않지요.

육조스님이 "아뇩다라는 밖으로부터 얻는 것이 아니고 다만 마음에 나라는 것, 내 것이라는 것이 없으면 곧 이것이 아뇩다라다. 다만 병에 따라 약을 베풂으로 인하여 마땅함을 따라서 적절히 설하신 것이니 어찌 정한 법이 있으랴" 했습니다.

자기 마음이 사상의 티끌을 떠나 고요히 법신여래가 되면, 본래 텅 빈 허공과 같은 마음이 밝고 밝게 드러나 경계에 따라 응하여 비추어 나투게 됩니다. 이것이 정함이 없는 법, 아뇩다라삼먁삼보리입니다.

야부

추우면 춥다고 말하고 더우면 덥다고 말하도다.

해설

자식이 오면 어머니로 응하여 작용하고, 남편이 오면 아내로 응하여 작용하고, 어머니가 오면 딸로 응하여 작용하는 것이 그대로 무아이고 공이고 반야바라밀이고 정함이 없는 법, 아뇩다라삼먁삼보리입니다.

함허설의

이승二乘이 있으므로 이승을 설하고 대승이 있으므로 대승을 설하시니, 중생에 응하여 방편을 행하심은 정한 법이 없으니 인연을 따라서 이치를 세워 그물을 벗어나게 하였다.

해설

이승에게 이승의 도리를 말하고 대승에게 대승의 이치를 설함은, 성문에게는 사제四聖諦를 연각에게는 십이인연을 보살에게는 육바라밀을 설한 것과 같습니다.

　　부처님께서 분별이 있어서 달리 설함이 아니라 중생의 근기에 맞춰서 병에 따라 약을 주듯 법문을 설한 것입니다. 근기에 따라 방편을 쓰시니 일정한 법이 있을 수 없고 다만 인연 따라 이치를 세워 그물굴레에서 벗어나게 하였습니다.

　　관세음보살이 잘난 사람만 건져서 관세음보살인가요. 모든 중생을 다 건지기 때문에 관세음보살입니다. 손이 천 개고 눈이 천 개라

천수천안이라고 하지요. 일체중생의 수준에 맞출 수 있기 때문에 모두 건질 수 있는 것입니다.

야부

구름은 남산에서 일고 비는 북산에서 내리니
나귀의 이름에 마馬 자가 얼마나 많았는가.
청컨대 넓고 아득한 무정수無情水를 보아라.
몇 곳이 모났으며 몇 곳이나 둥글었는가.

해설

"내게 지금 닥치는 모든 선업 악업이 전생에 그 사람이 지은 과보인데 이생에 내가 왜 그 과보를 받는가. 전생에 지은 그 사람에게 받으라고 하지" 한다면 남산이 따로 있고 북산이 따로 있다는 상을 고집하는 것과 같습니다. 원인이 남산에 있으면 결과도 남산에 있어야 한다는 것이지요.

원인은 남산에 있는데 결과는 북산에서 이루어지는 것 자체가 그대로 우리의 삶입니다. 지금 온통 닥치는 경계가 과거에 지은 원인으로 말미암아 있으며, 지금 마음 쓰는 것이 또한 그대로 미래를 규정합니다. 지금 일어나는 한생각이 과거이며 미래이고 현재이므로 남산과 북산이 둘이 아닌 것입니다. 이를 알면 연기법을 깨달았다 합니다.

'나귀의 이름에 마馬 자'라는 것은 나귀의 종류가 여럿이라도 그 이름 속에는 항상 마가 있듯이 지금 나투어진 현상결과 속에는 항상 원인이 내재되어 있으며 인연 따라 나투는 것이 무유정법 아뇩다라삼먁삼보리라는 뜻입니다.

'무정수'라는 것은 정함이 있지 않은 물입니다. 같은 물이라도 뱀이 마시면 독이 되고 소가 마시면 우유가 되니 이것이 무정수입니다.

'몇 곳이나 모났으며 둥글었는가'라는 것은 자기 안의 복잡한 갖가지 마음작용을 말합니다. 자기 안에 성품의 꽃이 얼마나 복잡하게 많은지 소인 같은 마음도 있고 지옥·아귀 같은 마음도 있고 독사와 같은 마음도 있고 하늘과 같은 마음도 있고, 헤아릴 수 없는 마음들이 있습니다. 비유하자면 밥상에 간장 종지가 있고 반찬 그릇이 있고 밥그릇이 있고 국그릇이 있고 큰 사발이 있는 것과 같습니다. 간장 종지가 작으니 나쁘다고 하거나, 사발이 크니 좋다고 할 수 있나요? 종지는 종지대로 사발은 사발대로 쓰임이 다를 뿐 모두 그대로 옳습니다.

큰 사찰에 가면 꾸부정한 대들보도 있고 삐딱하게 올라간 기둥도 있습니다. 대들보며 기둥이라고 해서 곧은 나무만 쓰는 것은 아닙니다. 현명한 목수는 집을 하나 지을 때 굽은 것은 굽은 것대로 쓰고, 바른 것은 바른 것대로 쓰고, 가는 것은 가는 것대로 쓰고, 짧은 것은 짧은 것대로 다 씁니다. 집 한 채 다 짓고 나면 쓰레기가 하나도 나오지 않습니다. 다 쓸모가 있기 때문이지요. 능력이 부족한 목수는 집을 지으려면 요것은 굵어서 못 쓰고 저것은 가늘어서 못 쓰고 이것은 굽어서 못 쓴다고 하면서 전부 버립니다. 그러면 집 한 채 짓는데 그보다 더 큰 쓰레기 더미를 쌓게 됩니다.

모든 것은 쓰임에 달린 것이죠. 능력껏 딱 벗어나서 쓰는 놈, 악은 악대로 쓸 줄 알고, 선은 선대로 쓸 줄 알고, 독은 독대로 쓸 줄 알고, 약은 약대로 쓸 줄 알아야 지혜가 출중한 사람입니다.

고정관념을 내려놓아라, 내가 옳다는 것도 내려놓고 저 사람이 그르다는 것도 내려놓다 보면 스스로 지혜가 풍부해지고 넓어지고 자유스러워집니다. 이것의 이름이 무유정법 아뇩다라삼먁삼보리입니다. 이미 일체중생이 무유정법 아뇩다라삼먁삼보리를 천연적으로 가지고 있습니다. 더 얻을 것이 있다면 이미 무유정법이 아닌 것입니다.

함허설의

그럴듯하게 사제와 연기를 설하시고 다시 육바라밀을 말씀하셨으니 근기가 같지 않음으로 법 또한 일정함이 없다. 이로 좇아 만 가지 이름으로 나누어졌다. 무념지無念智로써 온갖 근기에 응하시니 반半字教, 소승교과 만滿字教, 대승교, 편偏教, 치우친 가르침과 원圓教, 원만한 가르침이 얼마나 많은가. 그 많은 말씀이여, 일찍이 한 글자도 말에 떨어지지 않았도다.

해설

근기가 다르고, 법도 일정함이 없어서 만 가지 이름으로 나누어 펼쳐집니다.

　　무념지는 분별이 놓아진 밝은 마음으로, 거울이 맑으니까 온갖 것을 비추듯이 모든 근기에 대처할 수 있습니다. 반半·만滿·편偏·원圓, 이처럼 수많은 가르침에 대하여 자상하게 응하여 설하지만 한 글자도 도리에 어긋남이 없습니다.

무위법으로 차별을 두다

경문

왜냐하면, 여래께서 설하신 법은 다 가히 취할 수 없으며 가히 말할 수 없으며 법도 아니며 법 아님도 아니기 때문입니다.

何以故 如來所說法 皆不可取 不可說 非法非非法

해설

여래께서 법을 설하신 게 있고, 대중은 법을 들은 게 있고, 여래의 법이라는 게 따로 있다면 유위법으로 옳지 않습니다.

무착스님이 이르되 "불가취不可取란 바르게 들을 때를 말하는 것이고, 불가설不可說이란 바르게 설할 때를 말하는 것이다"라고 했습니다. 어떻게 하는 것이 법을 바르게 듣고 바르게 설하는 것이 되는가.

설법자는 지금 법을 설하는 자의 본체를 알아 오온으로 화합된 허깨비 같은 물건이 아니라, 텅 비어 공한 가운데 밝고 밝은 반야의 광명이 법을 설한다는 사실을 알아야 합니다. 청법자도 또한 이와 같습니다. 이런 까닭에 청법자는 가히 듣는 바가 없이 들을 줄 알아야 하고, 설법자는 가히 설한 바가 없이 설할 줄 알아야 바르게 설하고 바르게 듣는 것입니다. 설한 사람은 공해서 없고 듣는 사람도 공해서 없고 설한 법도 공해서 없어야 이름하여 설법과 청법의 완성바라밀이라 합니다.

설법자와 청법자는 본래성품 안에서 하나로 통하여 있습니다. 자기의 본래성품은 원만한 허공과 같이 더함도 덜함도 없이 이미 가지고 있는 자리입니다. 여래께서 설하신 법은 취할 게 없고 얻을 게 없다고 합니다. 만일 성인의 법이라고 얻을 게 있다고 하고 붙잡을 것이 있다고 하면 부처라는 상이 드러난 것입니다.

『천친론』에 "비법非法이라고 하는 까닭은 일체법의 본체는 모양이 없기 때문이며, 비비법非非法이라고 하는 것은 진여에는 아我가 없어서 실상實相이 있는 연고다"라고 하였습니다. 내가 없어서 실상이 있다는 것은, 광명은 모양이 없지만 만상을 비추어 나투게 하는 것으로 자신을 드러냄과 같습니다.

일체법의 본체는 모양이 없는 까닭에 비법입니다. 진여는 본래 공하여 내가 없고, 내가 없음을 요달하여 체득하면 비비법이 됩니다.

함허설의

부처님께서 설하신 법은 유상有相이라 설했거나 무상無相이라 설했거나 간에 원만한 말로 자재하여서 마침내 일변一邊에 머물지 않는다. 그러므로 가히 취할 것이 아니며 설할 것도 아니다. 또한 부처님께서 설하신 법은 '이 법是法'이라 말해도 옳지 않고 '법이 아니다非法'라고 말해도 또한 옳지 않다. 만약 결정코 '법이 아니다'라고 말하면 강을 건너는 데는 모름지기 뗏목을 쓰는 것이요, 만일 결정코 '이 법'이라 하면 언덕에 이른 후에는 배를 필요로 하지 않는다. 이런 까닭에 어떤 때에 말하길 "지극한 이치의 한마디가 범부를 고쳐서 성인을 만든다" 하고, 어떤 때엔 말하길 "삼승 십이분교十二分敎가 이 무엇인가. 뜨거운 그릇에 물 붓는 소리"라 하시니 금金과 시屎, 똥의 말도 또한 이것 때문이다.

해설

부처님은 유상을 말씀하셔도 무상을 말씀하셔도 모두 원만하고 자유롭게 말씀하셨습니다. 중생의 근기가 다르기 때문에 그에 맞춰서 말씀하셨으니 무유정법이며 일음一音입니다. 어느 한쪽에도 걸리지 않기 때문에 취할 것도 말할 것도 없습니다.

이와 같기에 어느 때는 지극한 이치의 한마디가 범부를 고쳐 성인을 만든다 하였고, 삼승 십이분교가 뜨거운 그릇에 물 붓는 소리라고 하셨습니다. 생각해 보십시오. 뜨거운 그릇에 찬물을 부으면 어떻게 되겠습니까. 그 물은 사방으로 튀고 난리가 날 것입니다. 팔만대장경이 이렇다는 말입니다. 무엇을 뜻하는 것일까요? 그릇이 뜨거우니 단 한 방울의 물도 붙을 수가 없거든요. 본래 청정하다는 것이지요.

오늘의 중요한 문구인 뜨거운 그릇에 물 붓는 소리가 무엇인가를 깊이 참구해 보십시오.

육조

사람들이 여래께서 설하신 문자와 장구長句에 집착하여 무상의 이치를 깨닫지 못하고 망령되이 알음알이를 낼까 두려워하였으므로 불가취不可取라 하였다. 여래께서 가지가지 중생들을 교화하기 위하여 근기에 응하고 그 기량에 따르시니 부처님이 설하신 언설이 또한 어찌 정함이 있겠는가. 학인이 여래의 깊은 뜻을 알지 못하고 다만 여래께서 설하신 교법만 외우고 여래의 본심을 요달하지 못하여 마침내는 성불하지 못하므로 불가설不可說이라 하신 것이다. 입으로만 외우고 마음으로 행하지 않으면 곧 비법非法이요, 입으로 외우고 마음으로 행하여 마침내 얻을 바가 없음을 요달하면 곧 비비법非非法이다.

해설

집착하지 않아야 불가취라고 할 수 있습니다. 들어도 흔적 없이 들어야 하고, 말해도 함이 없이 해야 합니다.

우리가 말할 때 듣는 자와 말하는 자가 둘이 아닌 것을 알아야 한다고 하지요. 듣는 자와 말하는 자가 둘이 아니려면 무심이어야 합니다. 그래야 법에 맞습니다. 허공에 새가 날아갈 때 날아간 길은 있는데 찾아보면 흔적이 없습니다. 이것을 무상이고 무아라고 하는 것입니다.

부처님이 가지가지 중생들을 교화하려고 근기와 기량, 중생 각각의 그릇에 따라 정함이 없이 응해 줍니다. 간장이 오면 간장 종지에 응해 주고, 밥이 오면 밥그릇에 응해 주고 항상 무유정법으로 응해 주는 것이 부처님입니다.

부처님은 우리 모두의 본래면목입니다. 공부하는 사람이 부처님 교법만을 외우고 자기의 본마음을 요달하지 못하면 부처를 이루지 못하기에 가히 말할 수 없다不可說고 한 것입니다.

입으로 외워 알음알이로 알았어도 마음으로 행하지 않으면 비법이고, 입으로 외우고 마음으로 행하여 마침내 얻는 것이 없다는 것을 확연히 알면 비비법이라고 했습니다.

우리가 세상을 볼 때 무엇을 보더라도 항상 마음으로 해석해야 합니다. 법당 위에 달려 있는 연등도 물질이 아니라 마음입니다. 나아가 불상도 마음이고, 지금 법문을 하고 있는 이 스님도 자기 마음입니다. 이렇게 계속 마음으로 보려고 해야 하나로 들어갈 수 있지 이것 따로 저것 따로 분별해서 보면 알음알이에서 벗어날 도리가 없습니다.

야부

이 뭐꼬.

해설

설하신 법이 취할 수도 없으며 말할 수도 없으며, 법도 아니고 법 아님도 아닌 이것이 무엇인가. 이것이 우리의 자성입니다. 이 뭐꼬, 그대로 그놈입니다.

함허설의

부처님께서 설하신 법은 마치 물 위에 떠 있는 표주박과 같아서 부딪치기만 해도 금방 움직인다. 정한 법은 가히 취할 게 없으며 정한 법은 가히 설할 게 없다. 만약 결정코 설할 것이 있다고 말하면 비유非有는 어찌하며, 만약 결정코 설할 것이 없다면 비무非無는 어찌하겠는가. 이미 유무의 법이 아니라면 필경 무엇인가. 또 법이라 말하고 비법이라 말하는 것은 이미 다 옳지 않으니, 필경에 무엇인가.

해설

부처님이 설하신 법은 마치 물 위에 떠 있는 표주박같이 자유자재합니다. 물결이 일어나 경계에 부딪히면 곧 움직여 방편으로 설하여지는 것이지, 가히 취할 정한 법이 있지 않습니다.

설할 것이 있다 하여도 있지 않고, 설할 것이 없다 하여도 없지 않다고 함은 마치 괘종시계의 추가 이쪽으로 왔다 하면 저쪽으로 가고 저쪽으로 갔는가 하면 이쪽으로 오고, 잠시도 머물지 않는 것처럼 찰나찰나 작용만 있을 뿐입니다. 여러분이 하나의 모습으로 고정되어 있지 않듯 법이 있다고 해도 안 맞고 없다 해도 안 맞습니다. 법과 비법이 맞잡아 돌아가고 유와 무가 같이 맞잡아 돌아갑니다. 유는 무를 의지해서 존재하고 무는 유를 의지해서 존재하거든요. 그 의지해서 존재하여 마주치는 그곳을 비출 때 그곳에 유무가 있다고 해야 할까요, 없다고 해야 할까요? 순간순간 이렇게 작용하고 저렇게 작용하고 있을 뿐입니다.

지금은 이렇게 살아 있다 하고 조금 있으면 죽었다 하고, 그렇지만 그 죽고 살고가 마주치는 그곳을 마음으로 비춰 보십시오. 그 자리에 머물러서 보면 그 자리는 유무가 있습니까? 너와 내가 있습니까? 이것이 우리 존재 원리의 속성입니다.

작용으로 보면 여지없이 있지요. 찰나찰나 있습니다. 작용하는 그 자리에서 보면 그 자리가 있을까요, 없을까요? 공해서 자기를 찾을 도리가 없습니다. 적멸한 자리에서 작용하고, 작용하는 가운데에서도 적멸이 근본이 됩니다. 있기도 하고 없기도 한 것입니다. 이것을 깊이 참구해 보시기 바랍니다.

야부

이렇게 해도 아니 되고 이렇게 하지 않아도 아니 되니
넓고 큰 허공에 새가 나르나 자취가 없구나.
돌咄. 기륜을 움직여 도리어 거꾸로 돌리니
남북동서에 마음대로 왕래하도다.

해설

마음을 허공과 같이 놓고 가십시오. 자기의 마음이 허공이 되어 일체경계에 자취가 없게 되고 근원으로 돌아가 은산철벽을 넘어 깨닫게 됩니다.

자성이 허공이라면 허공 속을 나는 새의 자취란 무엇인가. 그것 또한 자기지요. 허공에 새가 날면 나는 모습은 보이지만 날아간 자취는 흔적이 없습니다. 마치 텅 빈 거울에 이것이 비췄다 지나가고 저것이 비췄다 지나가는 것과 같습니다. 끝없이 지나가는 그림자에 속지 마세요.

근원으로 돌아가세요. 모든 것을 그것이 나온 근원에 전부 맡겨 놓으세요. 돌아가는 것을 좇아가지 말고 돌아가는 근원으로 들어가십시오. '이뭣고' 하고 화두를 드세요. 이렇게 되면 남북동서에 어떻게 작용을 하든지 마음대로 왕래합니다. 자성자리는 남북동서를 쥐고 있는 자리이므로 공간을 쥐고 그다음에 시간을, 과거·미래·현재를 쥐고 있는 자리입니다.

함허설의

결정코 있음과 결정코 없음이 모두 옳지 않으니 사구四句를 향해서 황노부처님를 찾지 말지어다. 황노는 사구 가운데 앉아 있지 않다. 새가 허공에 날아가도 그림자와 자취가 없다. 돌! 다시 새가 날아간 그 길을 향해 몸을 굴려야 비로소 옳음이니 남북동서 한 천지에 경계를 나누지 않고 자유롭게 왕래하도다. 또 법과 비법이 둘 다 옳지 않으니 두 가지 견해가 모두 부처님의 본심이 아니다. 누가 허공중에서 새의 자취를 찾겠는가. 돌! 비록 이렇게 되더라도 또한 부처님의 본심이 아니니 만약 부처님의 본심을 참으로 알고자 한다면, 법이라 하여도 방해되지 않고 비법이라 할지라도 방해되지 않는다.

해설

허공을 나는 새의 자취는 없습니다. 일체가 본래 그렇습니다. 작용은 역력히 있지만 흔적은 찾을 수가 없습니다. 다만 중생이 그 업이라는 흔적이 실재한다고 믿고 끝없이 규정 지으면서 스스로 감옥에 갇혀 꼼짝 못 하고 자유를 잃어버린 것입니다.

새가 날아간 길을 향해 몸을 돌려야 합니다. 바로 그 나온 자리로 되놓아야 한다는 말입니다. 어떤 경계가 오더라도 그 경계를 좇아가지 말고 잘 살펴서 나온 자리에 다시 놓으세요. 그 나온 자리는 본래부터 영원한 광명자리입니다.

이것이 너와 내가 마주쳐서 의지하는 곳입니다. 회광반조廻光返照하는 자리입니다. 회광반조해서 밝게 돌려놓으면 본래광명의 지혜자리로 돌아가 일체를 비춥니다. 이게 공부하는 방법입니다.

지금 그 자리광명자리에서 가지가지 맛을 보게 하기 위하여 온갖 경계를 찰나찰나 닥치게 합니다. 우리는 이것을 맛보고 놓고, 맛보고 놓고 하는 과정에서 한량없는 지혜를 얻게 됩니다.

일초직입여래지一超直入如來地, 한생각에 여래의 지혜에 들어가는 것입니다. 모든 성인들이 가르쳐 주신 말씀입니다. 나라는 상을 본래 공한 자리인 성품자리에 놓고 믿어 들어가야 합니다. 남북동서 어디를 가더라도 자유자재합니다.

50%의 보이는 유위법과 나머지 보이지 않는 무위법을 양손에 거머쥐고 항상 자유스럽게 결정할 수 있게 되는 것입니다. 자기를 참으로 믿고 의지하면 어느 쪽에다 점을 찍든 그곳이 법이 됩니다.

경문

까닭이 무엇인가 하면 모든 현성이 다 무위법으로써 차별을 두었기 때문입니다.

所以者何 一切賢聖 皆以無爲法 而有差別

해설

유위법은 함이 있는 법으로 어떤 행위를 했다면 자취가 남아 있는, 상이 남아 있는 것을 말합니다. 무위법은 어떤 행위를 함에 자취가 남아 있지 않은, 상四相이 남아 있지 않은 것으로 분별하는 마음이 개입되지 않고 자연스럽게 이루어지는 것을 말합니다.

본래성품은 고요하고 텅 비어 움직이지 않고 만상을 밝게 비추어 물들지 않는 성질을 갖추고 있습니다. 이를 깨달으면 그 자리에서 나오는 법이 모두 무위법이 됩니다. 마치 물이 바람만 불지 않으면 스스로 고요하여 만상을 밝게 비추되 물들지 않는 것과 같습니다.

봄바람이 스스로 아무 차별 없이 무심으로 불건만 복숭아꽃은 붉게 피고 배꽃은 희게 피고 개나리는 노랗게 피는 것은 일체현성이 다 무위법으로써 차별을 두었다는 뜻입니다.

함허설의

일체현성이 증득한 법이 모두 무위로써 차별을 두었으니 이 차별이 곧 무위라. 중간과 양변을 멀리 벗어났도다. 이러하면 곧 한맛의 무위법이 성문에 있으면 사제라 하고 연각에 있으면 십이인연십이연기이라 하고 보살에 있으면 육바라밀이라 하니, 육바라밀과 십이인연과 사제가 낱낱이 취할 것도 없고 설할 것도 없음이로다.

해설

무위로써 차별을 두었다 함은 일체무위법과 본래면목에서 가지가지 지혜로서 차별되어 무위의 작용으로 나온다는 것입니다. 무위가 따로 있고 차별이 따로 있지 않습니다.

수행이란 경계가 오면 이를 통해 갖가지 맛을 보고 다시 경계가 나온 자리로 내려놓는 것입니다. 죽도록 힘든 경계가 오면 죽을 만큼 힘든 맛을 보는 것이고, 기쁜 경계가 오면 기쁜 맛을 보는 것입니다. 온갖 맛을 보고 놓고 가면 그것이 지혜로 화化합니다. 맛을 보고 놓지 않고 취착하면 번뇌가 되고 업이 되어 고苦가 됩니다. 이때 중생이 되는 것입니다. 그러니까 하나도 버릴 것이 없고 하나도 잡을 것이 없습니다.

치우친 것을 알면 이미 치우친 것이 아닙니다. 그것을 아는 순간 놓게 되니, 그 순간 치우치지 않았음을 알게 되니까요. 그러면 이것이 무위의 작용이 됩니다.

무위의 자리는 중간이니 양변이니 하는 이름이 붙을 수 없습니다. 한맛一味인 무위의 법이 만 가지 맛을 보는데 그 맛의 시작점이 되는 일미一味가 성문은 사제가 되어 깨달아 들어가게 하고, 연각은 십이인연으로써 깨달아 들어가게 하는 것입니다. 보살에게는 육바라밀이 일미가 되어 깨달아 들어가게 합니다. 사제와 십이인연과 육바라밀에서 낱낱이 취할 것도 없고 설할 것도 없습니다.

육조

삼승의 근성根性이 아는 바가 같지 않아 견해에 얕고 깊음이 있어서 차별이라 한다. 부처님이 설하신 무위법이란 곧 무주이니, 무주가 곧 무상이며 무상이 곧 무기無起며 무기가 곧 무멸無滅이다. 탕연蕩然히 공적하여 비춤과 작용을 가지런히 거두며 깨달음에 걸림이 없는 것이 참으로 해탈불성解脫佛性이다. 불은 곧 각이며, 각은 곧 관조觀照이며, 관조가 곧 지혜이며, 지혜는 곧 반야바라밀이다.

해설

삼승은 근성에 따라 성문승·연각승·보살승으로 나누어지며, 견해에 얕고 깊음이 있어서 차별이라 합니다.

부처님이 설하신 무위법이란 무주·무상·무기·무멸로 머묾이 없고 모습이 없고 일어남이 없으며 생멸이 없습니다. 넓고 텅 비어 고요하여 걸림이 없습니다.

야부

털끝만 한 차이가 있으면 하늘과 땅처럼 벌어지도다.

해설

털끝만 한 차이는 무엇인가? 한생각의 무위법과 유위법을 말합니다. 한생각으로 유위법에 집착하여 사상四相을 내면 중생이라 이름하고, 한생각에 유위법과 무위법이 둘이 아닌 줄을 깨달으면 사상이 없어 보살이라 이름합니다.

함허설의

법이 비록 한맛이나 견해에 천차千差가 있으니 이 까닭에 천차가 다만 한생각에 있다. 한생각 차이에 나누어짐이 천지天地와 같으니 비록 이와 같으나 천지는 하나로 통하니, 이러한즉 금으로 천 개의 그릇을 만들면 그릇 그릇이 모두 금이요, 전단의 만 조각이 조각마다 모두 향이로다.

해설

한 덩어리 전단향나무를 망치로 내리쳐 큰 것, 작은 것, 뾰족한 것, 둥근 것으로 나누어져도 조각조각이 다 전단향나무입니다. 우리 각각이지요. 이 조각들이 제각각 잘났느니 못났느니 아웅다웅 싸우니 어리석지요.

우리가 다 하나로 통할 수는 없더라도 자기 주변하고는 통해 보려고 해야 합니다. 가족이나 친구들에게 이러한 도리를 가르쳐 줘서 그들이 이 맛을 알 수 있게 해 주면 오죽 좋겠습니까. 남의 일이 아니고 자기의 일입니다. 너와 내가 따로 있다면 상관없겠지만, 따로 있을 수가 없습니다.

우리의 수행은 상구보리 하화중생으로 새의 두 날개와 같고, 수레의 두 바퀴와 같습니다. 알음알이로 알면 안 됩니다. 정성을 기울여서 해야 되는 것이지요.

야부

바른 사람이 삿된 법을 설하면 사법^{邪法}이 다 바른 법으로 돌아오고,
삿된 사람이 바른 법을 설하면 정법^{正法}이 다 삿됨으로 돌아가도다.
강북에서는 탱자가 되고 강남에서는 귤이 됨이여,
봄이 오면 모두 똑같이 꽃이 피도다.

해설

무위법을 깨달은 사람이 삿된 법^{殺盜淫妄酒}을 행함은 모두 중생을 이롭게 하려는 방편입니다. 성인은 아무리 때리고 욕을 해도 일체중생을 이익되게 하고 제도하기 위한 방편으로, 마치 부모가 자식을 회초리로 때릴 때 미워서 때리는 것이 아니고 자식의 입장에 서서 기뻐하고 슬퍼하는 사랑의 여러 가지 모습인 것과 같습니다. 세상의 사랑 중에 부모의 자식 사랑만이 승부심이 없고 주고받음이 없는 평등한 사랑이라 성인의 마음과 가장 닮았다고 합니다.

'강북에서는 탱자가 되고 강남에서는 귤이 됨이여'라고 함은 마음의 거울이 밝으면 만상이 그대로 드러나, 노인이 오면 노인이 되고 아이가 오면 아이가 되고 여자가 오면 여자가 되고 남자가 오면 남자가 됨이 자유자재하여 이름하여 관자재라 합니다.

중생들은 모두 불성을 가지고 있기 때문에, 바라는 바 일체 행위와 법이 모두 다 구경의 진리에 닿아 있는 까닭에 꽃피지 않는 나무 없고 열매 맺지 않는 나무가 없다고 하는 것입니다.

함허설의

한맛一昧 무위법이 능히 바르기도 하고 능히 삿되기도 함이라. 한 종자가 남북으로 나뉘었지만 남북의 꽃은 한가지로다.

해설

바르다 삿되다 하는 것도 다 무위법에서 나왔습니다.

여러분이 자성에 의지해서 살면 삿된 법을 써도 다 바르게 돌아가게 됩니다. 유위법으로 아무리 바른 법을 말하고, 난행고행을 하고, 계戒를 잘 지켜도 결국은 좋은 것이 아닙니다.

무위법을 모르는 사람이 행을 하면 자기도 망치고 주변도 망칩니다. 겉모습에 속으면 안 됩니다.

『기신론』에 하나의 마음一心에서 생멸의 문心生滅門과 진여의 문心眞如門 두 가지가 나온다 했습니다. 옳다 그르다를 떠나 자성자리에 되놓는 작업을 하면 그대로 밝음으로 돌아가는 것입니다.

종경

얻는다는 것도 그르고, 설한다 하는 것도 또한 그르다. 능인能仁, 부처님의 기륜솜씨이 번개 침과 같다. 취할 수도 없고 버릴 수도 없음이여, 공생수보리의 혀뿌리가 물결침과 같도다. 또 일러라. 무위법이 무엇 때문에 차별이 있는가. 만고의 푸른 못에 뜬 허공의 달을 재삼 건져 보아야 비로소 알겠는가.

해설

번개 침과 같다 함은 눈 깜짝할 사이에 생겨났다가 없어졌다는 것으로 무상함을 이렇게 표현했습니다. 제행무상, 원래 진리가 무상한 것이지요. 번개가 쳐 번쩍했으니 있기는 분명히 있습니다. 그러나 그 번갯불을 취할 수도 없고 버릴 수도 없습니다.

연못에 비친 달을 보고 달이 연못 속에 있다 하나, 두 번 세 번 건져 보면 실체가 아니라는 것을 확연히 알 수 있습니다. 있기는 분명히 있으니 없는 것은 아닙니다. 그런데 그것을 계속 건지려고 하다 보면 아! 이게 진짜 무상하다는 것을 알 수 있지요.

죽음에 이르러서 다 부질없다는 것을 모르는 사람은 없습니다. 그런데 애착하고 집착하거든요. 하나도 가져갈 수 없는 무상임을 아는데도 말입니다. 실재하지 않음을 알지만 이것을 못 받아들이니까 자유롭지 못한 것입니다.

함허설의

얻되 얻음이 없으며 설하되 설함이 없으니 신묘神妙한 근기여, 번개의 빛은 손에 넣기 어려움이요. 취하려야 취할 수 없고 버리려야 버릴 수 없음이니 쾌연한 그 혀여, 사나운 물결이 능히 오르고 내리도다. 그러나 그것은 그만두고 다만 저 무위법은 무엇 때문에 차별이 있는가. 그대가 이제 무위의 이치를 알고자 하면 천차만별 가운데를 벗어나지 말아야 한다. 비록 이와 같으나 다만 허공의 달이 못 가운데 떨어짐을 알면 어찌 어리석은 원숭이가 헛되이 형상을 수고롭게 하는 것과 같겠는가.

해설

무위의 이치를 알고자 하면 천차만별 가운데를 벗어나지 말아야 합니다. 천만 가지 차별은 다 무위법으로부터 나온다고 알아야 합니다. 야부 스님 말씀에 "하나의 경계로 인하여 하나의 지혜가 나온다" 했습니다.

　여러분 마음에서 어떤 마음이 나오더라도 그것을 차별하고 싫어하고 좋아하지 말아야 합니다. 간혹 악한 마음이 나오면 그것을 싫어하고 성스러운 마음이 나오면 자신이 성스러운 사람이 된 듯이 기쁘지요. 그러나 자신은 성스럽고 악한 것에 해당되지 않습니다. 거울이 분별하는 것 봤습니까? 거울은 분별하지 않습니다.

　악한 것에도 착한 것에도 물들지 말라는 말입니다. 악한 것은 악한 대로 쓰고 착한 것은 착한 대로 쓸 수 있는 물건이 되는 것입니다. 이렇게 하면 나중에 악한 것도 쓸 줄 알고 착한 것도 자유자재하게 쓸 줄 아는 지혜가 능수능란한 사람이 될 수 있습니다. 이래야만 스스로 지혜가 풍부한 사람이 되고, 이것이 바로 아뇩다라삼먁삼보리^{완전한}지혜라고 하는 것입니다. 하나도 버리지 않고 다 쓰기에 일체종지一切種智를 얻었다 할 수 있습니다.

　허공의 달이란 진리^{지혜}를 뜻하는 것으로 이 달이 자기의 못^{마음}에 비쳤음을 알면 그것을 믿고 알기만 하면 되지 구태여 잡으려고 할 필요가 없다는 말입니다. 진리는 본래 잡을 수 있는 것이 아닙니다. 어리석은 원숭이처럼 달을 건지려고 하지 마십시오.

종경

구름 걷힌 가을 하늘의 달이 못에 비치니

찬 빛의 끝없음을 누구와 더불어 얘기할까.
천지를 꿰뚫는 안목을 활짝 여니
대도大道가 분명하여 참구함을 쓸 게 없도다.

해설

찬 빛이란 시원한 빛으로 지혜般若를 말합니다.

　　하늘과 땅을 환히 통하는 눈이 열리면 큰 도大道가 분명해져 더 참구하고 공부할 것이 없습니다. 우리의 삶 그대로가 진리의 나툼이기 때문입니다.

함허설의

만약 허공의 달이 못에 비치지 않으면 어찌 찬 달빛이 넓고 끝이 없다고 말하겠는가. 하늘도 비추고 땅도 비춰서 만상을 머금고 있으니 무궁한 이 맛을 누구와 함께 얘기할까. 다만 이마에 능히 눈慧眼을 갖추면 다시 어느 곳을 향하여 현종玄宗을 찾겠는가.

해설

이마에 능히 눈을 갖추었다면 즉 믿고 놓아서 무심이 되면 그 자리는 이미 현묘한 종지를 갖추고 있는 자리입니다. 용맹정진 고행난행이 따로 필요하지 않습니다. 자성에 맡기고 일체를 무심처에 놓으십시오. 마음이 일어나거나 생각이 움직이는 것을 상관하지 말고, 일어나는 생각과 사라지는 생각에는 본래 실체가 없는 것입니다.

제

8

의
법
출
생
분

依法出生分

복덕과 복덕성에 대하여

경문
경문

"수보리야, 어떻게 생각하느냐. 만약 어떤 사람이 삼천대천세계에 가득한 칠보로써 보시한다면 이 사람이 얻을 복덕이 얼마나 많겠느냐?" 수보리가 말씀드리기를 "매우 많습니다, 세존이시여. 왜냐하면 이 복덕은 곧 복덕성이 아니므로 여래께서 복덕이 많다고 말씀하셨습니다."

須菩提 於意云何 若人 滿三千大千世界七寶 以用布施 是人 所得福德 寧爲多不 須菩提言 甚多世尊 何以故 是福德 卽非福德性 是故如來 說福德多

해설

복덕이 많다, 적다를 구분하는 것은 유위법으로 한계가 있습니다. 부처님께서 "삼천대천세계에 가득한 칠보로써 보시한다면 이 사람이 얻을 복덕이 얼마나 많겠느냐?"고 짐짓 물으셨습니다. 유위의 세계에 익숙한 사람들을 위하여 유위의 말씀으로 방편을 베푸신 것입니다. 이에 수보리가 얼른 "매우 많습니다"라고 짐짓 대답하였습니다. 부처님께서 무위법인 복덕성을 깨닫게 하기 위하여 유위법의 복덕으로 말씀을 시작하시는 뜻을 이심전심으로 알아차렸기 때문입니다.
부처님이 북을 치니 수보리가 장구로 화답한 것입니다.

육조

삼천대천세계의 칠보를 가지고 보시하면 복을 얻음이 비록 많으나 성품 자리에는 하나도 이익이 없다. 마하반야바라밀다를 의지하여 수행하며, 자성으로 하여금 모든 유에 떨어지지 않으면 이를 복덕성이라 이름한다. 마음에 능소가 있으면 복덕성이 아니요 능소심이 끊어져야 복덕성이라 한다. 마음에 부처님의 가르침을 의지하고 행이 부처님의 행과 같으면 이를 복덕성이라 이름하고, 부처님의 가르침을 의지하지 않고 능히 부처님의 행을 실천하고 이행하지 않으면 곧 복덕성이 아니다.

해설

복덕의 성性이란 무엇인가. 복덕이 드러난 모습은 복덕상福德相이라 하고, 복덕상의 근본이며 본체인 상을 존재하게 하는 불변의 본질을 복덕성이라 합니다. 광명이 일체를 비춤에 삼라만상이 모습을 드러내듯이, 복덕을 비추면 복덕의 상이 드러나게 되는 것입니다. 이 복덕을 비추어 펼쳐지게 하는 본체는 복덕성입니다.

자기의 마음이 있음과 없음에 집착하면 복덕성이 아니라 하고, 있음과 없음을 벗어나서 둘 아니게 쓰면 복덕성입니다.

누구나 무엇을 얻고 이루기 위해 기도하는데 기도 성취가 이루어지려면 일념으로 관세음보살을 염念하고 부처님을 염하라 합니다. 그러나 자기 마음속에 얻으려는 마음과 구하려는 마음이 남아 있다면 기도 성취가 어렵습니다. 얻으려는 마음과 구하려는 마음 자체가 이미 부족한 마음으로, 이 부족한 마음을 없애지 않으면 부족한 상황을 바꾸기 어렵습니다.

마음근본이 복덕성인 까닭에 얻으려는 마음과 구하려는 마음이 다 쉬어지면 저절로 구족한 마음이 드러나 복덕상이 나타나게 됩니다.

경문

만약 다시 어떤 사람이 이 경 가운데서 사구게 등만이라도 수지하여 다른 사람을 위하여 설한다면 그 복이 저 앞의 복보다 수승하리니.

若復有人 於此經中 受持乃至四句偈等 爲他人說 其福 勝彼

해설

삼천대천세계에 가득한 양의 칠보를 보시하는 복덕을 먼저 말씀하시고 나서,『금강경』사구게 등을 보시하는 복덕이 이보다 훨씬 크다는 말씀을 하시니『금강경』사구게 등을 보시하는 복덕이 얼마나 큰지 실감 나게 합니다.

사구게는 제5「여리실견분」에 나오는 '범소유상 개시허망 약견제상비상 즉견여래'로,『금강경』의 골수이며 무위법의 핵심입니다. 이 무위법의 이름이 복덕성인 것입니다. 이 무위법에서 삼천대천세계가 출현하고, 삼천대천세계에 가득한 칠보도 이 복덕성을 떠나지 않습니다. 무위법은 일체의 복덕이 출현하는 자리입니다. 정말 큰 복덕은 한량이 없는 복덕, 무량한 복덕, 무위의 복덕입니다.

함허설의

복덕성이란 능소를 떠나 시비是非를 끊으며 존망存亡도 없애고 득실得失도 없애서 진정한 무루가 이것이다.

이 같은 복덕은 허공과 같아서 헤아리기 어려우며 상대가 끊어지고 짝할 수 없어서 응당히 다소多少나 상대로써 일컬을 수 없다. 지금은 이와 반대로 다만 가히 많다고 설할지언정 응당 무량무변으로써 일컫지 못한다. 만약 능히 경을 가지고 이치를 깨달아서 무주행을 행하면 그 짓는 바가 무심에서 나와서 행마다 낱낱이 청정함이라. 감득한 복덕이 마땅히 참답고 깨끗하고 새는 것이 없어서 마침내 다함이 없다. 그러므로 앞에서 찬탄하며 말하되 "만약 보살이 상에 머물지 않고 보시하면 그 복덕이 가히 헤아릴 수가 없다" 하시니라.

해설

능소主觀·客觀가 없어지면 불이문을 통과하여 견성체험을 하게 되는데, 견성자리는 옳고 그름이 없고, 죽고 살고도 없고, 얻음과 잃음도 없어 진정한 무루법입니다.

육조

십이부十二部 가르침의 큰 뜻이 모두 사구게 안에 있으니 어떻게 그러함을 아는가. 모든 경 가운데의 사구게를 찬탄함이 곧 이 마하반야바라밀다이니, 이로써 마하반야는 모든 부처님의 어머니가 된다. 삼세제불이 다 이 경을 의지해서 수행하여 바야흐로 성불하시니, 『반야심경』에 이르기를 "삼세제불이 반야바라밀다를 의지하여 아뇩다라삼먁삼보리를 얻었다" 하셨다. 스승으로부터 배우는 것을 수受라 하고, 뜻을 알아서 수행하는 것을 지持라 한다. 스스로 알고 스스로 행함은 자리自利이고, 남을 위해 연설하는 것은 이타利他이니 공덕이 광대하여 끝이 없다.

해설

십이부는 부처님께서 설하신 팔만대장경을 12가지로 분류해 놓은 것으로, 이것의 큰 뜻이 『금강경』 사구게 가운데 포함되어 있습니다. 팔만대장경을 다 몰라도 이 사구게 하나만 제대로 외워도 됩니다.

사구게를 찬탄함이 곧 마하반야바라밀다라 했는데, 사구의 게송이 마하반야바라밀다라는 것입니다. 마하·반야·바라밀다는 진리의 본체와 당체와 작용을 다 드러낸 것으로, 이 한 구절 속에 불교를 완전히 드러냈습니다.

육조스님께서 수受는 스승을 좇아 배우는 것이라 했습니다. 배운다는 것은 믿는다信는 것입니다. 믿음이 있어야 받아들일 수 있습니다. 화엄계위 가운데 십신에 들었다 할 수 있습니다.

뜻을 알아서 수행하는 것을 지持라고 했는데, 뜻을 안다는 것은 해解입니다. 십주 법문에 들어가면 체험하는 자리로 분명하게 알게 됩니다.

스스로 알아서 행하는 것은 자리自利이고 사람들에게 펴서 말하는 것은 이타利他이니 이것은 행行입니다. 자리이타는 실천행입니다. 신信·해解·행行 세 가지가 다 갖추어져 있습니다.

이와 같이 경문의 수지독송 위타인설 안에 신·해·행이 다 들어 있고, 이 세 가지가 균등하게 맞춰지면 증득하게 됩니다.

야부

일은 무심에서 얻어지느니라.

해설

사구게의 본체는 무심이며, 무심이 복덕성인 까닭에 일체의 복덕은 무심에서 나옵니다. 사구게를 진실하게 믿기만 하면 자기 마음 가운데 무아의 이치가 드러나 체험하게 되고, 무아를 체험하게 되면 스스로 마음이 허공과 같아 걸림이 없습니다. 다시 닦아 나아갈 그 무엇이 도무지 없는 이 마음을 무심이라 합니다.

기도를 열심히 하다 보면 기도 일념에 들어 어느 순간 바라는 마음이 없어져 무심으로 돌아가는 순간에 닿게 됩니다. 기도의 궁극은 무심입니다. 바라는 바 없이 원하는 바 없이 하는 기도가 진짜 기도입니다. 이 무심이 일체 공덕의 어머니인 까닭에 마음을 냈다 하면 그대로 적중합니다.

무심으로 바탕을 삼고 원력으로 첫 생각을 삼아 행한다면, 이름하여 무심법행無心法行이라 합니다.

함허설의

이 경을 믿으면 무아의 이치가 드러나고 무아를 알면 마음에 다른 인연이 없으며, 마음에 다른 인연이 없으면 가슴 속이 깨끗하여 청정함이 허공과 같고, 마음이 이미 청정하면 모든 부처님과 조사의 신통기용神通機用과 그 나머지 전에 얻지 못한 무량한 묘한 뜻을 다 이로부터 얻으리라.

해설

경이란 온통 자기 삶을 말하며, 자기 삶이 마하반야바라밀다입니다. 자기 삶의 본체가 마하이고, 당체가 반야입니다. 지혜의 생명이 자기 생명인 것입니다. 육신의 생명은 한계가 있어 믿을 것이 못 되지만, 지혜의 생명은 영원한 생명입니다.

이 경을 믿으면 무아의 이치가 드러나는데, 나라는 것이 없어지면 마음에 인연이 없어집니다. 내가 없는데 경계가 있습니까? 내가 없으면 반연인연이 없는 것은 당연한 이치입니다.

비유하면 돌멩이가 서로 부딪치면 모난 부분이 깨지니 나중에는 둥글어지게 됩니다. 둥근 돌멩이는 뾰족한 돌멩이가 있는 곳에 넣어도 전혀 부딪치지 않습니다.

우리가 부딪치는 이유는 서로의 마음에 뾰족한 부분이 있어서이고, 이 부딪침으로 인하여 뾰족한 부분이 깨뜨려져서 둥글어지기 위함입니다. 아녹다라삼먁삼보리가 둥근 지혜거든요. 이 둥근 지혜를 얻으려면 부딪쳐야 합니다. 자기가 뾰족한 것은 그냥 두면서 왜 저것이 나에게 와서 부딪치느냐고 탓하면 안 맞는 것입니다. 내 마음이 둥글면 어디에 있어도 부딪치지 않고 자유롭게 다닐 수 있으니 남을 탓하지 않습니다.

야부

보배가 삼천대천세계에 가득하더라도
복의 인연은 마땅히 인간과 천상을 여의지 못하나니
복덕이 원래 성품이 없음을 알면

본지풍광本地風光을 사는 데 돈을 쓰지 않으리라.

해설

재물로 함이 있는 보시를 삼천대천세계에 가득 차게 하더라도 한정이 있고 유한한 유위법입니다. 그 복의 결실은 유위의 세계인 인간과 천상을 벗어날 수가 없습니다.

　돈이라는 것은 노력이고, 노력이라는 것은 복덕입니다. 돈을 쓰지 않는다는 것은 노력할 필요가 없다는 것입니다. 본지풍광을 사는 데는 돈도 노력도 작은 힘도 들일 필요가 없습니다. 복덕이 원래 공한 줄을 알면 본지풍광 즉 본래면목이 스스로 드러나게 됩니다.

　복덕은 유위이고, 복덕의 성품은 무심입니다. 무심이면 참으로 복과 복덕성을 얻게 되는 것이죠. 복덕성을 얻는 것은 나무의 뿌리를 얻는 것과 같아서 일체 뿌리 속에 열매도 있고 꽃도 있고 푸른 잎도 있으니 모든 복덕이 복덕성 속에 포함되어 있습니다.

함허설의

칠보는 인간세상에서 소중히 여기는 것이고, 보시를 베푸는 것은 사람의 마음으로 행하기 어려운 것이다. 지금 삼천세계에 가득한 칠보로써 보시하니 가히 어려운 것을 능히 함이다. 그러나 보시를 행하는 것이 만약 무념의 진종眞宗에 계합하지 않으면 그 감득感得한 과보가 다만 인간과 천상에 나는 유루의 과보일 뿐이지만, 만약 이 경을 의지하여 복덕성의 공함을 알면 보시공덕을 인하지 않더라도 본지풍광이 자연히 드러날 것이다.

해설

보시는 결코 쉬운 일이 아닙니다. 어린아이들도 장난감을 가지고 있으면서 다른 하나를 더 가지기 위해 서로 울고불고 싸웁니다. 누구에게 배워서 그런 건가요? 전생부터 내려온 업식입니다. 나라는 생각, 내 것이라는 생각이 있기 때문에 남에게 베푸는 것이 쉽지 않습니다. 어린애들도 어려우니 어른들은 더 어렵습니다. 그런데 아이들도 공부를 조금 알게 되니까 양보할 줄 알더라고요.

진종은 참 종지宗旨로 분별이 쉬어진 자리에서 나온 지혜인 무념지無念知입니다.

참선 공부를 하여 마음이 열리면 자신이 가지고 있는 모든 것들이 자신의 소유가 아니라는 것을 확연히 알게 됩니다. 스스로를 소유한 재산의 관리자일 뿐이라고 생각하여, 다른 이들을 위하여 어떻게 잘 쓸지를 연구합니다. 사회에서 소외되어 보살핌을 받지 못하는 사람들을 위해 자기가 할 수 있는 방법을 찾습니다. 결코 쉬운 일이 아닙니다.

우리는 보통 이미 가지고 있기 때문에 내 것이라고 생각합니다. 내 것이기 때문에 내 마음대로 하는데 당신이 무슨 상관이냐 이렇게 말합니다. 내 것이라고 욕심을 부린다면 법계에서 그 재산을 없애 버림으로써 해임시킵니다. 욕심부려서 오래 남아나는 사람은 없습니다. 잘해 봐야 당대에 머무를 뿐입니다. 이러한 이치를 알고 욕심을 부리지 말라는 것입니다. 그렇다고 아무것도 하지 않고 멍청하게 있으라는 것은 아닙니다.

본래 무소유이며 관리자일 뿐임을 알면 억만금을 가지고 굴려도 그 사람에게는 그것이 무소유입니다.

어떤 사람이 산중에 들어가 아무것도 없이 살면서 나는 무소유다! 라고 말해도 무소유가 아닙니다. 산중에 머물며 공기나 나무 열매만 먹고 살아도, 그것은 자신의 것이 아닙니다. 이것도 땅과 허공 같은 자연에서 준 것입니다. 자신의 것은 없습니다. 이렇게 생각하면 내 소유란 없습니다.

우리 삶이 원래 무소유입니다. 태어날 때 아무것도 안 가지고 왔고 갈 때도 아무것도 못 가져간다는 것은 다 알고 있습니다. 이걸 모르는 사람은 없습니다. 이걸 알면서도 삶 속에서 실천을 못 하고 아는 것에서 끝나고 맙니다. 항상 보살행을 해야 합니다. 달리 방법은 없습니다. 온통 보살행이고 법답게 살아야 합니다.

이 경의 출처

경문

왜냐하면 수보리야, 일체 모든 부처님과 모든 부처님의 아뇩다라삼먁
삼보리법이 다 이 경으로부터 나왔기 때문이니라.

何以故 須菩提 一切諸佛 及諸佛阿耨多羅三藐三菩提法 皆從此經出

해설

이 경이란 무슨 경인가. 현상적으로는 『금강경』입니다. 『금강경』을
포함한 일체 경은 궁극적으로 무위의 마음근본과 유위의 마음작용을
둘 아니게 쓰는 나 자신에게서 나온 것입니다. 그러므로 이 경의 출처
는 나 자신입니다.

함허설의

다만 이 한 권의 경은 그 모양이 태허太虛를 에워싸고 그 체가 일체에 두
루하여 부처님과 법의 현묘한 뿌리가 바로 여기에 있다. 또 삼신三身의 부
처님은 사람의 성품 가운데 다 있지만 다만 무명에 덮인 까닭으로 나타나

지 못하다가, 이제 지혜의 부리로 무명의 껍질을 쪼아 깨뜨리니 삼신의 부처님이 그 자리에서 나타난다.

해설

자기 마음인 이 한 권의 경은 그 양이 허공을 둘러싸고도 남을 정도로 큽니다. 왜냐하면 마하반야바라밀다가 자기 마음이기 때문입니다.

삼신 부처님은 사람의 성품 중에 본래 있다고 합니다. 텅 비어 고요하게 무심으로 앉아 있는 그 자리가 법신 비로자나부처님으로 이미 그 자리와 하나인 것을 의심해서는 안 됩니다. 거기서 밝은 지혜의 마음이 나오면 이것이 보신부처님이고, 작용했다 하면 화신부처님입니다.

우리가 항상 이 법문을 들음으로 지혜가 증장하여 그 지혜로 무명을 깨뜨리면 바로 삼신 부처님과 함께하는 그 자리입니다.

육조

이 경이란 이 한 권의 글을 가리키는 것이 아니라, 요컨대 불성이 체에서 용을 일으켜 묘한 이치가 무궁함을 나타낸 것이다. 반야는 곧 지혜이다. 지智는 방편으로 공덕을 삼고, 혜慧는 지혜의 결단으로 작용을 삼으니 곧 일체시 가운데 깨달아 비추는 마음이 이것이다. 모든 부처님과 아뇩다라삼먁삼보리법이 다 깨달아 비추는 곳으로부터 나오는 까닭에 '이 경으로부터 나온다' 하신 것이다.

해설

자기의 텅 비고 고요한 마음거울인 불성이 욕망과 성냄과 어리석음으로 물들지만 않으면, 본래 밝고 밝아 만상을 그대로 비추니 바로 경전입니다. 일체 모든 부처님과 모든 부처님의 아뇩다라삼먁삼보리법도 자기의 마음근본과 마음작용을 떠나서 따로 존재하지 않습니다.

야부

또 일러라.

이 경은 어느 곳에서 나왔는가.

수미정상須彌頂上이요,

대해大海의 파도 중심이니라.

해설

수미산의 꼭대기라, 문수가 오대산에 머무는 까닭은 법이 우뚝하여 마음의 본체가 본래 티끌에 머물지 않는 까닭이요. 대해의 파도 중심이라, 관음이 낙산에 머물러 일체를 받아들여 작용함에 청정히 자유자재함을 말합니다. 문수를 친견하러 오대산에 가고 관음을 친견하러 낙산에 가지만 문수를 뵐 수 있고 관음을 뵐 수 있는 그 안목이 더욱 귀중합니다. 그 안목이란 오대산에 가면 문수가 되고 낙산에 가면 관음이 되는 그 사람으로, 바로 이 경의 출처입니다.

함허설의

사람들이 단지 자식 있음만 알고 아버지 있음은 알지 못한다. 비록 아버지가 있음은 아나 또한 할아버지가 있음은 알지 못하니, 수미산의 정상과 대해의 파도 중심이 어찌 할아버지의 면목이 아니겠는가. 수미의 정상이여, 형상이나 이름으로써 이르지 못함이요. 대해의 파도 중심이여, 높이 빼어나 천 가지 차별이로다. 높이 빼어나 천 가지 차별이여, 넓고 넓어 가없음이요. 형상과 이름이 이르지 못함이여, 높고 아득하여 잡고 오르기 어렵도다. 여기에 이르러서는 부처와 부처, 조사와 조사가 헤아리지 못하며 일체사물로도 비교할 수 없도다.

해설

할아버지의 면목이 어디에 있는가. 그것은 수미의 정상과 대해의 파도 중심이라는 것이지요. 수미산의 정상은 형상과 이름이 이르지 못하는 곳입니다. 바로 우리의 마음입니다.

『화엄경』에 보면 수행자가 처음 발심한 그때 믿음이 완전해져 정각을 이루면 십주초주인「초발심주」에 들어갑니다. 십주법문을 설하여 수미산 정상에 오르는 것입니다. 십주는 무생이라는 생사 없는 법을 체험한 자리입니다. 수미산의 꼭대기까지 올라갈 때는 길이 수없이 많습니다. 그런데 맨 꼭대기에 올라가면 길이 있을까요, 없을까요? 올라가면 더 이상 길이 없습니다.

참선할 때 말길이 끊어지고 생각의 길이 끊어진 자리가 수미산의 정상입니다. 모든 말과 생각의 길이 끊어져야 수미산의 꼭대기에 올라갈 수 있습니다. 이곳은 길이 없습니다. 그러나 알고 보면 다 길입니다. 허공이 다 길이기 때문입니다. 길 없는 길을 걸어가는 것입니다.

참선은 여기서부터 출발합니다. 모든 분별이 쉬어져 길 없는 길을 가는 것이 참선이고, 부처님 법입니다. 무념은 생각이 없는 것이 아니라 분별이 없는 것입니다.

대해의 파도 중심, 높이 빼어나 천 가지 차별이 있는 곳. 우리가 사는 이 세상은 큰 바다, 고해의 바다라 하지요. 이를 돌려 말하면 지혜의 바다가 됩니다. 모르는 중생에게는 고해의 바다지만 깨달은 사람에게는 지혜의 바다입니다. 똑같은 바다인데도 이렇게 다릅니다. 그래서 천 가지 차별이 있는 것입니다.

야부

불조佛祖께서 자비를 베푸시어 진실에서 방편을 두시니
말씀 말씀이 다 이 경을 여의지 않고 베푸셨도다.
이 경의 출처를 아는가.
문득 허공을 향해 철선鐵船을 몰지니라.
간절히 바라노니 잘못 알지 말지어다.

해설

생철로 만든 배, 대단한 근기를 가진 놈이 일체중생을 태우고 허공으로, 저 언덕으로 가고 있습니다. 보리심을 투철하게 일으킨 놈이 소·말·돼지·아귀 등 일체중생을 태우고 마음 한곳으로 들어가고 있습니다.

생철로 만든 배가 바로 우리의 몸입니다. 이 몸 안에 중생들이 가득 차 있지요. 어디로 가려고 하느냐면 저 언덕인 열반해탈로 가려고 합니다. 인연 되는 모든 중생들을 이 배에 태우고 한생각 한생각에 허공을 향해 가고 있습니다. 허공은 정해져 있는 길이 없습니다. 내 한 생각에 따라서 길이 달라지는 것이지요. 내가 마음먹은 대로 결정됩니다. 그러니 마음 밖에서 따로 구하는 잘못을 범하지 말아야 합니다.

함허설의

큰일大事을 단박에 얻어 마치고는, 재灰 묻은 머리와 흙土 묻은 얼굴로 이렇게 와서, 마른 나무들을 적시기 위해 감로의 비를 뿌리니 그 방울방울이 다 이 경으로부터 나왔다. 이 경의 출처를 알고 나면 저 방초芳草 언덕을 향해 가도다.

> 간절히 잘못 앎을 꺼려함이여,
> 무엇을 그릇 알리오.
> 구름이 없으면 산봉우리가 드러나고
> 달이 있으면 파도 중심에 떨어진다.
> 달이 있으면 파도 중심에 떨어짐이여,
> 하늘에는 그 빛이 쉬지 않음이요.
> 구름이 없으면 산봉우리가 드러남이여,
> 그 펴고 거둠은 늘 있는 일이로다.

해설

'큰일을 단박에 마쳤다' 함은 체험해서 깨달아 받아들인다는 말입니다. 부처님 법문은 깨달음의 법문으로 우리가 그대로 분별없이 받아들일 수 있다면 그 순간 큰일을 깨달은 당사자가 되는 것입니다.

'재 묻은 머리와 흙 묻은 얼굴로 이렇게 와서'란 분별에 조금도 물들지 않고 서 있는 것이 아니라 한 발 내디뎌서 중생이 되어 주고 똥 묻은 사람에게는 같이 똥 묻은 사람이 되고 악인에게는 같이 악해 주어 항상 같이 응해 주는 것으로 동사섭입니다. 바로 하나가 되어 주는 것입니다. 이것이 자성부처님입니다.

감로의 방울방울이 이 경으로부터 나옵니다. 이 경을 깨달아 공덕을 실천하게 되면 업식은 녹아지고 지혜는 밝아지고 공덕은 흘러 나옵니다. 그 공덕의 작용으로 메마른 가지^{중생}에 감로의 물을 뿌려 주면 다시 잎이 나고 꽃이 피고 열매 맺을 것입니다. 이게 공덕의 힘입니다. 이 경이 나온 곳을 알았으면 꽃다운 풀이 우거진 언덕을 향하여 갈 것이라고 했습니다. 이 경을 공부하면 저절로 풍요로워집니다.

간절히 잘못 앎을 꺼려함이여, 무엇을 그릇 알리오. 구름이 없으면 산봉우리가 드러나지요. 앞에서 말한 '이 경은 어디로부터 왔는가. 수미정상이요 대해의 파도 중심이라'는 말과 조화를 이루는 것입니다. 여러분이 분별망상을 다 놓으면 수미정상은 저절로 드러나게 됩니다.

달이 있으면 파도 중심에 떨어진다고 했는데, 파도 가운데로 달이 비치니 거기가 파도 중심입니다. 하늘에 있는 달^{진리}이 떨어지는 그곳이 파도의 중심, 바로 경^{불법}입니다.

이 경이 어디서 나오느냐? 마음이 쉬기만 하면, 분별을 놓기만 하면 삶이 그대로 경이 됩니다. 그래서 경은 여기^{자성, 본래면목}로부터 나온다고 한 것입니다.

경문

수보리야, 이른바 불법이라 하는 것은 곧 불법이 아니니라.

須菩提 所謂佛法者 卽非佛法

해설

'불법은 비불법이다'는 유명한 구절입니다. 불법이 왜 불법이 아닌가.

　'이것은 부처님 법이다, 이것은 진리다'라고 고정시켜 버리면 부처님 법이 아니고 진리가 아닌 것으로 돌아서 버리기 때문에 그렇습니다. 진리는 고정되어 있지 않고 순간순간 나툼에 따라서 변하는 것입니다.

함허설의

참된 성품은 연기에 걸리지 않으니, 경이 능히 불법을 출생함이요. 연기가 참된 성품에 걸리지 않으니, 불법이 곧 불법이 아니로다.

해설

연기는 작용입니다. 참된 성품은 작용에 걸리지 않으니 능히 이 경으로 인하여 불법 즉 진리가 나옵니다. 연기 또한 참된 성품에 걸리지 않기 때문에 불법이라 해도 옳고 불법이 아니라 해도 옳습니다. 바로 방편입니다.

육조

여기에서 말한 일체의 문자장구^{文字章句}가 표시와 같고 손가락과 같으니,

표시와 손가락은 그림자나 메아리와 같은 뜻이다. 표시에 의지해서 사물을 취하고 손가락을 의지해서 달을 보는 것이니, 달은 이 손가락이 아니요 표시는 이 사물이 아닌 것이다. 다만 경문經文을 의지하여 법을 취하는 까닭에 경은 곧 이 법이 아닌 것이어서, 경문은 육안으로 볼 수 있지만 법은 혜안이라야 볼 수 있다. 만약 혜안이 없는 자는 다만 그 경만 보고 그 법은 보지 못한다. 만약 그 법을 보지 못하면 곧 부처님의 뜻을 알지 못하니, 이미 부처님의 뜻을 알지 못하면 마침내 불도佛道를 이룰 수 없다.

해설

불법이란 말과 생각을 떠나 있으며 말과 생각의 표시는 문자장구인데 문자는 사물의 본체를 말하지 못하고 달을 가리키는 손가락과 같습니다. 팔만대장경이 모두 인연 따라 방편으로 설해졌습니다.

경문은 육안으로 볼 수 있으나 법은 지혜의 눈으로만 볼 수 있습니다. 지혜의 눈을 이루려면 육근이 청정해야만 하는데 이는 분별하는 모든 것을 놓고 쉬면 됩니다. 너와 나, 옳음과 그름을 다 놓아 육근이 청정해지면 칠각지를 이루게 되어 혜안이 생겨서 보신을 체험하게 되는 것입니다.

야부

능히 단 과자를 가지고 너의 쓴 호로와 바꾸도다.

해설

불법은 단 과자와 같고, 비불법은 쓴 호로와 같다고 합니다. 묵연히 무심으로 앉아 있을 때, 이때는 불법이 있습니까, 없습니까?

부처가 있습니까, 없습니까?

아뇩다라삼먁삼보리법이 있습니까, 없습니까?

항상 없는 데만 머무르는 것도 아닙니다. 무심한 자리에서 작용하고 작용하는 가운데도 무심이 근본이 되면 마음은 본래 머무름 없이 자유자재한 것입니다.

함허설의

불법이여, 저 단 과자와 같음이요. 비불법이여, 저 쓴 호로와 같도다. 불이 불이 아니고 법이 법이 아님이여, 단 과자를 가지고 쓴 호로와 바꾸는 것과 같아서 단 과일은 꼭지까지 달고 쓴 호로는 뿌리까지 쓰다.

해설

부처님을 꿈에서 보기만 해도 좋아하니 실제로 보면 단 과자와 같이 더 좋겠지요. 꿈에서 본 부처나 실제로 본 부처도 그것이 부처가 아니라고 한다면 이것이 쓴 호로와 같은 것입니다.

처음에 공부하는 사람은 이미 2,600여 년 전에 열반하신 부처님이 어딘가에 실체가 있다고 생각하면서 이름을 붙여 부처님을 부르거든요. 공부가 좀 깊어지면 부처님이 실체가 없다는 것을 알게 됩니다. 이런 말을 들으면 허망해서 어떻게 해야 하는지 모릅니다. 뭔가 의지처가 있어야 하는데 잡히는 게 없으니 이때부터는 비불법이 쓴 호로가 되는 것입니다. 하지만 실체가 없기 때문에 이 세상 두루 아니 계신 곳이 없습니다.

법신은 우리의 일상 속에서 지혜의 성품을 드러내기 때문에 이 세상에 충만하게 있습니다.

은연중에 잘되는 것만 부처님 법이라 생각하고, 안되는 것은 부처님 법이 아니라고 생각하는 경우가 있습니다. 이와 같다면 진리는 반쪽밖에 안 됩니다. 부처님 법이 반쪽이라면 완전한 지혜를 이룰 수 없습니다. 그러니 안되는 것도 법이라고 가르쳐야 합니다.

분별없이 잘되게 맡겨 놓으면 죽어도 잘되고 살아도 잘됩니다. 양변을 벗어나서 자유롭게 밝음으로 들어가니 중도법이라고 할 수 있습니다. 우리가 이런 이치를 공부하고 있는 것입니다. 단 과자와 쓴 호로가 양변이고, 부처님이 있고 없음도 양변입니다. 이 둘을 다 받아들여야 여기서 자유로운 자신이 드러납니다.

야부

불법이 비법이여,
능히 놓아두기도 하고 능히 뺏기도 한지라
놓아두기도 하고 거두어들이기도 하며
살리기도 하고 죽이기도 하도다.
미간에 항상 백호광을 놓거늘
어리석은 사람은 오히려 보살에게
물음을 기다리는구나.

해설

불법과 비법이란 자기의 마음거울이 항상 본래 밝으니 능히 놓고, 능히 뺏고, 살리고, 죽임이 자재합니다. 중생마음이란 이것을 알지 못하고 부질없이 밖으로만 찾습니다.

부처님 법이란 성스럽고, 거룩하고, 위대한 곳에만 있는 것이 아니라 속(俗)스럽고, 비천하고, 하열한 곳에도 항상 평등하게 존재하고 있습니다. 어떤 때는 가장 성스럽고 거룩하게 작용하다가도 어떤 때는 가장 속스럽고 비천하게 작용하므로 자유자재합니다. 이 두 가지 작용을 지켜보고 아는 놈을 깨닫게 하기 위하여 불법을 쓰고 비법을 씀이 본래 갖추어진 광명이라 어리석게 밖에서 찾지 말라 한 것입니다.

함허설의

좌(左)로 가고 우(右)로 가고, 능히 모나기도 하고 둥글기도 하다. 백로가 눈 속에 서 있으나 같은 색이 아니요, 곤륜(崑崙)이 코끼리를 타니 조금 비슷하도다. 사람사람이 다 한 쌍의 눈썹이 있어서 한 쌍의 미간에 백호광을 놓도다. 백호광을 놓음이여, 본래 다 이루었는데 어찌 모름지기 밖을 향해 부질없이 찾는가.

해설

불법과 비법은 좌우 마음대로 가기도 하며 모나고 둥글기도 합니다. 백로가 희다 하여 눈과 같지 않고, 곤륜이 코끼리를 탄다 해도 조금 비슷할 뿐이듯 불법과 비법 또한 이와 같습니다. 양면의 동전과 같이 둘이 그대로 완전한 하나이지 어느 것도 따로 있지 않습니다.

미간이란 무엇입니까? 눈썹이 두 개 있고, 두 눈썹 사이가 미간입니다. 두 눈썹, 두 가지 견해 그리고 그 가운데 미간 당연히 중도법입니다. 좌로 가고 우로 가고 모나고 둥글음이 상대적인 것이지만, 중도법으로 들어가면 백호광이 나옵니다. 이 백호광은 본래 이루어진 것, 가지고 있던 것입니다. 공연히 밖을 향해 찾을 필요가 없습니다.

고봉원묘의 『선요』를 보면,

바다 밑 진흙소가 달을 물고 달려가거늘 海底泥牛唧月走
바위 앞의 돌호랑이는 아이를 안고 잠을 자도다 巖前石虎抱兒眠
쇠뱀은 금강의 눈을 뚫고 들어가거늘 鐵蛇鑽入金剛眼
곤륜산이 코끼리 탐에 백로가 끌고 가도다 崑崙騎象鷺鷥牽

첫 구절을 보면 바다 밑에 진흙으로 된 소가 있다고 하는데, 바닷물속에서 진흙 상태로 소가 존재할 수 있습니까? 무상하고 공하다는 말입니다. 그 소가 바로 여러분입니다. 본래 공한 물건이니까요. 일체가 공하지 않은 것은 없습니다. 영원하지 않고 항상 변화무쌍하여 잠시도 머무르지 않으니 그것을 진흙소로 비유한 것입니다. 물속에 진흙이 있으면 차츰차츰 풀어질 수밖에 없습니다. 여러분도 차츰차츰 풀어지면서 늙어 가지요. 즉 생로병사의 과정을 거치면서 풀어지는 것입니다.

달은 진리의 본체입니다. 우리의 삶 속에 진리의 본체가 있으니 달을 물고 달려간다고 한 것입니다.

종경

삼천세계에 가득한 칠보로 재물보시財施하는 것은 다함이 있으나, 사구의 게송을 선설하는 법보시法施는 다함이 없으니 지혜의 광명을 발해서 진여의 묘한 도리를 흘러 내도다. 이 까닭에 덕의 수승함을 드날려서 성품의 공함을 요달하고 모든 부처님의 본원에 사무치면 일경一經의 안목을 활연히 열게 하시니, 사구의 친절함을 도리어 보는가.

참된 성품이 흰히 밝아서 반야를 의지하니 수고롭게 손가락을 퉁기지 않고도 보리를 증득하도다.

한갓 칠보로써 삼천세계에 보시하기보다
사구를 친히 들으면 상근上根을 요달하도다.
무량겁 이래에 모든 부처님과 조사께서는
이로부터 열반의 문을 뛰어넘으셨도다.

해설

삼천대천세계에 가득한 칠보로 보시하는 것보다 이 경의 사구게를 친히 들어 계합하면 이 사람이 수승한 사람입니다.

이 경의 사구게는 팔만대장경을 그대로 다 포함하고 있는 것이며 바로 우리의 마음입니다. 우리의 마음이 영원한 광명이고 영원한 수명이고 영원한 존재이며 영원한 지혜로, 부동하여 움직이지 않고 허공과 같음을 알면 그대로 모든 부처님과 조사와 한자리에 있는 것입니다.

함허설의

한갓 칠보를 가지고 삼천대천에 보시하나 이는 인간과 천상의 유루인有漏

ꟼ일 뿐이고, 사구를 친히 듣고 상근을 요달하면 마땅히 무여열반을 증득하리라. 청정하고 남음이 없는 대열반이여, 부처와 조사가 다 사구로 인하여 증득했도다.

해설

야구 선수들이 공이 날아오는 순간 공의 방향과 속도를 머리로 판단해서 친다는 것은 불가능한 일입니다. 공이 날아오는 순간 몸이 알아서 쳐야 하는 것이지요. 온몸으로 곧 이심전심으로 알아야 합니다. 배우는 것을 이치로 알고 체험하면, '아 그렇구나' 하고 깨닫게 됩니다.

『진심직설』「진심출사眞心出死」 편에, 교설教說에 보면 암바라는 여자가 문수보살께 묻기를 "생사가 바로 생사 아닌 법을 분명히 알았사온데 무엇 때문에 생사에 흘러 다닙니까?" 하고 물었습니다. 문수보살은 "그 힘이 아직 충분하지 못하기 때문이다"라고 하였습니다.

견성체험을 했다 하더라도 확철히 깨닫지 못했으면 닦아가는 것을 면하지 못합니다. 항상 단계 없는 단계인 신信·해解·행行·증證, 믿어 들어가야 하고 체험하고 실천궁행 해야 합니다.

제 9

일상무상분

一相無相分

수다원

경문

"수보리야, 어떻게 생각하느냐. 수다원이 능히 이런 생각을 하되 '내가 수다원과를 얻었다' 하겠느냐?"

수보리가 말씀드리되 "아닙니다, 세존이시여. 왜냐하면 수다원은 성인의 흐름에 들어간다고 하지만 들어간 바가 없기 때문에 색·성·향·미·촉·법에 들어가지 않으므로 이를 수다원이라 이름합니다."

須菩提 於意云何 須陀洹 能作是念 我得須陀洹果不 須菩提言 不也 世尊 何以故 須陀洹 名爲入流 而無所入 不入色聲香味觸法 是名須陀洹

해설

여기서는 성문사과聲聞四果를 이야기합니다. 수다원과·사다함과·아나함과·아라한과입니다.

사과도 공부의 단계 없는 단계입니다. 수다원과에서도 완전한 깨달음으로 들어가고, 사다함과에서도 아나함과에서도 아라한과에서도 완전한 깨달음으로 들어갑니다. 이 말은 공부가 순서대로 거쳐 들어가기도 하고 각 단계에서 곧장 들어가기도 한다는 말입니다.

여러분은 수다원과를 거치고 사다함과에 들어간다고 생각하는

데, 이러한 고정된 단계를 부숴 버리는 것이 일상무상분에서 말하는 핵심 내용입니다.

수다원과는 성인의 흐름에 참여하는 첫 번째 단계인 까닭에 입류入流, 흐름에 들어감 · 예류預流, 흐름에 참여함 · 역류逆流, 생사의 흐름을 거스름라고도 합니다. 성인의 지위에 처음 들어갔으므로 욕계에 있으면서 또한 색계에 있는 초발심자이기도 합니다. 욕계와 색계가 겹쳐진 자리라고도 하지요.

공부는 항상 나로부터 출발하여 나로 귀결해야 합니다. 나는 중생이고 성인은 따로 존재한다고 생각하면 이 또한 잘못된 생각입니다. 욕망의 세계에 살면서 집착하고 욕심내다가도 욕망을 거슬러 색계로 향하는 마음, 순간순간 내가 누구인지 알고자 하고 진리에 합일되고자 하는 여러분 자신이 바로 입류이며 예류이고 역류가 되는 것입니다.

석가모니부처님께서는 싯다르타 태자 시절 농경제에 참여했다가, 연쇄적으로 먹고 먹히는 약육강식의 세계를 보고 충격을 받으면서 깊은 명상에 들어가셨습니다. 성도하시고 나서 그때를 돌이켜 색계 초선천에 들어갔다고 표현하셨는데, 색계 초선천이 바로 수다원과입니다.

누구나 살다 보면 어느 날 문득 허공을 쳐다보고 묵연히 앉아서 과연 사는 게 뭔가, 어떻게 사는 것이 정말 제대로 사는 것인가 생각할 때가 있습니다. 이때 수다원과에 들어가는 것입니다. 진실로 발심하여 생사를 벗어나고자 하는 순간 수다원이 됩니다.

성인의 흐름에 들어간다고 하지만 본래 성품은 생사가 없고 색 · 성 · 향 · 미 · 촉 · 법에 물들지 않는 까닭에 거스를 것도 없고 들어갈 것도 없으므로 이름하여 수다원입니다.

수다원과를 얻은 자는 욕계와 색계를 일곱 번 왕래하고 나서야 완전한 깨달음을 얻는다고 하는데 무슨 뜻입니까? 이것은 육근을 청정히 하면 색·성·향·미·촉·법에 물들지 않으므로 칠보를 이루는 까닭에 일곱 번 왕래한다 하는 것입니다.

육조

수다원은 범어이고 한역하면 역류니 생사의 흐름을 거슬러서 육진에 물들지 않고 한결같이 무루업만 닦아서 거칠고 무거운 번뇌를 나지 않게 하여, 결정코 지옥·아귀·축생 등 이류異流의 몸을 받지 않으므로 수다원이라 이름한다. 만약 무상법을 요달하면 곧 과果를 얻었다는 마음이 없으니, 조금이라도 과를 얻었다는 마음이 있으면 곧 수다원이라 이름할 수 없기 때문에 "아닙니다不也"라고 말했다.

류流란 것은 성인의 무리聖流이니 수다원의 사람이 이미 거친 번뇌를 여읜 까닭에 성류聖流에 들어간 것이다. 들어간 바 없다 함은 과를 얻었다는 마음이 없는 것이니 수다원이란 수행인의 첫 번째 과이다.

해설

무루업이란 본무생사本無生死로 본래 생사가 없는 것을 닦는 것입니다. 이와 같지 않다면 유루법이고 유위법입니다.

　본래 생사가 없는 것을 알고 낱낱이 생사가 없는 것에 계합시키니 이름하여 닦음 없이 닦는다無修之修고 하며, 참다운 닦음이라 합니다. 닦을 것이 있어서 닦으면 유위법으로 그것은 영원한 진리가 될 수 없습니다.

　무루업을 닦아 행하여 거칠고 무거운 번뇌가 일어나지 않도록 자각해서 놓으십시오. 거칠고 무거운 번뇌란 탐貪·진瞋·치癡·만慢·의疑로 이것이 일어나지 않으면 지옥·아귀·축생 등 이류의 몸을 받지 않으므로 수다원의 과입니다.

지금 이 순간 개와 같이 말하고 돼지와 같이 행한다면, 인간의 몸을 갖고 있지만 개와 돼지가 되는 것입니다. 모습만 인간일 뿐 축생의 삶을 선택하여 살고 있는 것과 다름없습니다.

인간에게는 누구나 양보심도 있고 연민심도 있으나, 욕심도 있고 질투도 있고 성냄도 있습니다. 마음속에 선과 악이 겹쳐 있습니다.

지금 한생각 속에 이류가 있다는 말입니다. 죽고 나서 지옥·아귀·축생 등 이류의 몸을 받지 않는다고 생각하면 안 됩니다.

선禪은 지금 한생각을 지혜롭게 할 것인지 축생처럼 할 것인지를 바로 알아차리는 것입니다. 지금 인간으로 살면서도 천상세계에 사는 사람이 있고, 지옥중생으로 사는 사람이 있습니다. 끝없이 순간순간 바뀝니다. 한생각 일어나고 멸함에 따라 나를 대변하는 것이 다릅니다. 얼마나 구체적이고 분명하게 대답하고 있는 것인지 자신이 잘 알고 있습니다. 누구에게 물어볼 필요도 없습니다.

무상법을 요달했다 하는 것은 무루법 즉 무생법을 닦아서 거칠고 무거운 번뇌가 일어남이 없는 것입니다. 이렇게 되면 이류에 떨어질 리가 없으며 무상의 법을 깨달아서 과를 얻었다는 마음이 없는 사람입니다.

수다원과를 얻었다는 생각이 있으면 이것이 지견知見이 되어 또 여기에 머물기 때문에 무명의 근본이 됩니다. 이 무명으로 인하여 수다원과에서 다시 밑으로 떨어져 버립니다. 조금이라도 과를 얻었다는 마음이 있으면 곧 수다원이 아니니 그러기에 수다원이 아니라고 말한 것입니다.

사다함

"수보리야, 어떻게 생각하느냐. 사다함이 능히 이런 생각을 하되 '내가 사다함과를 얻었다' 하겠느냐?"

수보리가 말씀드리기를 "아닙니다, 세존이시여. 왜냐하면 사다함은 이름이 일왕래 一往來이나 실로는 왕래함이 없기 때문에 이를 사다함이라 이름합니다."

須菩提 於意云何 斯陀含 能作是念 我得斯陀含果不 須菩提言 不也
世尊 何以故 斯陀含 名一往來 而實無往來 是名斯陀含

해설

사다함이란 일왕래로 한 번 되돌아오는 사람이라 합니다. 천상에 태어났다가 다시 인간의 몸을 받아 완전한 깨달음을 이루게 된다는 뜻입니다. 죽어서도 천상에 가지만 살아서도 천상에 갑니다. 누구나 한 생각에 천상의 마음을 일으켜 천상에 한 번 갔다 오면 사다함이 됩니다. 본래성품은 천상도 없고 인간세상도 없으며 가고 옴이 없는 까닭에 이름하여 사다함이라 합니다.

사찰에 가면 일주문, 천왕문, 불이문을 차례로 지나 법당에 이르는 이치가 바로 이것입니다. 천왕문은 하늘 문으로 하늘사람의 마음을 내지 않고서 불이문을 지날 수 없고, 법의 눈을 얻을 수 없고 부처님을 만나 뵐 수 없습니다.

육조

사다함이란 범어이고 한역하면 일왕래이니 삼계의 결박을 버려서, 삼계의 결박이 없으므로 사다함이라 이름한다.

사다함을 일왕래라 한 것은 인간으로 죽어 곧 천상에 나고 천상에서 곧이어 인간으로 태어나는 것이니, 마침내는 생사를 벗어나 삼계의 업이 다하여서 사다함이라 이름하는 것이다. 대승의 사다함이란 눈으로 모든 경계를 볼 적에 마음에 일생일멸一生一滅만 있고 제이第二의 생멸이 없는 까닭에 일왕래라 하니, 앞생각이 망상을 일으키면 뒷생각이 곧 그치고, 앞생각이 집착이 있으면 뒷생각이 곧 여의게 되니 실로는 왕래함이 없으므로 사다함이라 말한다.

해설

사다함은 눈으로 모든 경계를 볼 적에 마음에 일생일멸만 있다 하니 한생각이 일어나면 바로 놓아 버리는 것입니다. 두 번째의 생멸이 없습니다. 우리들은 경계가 닥치면 거기에 분별망상이 일어나지요. 그때 뒷생각이 얼른 깨달아서 놓아 버리면 일생일멸입니다. 이것이 한 번 났다가 한 번 죽는 것입니다.

『아함경』에 두 번째 화살은 맞지 말라는 말이 있습니다. 첫 번째 화살은 업식 때문에 자신도 모르게 툭 나오는 분별하는 마음입니다. 나에게 잘해 주면 기분이 좋고 나에게 못해 주면 화가 나지요. 이러한 생각이 나왔을 때 바로 뒷생각이 얼른 깨달아서 놓고 가라는 것입니다. 앞생각에서 허망한 중생심이 일어나면 뒷생각이 곧 앞생각의 집착을 놓아 버리니 실제로 가고 옴이 없습니다.

아나함

경문

"수보리야, 어떻게 생각하느냐. 아나함이 능히 이런 생각을 하되 '내가 아나함과를 얻었다' 하겠느냐?"

수보리가 말씀드리되 "아닙니다, 세존이시여. 왜냐하면 아나함은 불래不來라고 하지만 실로는 오지 않음도 없기 때문에 이름하여 아나함이라 하나이다."

須菩提 於意云何 阿那含 能作是念 我得阿那含果不 須菩提言 不也 世尊 何以故 阿那含 名爲不來 而實無不來 是故 名阿那含

해설

아나함은 불환不還, 불래不來로 욕계의 번뇌를 모두 끊어 완전히 벗어나서 욕계로 돌아오지 않는 사람입니다.

함허설의

일체 불법이 다 이 경으로부터 나온 것이며, 일체의 성현이 다 무위법으로써 차별을 두었으니, 불법이 이미 불법이 아니라면 차별의 성과聖果인들 또한 무슨 실實이 있겠는가. 이러한즉 불보·법보·승보가 마침내 그윽히 일기一機에 합하도다.

해설

불법이 이미 불법이 아니라면 사다함이니 수다원이니 아나함이니 하는 차별이 있는 성인의 과위가 어찌 실제로 있다 하겠습니까.

부처님께서 하신 말씀이 불법이고, 그 법을 당신이 실천했습니다. 말한 그대로 실천했으니 그대로 승보입니다. 이러하므로 불보·법보·승보가 하나로 합쳐져 그윽하게 명합된 것입니다.

육조

아나함은 범어이고 한역하면 불환不還이며 또한 출욕出欲이라 한다. 출욕은 밖으로는 가히 욕심낼 만한 경계를 보지 않고, 안으로 욕심이 없어서 결정코 욕계를 향하여 생을 받지 않으므로 불래라 하고, 실로는 오지 않음도 없으니 불환이라고도 한다. 욕망의 습기가 영원히 다하여 결정코 와서 생을 받지 않는 까닭에 아나함이라 한다.

해설

아나함은 불래이면서 이실무불래而實無不來, 돌아오지 않으면서 실로 돌아오지 않음도 없이 오고 감에 자재하여 자유권을 가지고 있는 까닭에 이름하여 아나함이라 합니다.

본뜻을 보면, 단순히 불래·불환만 말하면 천상에 가서 돌아오지 않고 완전히 깨달음을 얻었는가 하고 생각하겠지만, 이실무불래라고 하여 돌아오지 않음도 없다고 했기 때문에 지금 이 자리가 이미 완전한 깨달음을 얻은 자리입니다.

우리가 공부하는 데 있어서 저 사람은 공부를 잘하는 것 같은데 나는 공부가 안된다는 생각이 든다면, 지금 공부가 안되는 그 자리에서 완전한 깨달음으로 들어갈 수 있다는 것을 알아야 합니다. 그래야 저 사람은 항상 공부 잘하는 사람, 스님들은 당연히 공부 잘하는 사람, 나는 공부 못하는 사람이라는 고정관념에서 벗어나 깨달음으로 들어갈 수 있습니다.

우리가 백팔염주를 만들 때 불완전하고 깨져 있는 것으로 만들지 않습니다. 각각의 완성이 있어야 그 각각의 완성을 토대로 대완성이 이루어지는 것입니다.

야부

제행諸行이 무상無常하여 일체가 다 고苦로다.

해설

모든 형성된 것은 항상하지 않는 까닭에 일체가 다 고苦입니다. 고는 공입니다. 또한 항상하지 않기에 무상입니다. 고이며 공이며 무상이기 때문에 부처님께서는 이를 설하시면서 의지할 바가 없다고 했습니다.

제행이 무상하니 일체가 다 고라는 이치가 우리의 삶 속에서 아주 생동감 있고 실다워집니다. 헛되게 살지 않습니다. 후회하지 않는 삶을 살게 됩니다. 회한 없는 삶을 살게 되는 것입니다.

불교는 구체적이고 실용적이며 생동감 있는 종교입니다. 추상적인 이야기거나 관념적인 말은 철저하게 배제합니다. 관념은 감옥과 같은 것으로 관념에 갇히면 그 속에서 꼼짝달싹 못 하게 됩니다. 고정관념에 막혀 갇히는 것이 무명입니다. 그러므로 제행이 무상함을 자기의 삶에서 온통 받아들이면 지혜의 눈이 열려 성품을 보게 될 것입니다.

함허설의

사과四果는 과果가 없어서 하나의 묘한 공에 돌아가도다.

해설

제행이란 형성된 것, 이루어진 것, 얻어진 것을 말하는데 만약 수행을 하여 수다원의 과위果位를 얻고 사다함의 과위를 얻고 아나함의 과위를 얻었다면 이것은 유위법으로 무상하여 또한 모두 무너지니 고라하고, 공이라고 합니다.

　　만약 얻어진 게 있다면 무너지게 되고 흩어지게 되는 까닭에 부처님께서 "과위를 얻었는가?" 하고 물으시니 수보리가 "아닙니다, 세존이시여"라고 하였습니다.

야부

삼위三位의 성문聲聞이 이미 티끌에서 벗어났으나,
오고 가면서 고요함을 구하나 소원함과 친함이 있도다.
분명하고 분명한 사과는 원래 과라는 것이 없으니,
환화공신幻化空身의 허망한 몸뚱이가 곧 법신이로다.

해설

수다원·사다함·아나함이 욕계를 벗어나 성인의 흐름에 들어갔다 하나 오고 가는 것에 고요함을 구하고 청정함을 좋아하면 구하고 배척하는 것, 친하고 소원한 것이 있게 되어 다시 티끌 속에 들어가게 됩니다. 분명하고 분명한 사과는 낱낱이 얻을 바가 없어야 하고, 구하는 바가 쉬어져야 하며, 친소親疏의 분별이 없어져야 이것을 이름하여 '사과를 얻었다' 하는 것입니다.

이렇게 사과를 얻으면 환상과 같은 이 허망한 몸뚱이가 그대로 법의 몸입니다. 사과를 얻음에 낱낱이 무심을 근본으로 삼으면 평상심이 그대로 도가 됩니다.

함허설의

육진경계 안에서 벗어났으나 열반의 성안에는 친親과 소疎가 있다. 친소가 있어서 사과를 나눔이여, 사과는 과가 없어서 환공신幻空身이로다. 환공신이 곧 법신이라 함이여, 혼융混融하고 평등하여 친소가 없도다.

해설

육진경계 안에서 벗어났다 함은 욕계를 벗어났다는 말이고 열반의 성안이란 성인의 흐름입니다. 성인의 흐름에 친함과 소원함이 있어서 사과로 나누어졌으니 친소를 놓아야 합니다.

경문에 부처님께서 수보리에게 묻기를 과위를 얻었느냐 했을 때, 수보리가 얻은 바가 없다고 대답합니다. 그 대답을 한 이유는 놓았기 때문에 얻은 바가 없다는 것입니다.

성인의 흐름에 친소가 있어서 사과를 나누지만, 사과는 과가 없어서 환공신이라 했습니다. 과위가 있기는 있지만 인연 따라 이름이 수다원이라 하고 사다함이라 하고 아나함이라 하는 것입니다. 본체자리에서는 원래 과위가 없어 환공신으로 있는 것이며 이 환공신이 곧 법신입니다. 법신은 혼연히 섞여 있어 평등한 자리로 친소를 여읜 자리입니다.

그와 같이 우리의 몸과 마음 가운데서 지옥과 같은 마음, 아귀와 같은 마음이 나오기도 하고 또 암도 있고 별게 다 있습니다. 암과 같은 것은 어떻게든지 나를 고통스럽게 하고 죽이려고 하는데, 이런 업식도 내 몸 안에 있습니다. 전생에 내가 도끼로 쳐 죽인 인연도 이 속에 있기 때문입니다. 그 인연은 아직 깨닫지 못했기 때문에, 이 몸 안에서 원수 갚기를 학수고대하며 끈질기게 기다립니다. 내가 악한 일을 계속하면 그 세력들이 늘어나겠지요. 악한 사람은 악한 사람끼리 뭉치듯이 혼자 힘으로는 못 이기니까 서로 뭉쳐서 이 몸을 무너뜨리려고 합니다. 그래서 죽이면 원수를 갚았다고 좋아할 것입니다.

그런데 그게 누굽니까? 바로 자기입니다. 이걸 모르고 있습니다. 우리가 끝없이 분별하듯 내 안에 있는 어리석은 중생들도 역시 분별합니다. 이런 이치를 알아서 둘 아니게 항상 관(觀)하고 부처님 법문을 자주 듣는 것이 내 안의 중생들에게 들려 드리는 것입니다. 중생들에게 귓전에 스치는 법문만 들려주어도 큰 인연이 됩니다. 언젠가는 법을 따를 기약이 있을 겁니다. 이렇게 하기 위해서 여러분의 한생각이 부모가 되어야 합니다.

몸과 마음속의 중생들을 이끌어 갈 수 있도록 항상 둘로 보는 분별하는 마음을 놓고 쉬고 나아가세요.

아라한

경문

"수보리야, 어떻게 생각하느냐? 아라한이 능히 이런 생각을 하되 '내가 아라한도를 얻었다' 하는가?"

須菩提 於意云何 阿羅漢 能作是念 我得阿羅漢道不

해설

아라한은 모든 번뇌를 다 끊어 마땅히 공양받을 만하다 하여 응공應供 이라 하고, 안과 밖이 고요하여 다툼이 없으므로 무쟁無諍이라 하고, 번뇌의 도적을 죽인다 하여 살적殺賊이라 하고, 더 이상 배울 것이 없 다고 하여 무학無學이라 하고, 영원히 악을 벗어났다고 하여 이악離惡 이라 하고, 더 이상 나고 죽지 않는다고 하여 무생無生이라 이름합니다.

육조

모든 루漏, 번뇌가 이미 다하여 다시 번뇌가 없는 것을 아라한이라 한다. 아 라한이란 번뇌가 영원히 다해서 중생과 더불어 다툼이 없다. 만약 과를 얻었다는 마음이 있으면 곧 다툼이 있는 것이다. 만약 다툼이 있으면 아라한이 아니다.

해설

모든 번뇌가 다하여 다시없다고 하면 번뇌가 이제 끝났다고 생각합니다. 그럼 단멸론에 떨어질 수 있습니다. 그러니 끝났다는 말을 벗어났다는 의미로 봐야 옳을 듯합니다.

내 몸과 마음의 일체중생을 다 제도하여 번뇌에서 벗어나 보살로 바꿨을 때 번뇌가 없다고 말할 수 있습니다. 그래서 다시 태어나지 않는다 한다면 어떤 의미일까요?

우리는 태어나고 안 태어나고를 규정지어서 보니까 말에 이끌려서 양변에 치우쳐 버립니다. 다시 태어났느냐? 그것도 아닙니다. 불보살은 차별이 없고 평등한 이치에 통달하여 상대적인 세계에 집착하지 않기 때문에 자기의 국토를 따로 받지 않습니다. 다만 모든 중생의 근기에 따라 응하여 나투는 까닭에 중생들이 있는 곳에 보살이 나투어 정토를 장엄하는 것입니다.

보살은 나무^{번뇌망념} 속에서 불^{지혜광명}을 끄집어내어 안팎을 밝힙니다. 범부들은 항상 나무와 불을 둘로 보아 치우치게 되거든요. 끊어져서 없다는 단멸론斷見과 항상 있다는 상주론常見에 치우쳐 있어요. 대승에서는 단상이견斷常二見을 놓아야 바른 안목이라고 말합니다.

이것을 좀 더 세밀하게 생각할 필요가 있습니다. 막연하게 좋은 말이라고 생각하고 끝내니까 누가 별것도 아닌 문제로 치고 들어오면 그 말에 혼란스러워 지혜롭게 대처하지 못합니다. 관념적이고 추상적으로 언어만 멋있게 듣고 끝내지 말고, 그 말의 뜻을 깊이 생각해 봐야 합니다. 우리가 너무나 당연하게 생각하는 그 의미가 당연한 게 아닙니다. 그 속에 깊은 뜻진리이 있습니다. 조금이라도 생각해 보면 옆에서 치우친 말로 밀고 들어와도 뭐가 문제인지를 바로 알 수 있습니다. 정견이 중요하다고 하는 것입니다.

아라한은 번뇌가 영원히 없어져서 중생들과 다툼이 없다 했는데 이 말도 틀린 말은 아닙니다. 만일 아라한의 과위를 얻었다는 마음이 있으면 이는 곧 다툼이 있는 겁니다. 나는 얻었다느니 얻지 못했다느니 하고 다툼이 있게 되는 것이지요. 그래서 아라한이라고 할 수 없다고 한 것입니다.

경문

수보리가 말씀드리되 "아닙니다, 세존이시여. 왜냐하면 실로 아라한이라 이름할 만한 법이 없기 때문입니다. 세존이시여, 만약 아라한이 이런 생각을 하되 '내가 아라한도를 얻었다' 하면 이는 곧 아상·인상·중생상·수자상에 집착함이 되기 때문입니다."

須菩提言 不也 世尊 何以故 實無有法名阿羅漢 世尊 若阿羅漢 作是念 我得阿羅漢道 卽爲著我人衆生壽者

해설

아라한이 되었으면서도 아라한이라 이름할 만한 법이 없다고 하는 것은 자성이 본래 스스로 청정한 까닭이며, 자성이 본래 생멸이 없는 까닭이며, 자성이 본래 부동한 까닭입니다.

육조

아라한은 범어다. 한역하면 무쟁無諍이다. 무쟁이란 끊을 만한 번뇌가 없으며, 여읠 만한 탐·진·치도 없어 정情에 어기고 따를 것이 없다. 마음과 경계가 함께 공하고 안과 밖이 항상 고요한 것을 이름하여 아라한이라 한다. 만약 과를 얻었다는 마음이 있으면 곧 범부와 같은 까닭에 "그렇지 않습니다"라고 말씀하신 것이다.

해설

무쟁은 범어 araṇā의 번역으로 아란나阿蘭那라고 쓰며, 쟁은 다툰다는 뜻으로 번뇌의 다른 이름입니다. 무쟁을 무루라고도 합니다.

아라한은 체험해서 깨달은 자리로 부족한 것이 없는 완전한 자리입니다. 그 자리는 더 이상 깨달을 것도 닦을 것도 없고 끊을 것도 없고 벗어날 것도 없다고 말합니다.

우리들도 지금 다 이런 상태깨달은 상태에 있습니다. 단지 모르고 있을 뿐입니다. 그래서 깨달으라고 합니다. 원래 이것이 진실이니까 이것을 그냥 믿으라는 말입니다. 깨닫고 보니 본래부터 갖추어져 있더라 하는 것입니다.

아직 깨닫지 못한 우리의 입장에서 보면 부족한 것이 진실이고, 고가 있는 것이 진실로 보이지만 그렇지 않다는 겁니다.

또한 마음속의 경계와 밖에서 오는 경계 모두를 비워서 항상 고요하면 아라한입니다. 모든 일체를 다 놓아 부동하기 때문에 과를 얻었다는 마음조차 없습니다.

『금강경』에서 말하는 사과는 소승사과에서 말하는 단계를 뜻하는 것이 아닙니다. 여기서 말하는 사과는 수다원과에서도 또한 완전한 깨달음으로 들어가는 길을 열어 놓았습니다. 사다함과 아나함과에서도 똑같이 완전한 깨달음으로 들어가는 길을 열어 놓았습니다. 이걸 이야기하고자 소승에서 말하는 성문사과를 재해석한 것입니다.

경문

"세존이시여, 부처님께서는 저를 무쟁삼매를 얻은 사람 가운데서 가장 제일이라 하시니, 이는 욕심을 떠난 제일의 아라한이라고 말씀하셨으나"

世尊 佛說我得無諍三昧人中 最爲第一 是第一離欲阿羅漢

해설

수보리는 부처님의 수제자로서 무쟁삼매를 얻은 성인 중에서도 으뜸이라 하고 해공제일이라 합니다. 무쟁이란 마음이 텅 비어 안과 밖이 고요하고, 상대성을 떠나서 경계에 대하여 거스르거나 따름이 없고, 취하거나 버림이 없이 그대로 응하여 섭수하는 까닭에 다툼이 없는 경지입니다. 예를 들어 누군가 승부심으로 우열을 가르고 옳다 그르다 하며 쟁론을 일으키면, 그의 의견을 온통 받아들여 최고의 가치로 세워서 절대의 경지에 이르도록 도와줍니다.

　이렇게 낱낱의 문제를 구경의 이치로 드러내 주면 모두가 평등하게 되어 우열을 가르고 옳다 그르다 하는 당사자가 스스로 모순에 빠져 있음을 자각하는 까닭에 쟁론이 없는 삼매에 들었다 합니다. 삼매란 자기의 마음이 본래 밝은 까닭에 밝게 비추어 아는 반야의 작용입니다.

함허설의

안으로 견문見聞의 끄달림을 입지 않고 밖으로 성색聲色의 물듦을 입지 않아서 안과 밖이 청정하여 확연히 허한虛閑함을 무쟁이라 이름하며 또한 이욕離欲이라고도 한다.

해설

안으로는 보고 듣는 데 있어 모든 분별이 쉬어졌고, 밖으로도 소리와 색의 경계에 끌려다니지 않고 항상 둘 아니게 놓으니, 안과 밖이 어디에도 물들지 않습니다. 텅 비어 고요하니 반야의 지혜광명이 나오게 되는 것입니다. 반야는 본래 비추는 성질이 있으니 눈빛 떨어지는 곳마다 밝게 비춥니다. 밝게 비추어진 자리는 다툼이 없으며 욕欲을 여읜 자리로 본래 청정함 그대로입니다.

육조

무엇을 무쟁삼매라 하는가. 아라한이 마음에 생멸의 거래가 없고 오직 본각이 항상 비추고 있으므로 무쟁삼매라 한다. 삼매란 범어이고 한역은 정수正受라 하며 또한 정견正見이라 하니, 95종의 삿된 견해를 멀리 떠난 것이 정견이다. 그러나 허공 가운데는 밝고 어둠의 다툼이 있고 성품 중에는 삿됨과 바름의 다툼이 있으니, 생각생각이 항상 정직하여 한생각도 삿된 마음이 없는 것을 무쟁삼매라 한다. 이 삼매를 닦아서 사람 가운데 가장 제일이 됨이니 만약 한생각이라도 과를 얻었다는 마음이 있으면 곧 무쟁삼매라 이름할 수 없다.

해설

아라한의 마음에는 상대성을 떠나 오로지 본래 깨달음이 항상 비추는 작용만 있기 때문에 쟁론이 없으니 무쟁삼매라고 합니다.

우리에게는 헤아릴 수 없이 많은 전체를 통괄해서 아는 놈이 있습니다. 바로 자성입니다. 그곳에 맡겨 놓으면 지혜로운 작용이 나옵니다. 그런데 이것을 모르는 사람은 나는 이렇다 하고 고정관념의 감옥에 갇혀 버립니다.

지혜는 가두는 것이 아니라 열어 줍니다. 번뇌망념은 어둠이고 보리의 지혜는 밝음이거든요. 밝음은 열어 주니까 자유스럽게 걸어가게 하지요. 걸어간다고 해서 경계가 없는 것은 아닙니다. 가다 보면 덤불도 있고, 가시도 있고, 돌부리도 있고, 낭떠러지도 있고 별의별것 다 있습니다.

뭐가 중요합니까. 지혜롭게 열어 줘서 가면 되지 지금 말한 덤불·가시·돌부리들을 탓할 필요는 없습니다. 이 국토가 좋은 땅이면 좋겠지요. 그렇지만 국토가 나쁜 땅이라도 상관없습니다. 낭떠러지가 있으면 돌아가면 될 것이고, 돌부리가 있으면 피해 가면 되는 건데, 지혜가 없어서 눈을 감고 가니 돌부리에 걸려 엎어져서 웁니다. 자신이 눈을 감은 것이 문제입니다. 눈을 떠 보십시오. 그 돌부리를 탓할 일이 생기지 않습니다. 가시덤불도 있고 낭떠러지도 있고 나무도 있고 꽃도 있으니 경치도 좋잖아요. 보기 좋은 절경입니다.

지혜를 갖고 보면 모든 것이 다 옳습니다. 옳지 않은 것이 없습니다. 이런 부분에서 생각을 바꿔 보라는 것입니다.

정견은 구십오 종의 사견邪見을 멀리 벗어나는 것으로 구십오 종은 전체를 말합니다. 모든 삿된 견해를 벗어나면 한생각도 삿되지 않게 되니 이것이 바로 무쟁삼매입니다.

　　이 삼매를 닦아서 제일이 되었다 해도 한생각 과를 얻었다는 마음이 있으면 무쟁삼매가 아닙니다. 아, 드디어 나는 무쟁삼매를 체험했어! 또는 알았어! 하고 생각하거나 말하는 것을 어떻게 봐야 할까요?

　　말은 항상 모습으로 나타납니다. 모습 없는 말은 없습니다. 상은 모습이고 이름으로 제행입니다. 불교에서 제행은 무상이라고 했습니다. 이름을 붙였다고 하면 제행무상의 이치에 맞지 않습니다. 바로 삼법인 중에서 제행무상이라는 이치를 위배하는 것입니다.

야부

정을 잡으면把定 구름이 골짜기에 걸쳐 있고
놓아 버리면放下 달이 찬 못에 떨어지도다.

해설

파정把定이란 선정을 잡는다는 말로 선정에 들어 화두를 잡아서 고요히 머물러 오직 자성에만 의지한다는 뜻이고, 방하放下는 자성자리에 놓는다는 것입니다. 파정은 선정이고, 방하는 지혜로 봐도 됩니다.

　　파정하면 구름이 골짜기에 걸쳐 있다 했는데, 구름이라는 것은 모든 나툼입니다. 마음공부는 모든 것을 놓고 쉬는 것입니다. 그것을 계속 집착하고 잡고 있으면, 앞에서 말한 무쟁삼매의 과위를 얻었다는 마음이 있는 것과 같은 것입니다. 파정에 머물러 있다는 소리입니다. 그러니 구름이 나온 자리에 다시 되놓아야 흔적이 없습니다.

　　『선요』에 보면 다음과 같은 구절이 있습니다.

종일 옷을 입되 일찍이 한 올의 실도 걸치지 않으며, 종일 밥을 먹되 일찍이 한 톨의 쌀도 씹지 않았다. 이미 그러하기가 이와 같다면 또 말하라, 지금 몸에 입고 있는 것과 매일 입안에 먹는 것은 무엇인가? 이 안에 이르러서는 밝고 밝지 않음과 철저하고 철저하지 않음을 논하지 아니하고, 한 올의 실과 한 방울의 물이라도 또한 쟁기를 끌고 고삐를 잡아서라도 그에게 갚아야 한다. 무슨 까닭인가?

한 조각 흰 구름이 골짜기에 가로 걸쳐 있으니
얼마나 많은 돌아가는 새가 스스로 보금자리를 잃었던가二十六 示衆.

구름은 밝음과 어두움, 삿됨과 바름, 옳다 그르다, 좋다 나쁘다 등 모든 분별망상입니다. 모든 것이 성품을 좇아서 나온 것으로 바른 생각에 머물러야 합니다. 망념을 없애려고 좇아다니면 힘들거든요. 이것이 오직 자기 마음으로부터 나왔다는 것을 알면 모두가 둘 아닌 자기 마음이니 자기를 괴롭히지 않습니다. 망념이 일어나면 정념에 머물러야 합니다. 바른 생각에 머물면 그 망념이 저절로 없어집니다. 『선요』에서 말한 '종일 옷을 입되 일찍이 한 올의 실도 걸치지 않으며, 종일 밥을 먹되 일찍이 한 톨의 쌀도 씹지 않았다'는 이 말이 그 소리입니다. 스스로 정념에 머물면, 저절로 보되 본 바가 없고, 말하되 말 한 바가 없고, 하되 한 바가 없고, 먹어도 먹은 바 없습니다.

　『선요』에 만약 이 일을 논論한다면 담장 옆에 개를 몰아가는데, 담장을 향해서 몰아서 몰아오고 몰아감에 막다른 골목에 이르러서는 몸을 돌려 개가 무는 것을 피하지 못할 것이라고 했습니다. 개란 놈이 다시 물어 버린다는 말입니다. 즉 내가 그것을 행해서 놓고 쉬는 공부를 통해서 자기 마음을 몰아가잖아요, 참구하고 열심히 찾아가는데 막다른 골목에 가서는 개가 고개를 돌려서 무는 것을 피하지 못할 것이라는 말입니다.

끝없이 놓고 쉬고 믿고 참구하는 공부를 하다 보면 놓고 쉬고 할 것이 없는 그 자리가 나옵니다. 그러면 개라는 놈이 되돌아서 물어 버립니다. 하나가 되었다는 말입니다. 개의 정체를 확연히 알게 되는 거지요.

야부스님은 파정하면 구름이 골짜기에 걸쳐 있고 놓아 버리면 달이 찬 못에 떨어진다 했습니다. 달이라는 것은 깨달음의 달을 말합니다. 이 달이 찬 못에 떨어지는 것이거든요. 왜 찬 못일까요. 마음은 본래 고요하고 감정에 휘둘리지 않는 것으로 마음이 쉬어지면 바깥에서 어떤 경계가 와도 마음에 동요가 없습니다. 그래서 찬 못이라고 한 것입니다.

함허설의

유有에 동動하는 바가 되지 않음이여, 육근과 육경의 법 가운데 그림자나 자취가 없음이요. 무無의 고요한 바가 되지 않음이여, 이쪽저쪽의 응함에 이지러짐이 없도다. 응당히 이지러짐이 없음이여, 달이 찬 못에 떨어짐이요. 그림자나 자취가 없음이여, 구름이 골짜기에 걸쳤도다. 파정이 옳은가, 방행이 옳은가. 파정과 방행이 모두 다 옳지 않으니, 한 번 쓸어 삼천세계 밖으로 쓸어버리도다.

해설

유위법에 치우치면 항상 마음이 움직이게 되어 있습니다. 움직이는 바가 되지 않는 것은 무엇인가. 그럼 일체가 공하여 육근과 육경의 모든 법 가운데 그림자나 자취가 없는 것입니다. 무아법이기에 움직임이 없습니다. 일체법이 고정된 실체가 없듯 어느 것도 실체적으로 존재하지 않지요. 실체가 없기 때문에 육근과 육경의 제법 가운데는 그림자와 자취가 없다는 것입니다.

반대로 무의 고요한 바가 되지 않는다는 것은 유와 무 어느 쪽에도 치우치지 않는다는 것입니다. 어느 쪽에도 치우치지 않는다는 것은 무엇인가. 달이 찬 못에 떨어지는 것과 같다고 합니다. 달은 깨달음의 달이라 했고 찬 못은 고요한 우리의 마음으로, 마음이 쉬어지면 일체경계에 동요가 없다고 한 말과 같습니다. 깨달음의 달이 밝게 우리 마음에 뜨는 도리입니다.

파정으로 놓고 쉬는 공부를 하여 체험을 하고, 방행放行을 해서 완전한 지혜가 생깁니다. 항상 경계가 닥치면 거기다 맡겨 놓고 쉬는 작업을 하십시오. 정定에 의지해야 합니다.

보통 경계가 닥치면 저절로 좇아가 버리지요. 파정이 없으면 경계에 좇아가 버려서 온 하늘에 구름이 가득 찬 것과 같이 되어 버립니다. 항상 파정을 통해서 그것을 잡아야 합니다. 그것만 옳다고 계속 머물러 있어도 안 되는 것을 알았으면 놓아야 합니다. 놓게 되면 지혜가 생깁니다.

파정 속에도 방하가 있고 방하 속에도 파정이 있습니다. 둘이 아닙니다. 이런 이치를 알고서 파정을 하고, 방행을 할 줄 알아야 합니다. 난행고행을 해서 얻어지는 것이 아니고 그야말로 쥐꼬리만 한 신심 그것 하나면 일체제불이 광대무변한 지혜를 보여 주고 스스로 깨닫는 것입니다. 그런 부분을 잘 생각해 보십시오.

야부

말이라고 부른들 어찌 말이 되며,
소라고 부른들 반드시 소가 아니로다.
두 가지를 모두 놓아 버리고 중도中道도 일시에 쉬도다.
육문六門에서 먼 하늘의 매처럼 쏟아져 나오니
하늘과 땅에 홀로 걸어도 모두 거두지 못하도다.

해설

병에 응하여 약을 쓰듯 경계에 따라 파정과 방행을 잘 쓰면 사과四果를 얻는 바 없이 얻게 됩니다.

저 사람이 착하다 하면 착하게만 있는 것이 아니라 조금 있다가 악해지고, 저 사람이 악하다 하면 악하게만 있는 것이 아니라 조금 있다가 착해지니 말로 표현하는 것이 옳기도 하고 그르기도 합니다. 착한 것과 악한 것을 모두 놓아 버리고, 중도도 일시에 쉬어 버리면 안·이·비·설·신·의 육문에서 자금광이 두루 비추어 훌쩍 벗어나 하늘과 땅에 홀로 걸어가는 자유스러운 한 놈이 분명합니다.

함허설의

말이라 부르고 소라고 부름이 모두 그렇지 않아서, 방행과 파정이 모두 옳지 않다. 이미 밝고 어두움의 양쪽에 들어가지 않고 또한 비로자나불의 이마에도 앉지 않았다. 육근의 문 앞에 자취가 없으니 삼천리 밖에서 부질없이 홀로 걷도다.

부질없이 홀로 걸음이여, 그 쾌활하기가 저 멀리 하늘 끝까지 날아가는 매와 같다. 건곤乾坤도 거둬들여 얻지 못하는데 우주가 어찌 능히 그것을 감추겠는가.

해설

우리의 성품자리는 본래 진리이고 청정하며 어디에도 물들지 않는 허공과 같습니다. 육근의 문 앞에 찾을 수 없어 삼천대천세계 밖으로 홀로 걷습니다. 자유스럽다는 겁니다.

마치 먼 하늘을 나는 매와 같아서 하늘과 땅조차도 그것을 거두어들이지 못하며 감히 우주도 감출 수 없습니다. 하늘과 땅도 자기 성품을 좇아서 나왔고 우주라는 것도 성품을 좇아서 나온 모습이기 때문입니다. 자기가 자기를 감출 수 없고 거둘 수 없는 것과 같습니다.

경문

"저는 제가 욕심을 떠난 아라한이라 생각하지 않습니다. 세존이시여, 제가 만약 이런 생각을 하되 '나는 아라한도를 얻었다' 한다면 세존께서는 곧 '수보리는 아란나행을 즐기는 자'라고 말씀하시지 않으려니와 수보리가 실로 행하는 바가 없으므로 '수보리는 아란나행을 즐기는 자'라고 이름하셨습니다."

我不作是念 我是離欲阿羅漢 世尊 我若作是念 我得阿羅漢道 世尊

即不說須菩提 是樂阿蘭那行者 以須菩提 實無所行 而名須菩提 是樂
阿蘭那行

해설

욕망의 세계도 놓기 어려운데 참으로 청정한 것을 얻어서 그것을 놓고 가기란 쉽지 않습니다. 탁 놔 버리고 까마득히 놓고 가는 자, 참으로 상근기의 보리심이 투철한 사람입니다.

얻었다고 하면 얻은 게 있게 되고, 얻은 게 있게 되면 얻지 못한 게 있는 까닭에 아란나행을 여여히 즐기는 자가 아닙니다.

규봉스님은 무소행無所行이란 실로 행할 것이 없다는 것으로 번뇌장煩惱障과 삼매장三昧障 두 가지 장애를 여의는 것이라 했습니다. 여러분이 행한 바가 없다는 것을 알면 당연히 번뇌장을 놓아야 할 것이라고 알지만, 삼매도 장애라는 것을 알기는 어려울 것입니다. 그런데 걱정할 것이 없습니다. 무소행이 무소장無所障입니다. 행한 바 없다는 것을 알면 이 두 가지 장애를 벗어납니다. 행한 바가 없다는 것은 함이 없다는 것으로 항상 해도 한 바 없이 하면 됩니다.

공부를 해서 뭔가 얻어지는 것은 어렵지 않습니다. 이것을 다시 놓고 간다는 게 어렵습니다. 얻어진 그것을 까마득히 놓을 줄 알면 이게 무소행이고 무소장으로 행한 바가 없다는 것을 알게 됩니다. 아주 수승하다고 할 수 있습니다. 천야만야한 절벽에서 잡고 있는 것도 수승한데 그것을 놓을 줄 알아야 대장부입니다.

우리가 좋은 말들은 많이 듣는데 그것을 알았으면 심사숙고하여 자기에게 비추어서 생각해 볼 필요가 있습니다. 그래야 그 말이 자기 것이 됩니다. 그렇지 않으면 그 말은 그저 관념적이고 추상적인 말에 불과합니다. 그림의 떡일 뿐입니다. 이것을 자신의 삶에 붙여서 생각을 해 봐야 그것을 통해서 체험하게 되고 참지혜를 얻게 됩니다.

　근래에 불자들이 고준한 법문을 워낙 많이 들어서 들은 공덕은 있는데, 자신에게 경계가 닥치면 그것을 적용할 생각도 않고 할 줄도 모릅니다. 보배를 가지고만 있지 쓸 줄 모르는 겁니다. 그래서 조사스님들이 부처님의 『금강경』을 가지고 낱낱이 해석하는 것입니다.

함허설의

욕심을 여의고 다툼이 없음을 이미 제일이라 칭하고, 또한 그런 생각을 짓지 않으니 더 이상 좋을 수가 없다. 이와 반대가 된다고 하면 어찌 무쟁이라고 이름할 수 있겠는가.

해설

일체 일어나 부딪히는 만 가지 경계를 누가 해결할 수 있을까요. 해결할 수 있는 곳은 한곳 뿐입니다. 바로 자성에다 맡겨야 합니다. 경계를 대처한다고 하다가 자칫하면 쟁론이 벌어지고 맙니다. 오직 자성에서만 쟁론 없이 처리할 수 있습니다.

육조

아란나阿蘭那는 범어이고 한역으로 무쟁행無諍行이다. 무쟁행이란 곧 청정행이다. 청정행이란 유소득심有所得心을 제거한 것이니, 만약 얻을 것이 있다는 마음이 있으면 곧 다툼이 있음이요, 다툼이 있으면 청정한 도가

아니니, 항상 무소득심을 행하는 것이 곧 무쟁행이다.

해설

무쟁행이란 청정행이라고도 하는데, 청정행이란 얻을 것이 있다는 마음을 없애는 것입니다. 항상 얻을 것이 있다는 마음이 있으면 이때는 다툼이 있게 됩니다. 다툼이 있으면 청정한 길道이 아닙니다.

　얻을 것이 없다는 마음은 이미 원만히 구족具足했다는 말입니다. 얻을 것이 없다는 마음을 행하면 곧 무쟁행이고, 이것을 적정寂靜이라고도 하며 아란나행청정행인 것입니다.

야부

알았다고 하면 공부하기 이전처럼 도리어 옳지 못하도다.

해설

무쟁삼매를 '얻었다'고 하면 그전처럼 도리어 미혹하게 됩니다. 얻었다는 마음이 그대로 얻지 못한 마음을 불러오는 까닭에 부처님께서 수보리는 아란나행을 즐기는 자라고 하셨습니다. 마치 공자께서 '스승님은 누구십니까?' 하고 질문하는 제자에게 '나는 다만 배움을 즐기는 자다'라고 대답하듯이 말입니다.

함허설의

무쟁의 실實이 있는 까닭에 무쟁의 이름이 있으니, 명名과 실實을 반드시

망각해야 비로소 옳다. 만약 망각하지 못하면 전처럼 도리어 옳지 않다.

해설

무쟁이 실재한다고 여기는 마음이 있기 때문에 그 이름이 있으나, 무쟁이라는 이름과 실체를 다 잊어버려야 옳습니다. 무쟁이라는 생각을 하는 순간 얻었다는 생각을 하게 되고, 무쟁이라는 것이 있다고 생각하는 순간 이건 실체가 아니거든요. 진짜가 아니기 때문입니다.

제행諸行이라는 것은 형성된 모든 존재의 모습입니다. 모든 존재가 모양과 형태를 가지면 이름이 있게 됩니다. 이름과 모양을 가졌다하면 제행무상이라는 이 법칙에서 벗어날 도리가 없습니다. 제행이 무상하듯 무쟁 역시 실체가 없습니다.

무쟁은 그 자리자성, 본래부처에서 알게 한 것이지 내 것이 아닙니다. 내 것이라고 여기는 순간, 나라는 상이 따라붙습니다. 이렇게 생각하면 그전마음공부 하기 이전과 같아서 도리어 옳지 못한 것이 되고 맙니다.

야부

조개 속에는 밝은 구슬이 숨어 있고
돌 속에는 푸른 옥이 감추어 있도다.
사향이 있으매 자연히 향기롭나니
어찌 바람 앞에 서야만 하리오.
살림살이 살펴보면 흡사 없는 듯하나
응용하면 낱낱이 다 구족함이로다.

해설

조개 속에는 구슬이 숨어 있고 돌 속에는 푸른 옥이 감추어져 있으니 그것을 잘 알아차려야 합니다. 조개와 구슬이 둘이 아니고 돌과 푸른 옥이 둘이 아님을 스스로 깨달아 확연하면 저절로 향기를 풍깁니다. 움직이지 않으면 없는 듯하지만 작용하면 하나하나 법답게 구족합니다.

함허설의

밝은 구슬과 푸른 옥은 숨어서 드러나지 않으니, 큰 지혜의 사람은 어리석은 듯하여 우치한 것 같으나, 도道가 자기에게 있으면 자연히 밖으로 드러나니 어찌 구구하게 사람에게 알리겠는가. 그가 살림살이가 없다고 말하지 말라. 응용하면 낱낱이 다 구족하도다.

해설

우리의 마음 가운데 참지혜의 성품불성은 숨어서 지금 나타나지 않습니다. 마치 조개 속의 진주와 돌 속의 푸른 옥이 숨어 있는 것과 같습니다. 겉으로 보기에는 아무것도 보이지 않지만 그 속에는 분명히 있습니다.

큰 지혜의 사람도 바보 같고 어리석어 잘 안 보입니다. 누가 도인道人인지 눈을 부릅뜨고 봐도 쉽사리 알아볼 수 없습니다. 도는 나에게 있는 것입니다. 다른 데 있는 것이 아닙니다. 내 안에 도가 있으면 저절로 밖에 나타납니다.

도가 있으면 말하고 행하는 것이 달라요. 그럼 저 사람이 도가 있구나 하고 알 수 있는 것이지요. 자세히 보지 않고 자기 기준으로 보니까 모르는 겁니다. 도가 있다고 구구하게 남에게 알릴 필요는 없습니다. 이미 완전하게 다 갖추어져 있기 때문에 둘 아니게 작용하면 자연히 드러납니다.

육조스님께서 앞생각이 망념이 올라오면 뒷생각이 문득 깨달으라고 하셨습니다. 아무리 악마 같은 마음이 나오더라도 이 역시 구족한 마음 중의 하나입니다. 그것을 없애려고 야단하지 마세요. 앞생각을 가지고 야단하는 것은 분별망상입니다. 분별망상을 더 하는 꼴입니다. 다만 뒷생각이 곧장 알아채서 깨달아 그 마음이 나온 자리로 다시 돌려놓는 것입니다. 그럼 악마 같고 지저분한 마음들이 보배입니다. 구족하여 완전한 진리 그 자체라는 겁니다. 하나의 경계로 인해서 하나의 지혜가 생긴다고 하잖아요. 앞생각을 돌려 뒷생각이 나온 그 자리에 내려놓기만 하면 지혜공덕이 그대로 흘러나오는 것입니다.

종경

인간과 천상에 가고 오는 동안 모든 번뇌를 없애지 못하였다가, 도道와 과果를 둘 다 잊으니 무쟁이 제일이다. 범부를 초월하여 성인에 듦이여, 처음부터 증득하여 옴이요. 지위를 굴리고 기틀을 돌이킴이여, 밑바닥까지 뚫어서 다 사무쳐 가도다. 자세히 아는가. 무심이 도라고 말하지 말라. 무심도 오히려 한 관문이 막혔도다.

해설

수다원과는 인간세계와 천상에 일곱 번 왔다 갔다 해야 완전한 깨달음을 얻게 된다고 했는데, 왔다 갔다 한다는 그것이 성문사과에서는 수다원과, 사다함과, 아나함과, 아라한과를 차례대로 얻는 단계를 말합니다. 『금강경』은 소승법이 아니지요. 그렇기 때문에 수다원과에서도 완전한 깨달음을 얻는 방법을 말하고 있습니다. 얻을 바가 없는 것을 알게 되면 거기서 완전한 깨달음을 얻게 되니, 사다함과에서도 또한 완전한 깨달음을 얻게 되고, 아나함과에서도 완전한 깨달음을 얻을 수 있다는 말을 하고 있습니다.

범부를 초월하여 성인의 지위에 들어간다는 말은 처음부터 끝까지 증득한다는 것입니다. 수다원과에서부터 완전한 증득을 이룬다는 것이지요. 수다원과를 거쳐서 사다함과를 거쳐 차제次第를 밟아 가는 것이 아닙니다.

'지위를 굴리고 기틀을 돌이켜 밑바닥까지 사무쳐 간다 해도 무심을 도라 이르지 말라. 오히려 무심도 한 관문에 막혀 있다' 했습니다. 무슨 말이냐? 일체경계를 그 자리에 놓고 쉬면 무심자리입니다. 그런데 그 무심에도 머물지 말라는 것입니다. 즉 법다운 작용실천을 할 줄 알아야 합니다.

우리가 무심으로 놓고 "이제 끝이야, 잘 됐어!" 하면 무심에 머물러 있는 것입니다. 이것을 도라고 이르지 말라는 겁니다. 여기서 한 걸음 더 나아가야 합니다. 나만 청정하다고 해서 청정한 것이 아닙니다. 세상에 나만이라는 것은 없습니다. 무심으로 돌아가서 아무것도 안 하고 있어서는 안 됩니다. 법답게 실천궁행實踐躬行 할 줄 알아야 합니다. 이것이 백척간두百尺竿頭 진일보進一步 하라는 뜻입니다.

함허설의

범부를 초월하여 성인에 듦이여, 처음부터 증득하여 오나 어찌 사수死水에 침잠沈潛하겠는가. 모름지기 사수에서 몸을 굴리고 기틀을 돌이켜 이곳을 향해 와서 대적멸의 바다에 밑바닥까지 깊이 들어가야, 깊이 사무쳐서 증득함에 남음이 없어야 하니, 도리어 이 뜻을 자세히 아는가. 멸진정으로써 구경을 삼지 말라. 도에 있어서는 오히려 한 칸을 도달하지 못하였다.

해설

소승의 삼승사과에서는 선정에 들어서 그 자리에 머물러 있는 것까지를 말하는데, 이를 죽은 물에 비유한 것입니다. 죽은 물이라는 것이 꼭 나쁜 물이 아니라 마음이 푹 쉬어져서 고요한 곳적멸의 바다에 들어 있는 것으로, 무심이 되는 겁니다. 이 무심에 머물지 않고 한 걸음 더 나아가야 되지 않겠느냐는 것입니다.

사수에서 몸을 굴리고 기틀을 돌이키라는 말은 작용할 줄 알아야 한다는 것이고, 이곳을 향해 와서 대적멸의 바다에 깊이 들어가야 철저히 증득하여 남음이 없게 되는 것입니다. 대적멸이란 고요한 것만 아니고 시끄러운 것도 적멸로, 모두 적멸 아닌 것이 없어야 대적멸입니다. 즉 대大란 상대성을 떠난 것을 의미합니다.

멸진정으로써 구경을 삼지 말며, 도에 있어서는 오히려 한 칸을 도달하지 못하였다 함은 앞에서 말한 무심이 도라고 이르지 말라는 말과 한 겹의 관문이 남아 있다는 말과 같습니다.

종경

과위果位의 성문이 홀로 일신一身만 다스리며
적연寂然히 항상 정定에 있음은 본래 진眞이 아니다.
마음을 돌이켜 단박에 여래의 바다에 들어가서
자비의 배를 거꾸로 돌려 건너는 사람을 맞이해야 하도다.

해설

과위의 성문들이 자기 몸만 바르게 하여서 고요한 선정에만 머물러 있는 것은 참된 것이 아닙니다. 마음을 돌이켜 작용해야 합니다. 자비의 배를 거꾸로 돌려서 사람들을 건너게 해 주어야 하지 않겠느냐는 말입니다. 다시 말해서 일체중생을 건져야 한다는 겁니다. 일체중생은 알고 보면 자기 몸과 마음속에 다 있습니다. 지금 눈에 보이고 귀에 들리고 코로 냄새 맡고 느껴지는 모든 것이 또한 알고 보면 중생입니다. 둘이 아닌 자기거든요, 이것을 다 건져야 합니다.

함허설의

성문이 홀로 바름은 어진 사람이 할 바가 아니며, 만약 어진 사람이라면 천하를 아울러 어질게善게 해야 한다. 적연히 항상 정에 든 것은 사수에 침잠함이니, 만약 참다운 용龍이라면 죽은 물에 잠기지 않는다. 모름지기 사수 속에서 몸을 뒤쳐 일으켜서 대적멸의 바다에 돌이켜 들어가 자비로써 중생을 제도해야 비로소 옳은 것이다.

해설

성문들이 자기 몸만 바르게 하는 것은 어진 사람이 못 되며, 참으로 어진 사람이라면 천하 사람들을 모두 바르게 해야 합니다.

여기 『금강경』뿐만 아니라 많은 경에서 수지독송하여 위타인설 해야 함을 말합니다. 수受는 받았다는 것이고, 지持는 확연히 알았다는 것이고, 독讀은 참구해 들어간다는 것입니다. 수지독송한 후에 다른 사람에게 설해야 하는데, 설한다는 것은 어디서든 사람들을 건져야 한다는 것이지요.

항상 고요히 선정에만 있고 작용을 하지 않으면 이는 죽은 물에 빠져 나오지 않는 것과 같습니다. 참다운 용龍은 절대 죽은 물에 빠져 있지 않습니다. 죽은 물 즉 선정에서 다시 한 걸음 나와 일체중생을 제도하기 위한 실천궁행 해야 합니다.

이렇게 되면 믿음과 깨달음은 견고하여 무너지지 않습니다. 이 일로 다시 믿음이 견고해지고 앎이 견고해집니다. 앎과 믿음이 같이 균형 있게 맞물려 돌아가면 원만구족하다 합니다. 이것이 증證得이지요.

예전에 티벳에 하늘을 나는 한 도인이 있었는데 많은 사람들이 신기해하고 경탄했다 합니다. 그때 깨달은 성자가 그 도인에게 이르기를 하늘을 날아서 뭐 할 것인가, 그 일이 당신의 삶과 다른 사람의 삶에 무슨 도움이 있겠냐며 말했답니다. 하늘을 나는 것은 당신보다 새가 더 잘한다고. 이 말을 듣고 그 사람은 거기서 그만두고 다시 수행을 했다고 합니다.

여러분의 삶 속에서 모두가 이익되게 돌아가는 것이 가장 중요합니다. 부처님께서도 법을 전하는 제자들에게 이르시기를 "일체중생들의 이익과 안락을 위하여 이 법을 전하라"고 하셨습니다.

나는 아직 깨닫지 못했으니까 실천은 나중에 하겠다고 할 것이 아니라, 깨달음과 실천은 앞뒤가 없습니다. 그래서 단계 없는 단계라는 말이 나온 것입니다. 믿음으로 들어가서 깨닫고 체험하고 체험한 것을 낱낱이 삶 속에서 실천궁행하고, 여기서 멈추는 것이 아닙니다. 다시 이것이 큰 믿음으로 다가오고 다시 더 크게 깨달아야 합니다. 더 큰 실천을 하게 되는 과정이 끝없이 삼각원형을 이루면서 돌아갑니다. 이게 완전히 원만구족하게 맞춰지면 이것을 증득이라고 할 수 있습니다. 증득한 경계가 따로 있는 것도 아니고 그렇다고 없는 것도 아닙니다.

이상의 성문사과가 다른 집안 얘기가 아니라 그대로 자기 얘기입니다. 내 마음이 그대로 수다원이고 사다함이며 아나함이고 아라한이니 그것을 잊지 말고 내 안에서 찾으십시오.

제

10

장엄정토분

莊嚴淨土分

얻을 바 없음이 참으로 얻음이다

경문

부처님께서 수보리에게 이르시되 "어떻게 생각하느냐, 여래가 옛적에 연등부처님 처소에서 법에 얻은 바가 있느냐?"

"얻은 바가 없나이다. 세존이시여, 여래께서 연등부처님 처소에서 법에 실로 얻은 바가 없습니다."

佛告須菩提 於意云何 如來 昔在燃燈佛所 於法 有所得不 不也 世尊 如來 在燃燈佛所 於法 實無所得

해설

제9분 「일상무상분一相無相分」에서 성문사과인 수다원·사다함·아나함·아라한의 과위果位가 본래 얻을 것이 없음을 말하였고, 이곳 제10분에서는 보살의 지위에서도 얻을 것이 본래 없음을 밝히려 당신부처님의 보살 인지因地를 들어 말씀하셨습니다. 이것은 본래 얻을 것이 없이 얻는 것이 진실로 얻는 것이라는 사실을 드러내기 위함입니다.

지금으로부터 91겁 전에 선혜善慧라는 보살이 불도를 닦고 있을 때 연등이라는 부처님이 세상에 출현하셨습니다. 선혜는 연등부처님께 공양을 올리고자 꽃을 구하였으나 공양물로 남은 꽃이 한 송이도 없었습니다. 마침 푸른 연꽃 일곱 송이를 품고 가는 여인을 발견하고, 그 꽃을 팔 것을 간청하였습니다. 그 여인은 팔지 않을 마음으로 이 꽃 한 송이는 은 1백 냥이며 또한 나와 결혼을 약속한다면 팔겠다고 했습니다. 선혜는 처음에는 거절하였으나 결국 꽃을 부처님께 바칠 숭고한 마음으로 그 조건을 받아들여 다섯 송이의 꽃을 샀습니다. 여인은 수행자의 진지한 마음에 감탄하여 나머지 두 송이 꽃마저 부처님께 공양해 달라고 선혜에게 주었습니다. 선혜는 그 꽃을 부처님께 바쳤습니다. 연등부처님께서는 뭇 중생들을 가르치고, 젊은 구도자 선혜에게 기쁨을 주기 위해 대중이 바친 꽃을 허공에 떠 있게 하셨습니다.

그때 마침 연등부처님과 제자들이 지나는 길에 진흙 웅덩이가 있었습니다. 선혜는 부처님께서 발을 더럽히지 않도록 하기 위해 진흙 위에 머리를 풀고 엎드렸습니다. 이 광경을 본 연등부처님은 제자와 대중에게 말씀하셨습니다. "견디기 힘든 고행을 하고 있는 이 수행자를 보라. 그는 지금으로부터 무량겁이 지난 후 세상에 출현하여 부처님이 될 것이다"라는 수기를 주셨습니다. 이같이 연등부처님의 수기 속에서도 '법에 실로 얻을 바가 없음'이 온통 드러나 있습니다.

지금으로부터 91겁 전이라 했는데 91겁의 수행은 무엇을 이야기하며 푸른 연꽃 일곱 송이를 품고 가는 여인은 누구인가? 왜 일곱 송이의 푸른 연꽃인가? 한 송이에 1백 냥씩이며, 그 여자와 결혼을 해야 꽃을 받을 수 있다는 것은 또 무슨 뜻인가? 연등부처님은 왜 허공에 꽃을 떠 있게 하였을까? 그리고 부처님의 발을 더럽히지 않기 위해 진흙 웅덩이에 스스로 몸을 던진 선혜의 보살행은 무엇인가?

연등부처님의 마음과 선혜의 마음과 수보리의 마음과 이것을 보는 여러분의 마음이 하나로 돌아갈 때가 곧 91겁 전이요, 91겁 전의 갖가지 수행방편이 실은 모두 법에 얻을 바가 하나도 없음을 말하고 있습니다. 선혜는 분명 연등부처님으로부터 석가모니부처님이 될 거라는 수기를 받았는데 왜 법에 실로 얻을 바가 없다고 하는가?

선혜가 바로 연등부처님이고 연등부처님이 바로 석가모니이고 석가모니가 바로 지금의 우리이기 때문입니다. 우리와 부처가 따로 있지 않습니다. 연등부처님이 곧 우리입니다. 무슨 까닭인가? 자기 안에 발심해서 촛불 하나 켠 그 불빛과 일체제불의 광명의 빛이 같은가 다른가? 같은 빛입니다. 백 개의 등불을 비춰도 한 광명이기 때문입니다.

연등부처님의 마음과 선혜보살의 발보리심한 마음의 불이 서로 비추어 부딪히는 순간 누가 비추었는가? 연등부처님이 불을 준 것도 아니고 선혜보살이 스스로 불을 비춘 것도 아닙니다. 왼손과 오른손이 부딪힘 속에서 '짝'하고 소리가 나듯이 플러스극과 마이너스극이 합쳐지는 순간 불이 '번쩍'하고 들어온 것입니다. 이쪽에서 불을 켰나, 저쪽에서 불을 켰나. 누가 켰는가? 두 개가 합쳐지는 순간 켜진 것이지 누가 켰다고 할 수 없습니다. 두 개가 부딪히는 순간 거기서 번쩍 불이 훤하게 들어온 것입니다.

바로 이것입니다. 지금 글을 읽고 있는 이놈과 이 구절을 말씀해 놓으신 부처님이 부딪힌 순간 깨달음이라는 게 나옵니다. 번쩍 밝음이 나오는 것입니다. 어떤 게 불법이냐? 탁 한 번 쾅 치고 이거다, 또는 잡아다 꽉 던져서 쨍하고 깨지는 순간 바로 이거다, 이렇게 얘기한다는 말입니다. 그 순간 상대적인 두 개의 세계가 없어지고 절대의 세계 하나가 딱 남는다는 소리입니다.

함허설의

이미 성문들이 취할 것이 없음을 밝히시고 장차 보살도 또한 취할 것이 없음을 밝게 나타내고자 하여, 먼저 자기의 인지상因地上, 처음 수행 당시에 스승도 말이 없으시고 자기도 들음이 없음을 먼저 들었다. 공생이 부처님께서 얻은 바가 없음을 밝히기 위함을 알아서, 과연 능히 무소득으로써 답하였다. 왜 무소득이라고 말하였는가. 자취로 말하자면 석가가 저 때에 연등불께서 설하신 법요法要를 들음으로 인하여 정각을 이루시니 어찌 얻음이 없겠는가. 그러나 이는 다만 인연을 빌려 견도見道한 것으로 얻음을 삼은 것일 뿐이다. 사실로 말하면 석가는 본래 천상천하에 홀로 높고 홀로 고귀한 분이라, 그 지위가 모든 부처님을 지나시며 그 부富가 만덕萬德을 갖추었으니, 어찌 일찍이 다른 이가 점안點眼해 줌을 받을 것이며 또 어찌 다시 얻을 만한 법이 있음을 용납하겠는가. 그러므로 이르되 연등불께 수기를 얻었다 말하면 어찌 옛 몸을 알았겠는가 하였다.

해설

『아함경』에 부처님께서 보살인행을 닦을 적에 쥐나 사슴이나 동물들로 태어나셨을 때 보면 항상 왕이었습니다. 보통 부처님은 수승하시니 왕 노릇을 했을 거라고 생각하지만, 이는 우리들도 똑같습니다. 우리 모두는 지금 여기 몸과 마음속의 일체중생을 이끄는 왕입니다. 우리 몸과 마음속의 중생들이 하기 싫다 해도 왕으로서 권도법權度法을 써 밀고 나가야 합니다. 왕은 명령을 내릴 수 있는 자리에 서 있습니다. 때론 중생에 응해서 따라 주기도 하지만, 마냥 중생과 신하들에게 끌려만 다니면 제대로 된 왕 노릇을 못합니다.

우리도 이와 마찬가지로 한생각에 왕이 되어, 이 속에서 가지가지 불만이 나오고 힘들다고 할 때도 모두가 이익되게 힘써 이끌어 가야 합니다. 자기 욕심으로 하기 싫으면 안 하고, 하고 싶으면 하는 것은 독재입니다. 독재는 오래가지 못합니다.

우리가 불교 공부를 하는 까닭은 불교가 삶을 지탱하고 있는 모든 것들의 기반이 되기 때문입니다. 추상적이고 관념적이고 현학적인 불교가 아니고 구체적이고 현실적으로 우리의 삶을 실감 나고 생생하게 움직이게 하지요. 우리가 살아가면서 행해야 할 바른 길과 바른 마음을 가지도록 하고 있습니다.

석가모니부처님께서는 인행을 닦으실 때 생각생각마다 지옥·아귀·축생·인간·수라·천상이 돌고 돌아도, 항상 불이법·연기법·무이법無二法으로 마음을 쓰셨습니다. 보살행을 한 것이지요. 그래서 부처를 이룬 것입니다.

우리도 부처를 이루기 위해서 지금 낱낱이 일어나는 생각을 어떻게 쓸 것이냐, 여기에 달렸습니다. 어떻게 공부를 해야 하는지 답이 나옵니다. 이 속에서 공부의 기준점을 잡아가는 것은 명약관화明若觀火합니다.

육조

부처님께서 수보리가 법을 얻었다는 마음이 있을까 두려워하여 이런 의심을 없애기 위한 까닭에 그에게 물으시니, 수보리가 법을 얻은 바가 없음을 알고 부처님께 말씀드리기를 "얻을 바가 없나이다"라고 하였다. 연등불은 석가모니불께 수기한 스승이다. 수보리에게 묻기를 "내가 스승의 처소에서 법을 들을 때 법을 가히 얻은 것이 있느냐" 하시니, 수보리가 이르기를 "법은 스승이 열어 보이기는 하셨으나 실로 얻은 바는 없습니다"라고 했다. 다만 자성이 본래 청정하여 본래 진로^{煩惱}가 없고 고요하되 항상 비추고 있음을 깨달으면 곧 스스로 성불하는 것이니 마땅히 세존이 연등불 처소에서 법에 있어 실로 얻은 바가 없음을 알아야 한다. 여래의 법이란 비유하자면 햇빛이 밝게 비쳐 끝이 없으나 가히 취할 수는 없는 것과 같다.

해설

부처님께서 수보리가 법을 얻었다는 마음이 있을까 두려워하여 이런 의심을 없애기 위한 까닭에 그에게 물으셨다는 말은, 부처님은 삼계三界의 대도사大導師이시고 사생四生의 자부慈父이시므로 일체중생을 위하여 표준을 삼아 자비를 베푸신 것입니다.

연등부처님은 석가모니부처님을 수기하신 스승입니다. 부처님이 수보리에게 묻기를 내가 스승이신 연등부처님의 처소에서 법을 들었는데, 법을 얻은 것이 있느냐 하는 물음에 수보리는 얻은 바가 없다고 하면서 법은 스승이 열어 보인 것은 맞으나 얻은 것이 없다고 하지요.

법을 열어서 보여 준 것은 다만 자신의 성품이 본래 청정하여 번뇌가 없어 고요하여 항상 비추는 것임을 깨달았다는 것입니다. 중요한 것이 본래 청정하다입니다. 본래 청정하기 때문에 진로塵勞가 없어서 항상 비춘다는 것을 깨달은 것입니다. 스승이 열어 보여 주셨기에 깨달을 수 있었습니다. 깨닫고 나니 내가 본래 얻을 것도 없고 이룰 것도 없다는 것을 분명하게 알게 되었습니다. 이것을 어디서 알았느냐? 스승으로 인하여 안 것입니다. 스승이 주신 것은 아니지만 스승으로 인하여 알게 되었습니다.

마치 햇빛이 밝게 비쳐 끝이 없으며 어디를 비추고 어디를 덜 비추는 것이 없는 것과 같습니다. 여래의 세계는 선이건 악이건, 잘하건 못하건, 잘되건 못되건, 성공이든 실패든 다 부처님 법이라는 것이지요. 쉽게 말하면 광명지혜의 나툼입니다.

우리가 잘 되면 '부처님 감사합니다' 하며 보시도 하고 신심이 돈독해져서 열심히 봉사도 하고 절에 가고 싶어지잖아요. 일이 잘 안 풀리고 자기 생각대로 안 되면 신심은 흔적도 없이 빠져나가 버립니다. 내가 언제 신심이 있었던 사람인가 할 정도로 의심만 남고 절에 가기도 싫고, 부처님도 꼴 보기 싫지요. 그런데 그것도 또한 여래의 지혜입니다. 여래의 광명은 비추고 안 비추는 것이 없습니다.

잘 안 되는 것도 여래의 광명인데, 이게 받아들여져야 하는데 쉬운 일은 아니지요. 그런 줄 알고 믿고 들어가야 합니다. 그러면 끝내는 잘됩니다. 아주 최악의 상황에 봉착해도 그 마음에서 물러서지 않고 계속 믿고 들어가면 마무리는 항상 잘됩니다. 제가 여태까지 살펴본 사람들은 다 그렇습니다.

잘되는 것도 법이고 안되는 것도 법이라는 것을 알아야 합니다. 부처님의 광명은 두루하여 안 비추는 곳이 없습니다. 비추는 모든 곳이 다 밝습니다. 다만 우리 스스로 이것은 맞고 저것은 아니라고 할 뿐입니다. 그래도 공부를 조금 해 놓으면, 받아들일 수 없어도 의혹을 일으키지는 않습니다.

야부

옛이며 지금이로다.

해설

연등부처님의 마음과 선혜의 마음과 수보리의 마음을 아는 이 마음도 본래 얻을 것이 없습니다. 비유컨대 두 불빛이 마주치면 누가 비춰 준 것이고 누가 비춤을 받은 것인가. 하나의 활활 타오르는 등불을 옛과 지금으로 나눌 수 없습니다. 본래 가지고 있으니 따로 얻을 것도 버릴 것도 없는 것입니다.

무슨 말이냐면 연등부처님이 석가모니부처님이고, 지금 수행하는 여러분 자신입니다. 선혜보살이 옛이지요. 그리고 석가모니부처님 입장에서 보면 옛이 곧 지금이잖아요. 이렇게 항상 둘이 아닌 것을 알아야 합니다.

함허설의

비단 옛날에만 얻은 것이 없을^{無所得} **뿐만 아니라 지금 세상에 나오더라도 또한 얻을 것이 없다. 그러한즉 옛날에도 또한 이와 같았으며 지금에도 또한 다만 이와 같다.**

해설

얻은 것이 없다는 무소득은 공하다는 말입니다. 본래 얻을 바가 없어야 진리지요. 우리는 진리 속에서 살고 싶고, 참나를 알고 싶어 합니다. 좋은 일이나 의미 있는 일을 할 때 알아주는 사람이 없다면 서운하지요. 서운한 생각이 번뇌^{無明}이니 이 마음을 놓아야 합니다. 이때 공한 자리에 서는 것입니다. 이렇게 진리 위에 섰으면 이미 부처입니다.

본래 얻을 것이 없음을 확연히 얻어야 이름을 깨달음이라 합니다.

야부

한 손은 하늘을 가리키고 한 손은 땅을 가리키시니
남북동서에 추호도 볼 수 없도다.
태어나면서부터 마음이 하늘과 같이 크시니
무한한 마군들이 붉은 깃발을 거꾸로 내리도다.

해설

경허스님의 오도송에 "사방을 둘러봐도 사람이 없으니 이 법을 누구한테 전하리"라는 구절이 있습니다. 대체로 이 구절을 사방을 둘러봐도 진짜 이 법을 전할 만한 사람이 없다고 이해합니다.

아닙니다. 사방을 둘러봐도 사람이 없어야 그게 제대로 전하고 제대로 깨달은 소식입니다. 만약 사람이 있다고 하면 상대적인 세계가 되어 버립니다. 전하는 사람이 있고 전할 법이 있고 전함을 받을 사람이 있다면 그것은 유위법입니다. 사방을 둘러봐도 사람이 없는 것이 진리입니다. 천상천하에 유아독존인, 남북동서에 추호도 찾아볼 수 없는 그것이 진정한 존재입니다. 우리의 본래면목입니다.

마음이란 본래 두마음이 없고 오직 한마음인 까닭에 만 명이 성불하여도 오직 한 부처이시니 무한한 마군들이 붉은 깃발을 거꾸로 내린다고 하였습니다.

함허설의

하늘을 가리키고 땅을 가리킴을 아는가. 남북동서에 오직 한 석가로다. 한 석가여, 누가 뒤덮고 있는가. 심장과 담이 크고 커서 큰 하늘과 같으시니, 한 입으로 조사들을 다 삼켰도다. 불조佛祖도 오히려 삼킴을 당했거늘 하물며 마군과 외도魔外가 어찌 항복하지 않겠는가.

해설

남북동서에 오직 한 석가만 있어서 일세일불一世一佛이라고 합니다. 한 세계에는 한 부처밖에 없습니다. 모두가 다 성불하여 부처를 이루었다고 해도 일불입니다. 두 부처가 될 수 없습니다.

지금 이 법당 안에 연등이 많지요, 다 성불한 불입니다. 그런데 여기 비추어진 광명은 하나인가요, 둘인가요? 광명이 합쳐져서 비출 때는 내 것과 네 것이 따로 있지 않습니다. 모두가 하나일 뿐입니다. 두 광명이 될 수가 없듯이, 한 세계에서는 한 부처일 수밖에 없습니다. 그러므로 이 한 분의 부처님을 누가 뒤덮을 수 있겠습니까.

이런 말이 있습니다. "죽은 부처 수백이 산 부처 하나를 못 당한다." 왜냐하면 산 부처는 깨달은 자기 안목으로, 자기 속의 일체제불이 응해 주기 때문입니다. 이 응해 주는 것을 이름하여 부처라 합니다. 자기는 가장 수승한 존재입니다. 참으로 물러서지 않고 믿는 마음에 깨달음의 성패成敗가 달려 있습니다. 공부하면서 어떤 상황이 벌어져도, 그것이 최악이든 최선이든 항상 자기자성에 맡기고 잘될 거니까 걱정할 필요 없다고 진실로 믿는다면 항상 마무리는 잘됩니다.

경문

"수보리야, 어떻게 생각하느냐. 보살이 불국토를 장엄한다 하겠느냐?"
"아닙니다, 세존이시여. 왜냐하면 불국토를 장엄한다고 하는 것은 곧 장엄이 아니라 그 이름이 장엄인 것이옵니다."

須菩提 於意云何 菩薩 莊嚴佛土不 不也 世尊 何以故 莊嚴佛土者
卽非莊嚴 是名莊嚴

해설

불국토 장엄이란 보살의 수행덕목으로 『유마경』「불국품」에 "중생의
종류가 보살의 불국정토라" 하여 정토淨土의 바른 안목을 분명히 드러
냈습니다. 본래 중생의 소견이란 나에 대한 집착에 의지하여 선업과
악업을 짓고 그 업의 힘으로 삼선도인간·수라·천상와 삼악도지옥·아귀·축생
의 국토를 스스로 받아들여 이것을 자기의 국토로 삼습니다.

　불보살은 차별이 없고 평등한 이치에 통달하여 상대적인 세계에
집착하지 않기 때문에 자기의 국토를 따로 받지 않습니다. 다만 모든
중생의 근기에 따라 응하여 나투는 까닭에 중생들이 있는 곳이 보살
이 나투어 정토를 장엄하는 곳입니다. 중생의 종류가 바로 보살의 불
국정토라 하는 것입니다.

　"곧은 마음直心이 보살의 정토이니 보살이 부처를 이룰 때 아첨
하지 않는 중생이 그 국토에 태어나느니라. 깊은 마음深心이 보살의
정토이니 보살이 부처를 이룰 때 공덕을 고루 갖춘 중생이 그 국토에
태어나느니라. 보리의 마음菩提心이 보살의 정토이니 보살이 부처를
이룰 때 대승의 중생이 그 국토에 태어나느니라" 하였습니다.

　곧은 마음은 진여를 향하는 마음, 자성을 믿고 물러서지 않는 마
음입니다. 깊은 마음은 온갖 선행을 모으는 마음이고, 보리심은 일체
중생을 건져 주려는 마음입니다. 한생각의 곧은 마음과 깊은 마음과
보리의 마음이 자기 몸과 마음 가운데 있는 일체중생의 마음의식을 제

도하여 국토를 청정하게 하는 까닭에 불국토를 장엄한다 하는 것입니다.

지금 이 순간 우리들의 업식인 지옥이 올라오고, 아귀·축생·인간·수라·천상도 올라옵니다. 그때마다 업식대로 살지 않고 법답게 굴려서 마음을 쓰면 보살이고, 업식대로 살면 중생입니다.

한생각에 독사 같은 마음이 올라온다고 해서 독사의 업식대로 행하면 안 됩니다. 독사의 마음으로 말을 내뱉는 순간, 칼이 되어 찌르고 베어 버려 결국 상대를 죽이게 됩니다.

부처님께서 성도 직전에 마왕 파순이 던진 돌과 창과 칼들을 모두 꽃으로 화하게 하여 흩어져 떨어지게 했습니다. 한생각을 잘 돌려서 깨달음의 꽃으로 전부 화해 버리신 것입니다.

우리의 몸과 마음속에 있는 업식도 마왕 파순이 던지는 돌이고 창이고 칼입니다. 우리도 부처님같이 한생각 돌려야 합니다.

나오면 나오는 대로 행하지 말고 그것을 보살로서 받아들여, 법문에 의지해서 굴려야 하는 것이지요. 법문을 잘 들어야 지혜롭게 굴릴 수 있고, 지혜롭게 굴릴 줄 알면 그 자리가 바로 깨달음입니다.

보살의 불국정토는 따로 어느 곳에 태어나서 만드는 것이 아니고, 지금 한생각 일어난 이곳에서 정토를 이루는 것입니다.

함허설의

안으로 육근의 몸根身과 밖으로의 세계器界가 다 청정한 지혜의 경계이며 낱낱이 무위의 불국토이다. 근신과 기계를 무엇 때문에 청정한 지혜의 경계와 무위의 불토라 말하는가. 눈을 비비면 허공 꽃이 어지럽게 떨어지고, 그렇지 않으면 눈 가득히 푸르고 푸를 뿐이다. 무엇을 장엄이라 하는가. 정情을 잊으면 친소親疎가 없고, 소견이 다하면 안팎이 없다. 무엇이 장엄이 아닌가. 정情과 견見을 잊은 곳에서도 자취를 남기지 않으면, 부처를 보고 조사를 보는 것이 마치 원수와 같다.

해설

자기 안에서 일어나는 마음이나 밖에서 일어나는 모든 모습들이 청정한 지혜의 경계입니다. 지혜는 부처를 말합니다. 모든 것이 부처 아님이 없어서 낱낱이 함이 없는 불국토입니다.

눈을 비비면 즉 중생의 마음을 쓴다면 허공 꽃이 어지럽게 보입니다. 실체를 보지 못한다는 거지요. 비비지 않으면 있는 그대로의 모습으로 본래 진리인 비로자나 법신일 뿐 장엄이라고 이름할 것도 없습니다.

정情을 잊고 좋다 싫다, 옳다 그르다 하는 친소와 소견을 놓기만 하면 그때는 너와 나라는 것도 없습니다. 너와 나라는 것을 놓은 자리에 구태여 장엄이다 장엄이 아니다가 없습니다. 거기는 본래 이름이 붙을 자리가 없는 것입니다.

이와 같이 자취를 남김없이, 해도 함이 없이 흔적을 지우는 이것이 참 공부입니다.

육조

불국토가 청정해서 모습도 없고 형상도 없으니 무슨 물건으로 장엄하겠는가. 오직 정定과 혜慧의 보배를 거짓으로 장엄이라 이름하는 것이다. 장엄에는 세 가지가 있으니 제1장엄은 세간불토世間佛土로서 절을 짓고 사경을 하고 보시 공양하는 것이 그것이고, 제2장엄은 신불토身佛土이니 모든 사람을 볼 때 널리 공양하는 것이고, 제3장엄은 심불토心佛土이니 마음이 청정하면 곧 불토가 청정해서 생각 생각에 얻을 바가 없는 마음을 행하는 것이 이것이다.

해설

불국토는 청정하여 모습도 형상도 없어서 오직 선정과 지혜의 보배로써 장엄한다는 이름만 빌릴 뿐입니다.

장엄에는 세 가지가 있다고 간결하게 말씀하셨습니다. 첫 번째 세간장엄은 불국토장엄입니다. 다만 상에 머물지 않고 보시를 행함이 분명하게 구체적으로 나와야 합니다. 즉 보시바라밀, 인욕바라밀이라는 작용이 꼭 나와야 합니다.

두 번째 장엄은 신불토장엄으로 몸을 부처님 국토와 같이 장엄하는 것입니다. 모든 사람에 대하여 널리 공경을 행하는 거지요. 주변에 있는 사람에게 먼저 해 보세요. 여기서부터 출발하면 나머지는 다 거기에서 파생된 말이고 형상입니다. 하나를 알면 전체를 꿰어서 통해 버립니다. 이를 일이관지一以貫之라고 합니다. 절대로 하나가 따로 있지 않고 전체를 통괄하고 있습니다. 일즉일체一即一切고 일체즉일一切即一입니다.

세 번째 장엄은 심불토장엄입니다. 생각생각이 항상 얻을 바가 없는 마음인 무소득심無所得心을 행해야 된다는 것입니다. 무소득심이 뭐냐? 깨달음입니다. 본래 얻을 바 없이 작용할 줄 알면, 안팎이 맞아떨어집니다. 깨달음이 분명해집니다. 얻을 바 없는 것을 확연히 얻는 것이 바로 견성입니다.

세 가지 장엄을 각각 따로 보면 역력히 분별하는 것입니다. 보살이 불토를 장엄함에 세 가지가 따로 있는 것이 아니라 하나를 들면 두 가지가 따라와 셋이 하나가 되어야 장엄의 완성이라 이름할 수 있습니다.

야부
어머니의 속옷이요, 청주의 베적삼이로다.

해설
어머니의 속옷은 보이지 않아 청정함을 그대로 가지고 있습니다. 텅 비어 고요한 마음자리의 본체입니다. 청주의 베적삼은 질박하여 여지없이 드러내는 작용이라 할 수 있습니다. 아래 함허스님의 설의에 자세히 설명했습니다.

함허설의
어머니의 속옷은 순수하여 잡됨이 없다. 그러나 오직 옛이고 지금이 아니다. 청주의 베적삼은 검소해서 화려하지 않으나 다만 그 바탕이 무늬가 없다. 본각本覺과 시각始覺이 하나가 되어 무늬와 바탕質이 빛나고 빛나야만 비로소 만족할 만한 장엄이 된다고 한다.

해설
자식을 생각하는 어머니는 일 분도 분별없이 순수하게 자식을 바라봅니다. 어머니의 순수한 마음이 바로 부처님 마음으로 본체의 자리입니다. 보이지는 않지만 본래 갖추어져 있고 순수하여 잡됨이 없습니다.

　'옛'은 본래 가지고 있는 본체로 자기가 나온 곳입니다. 완전하고 만족할 만한 장엄은 무늬도 있고 바탕도 있어야 합니다. 즉 본체만 있어서도 안 되고 작용도 할 줄 알아야 하지요. 마음을 고요히 쉬는 것만이 아니라는 말입니다.

야부

온몸을 털어 버리니 희기가 서리보다 더하고
갈대꽃과 눈과 달은 더욱 빛을 다투도다.
다행히 깊은 못에서 발돋움할 기세가 있으니
다시 붉은 이마를 더한들 무엇이 방해로우랴.

해설

하얗게 빛이 쏟아지는 달밤에 하얗게 눈이 내려 산하대지를 덮고 갈대꽃도 하얗게 바람에 흔들립니다. 본체도 하얗고 당체도 하얗고 작용도 하얗습니다. 여기서 하얗다는 말은 온몸을 털어 버리니 희기가 서리보다 희다는 말입니다. 무슨 말인가 하면 본래의 깨달음本覺에 의지하여 마음에서 일어나는 번뇌망상을 놓고 놓아감에始覺 따라 본각과 하나됨으로 깨달아 가는 것을 "갈대꽃과 눈과 달은 더욱 빛을 다툰다"라고 한 것입니다. 이렇게 마음을 쓰는 사람은 깊은 연못에 빠졌다 하여도 한 마리 빼어난 학과 같이 어떤 경계에 부딪혀도 발돋움할 기세가 있어 물들지 않습니다.

　"다시 붉은 이마를 더한들 무엇이 방해로우랴" 하는 말은 마음의 당체가 우뚝 솟아 말과 형상을 모두 여읜 까닭에 한생각 일으켰다 하면 그대로 법이 된다는 것입니다.

함허설의

공功 가운데서 지위位에 나아감에 염섬廉纖, 자질구레한 것을 다 벗어 버리고, 그 지위 속에서 몸을 굴림轉身에 다시 광채를 더함이로다.

해설

몸을 굴림에 대하여 『한암일발록』에 나와 있는 경허스님의 이야기를 보겠습니다.

하루는 어떤 수좌가 "고봉화상 『선요』에 '어떤 것이 진정으로 참구하는 것이며, 진정으로 깨닫는 소식입니까? 답하기를 남산에서 구름이 일어나니 북산에서 비가 내린다' 하는 구절이 있는데 무슨 뜻입니까?"하고 경허스님에게 물었습니다.

여기서 경허스님이 대답을 참 신기하게 했습니다.

"비유하면 그것은 마치 자벌레가 한 자를 갈 때 한 바퀴를 굴러야 하는 것과 같다" 즉 전신轉身해야 한다는 것입니다. 그리고 나서 "이것이 무슨 도리인가?"라고 대중에게 다시 물었습니다.

그때 한암스님이 창문을 열었습니다. 그리고 말하기를 "창문을 열고 앉으니 담장이 눈앞에 있습니다"라고 했습니다.

이 말을 듣고 경허스님이 한암스님에게 "원선화의 공부가 개심開心의 경지를 넘었다"고 했습니다. 열 개開 자에 마음 심心 자로 마음이 열렸다는 뜻입니다. 이어서 "그러나 아직 체가 뭔지, 용이 뭔지는 모르는구나"라고 하셨습니다.

이 말은 공부의 단계를 반은 인정하고 반은 인정하지 않은 것입니다. 이런 부분에서 생각해 보십시오.

지금 바로 여기서 온몸을 털어 버려서 서리보다 더 희어져야 합니다. 온 몸이라는 것은 보고 듣고 말하는 일상의 삶을 말합니다. 이 삶닥치는것을 다 털어 버려서 어떻게 이 몸과 마음속의 중생들을 잘 굴려서 보살로 화하게 만들 것이냐 이겁니다.

공부가 다 되어야 작용하는 게 아니라, 공부를 하면 그만큼 작용하게 됩니다. 그래야 누구나 평등합니다. 이치를 완전히 아는 것도 중요하지만, 아는 것을 실제로 자기 것으로 만드는 것 즉 신·해·행·증과 같이 돌아가야 자기 것이라고 말할 수 있고 작용하게 되는 것입니다.

여기 전신이라는 말이 중요한 말입니다. 몸을 굴려라.

경허스님이 말씀하신 자벌레가 한 자(33cm)를 갈 때 한 번 굴러야 하는 것과 같습니다. 남산에서 구름이 일어나니 북산에서 비가 내린다는 이 말이 전신에 달렸다는 것입니다. 이는 남산과 북산이 둘이 아니라는 사실을 알면 남산이 따로 있지 않고 북산이 따로 있지 않다는 것을 알게 된다는 것이지요. 그래야 이 도리를 이야기할 수 있습니다.

신·구·의가 딱 맞아 돌아갑니다. 알음알이로 알아서는 소용이 없습니나. 한 바퀴를 굴려야 됩니다. 한 바퀴를 구른다는 것은 한 번 푹 죽어야 한다는 것입니다. 달리 말하면 푹 쉰다고 할 수 있습니다. 진짜 죽게 되고, 쉬면 멍청이가 되는 것이 아니라 남산과 북산이 둘이 아닌 도리를 확연히 알아서 이 세상 이치가 어떻게 돌아가는지 어느 정도 눈에 걸리게 됩니다. 그러면 한생각을 내는 것이 다 법에 적중합니다.

머문 바 없이 그 마음을 낼지니라

경문

이런 까닭으로 수보리야, 모든 보살마하살은 응당 이와 같이 청정한 마음을 낼지니 응당히 색에 머물러서 마음을 내지 말며 응당히 성·향·미·촉·법에 머물러서 마음을 내지 말 것이요,

是故 須菩提 諸菩薩摩訶薩 應如是生清淨心 不應住色生心 不應住聲香味觸法生心

해설

청정한 마음은 더러움에 상대되는 깨끗한 마음을 말하는 것이 아닙니다. 청정은 바닷물과 같이 만 가지 강에서 흘러오는 만 가지 맛의 물을 받아들이되 한 방울의 물도 분별하여 거절함 없이 모두 한맛으로 만들어 버리는 것입니다. 온갖 종류의 잡철이 용광로에 들어가면 모든 이름은 없어지고, 하나의 붉게 끓어오르는 한맛으로 남는 것과 같습니다.

바다와 용광로는 어디에 있는가. 자기의 마음근본에 있습니다. 눈·귀·코·혀·몸·뜻으로 들어오는 일체경계를 자성에 모두 내려놓을 때 청정인 것입니다.

함허설의

무엇을 청정심이라 하는가. 취함도 없고 집착도 없는 것이 이것이다. 만약 취하고 집착함이 없고자 하면 모름지기 지혜의 눈을 열어야 하니, 일체현성이 지혜의 눈을 연 까닭으로 능히 모든 근根의 경계를 잘 분별하되 그 가운데에 집착함이 없어서 자재함을 얻는다. 이로 말미암아 육근·육진·육식의 경계가 확 트여 걸림이 없어서, 낱낱이 밝고 묘하며 낱낱이 허공같이 청정하니 이를 일러 하늘과 물이 서로 이어져 일색一色이 되었다 한다. 다시 조각구름도 청광淸光을 막지 않았다.

반야의 날카로운 작용이 이와 같이 심히 깊으며 자재하니, 모름지기 지혜의 눈을 열어 널리 근문根門에 응하여 생각생각마다 청정하고 낱낱이 해탈할 것이니, 응당히 지혜가 없이 모든 경계에 물들어 집착하지 말 것이다.

해설

지혜의 눈을 뜨려면 성인의 법문을 자주 들어야 합니다. 하늘에서 뚝 떨어지듯이 '지혜야 생겨라' 한다고 해서 생기는 건 절대 아닙니다.

부처는 일체중생의 마음을 좇아서 있기 때문에, 도반들과 함께 공부하는 과정 속에서 보리심을 증장시켜 그들과 같이 합하여 하나의 밝음으로 만들어야 합니다.

일체현성은 모두 지혜의 눈이 열린 분으로 육근·육진·육식의 경계가 확 트여 걸림 없습니다. 육근·육진·육식 이 세 가지가 만나 부딪혀 화합하여 색·수·상·행·식이라는 오온이 이루어집니다. 이 오온이 무엇인가요. 바로 나라는 물건으로 홀로 존재하는 것이 아니라 연기로 존재함을 말합니다. 지혜의 눈만 뜨면 일체 집착하지 않고 자재함을 얻습니다.

이와 같다면 불과 같이 밝게 말하고 밝게 행하고 전부 밝게 밝게 돌아갑니다. 밝다는 것은 바르다는 말과 같습니다. 모든 것이 바르게 돌아가면 조그마한 티끌이 혹시 있더라도 걸림이 없게 됩니다. 한생각이 망상을 피우더라도 그대로 법이 된다는 것이지요. 팔정도의 수레바퀴가 돌아가는 것입니다.

참으로 자기자성을 믿는 마음이 확실한 사람은 한생각 내면 그대로 세상이 벌어집니다. 왜냐하면 심왕心王이거든요.

이 도리를 아는 사람은 부처님이 설해 놓은 법을 벗어나지 않습니다. 또한 자기의 이익을 위해서가 아니기 때문에 저절로 법에 맞습니다. 그러니 지혜의 눈을 떠서 생각생각이 항상 청정하여 모든 경계에서 해탈해야 합니다.

육조

모든 수행인은 남의 잘잘못을 말하지 말지니, 스스로 말하되 나는 잘하고 나는 잘 안다 하여 마음으로 배우지 못한 사람을 가벼이 여기면 이것은 청정심이 아니다. 자성에서 항상 지혜를 내서 평등한 자비를 행하고, 하심하여 일체중생을 공경하는 이것이 수행인의 청정심이다. 만약 그 마음을 스스로 깨끗하게 하지 않고 청정한 곳에 애착하여 마음에 머문 바가 있으면 곧 법상法相에 집착한 것이다. 색을 보면 색에 집착하고 색에 머물러 마음을 내는 것은 곧 미혹한 사람이고, 색을 보되 색을 여의어서 색에 머물지 않고 마음을 내는 것은 곧 깨달은 사람이다. 색에 머물러서 마음을 내는 것은 구름이 하늘을 가린 것과 같고, 색에 머물지 않고 마음을 내는 것은 마치 허공에 구름이 없어서 해와 달이 잘 비춤과 같다. 색에 머물러 마음을 냄은 곧 망령된 생각이고, 색에 머물지 않고 마음을 냄은 곧 참다운 지혜이다. 망령된 생각이 일어나면 곧 어둡고, 참다운 지혜가 비추면 곧 밝다. 밝으면 곧 번뇌가 일어나지 않고 어두우면 여섯 가지 티끌이 다투어 일어난다.

해설

본질로 보자면 자비가 없는 것이 자비無慈悲입니다. 자비를 행해도 한 바 없이 집착하여 머물지 말라는 것입니다.

　또한 하심하여 일체중생을 공경하는 것이 수행하는 사람의 청정한 마음이라 했는데, 이는 어떤 부족한 사람 속에도 본래부처가 있다는 것을 믿고 둘 아니게 대하라는 것입니다. 우리는 악마같이 마음을 쓰는 사람을 보면 피하고 싶잖아요. 그래서는 안 됩니다. 일부러 가까이할 필요는 없지만 미워하지는 말아야 합니다. 용서하고 벌을 주는 것은 자성에서 알아서 하는 것입니다. 자신이 결정하지 말고 다만 믿고 맡기며 상대가 잘되게 마음을 써야 합니다. 이래야 서로가 빚이 없는 자유인이 되는 겁니다.

　저쪽에서 더러운 물이 왔다면욕을 했다면, 그것도 사실은 예전에 내가 지은 업입니다. 원인 없는 결과가 없어요. 지금 그 결과로 저 사람이 나에게 더러운 물을 보낸 것입니다. 이럴 때 어떻게 하느냐?

　맡기는 겁니다. 더러운 물이 오면 저수지에 집어넣으세요. 저수지는 자성자리입니다. 예전에 지은 업의 결과인 더러운 물을 상대에게 보내지 말고 얼른 자성자리에 넣으라는 것입니다. 그러면 저절로 더러운 물이 정화되어 청정하게 됩니다. 둘 아니게 되며, 깨끗한 물이 그 사람에게 돌아가게 됩니다. 모든 작용이 법다워집니다.

상대도 현재 의식은 모르지만 성품 자리에서는 알고 있습니다. 본질은 통하거든요. 자기도 모르게 악한 마음이 없어지면서 선업의 관계로 바뀝니다. 이것이 참지혜입니다.

야부
비록 그러하나 눈앞에 있는 것을 어찌 하리오.

해설
눈앞에 있는 지금 현재 악을 쓰고 덤비는 이놈은 뭐냐? 본래 물들지 않은 청정한 놈입니다.

함허설의
비록 그렇게 색성(色聲)에 응당히 머물지 않으나, 색성이 눈앞에 있는 것을 어찌할 것인가.

해설
비록 색·성·향·미·촉·법에 머물지 않는다고 하지만 색성을 보는 놈은 누구인가. 마치 일체를 비추어 나투게 하는 광명은 또한 일체존재의 형상을 떠나서 따로 존재하지 못하듯이 이것도 둘이 아닌 불이법입니다.

야부

색을 봄에 색에 간섭받지 않고
소리를 들어도 이 소리가 아니로다.
색과 소리에 걸리지 않는 곳에서
친히 법왕성法王城에 이르도다.

해설

저 사람을 보면서 잘났다 못났다, 마음에 든다 안 든다 하는 것이 색에 간섭받는 것이요, 칭찬하는 소리를 들으면 기분이 좋고 비판하는 소리를 들으면 기분이 나쁜 것이 소리에 간섭받는 것입니다.

일체의 경계를 자기자성에 내려놓고 지켜보면 색과 소리에서 벗어나 걸림이 없게 되고 본래부처를 체험합니다.

함허설의

눈앞의 모든 법이 거울 속에서 형상을 보는 것과 같다. 거울 속에서 형상을 보는 것은 나에게 걸리지 않으니, 눈썹과 눈이 분명하여 다른 사람이 아니로다. 다른 사람이 아님이여, 이것은 법왕처法王處를 상견相見하는 것이다. 그러므로 말하기를 거울 속에서 누구의 형상을 보는가. 골짜기 속에서 자기 소리를 들음이다. 보고 듣는 것에 현혹되지 않으니 어느 곳인들 길이 통하지 않겠는가.

해설

가끔 이런 말 하지요. 보이는 현실이 꿈이고, 꿈도 꿈입니다. 꿈속에서는 실제라고 생각하지 그것이 꿈이라고 아는 사람은 별로 없습니다. 꿈을 꾸면서도 이게 꿈인지 확연히 알면 되는데 그러지 못합니다. 꿈속에도 나라는 놈이 있고 너라는 놈이 있고, 잘난 놈도 있고 못난 놈도 있고, 온갖 마음 쓰는 것이 현실과 똑같아요. 누구의 꿈속인가요. 자기 꿈속입니다. 모두 자기 꿈속의 등장인물들입니다. 알고 보면 자기의 나툼이지요. 전부 자기의 또 다른 모습이니 둘이 아닙니다. 왜 꿈을 꾸게 했을까요? 지혜를 가르치기 위해서입니다.

우리는 연극 무대에 올라가 온갖 역할을 다 하는 배우이면서 관객입니다. 연극을 마치고 나면 어떻습니까? 각각의 역할 속에서 죽느니 사느니 별별 행동을 했지만 무대에서 내려오면 왕도 아니고 거지도 아닙니다. 연극을 하면서 이 사실을 알고 있어야 취착하고 애착하는 것이 떨어집니다. 꿈이라는 것이 우리의 마음속에서 일어나고 멸하는 것이지 실체가 없습니다. 현실도 또한 이와 같습니다. 경계도 실체가 없으니 공하다는 것을 즉시 자각해서 힘을 기르는 것입니다.

법왕의 처소에서 서로 만난다는 것은 둘 아니게 봐야 저절로 법왕의 처소에서 만난다는 말입니다. 깨닫는다는 것이지요. 자기 마음 가운데서 벌어진 둘 아닌 모습이란 것을 확연히 안다는 것입니다.

골짜기에서 들리는 메아리가 자기 소리인 것처럼 보고 듣는 것이 모두 둘 아닌 자기의 모습인 줄 안다면, 나무 한 그루와도 통하고 날아가는 새와도 통하고 지나가는 뱀들과도 다 통할 수 있습니다. 나라는 것을 놓고 쉬게 되면 청정한 마음이 되어 저절로 일체와 통하게 됩니다.

경문

응당히 머문 바 없이 그 마음을 낼지니라.

應無所住 而生其心

해설

청정한 마음을 이루는 법문이 '응무소주 이생기심'입니다. 색에 머무르지 않고, 성·향·미·촉·법에 머무르지 않고 마음을 내야 합니다. 색·성·향·미·촉·법에 머무르지 않는다는 것은 자기의 에고에서 나오는 업식에 끄달려 탐·진·치를 부리는 중생심에 끌려다니지 않는다는 뜻입니다. 무주로써 경계를 그대로 쓰며, 일상 속에서 함 없이 한순간도 머물지 않고 작용한다는 것입니다.

함허설의

공연히 풍파風波를 좇지 말고 항상 멸진정에 머물러 모든 근기에 응해야 하니, 이것은 어두운 가운데서 밝음이 있는 도리이다. 또 머문 바 없다無所住란 마침내 안팎도 없고 중간도 비어서 사물이 없는 것이 마치 거울이 텅 비고 평평한 저울대와 같아서 선악시비를 가슴속에 두지 않는 것이고, 마음을 낸다生其心란 머무는 바 없는 마음으로 만사에 응하되 만물에 얽매이지 않는 것이다. 공자가 이르되 "군자가 천하에 머물면 옳은 것도 없고 옳지 않음도 없어서, 뜻과 더불어 화한다" 하시니 이는 마음에 의지하는 바가 없어서 일을 당함에 의義로써 행함을 말한다. 일을 당하여 의로써 행한즉 반드시 사물의 얽매임이 되지 않으며, 사물의 얽매임이 되지 않은즉 반드시 그 마땅함을 잃지 않는 것이다. 성인이 비록 태어난 시대는 다르나 도道는 같고, 말은 비록 다르나 서로 필요로 함은 여기에 이르러서 가히 볼 만하다. 사씨가 옳은 것도 없고 옳지 않음도 없다는 주注 가운데 경의 이 구句를 인용하되, 창광猖狂, 미친 듯이 스스로 방자하게 함으로써 마침내 성인에게 죄를 지었다 하니 어찌 말을 살피지 못함이 이같이 심한 데까지 이르렀는가. 옛날에 노능盧能이 오조 홍인대사의 처소에서 이 경 설함을 듣고, 여기에 이르러 심화心花가 활짝 피어서 가사와 발우를 전해 받아서 제 육조가 되었다. 그로부터 오엽五葉이 열매를 맺어 천하를 향기롭게 하셨다. 그러므로 알라. 다만 이 한 구절應無所住 而生其心이 다함 없는 인천의 스승을 출생하셨다. 오호라. 사씨여, 어찌 좁은 소견으로 저 푸르고 넓은 하늘을 비방하려 하는가.

해설

머무는 바 없는 곳이란 본각의 자성자리이고, 자성에 의지하여 둘 아니게 닦음이 없이 닦고 얻을 바 없이 얻어야 곧 '응무소주 이생기심'입니다. 다시 말하면 지금 경계 속에서 끝없이 일어나는 옳음과 그름, 선과 악, 좋다 나쁘다 등의 온갖 분별을 자성자리에 둘 아니게 놓기만 하면, 사물이라는 대상에 얽매이지 않아 항상 둘이 아니게 마음을 내는 것이니 반드시 성품을 보고 체험하게 됩니다.

공자는 "군자가 천하에 머물면 옳을 것도 없고, 옳지 않음도 없어서 뜻과 더불어 화한다" 하였습니다. 이 말씀은 깨달은 수행자가 경계를 대적함에 자성에 의지하여 둘 아니게 작용한다는 말입니다.

또 "의義로써 행한다"고 하였는데 의는 인仁·의義·예禮·지智·신信 전체를 말하는 것으로 옳은 것 바른 것을 말합니다. 불교에서 말하는 바름正과 같습니다. 무엇이 옳고 바른 것인가. 우리의 근본 마음이 바른 것입니다. 마치 거울에 티끌이 없으면 만상이 오는 대로 밝게 비추듯이, 선악과 시비를 가슴에 두지 않는 것이지요. 바르게 말하고 바르게 행하고 바르게 살아가게 되니, 경계가 닥쳤다 하면 여지없이 바르게 돌아갑니다. 성인은 의로써 행을 하기 때문에 악한 행을 저질러도 모두가 이익되게 돌아가고, 악인은 아무리 좋은 말을 해도 나쁘게 돌아간다는 말을 하는 것입니다.

혜능선사께서 오조 홍인대사의 처소에서, 이 『금강경』 설함을 듣고 '응무소주 이생기심應無所住 而生其心' 대목에서 마음이 활짝 열려 크게 깨달아 전법傳法의 표시로 가사와 발우를 전해 받고 육조가 되었다는 사실은 익히 들어 모르시는 분이 없을 것입니다. 이후 임제종·조동종·위앙종·법안종·운문종의 선종 다섯 가풍五葉이 퍼져 나왔습니다.

'응무소주 이생기심' 이 한 구절은 인천人天의 스승을 나오게 하였으니 얼마나 긴요한 글귀겠습니까. 우리도 잘 참구해야 합니다.

야부

뒤로 물러서고 물러설지어다.
보고 보아라. 굳은 돌이 움직이도다.

해설

작용했다 하면 작용하기 이전 자리 본래자리로 돌아가라는 말입니다. 물러서고 물러서라, 놓고 놓아라, 죽고 죽어라! 그리고 지켜보고 지켜보아라! 머문 바 없음에 머물고 법답게 마음을 내면 태산과 같은 업보도 무너집니다.

용광로에 일체존재의 법을 집어넣으면 다 타 버리고 녹아 버려 털끝만큼의 흔적도 찾을 수 없이 텅 비어 고요합니다. 텅 비어 고요한 가운데 밝고 밝게 빛나는 지혜의 작용이 있으므로 굳은 돌이 움직이는 공덕이 흘러나오게 되는 것입니다.

함허설의

밝은 가운데서 자취에 머물지 말고 도리어 어두운 곳을 향하여 돌아가라. 잘 보아라. 움직일 수 없는 것이 지금 움직이니, 움직이는 것이 도리어 움직임이 없어야 비로소 옳다.

해설

고부 관계처럼 시어머니는 시어머니 입장에서 며느리는 며느리의 입장에서 문제를 바라보면 서로 맞을 수가 하나가 될 수가 없습니다. 하나가 되지 않으면 항상 갈등이 끊어지지 않게 됩니다.

각자의 입장에서 옳다고 생각함은 밝은 가운데서 자취에 머무는 것이 되고, 틀리다고 생각함은 어두운 가운데서 자취에 머무는 것이 됩니다.

밝은 데 머물지 않고 어두운 곳을 향해 돌아가듯 서로의 입장에서 문제를 바라보면 둘을 모두 쥐고 중도법을 행하게 되어 비로소 옳은 것이 됩니다.

야부

고요한 밤 산당에 말없이 앉았으니
적적하고 요요하여 본래 그대로라.
무슨 일로 서풍西風은 임야를 움직여
한 소리로 찬 기러기가 먼 하늘을 울리게 하는가.

해설

경계의 바다 위에서 일체 자성중생이 한마음으로 고요하게 안주하니, 본래 그대로 적적하고 요요함을 체험합니다. 그런데 "무슨 일로 서풍부처님이 임야를 움직여 한 소리로 찬 기러기가 먼 하늘을 울리게 하는가"라고 했습니다. 무슨 일로 다시 닦을 것을 설하고, 다시 얻을 것을 설하는가 하는 것입니다.

'응무소주 이생기심'이라는 말을 듣지 않았더라면 어떻게 본래 부처인 것을 알았겠는가.

함허설의

본래 스스로 움직임이 없으니 어찌 모름지기 움직이겠는가. 마땅히 믿어라.

사해四海에 물결이 고요하면 용이 숨어서 잠을 자고,
구천九天에 구름이 개이면 학이 높이 날도다.

해설

근본자리는 본래 움직임이 없음을 믿고 알아야 합니다. 사해는 중생 세계를 말합니다. 용이 숨어서 잠을 잔다고 함은 마음이 고요하여 쉬어졌기에 흔적이 없다는 의미로 머문 바 없는 마음입니다.

　구천에 구름이 개인다 함은 육도구류중생들인 자기 마음에 분별하는 마음이 없어졌다는 말입니다. 일체 번뇌망상이 사라진 자리에서 밝고 광대무변한 지혜광명이 나와, 높이 나는 학과 같이 자유자재하게 작용하지요. 이것은 생기심生其心입니다.

　지금까지 닦음이 없이 닦음을 설하고 얻을 바 없이 얻음을 설하는 것을 곧 '응무소주 이생기심'으로 간략히 말하였습니다.

경문

"수보리야, 비유하건대 어떤 사람이 몸이 큰 수미산 같다면 어떻게 생각하느냐, 그 몸이 크다고 하겠느냐?"
수보리가 말씀드리되 "매우 큽니다, 세존이시여. 왜냐하면 부처님께서는 몸 아닌 것을 이름하여 큰 몸이라 하셨습니다."
須菩提 譬如有人 身如須彌山王 於意云何 是身 爲大不 須菩提言 甚大 世尊 何以故 佛說非身是名大身

해설

누구나 스스로 대인大人이 되고자 하나 마음 씀을 대인으로 쓰지 못하고 사상을 내니 스스로 소인의 마음을 내고 소인이 됩니다.

　부처님께서 몸 아닌 것을 이름하여 큰 몸이라 하신 까닭은 육근이 청정하여 마음이 허공과 같으면 원만하고 공적한 보신의 체가 활연히 드러나, 온 시방에 가득함을 수미산왕이라 이름하고 큰 몸이라 이름한 것입니다.

함허설의

육근과 육진과 육식을 모두 놓아 버려서 청정하여 남음이 없으니, 원만하고 공적한 몸이 활연히 나타나도다. 체는 거북이 털과 같으나 그 모습은 대단히 크니, 수미산이 바다에 비껴 있어 뭇 봉우리보다 우뚝 섰도다. 공생에게 물은 것은 깊은 까닭이 있으니 사람들이 여기에서 잘못 알까 두려워한 것이다. 공생이 과연 부처님의 뜻을 알아서 답하기를, '몸이 아니라'고 한 것은 좋은 지음자로다. 다만 저 몸 아님의 도리를 어떻게 말할 것인가.

일찍이 잠시도 있지 않으나 형상은 완연宛然하니

상이 비록 완연하나 토끼 뿔과 같도다.

해설

육근과 육진과 육식을 모두 놓아 버린다는 것은 공하고 실체가 없기 때문입니다. 낱낱이 보고 들어도 분별하지 않고 자성자리를 의지하여 놓고 가면 청정해져서 집착이 없게 됩니다. 원만하고 공적한 몸인 비신非身 즉 대신大身의 몸이 드러납니다. 참나이며 부처입니다.

함허선사의 안목을 완전히 받아들이기만 하면 이 자리에서 깨달아 들어가게 됩니다. 어린아이가 부모를 무작정 믿듯 '아 그렇구나!'

하면서 믿어 보세요. 공적한 체가 홀연히 나타납니다.

체는 거북의 털과 같다고 했습니다. 본래 공하며 실체가 없다는 거지요. 그렇기 때문에 진짜 모습은 높고 수승합니다. 모습이 있고 실재한다면 형상이 한정되어 버리나 모습이 없으면非身 허공 같아서 절대의 대신이 됩니다.

옛날에 한 학인이 백장스님에게 허공에 들오리가 날아간다고 말하자, 백장스님이 허공이 지금 어디에 있느냐고 물었습니다. 그러자 허공을 잡는 시늉을 했습니다. 이에 백장스님이 그 학인의 코를 잡아서 비틀어 버렸다고 합니다.

이게 허공입니다. 생생한 허공, 허공이 따로 있는 것이 아니라 이 세상이 전부 허공입니다. 이것이 비신의 도리입니다.

육조

색신이 비록 커도 내심의 양量이 작으면 큰 몸이라 이름할 수 없고, 내심의 양이 커서 허공계와 같아야 비로소 큰 몸이라 이름하니, 몸은 비록 수미산 같더라도 마침내 큰 것이 되지 못한다.

해설

허공 같은 마음이어야 어린애가 오면 어린애가 되어 주고, 어른이 오면 같이 어른이 되어 줍니다. 허공을 관념의 허공으로 생각하여 잡으려고 하면 코를 잡고 비틀어 버립니다. 상대에 따라 하나가 되어주는 것이 허공이며 참다운 큰 것입니다.

야부

설사 있다 한들 어느 곳을 향해서 착着할 것인가.

해설

큰 몸이란 허공과 같아 안팎이 없어서 점을 찍을 곳이 없어 공하다 하고, 또 미생물과 같이 작은 몸 하나도 버리지 않고 자기 몸으로 화할 줄 알아야 이름이 큰 몸입니다.

함허설의

토끼 뿔과 같으니 설사 있다 한들 어느 곳을 향해서 착할 것인가. 큰 불꽃 속에서는 물건을 머물러 두기 어렵다.

해설

큰 불꽃은 용광로라 할 수 있습니다. 이 용광로에 들어간 물건은 어떤가요? 다 녹아 타 버리니 온전히 자기 모습이 존재하지 않습니다. 그 용광로가 어디에 있습니까? 자기 마음자성에 있습니다. 이를 믿는 것이 공부의 핵심입니다.

　용광로 속에서는 그 어떤 물건의 이름도 존재하지 못하듯이, 근본 성품인 용광로에 모든 생각과 불안과 걱정들을 내려놓기만 하면 그 순간 믿음으로 돌아가 공하여 착着할 것이 없어지게 됩니다. 그래서 놓아라, 쉬어라, 비워라, 방하착放下着해라 합니다. 이것이 비신이며 대신입니다. 모든 것을 다 내려놓으면 모습이 없어지니 참다운 진짜 큰 몸이 되는 것이지요.

야부

수미산을 가지고 환화 같은 몸뚱이를 지으려 하니
넉넉하신 그대가 담이 크고 또 마음이 큰지라
눈앞에서 천만 가지를 지적해 낼지라도
나는 그중에서 하나도 없다고 말하리라.
이 속으로 들어갈지어다.

해설

큰 몸이 몸이 아니라 함은 이와 같이 아는 마음 또한 허공과 같아서 낱낱의 모습이 주인공의 나툼임을 마땅히 알아야 합니다. 자기 마음속의 일체중생은 본래 공한 이 도리 속으로 들어가야만 하는 것이지요.

함허설의

큰 몸이 몸이 아니라고 말함이여, 심담心膽이 크고 큼이라. 다행히 몸이 아니라 부르니 설사 이 몸이라 부를지라도 나는 거북이 털이 눈앞에 가득하다고 말하리라. 엎드려 청하노니 모든 사람은 모름지기 이 도리 속으로 들어갈지어다.

해설

우리가 보통 큰 대장부라고 하면 마음을 넓게 쓰는 사람을 말합니다. 마음이 넓다는 것은 좁은 것을 다 받아들일 수 있어야 하는 것입니다. 자기 속에 선량한 마음, 옹졸한 마음, 인색한 마음, 악독한 마음이 있지요. 이런 천차만별의 마음을 버리지 않아야 다 받아들일 수 있습니다.

이름하여 참마음으로 대신이면서 비신이라는 것을 알아야 합니다.

잘나고 못난 것을 따지는 것이 아니라, 잘난 것도 자기 마음의 근본으로부터 나왔고 못난 것도 근본으로부터 나온 것이니, 분별하여 취하고 버리는 것은 이미 대신이 아닙니다. 어떻게 해야 버리지 않는 것일까요? 다 놓으면 됩니다. 모든 것을 놓아 버리면 하나도 버리지 않는 도리가 있습니다. 일체가 나온 모습 없는 본래자리에 다시 놓고 무심하면 모든 행이 함 없이 하게 됩니다. 모습 없는 참모습, 이름 없는 참이름성품자리으로 돌아가게 되는 겁니다. 본래광명으로 돌아가게 된다는 것입니다.

종경

여래께서 불꽃을 연등불에게서 이어받았으나 실로 얻은 법이 없으며, 보살이 불국토를 장엄하나 응당 머무른 바가 없는 마음이어서, 모든 망념이 녹아 없어져서 한 진리一眞, 절대의 진리가 청정하도다.

옛날 『법화경』의 미묘한 뜻을 궁구하다가 친히 보현보살이 가르친 말씀에 감득하여 심신心身이 청정하여 편안히 실다움을 구하며 깊은 뜻에 명합하여 활연히 과거의 인연을 활짝 깨달으니, 바로 마음과 법을 둘 다 잊으므로 육근과 육진이 함께 없어졌다. 또 말하라. 장엄이란 무엇인가. 손가락 퉁기는 사이에 팔만의 문을 원만히 이루고, 찰나에 삼아승지겁을 멸하도다.

해설

불꽃을 이어 받았다는 것은 법등法燈을 이으셨다는 말입니다. 석가모니부처님이 전생에 선혜보살이었을 때 연등부처님께 공양을 올려 그 자리에서 수기를 받았지요.

머무른 바 없는 장엄이란 내가 했다는 생각을 놓는 것입니다. 보통 장엄하면 거기에 머물러 내 것이라는 생각이 끊어지지 않지요. 어떤 것도 본질로 보면 자기 것이 될 수가 없습니다. 잠시 빌려 쓰는 물건일 뿐이지요. 이 도리를 알아야 여러 사람에게 지혜롭게 이익되게 쓸 수 있습니다. 이 사람이 유능한 관리자로 법답게 진리에 부합하여 쓰니, 항상 살림살이가 넉넉합니다.

한 예로 물은 자기 고집이 없지요. 큰 그릇에 가면 같이 큰 그릇이 되어 주고, 네모난 그릇에 가면 같이 네모가 될 뿐이지 자기를 고집하지 않잖아요. 이렇듯 무아라면, 물처럼 부딪히는 모든 경계에서 자기를 고집하지 말고 하나로 합쳐 주면, 목마름을 적실 수 있고 더러움을 씻어낼 수 있는 여러 가지 공덕이 생깁니다. 여기서 말하는 모든 허망한 것이 녹아 없어지면 하나의 참됨으로 청정하여진다고 한 것과 같습니다.

우리가 실다운 깊은 뜻에 명합冥合되면 마음과 법을 다 잊고 무념이 되어서 육근과 육진인 모든 경계가 다 함께 없어져요. 이름으로 이름 없음에 들어가니 손가락 퉁기는 찰나에 삼아승지겁을 뛰어넘고 부처를 이룰 수 있는 것입니다. 이것이 바로 이름이 장엄이지요.

함허설의

비록 불꽃을 연등불로부터 이었다 하나 전한 것은 무엇이며 얻은 것은 무엇인가. 비록 불국토를 장엄한다고 하나 장엄할 곳은 어느 국토이며 능히 장엄함은 누구인가. 능과 소가 없으면 마음이 응당히 머묾이 없다. 마음이 이미 머물지 않으면 모든 망념이 녹고, 망념이 이미 소멸되면 한 진리만이 나타난다. 옛날에 『법화경』의 묘지妙旨를 궁구하다가 효험을 감득하고 여실한 데 계합하여 바로 마음과 법을 모두 잊고 육근과 육진이 함께 없어짐을 얻었다. 또 말하라. 장엄함은 그 무엇인가. 한번 손가락을 퉁김에 법마다 원만하지 않음이 없으며, 한 찰나 사이에 멸하지 못할 죄가 없다. 정토를 장엄함이 이와 같으니 실상과 더불어 위배되지 않도다.

해설

불교는 지혜의 종교입니다. 선사들의 안목을 자기 안목으로 둘 아니게 가져야 내가 큰 어른이 되고, 한생각 한생각을 지혜롭게 하면 모든 것이 자유스럽습니다. 이것은 하고 저것은 안 하고가 아니라, 어떤 것이 와도 그것을 자유롭게 밝게 돌릴 수 있어야 합니다. 악업이 와도 그것을 돌려서 자유스럽게 쓰게 되고, 광명으로 돌려서 체험을 하고 깨닫는 것입니다. 선업이 와도 그것을 통해서 깨달아 버리니 좋고 나쁨이 없습니다. 좋은 것도 법이고 나쁜 것도 다 법입니다.

본래 지혜광명으로부터 좇아서 삼천대천세계가 펼쳐졌잖아요. 이 삼천대천세계가 진리의 나툼입니다. 이 속에 있는 것 중 어떤 것은 옳고 어떤 것은 그르다 하겠습니까. 그것을 어떻게 쓰느냐에 달려 있습니다. 지혜가 있는 사람은 옳고 그름을 따지지 않으니 항상 자유스럽습니다.

전해준 것도 받은 것도 장엄한 곳도 장엄하는 자도 모두 자기 성품으로부터 나왔습니다. 그러니 모든 분별을 성품자리에 되놓기만 하면 상대성을 벗어날 수 있어서, 마음이 응당 머무는 바가 없는 것입니다. 머무는 바가 없기 때문에 일체경계에서 벗어나 서로 서로 주반主伴이 됩니다. 도반道伴이 되는 것이지요.

이와 같이 장엄하여야 실상과 더불어 서로 위배되지 않고 참되게 되는 것입니다.

종경

정법안正法眼 가운데는 얻을 바가 없거늘
열반심涅槃心 밖에서 부질없이 장엄함이라.
육진이 공적함을 아는 이 없으니
수미산을 넘어뜨려 옥섬玉蟾, 달빛에 잠기게 하도다.

해설

선禪은 길 없는 길로 들어가는 것입니다. 길 없는 길을 걸어가기 위하여 언제나 무심으로 생각을 일으키지 않고 함 없이 작용해야 합니다. 지금 눈앞에 보이는 육신을 너다 나다라는 것을 떠나 밀고 들어가야 법답게 실천이 가능하고 법의 안목이 생깁니다.

우리가 마음공부를 하는 이유가 이 바른 법의 눈을 길러 내기 위해서입니다. 산란한 마음을 쉬고 고요히 위의 구절들을 참구해 보세요. 고요할수록 편안해지고 환하게 밝아져 내 본래마음과 만나게 됩니다.

함허설의

정토를 장엄하는 일이 어떠한가. 정법안과 진종요眞宗要를 얻도다. 무엇을 정법의 안목이라 하는가. 법에 있는 바가 없음을 요달하는 것이다. 법이 이미 무소유인데, 일체마음 또한 없다. 무심과 무소득을 열반심이라 하니, 이 참다운 장엄을 사람들이 알지 못해서 상을 취하여 몸과 국토에 부질없이 장엄한다. 그러므로 큰 몸은 몸이 아니라고 설하시니 지견知見으로 하여금 기댈 데가 없게 하셨다.

해설

정법안은 바른법의 안목으로 얻을 바가 없음이 진실로 얻는 것입니다. 이 사실을 관념과 추상으로 아는 것이 아니라 실감 나게 알아야 합니다.

보통은 어떤 일을 하면 뭔가 바라는 마음이 생기기 마련입니다. 항상 둘 아니게 마음자리를 믿고 놓고 맡기는 연습을 해야 합니다. 이것이 수행이고 정진입니다. 삶 속에서 생생하게 활발발함을 몸소 체험하도록 해야 하는 것이지요.

무소유를 체험하게 되면 참다운 장엄입니다. 구태여 따로 모양과 형상을 가지고 장엄할 필요가 없지요. 그러기에 큰 몸이 큰 몸 아니라고 설하시니 지견으로 하여금 기댈 데가 없게 하신 것입니다. 특별한 것이 없다는 거지요. 바로 지금 그대로 한생각에 장엄이라는 것입니다.

제
11

무
위
복
승
분

無爲福勝分

무위의 복이 유위의 복보다 수승함

경문

"수보리야, 항하에 있는 모래 수처럼 많은 항하가 또 있다면 어떻게 생각하느냐. 이 모든 항하의 모래가 얼마나 많겠느냐?"

수보리가 말씀드리기를 "매우 많습니다, 세존이시여. 다만 저 여러 항하만이라도 오히려 무수히 많거늘 하물며 그 모래 수이겠습니까."

須菩提 如恒河中所有沙數 如是沙等恒河 於意云何 是諸恒河沙 寧爲多不 須菩提 言 甚多 世尊 但諸恒河 尙多無數 何況其沙

해설

부처님의 안목으로 본다면 이 항하의 모래 수보다 더 많은 삼천대천세계를 손바닥의 구슬 보듯이 환하게 볼 수 있는 것을 겨우 항하의 모래 수로 비유함은 어쩌면 너무 작은지도 모릅니다. 하지만 현상세계에 비유하여 말할 수밖에 없습니다. 이 법문을 듣는 사람이 실감 나게 하기 위한 방편입니다.

함허설의

한 항하의 모래 수도 무궁하지만,

모래 수와 같이 많은 항하도 또한 무진하다.

한 성품 가운데는 항하의 모래 수와 같은 묘용妙用이 있으니,

항하의 모래와 같은 묘용의 법이 다함이 없도다.

낱낱의 항하의 모래가 또한 무진하니,

낱낱의 법에 항하의 모래와 같은 작용이 있도다.

해설

삼천대천세계에 그 모래 하나하나의 숫자만큼이나 갠지스강이 있고, 그 낱낱 갠지스강의 모래는 얼마나 많겠습니까? 무궁하다 무진하다 는 표현밖에 없겠지요.

한 성품 가운데 모래 수와 같은 미묘한 작용이 있으니 항하의 모 래 수와 같은 묘용의 법도 다함이 없겠지요. 또 그 낱낱의 법에 항하 의 모래와 같은 작용이 있다고 하니 법의 작용을 셀 수 있겠습니까?

예전에 뇌성 마비에 걸린 사람이 와서 자신이 무슨 업보가 있어 이와 같이 사느냐 물었지요. 이 사람에게 어떻게 말해야 할까요? 항 하의 모래 수와 같은 수많은 작용이 있는데 그 작용 가운데 하나를 집어서 너는 전생에 이러이러한 업을 지어서 이런 과보를 받게 되었 다는 식으로 말해야 할까요? 그 사람의 작용이 겉모습 하나가 아닙니 다. 헤아릴 수 없는 작용을 하기 위해 이 세상에 온 것인데, 겉모습 하 나만 보고 정하여 이렇다 저렇다 단정할 수 없지요. 바로 이것입니다. 무엇이든 하나로 고정되어 있지 않습니다. 마음은 잠시도 머무름 없 이 흐르는 까닭입니다.

자기가 가진 지혜의 안목만큼 세상을 해석하고 살아갑니다. 누구나 그렇습니다. 밝은 지혜를 발휘해서 당사자의 안목을 넓게 펼쳐 주어야 합니다.

야부

전삼삼前三三 후삼삼後三三이로다.

해설

『벽암록』 제35칙에 나오는 공안으로 무착대사가 오대산을 유람하여 문수보살을 친견하고자 했을 때, 도중에 황량하고 외딴곳에 이르러 문수보살이 하나의 절을 화현시켜서 그를 맞이하여 자고 가도록 하였지요. 그리고 이렇게 물었습니다.

"요즈음 어디에 있다 왔느냐?" "남방에서 왔습니다."
"남방에서는 불법을 어떻게 수행하느냐?" "말법시대의 비구가 계율을 조금 받드는 정도입니다."
"대중은 얼마나 되는가?" "삼백 명 또는 오백 명 정도입니다."
무착이 도리어 문수에게 물었다.
"여기에서는 불법을 어떻게 수행하는지요?" "범부와 성인이 함께 있고 용과 뱀이 뒤섞여 있다."
"대중이 얼마나 됩니까?" "앞도 삼삼, 뒤도 삼삼이지."

전삼삼 후삼삼은 유명한 화두입니다. 모든 경전을 볼 때는 자기에 비추어서 볼 줄 알아야 합니다. 범부와 성인, 용과 뱀이 뒤섞여 있는 곳은 어디일까? 바로 자신의 몸과 마음입니다. 자기 속에서 갖가지로 올라오는 성스러운 생각과 습관, 소인 같은 생각과 습관, 큰마음 씀씀이와 행동, 작은 마음 씀씀이와 행동을 가만히 들여다보면 역력히 드러납니다.

수행은 성인이나 용만 남겨 두고 범부와 뱀을 내쫓는 것이 아닙니다. 성스러운 작용이나 소인배 같은 작용이 자기가 아니기 때문입니다. 자기는 누구입니까? 성인도 아니고 범부도 아니고 용도 아니고 뱀도 아닙니다. 자기 마음속에서 나오는 항하사 모래 수만큼 많은 갖가지 종류의 중생심을 벗어나서 지켜보는 자가 자기입니다. 불에 비추어진 대상이 아니라 불빛이 자기이고, 연못에 비친 그림자가 아니라 연못이 자기이듯이 말입니다. 성인을 좋다 하고 범부를 싫다 하고, 용을 숭상하고 뱀을 내칠 것이 없습니다. 둘로 보지만 않는다면 전삼삼 후삼삼이라 말한 문수의 의취가 드러날 것입니다.

세상사 분별망상이 일어나는 것은 허공에 구름이 변화무쌍하게 떠도는 것과 같습니다. 그러니 인연 따라 오고 가는 것은 또 얼마나 많은 시비이겠습니까! 천 가지 법에 천 가지 작용이 따릅니다.

함허설의

하늘과 땅, 해와 달, 삼라만상과 성性과 상相, 공空과 유有, 밝음과 어둠, 죽음과 삶, 범부와 성인, 원인과 결과 등 무릇 모든 이름과 숫자를 이 한 구절에 모두 설파說破했다.

해설

'전삼삼 후삼삼'을 현상적인 모습으로 말하면 앞에 세 명 있고 뒤에 세 명 있다는 뜻이지만, 여기서는 그 의미가 아니므로 참구해 볼 점입니다.

이것이 나온 자리가 자기 마음이기 때문입니다. 우리들의 본래 면목 자리에서 나온 것입니다. 이를 알기 위하여 깊이 물어봐야 합니다. 알음알이를 해 봐야 소용이 없습니다. 참자기 속에서 답이 흘러나와야 합니다. 확연히 알지 못하더라도 괜찮아요. 조금이라도 그 맛을 스스로 봐야, 지혜가 나와 진정한 자기 살림살이가 됩니다.

야부

하나 둘 셋 넷으로 항하의 모래를 셈이여,
모래 같은 항하의 수가 다시 또한 많도다.
셈을 다하여 눈앞에 한 법도 없어야
고요한 곳에서 사바하성취하리라.

해설

한 걸음 떼고 또 한 걸음 떼면 두 걸음이 아니라 한 걸음은 없어지고 다시 한 걸음만 남아 있게 되니, 만 걸음을 떼도 한 걸음이고 이 한 걸음마저도 없어져 공했으니 한 걸음도 얻을 바가 없는 것을 '하나 둘 셋 넷으로 항하의 모래를 셈이다' 하였습니다.

셈을 다하여 눈앞에 한 법도 없어야 한다는 것은 항하강의 모래 수와 같이 많은 번뇌망상이 모두 자기 마음을 떠나 있지 않은 까닭입니다. 그래서 셈을 다한다 하고, 일체법이 본래 공하여 눈앞에 한 법도 없다 합니다. 한 법도 없음으로써 일체법이 곧 불법이 됩니다. 이렇듯 본래 공하여 한 법도 없음을 요달하여 찰나의 삶을 살면 고요히 성취했다 이름합니다.

만공스님의 삼생三生 이야기를 보면, 첫 번째 생은 전주에 있는 기생이었다고 합니다. 그 시절 항상 절에 가서 부처님께 공양 올렸을 뿐만 아니라 어려운 사람을 도와주었습니다. 그 공덕으로 다음 생에 대장군이 되고, 그 다음 생에는 소로 태어났습니다. 삼악도 가운데서 축생계로 떨어진 거지요. 나쁜 것이 아닙니다. 소의 모습을 통해 인내인욕바라밀를 배운 거지요. 채찍을 맞아 가면서 힘껏 밭 갈고, 죽고 나면 하나도 버려지는 것 없이 다 보시를 하잖아요. 그 후에 만공스님이 되었습니다.

만공스님은 전주 봉서사에서 깨달음을 얻었는데 바로 그곳이 당신이 삼생 전 기생이었을 때 공양을 올렸던 절이었다는 겁니다. 인연이라는 것이 이렇게 알 수 없습니다.

세상에 우연은 없습니다. 모든 것이 생각해 보면 기가 막히게 맞습니다. 수억겁이 지나도 하나도 땅에 떨어지지 않습니다. 이것이 천 걸음 만 걸음을 떼어도 한 걸음이며, 모두 자기 마음을 떠나 있지 않는 이치이지요.

함허설의

하나 둘 셋 넷의 수가 항하의 모래와 같음이여, 한 항하의 모래를 세어 보니 한 항하의 모래로는 오히려 족함이 없다. 모래와 같은 항하의 수라야 많음이 된다. 모든 법이 가없이 많아 헤아리기 어려우나, 모든 법을 다 궁구하면 다른 법이 아니다. 법과 법이 다른 법이 없음을 요달하여야 비로소 고요한 곳에서 사바하^{성취} 하리라.

해설

부처님은 삼천대천세계를 손바닥 위에 과일 하나 놓고 보는 것처럼 볼 줄 안다고 하지요. 천안통이라 합니다. 부처님께서 가지고 계신 육신통六神通 중의 하나이지요. 이렇게 볼 수 있는 능력은 사실 누구에게나 갖추어져 있습니다. 이것을 확연히 믿고 깨치면 물 흐르고 새 울고 시정잡배들이 떠드는 소리가 모두 실상을 설하는 묘법이 되지만, 그렇지 못하면 부처님께서 삼처전심三處傳心한 것까지도 옛날 묵은 이야기에 불과합니다.

『임제록』에 보면 "지금 불법을 배우는 사람은 반드시 참다운 바른 견해眞正見解를 구해야 한다. 만일 참다운 바른 견해를 얻는다면 생사에 물들지 않고 가고 머뭄에 자유로와 수승함을 구하려고 하지 않아도 스스로 수승함에 이른다" 하였습니다.

우리 안에 육신통이며 온갖 지혜 등이 모두 갖추어져 있다는 것을 알기 위해서, 여기 항하의 모래를 하나 둘 셋 넷으로 세듯 하나하나 낱낱을 공부로 돌려야 합니다. 낱낱이 공부로 돌리면 자연스레 일체존재의 법과 다른 법이 없고 오직 마음자리의 법만 있음을 알게 됩니다. 이때에 보신을 체험하여 성취했다 할 수 있습니다.

경문

"수보리야, 내가 이제 진실한 말로 너에게 이르노니, 만일 어떤 선남자 선여인이 칠보로써 저 항하의 모래 수만큼의 삼천대천세계를 가득 채

워서 보시한다면 얻은 복이 많겠느냐?"

수보리가 말씀드리기를 "매우 많습니다, 세존이시여."

부처님께서 수보리에게 이르시기를 "만일 선남자 선여인이 이 경 가운데서 사구게 등만이라도 수지하여 다른 사람을 위해 설한다면 그 복덕이 앞의 칠보로 보시한 복덕보다 수승하리라."

須菩提 我今實言 告汝 若有善男子善女人 以七寶 滿爾所恒河沙數三千大千世界 以用布施 得福多不 須菩提言 甚多 世尊 佛告須菩提 若善男子善女人 於此經中 乃至受持四句偈等 爲他人說 而此福德 勝前福德

해설

부처님께서 "내가 이제 진실한 말로 너에게 이르노니"라고 하신 말씀은 범부들의 안목은 항상 물질色과 모습相에 끄달려 있기 때문에 본체를 보지 못하고, 저 항하의 모래 수와 같은 삼천대천세계에 가득한 칠보로써 보시한 복덕만을 크게 여기고 있는 까닭입니다.

　수행자의 분상에서 보면 복이란 삼생三生의 원수라고 하지요. 복을 짓느라 한 생을 보내고, 복을 쓰느라 한 생을 보내고, 복을 다 쓰고 나면 다시 박복하게 한 생을 보내니, 삼생을 복 때문에 헛되이 보내게 된다 하여 삼생의 원수라 합니다. 최상승의 수행인은 복을 지음에 지음 없이 지어서 일체중생으로 하여금 모두 풍요로움을 체험하게 하고, 복을 써서 베풀어 보시를 행하여 일체중생으로 하여금 평등을 체험하게 하고, 복을 다 쓰고 나서 박복한 환경이 되면 또한 청빈을 체험하여 수행으로 돌아오니, 하나하나가 버릴 것이 없는 수행의 재료일 뿐입니다. 삶에서 부딪히는 모든 경계를 하나하나 남김없이 수행의 재료로 삼는 것을 이름하여 경 가운데 사구게라고 합니다.

함허설의

칠보七寶를 보시하는 것은 마침내 생사를 받기에 하열한 이유가 되고, 경을 수지受持하는 것은 마땅히 보리에 나아감으로 수승함이 된다.

해설

삼천대천세계에 가득한 칠보로 보시한 공덕이 많지만 마침내 생사를 받기 때문에 하열한 것이 됩니다. 그 이유는 칠보로 보시한 공덕에만 머물러 버리니, 결국에는 생사를 받는다는 것입니다.

생사를 뛰어넘는 것이 공부입니다. 그러기 위해서는 함이 없는 도리無爲法와 불이법으로 상에 머묾 없이 보시를 행해야無住相行於布施 합니다. 그러면 모든 선근善根의 행이 깨달음으로 바뀌고 공덕으로 귀결됩니다.

육조

칠보를 보시하는 것은 삼계의 부귀한 과보를 얻고, 대승경전을 설하는 것은 모든 듣는 자로 하여금 큰 지혜를 내게 하여 무상도無上道를 이루게 한다. 마땅히 알라. 경을 받아 지니는 복덕이 앞의 칠보로 보시하는 복덕보다 수승하다.

해설

최상승의 공부에서 복을 짓거나 쓰는 것은 따지지 말고, 복을 짓더라도 지음이 없이 지어야 합니다.

야부

진짜 놋쇠라도 금과는 바꾸지 않는다.

해설

복 지음이 목적이 되면 진짜 놋쇠와 같고, 복 지음이 수행의 재료가 되면 금이라 이름합니다. 불법은 실천이 중요하고 체험이 중요합니다.

함허설의

진짜 놋쇠가 비록 진짜이기는 하나 순금에 비하면 오히려 가짜 보배가 되고, 보시하는 복이 비록 수승하지만 경을 가지는 복에 비유하면 오히려 하열한 복이 된다.

해설

놋쇠가 아무리 진짜라 해도 순금에 견주어 보면 참 보배는 아니지요. 이처럼 칠보를 보시한 복이 아무리 많더라도 이 경을 받아 지니는 복에 비교하면 오히려 하열한 복이 됩니다.

저 하늘에 별이 많지요. 별이 큰 것도 있고 작은 것도 있습니다. 크다 작다 나누는 힘은 복덕을 뜻하는 것입니다. 또 밝은 별도 있고 어두운 별도 있는데, 밝고 어둡다는 것은 지혜를 뜻하는 것으로 밝으면 지혜가 밝다는 겁니다. 지혜란 무념·무상·무주를 뜻합니다.

부처님은 지혜와 복덕을 구족하여 다 갖추신 분입니다. 밝기도 무량하게 밝고, 크기도 한량없는 크기를 가졌다는 것이지요.

마음공부 하는 데 있어서, 무주상 행어보시로 들어갑니다. 무주상이란 지혜이고 행어보시는 복덕으로, 이 두 가지가 같이 겸해서 들어가는 것을 공덕이라 하여 이것이 따로따로 있지 않다는 말입니다.

야부

바다에 들어가 모래를 셈은 다만 힘만 소비할 뿐이다.
구구히 티끌세상 달리는 것을 면하지 못하니
어찌 자기 집의 진귀한 보배를 꺼내어서
고목에 꽃이 피는 특별한 봄만 같다 하겠는가.

해설

생사경계의 바다에 들어가 하나하나를 깨달아 감은 끝이 없으니 다함이 있는 유위의 법으로는 생사를 면치 못합니다. 자성은 본래 만법을 갖추어 있으니 스스로 자기자성에 의지하여 봄바람을 일으키면, 인연 따라 흰 꽃은 희게 피고 붉은 꽃은 붉게 피지요. 그러나 바다에 들어가 모래를 세어 보지 않고서야 어떻게 자기 집의 진귀한 보배를 꺼내어서 고목에 꽃을 피우는 특별한 봄을 맞이할 수 있겠습니까.

함허설의

근본을 버리고 풍파를 따르니, 마침내 유루의 인因을 이룬다. 유루의 인이여, 어찌 바로直下 자기를 밝히는 것과 같겠는가. 무엇 때문에 자기를 밝혀야 하는가.

사람사람의 선 자리가
청정하여 본래 해탈이라.
다시 오늘 일을 밝힌다면,
특별히 한 봄빛이 있으리라.

해설

경계가 밖에서 닥쳤는데 왜 자기를 돌아봐서 밝혀야 할까요? 사람마다 서 있는 지금 이 자리^{순간}가 청정하여 이미 본래부처이기 때문입니다.

나라는 물건을 광명이라 해 봅시다. 광명이 두루 비추어 더러운 오물이 드러났다면 그 오물이 자기인가요? 비추는 광명이 자기라는 것을 압니다. 나는 드러난 오물의 더러움에 물들지 않고 본래 청정하다는 것을 알 수 있습니다. 이것을 믿으라는 것입니다.

중생의 안목은 비춰서 드러난 것이 실체인 줄 알지요. 지금 오온으로 드러난 것을 취착하여 나라고 고집하고 있습니다. 나라는 것은 오온으로 작용하게 하는 놈, 참나입니다. 참나의 본체를 알면 거기서 가지가지 작용으로 나오는 것은 모두 지혜가 되지만, 모르면 번뇌망념이 됩니다. 본체를 알고 있어야 모든 작용이 지혜의 작용으로 바뀌는 것입니다. 번뇌가 따로 있고 지혜가 따로 있는 것이 아닙니다.

봄이 되면 꽃이 피듯, 여러분 마음 가운데 있는 중생심이 깨달아서 꽃피게 하세요. 법문을 자주 듣다 보면 묘하게 마음 가운데 있는 중생들이 꽃을 피웁니다.

종경

항하의 모래 수만큼 가득한 칠보로써 삼천대천세계에 두루 보시하면 그 복덕이 분명하여 과果와 인因이 어둡지 않으나, 사구게를 능히 선설宣説하면 앞의 공덕보다 만 배나 수승하다. 참다운 지혜를 써서 어리석음을 비추는 것이 급류生死의흐름에서 용감하게 물러남과 같다. 또 말하라. 물러간 후에는 어떻게 할 것인가.

코끼리가 항하강을 건너는 데는 철저히 밑바닥까지 밟으니,
대천사계大千沙界가 다 부서지도다.

해설

경의 사구게를 수지독송受持讀誦하고 위타인설爲他人説까지 한다면 앞에서 말한 칠보로 보시한 공덕보다 일만 곱절의 공덕이 됩니다.

참다운 지혜를 써서 어리석음을 비추는 것이 급류에서 용감하게 물러남과 같다고 한 것은 생사의 흐름에서 업식이 일어나도 그 업식에 끌려가지 않고 자성을 믿고 용감하게 놓고 나아간다는 것입니다.

코끼리가 항하강을 건너는 데는 철저히 밑바닥까지 밟으니, 대천사계가 다 부서진다고 했습니다. 이는 자기 삶을 철저히 실천하고 가면 즉 이론만을 배우는 것이 아니고 자기 분상에 맞춰서 철저히 실천궁행實踐躬行 하고 제대로 체험하면, 어떤 경계가 닥쳐와도 거기에 끌려가지 않고 용감하게 놓고 갈 수 있습니다. 그럼 대천사계, 업의 덩어리를 완전히 정복하여 삼계를 벗어납니다.

함허설의

칠보를 보시하는 것은 복덕의 과와 인이 분명하나, 사구를 선설宣說함은 앞의 보시공덕보다 만 배나 수승하다. 이 경을 수지하고 설하는 것이 무엇 때문에 앞의 복덕보다 수승한가. 앞에서는 지혜의 눈이 밝지 못해서 어리석은 마음을 없애지 못했지만, 이것은 지혜로 어리석음을 비추어 어리석음이 머물지 못한 것이다. 또 말하라. 그 후에는 어떠한가. 영리한 근기가 경을 의지해서 뜻을 이해하면, 이 도리의 연원淵源이 환히 밝혀질 것이다. 연원이 이미 밝혀지면 오랜 시간曠劫의 무명이 그 자리에서 사라진다. 무명이 이미 사라짐이여, 눈앞의 경계가 어디 있는가.

해설

사구게를 수지독송하면 지혜가 생겨 밝아지지만, 단순히 칠보로 보시한 공덕은 지혜는 생기지 않고 복덕만 생길 뿐입니다. 앞에서 말한 큰 별과 작은 별, 밝은 별과 어두운 별의 비유와 같습니다. 복덕만 있다면 별이 크지만 밝지 못하지요. 밝은 별은 지혜광명입니다. 별이 크기도 하고 밝기도 하면 얼마나 좋겠습니까. 태양이 크고 밝기 때문에 우리가 공덕을 받고 잘 살고 있습니다. 태양이 우리에게 공덕을 준다는 생각이 있나요? 그냥 비추는데 우리가 잘 살고 있는 것이지요.

그 별이 어디에 있느냐? 여러분 가슴속에 있습니다. 그런데 그 별은 중생들이 무명에 갇혀 있어서 어둡습니다. 어둠에서 깨어나야만 빛나는 별이 됩니다. 별들이 밝아지기 위해서는 부처님 법문을 자주 들어야 해요.

예전에 만공스님이 하늘을 쳐다보며, 전강스님에게 저 하늘의 별이 어디에 있느냐고 물었습니다. 전강스님은 하늘을 쳐다보고 별을 가리켜야 하는데, 땅을 내려다보며 찾는 시늉을 했어요. 왜일까요? 마음속의 업식들이 전부 별이니까, 그 말에 좇아가지 않고 자기 속에서 찾는 시늉을 한 것입니다.

무명이 이미 사라지면 눈앞의 경계가 어디 있습니까. 경계가 없다는 말이지요. 『종경록』에 정념正念이란 오직 마음當知唯心이라 합니다. 이 삼천대천세계가 오직 마음이라는 것입니다. 마음이니 밖으로 경계는 본래 없습니다無外境界. 얼마나 좋은 말이고 신심信心나는 말이며 완전한 길잡이인가요. 색 그대로가 공이고, 공 그대로가 색입니다. 이와 같이 보는 것이 『금강경』의 핵심입니다.

번뇌망념이 올라와 힘들 때 정념에 머물라고 합니다. 그러면 망념은 저절로 없어지게 됩니다. 정념과 망념은 같이 붙어 있을 수 없거든요. 밝음과 어둠이 서로 공존할 수 없는 것과 같습니다. 간단명료하게 번뇌망념을 없애 주는 옛 선사들의 아주 좋은 말입니다. 이 말을 받아들이기만 하면 그 효과는 확실히 나옵니다. 안 받아들인다면 어쩔 도리가 없지요. 이렇게 좋은 말좋은 약을 제시했는데도 받아들이지 않는다면 누굴 탓하겠습니까? 더 이상 어떻게 할 도리가 없습니다.

종경

칠보를 거듭 더하여 항하사 세계에 가득함이여,
단 오이를 버리고 쓴 오이를 찾음과 같도다.
진공眞空이 원래 무너지지 않음을 활연히 깨달음이여,
백천삼매가 모두 헛된 꽃이로다.

해설

칠보로 보시한 것 또한 공임을 깨달으면 백천 가지 삼매가 헛된 꽃^空이라는 것을 알게 됩니다.

함허설의

단 오이를 먹으면 마음이 저절로 기쁘고, 쓴 오이를 먹으면 기분이 편치 않다. 경을 지니면 마땅히 무상無上의 즐거움을 받고, 보시하면 마침내 유루의 인因을 이룬다. 보시는 무엇 때문에 마침내 유루를 이루고, 경을 가지면 무엇 때문에 무궁한 즐거움을 받는가. 경을 가지는 것은 진공을 활연히 깨달음이고, 보시는 공연히 상에 머무는 것이니, 상에 머문 보시는 천상에 나는 복이라서 마치 허공을 향해 화살을 쏘는 것과 같다. 진공을 활연히 깨닫는 것은 원래 무너짐이 없다. 백천삼매가 모두 헛된 꽃이다.

해설

상에 머문 보시는 천상에 나는 복이어서 마치 허공을 향해 화살을 쏘는 것과 같습니다. 허공에 화살을 쏘면 한참 올라가다가 어느 때가 되면 뚝 떨어지지요. 보시를 잘해서 천상에 태어나 복을 누리지만, 그 복이 다하면 다시 떨어져 하천세계에 태어난다는 도리입니다.

진공을 활연히 깨닫는 것은 원래 무너짐이 없으며, 백천삼매가 모두 헛된 꽃이라 했습니다. 백천 가지의 삼매란 가지가지 칠보의 보시, 지계 등을 말하는데 이것들이 하나도 버릴 것이 없다는 것입니다. 다시 말해 진공의 도리를 깨닫게 되면 어떤 것이든지 다 옳은 것으로 버리지 않게 됩니다. 이 진공을 깨닫게 하는 것이 사구게입니다. 사구

게를 깨닫고 위타인설爲他人說하면 옳지 않은 것이 없기 때문에 백천
가지 삼매가 다 헛된 꽃이라고 한 것이지요.

제
12

존중정교분

尊重正教分

바른 가르침을 존중하라

경문

그리고 또 수보리야, 이 경을 따라서 사구게 등만이라도 설한다면 마땅히 알라. 이곳은 일체 세간의 천상·인간·아수라가 다 응당히 공양하기를 부처님의 탑묘와 같이 할 텐데,

復次須菩提 隨說是經 乃至四句偈等 當知此處 一切世間天人阿修羅 皆應供養 如佛塔廟

해설

이 경을 설하고 사구게 등만이라도 설하는 이곳은 천상과 인간과 아수라가 모두 공양하는 경전이 있는 곳입니다. 단순히 경전이 있는 장소만 아니고 경전과 사구게의 뜻이 실현되는 자성자리를 가리킵니다.

　　탑이 예배의 대상이 되는 것은 안에 사리를 모셨기 때문이지요. 사리가 탑을 벗어나 따로 존재하지 않듯이, 자기자성이 사리요, 인연으로 화합한 몸은 탑입니다. 자성에 의지하여 사리가 항상 밝게 빛을 내면 탑을 장엄하게 되니, 인간과 천상과 아수라가 다 응당히 공양하기를 부처님 탑묘와 같이 하게 됩니다.

규봉스님은『대반야경』에 제석천왕도리천왕이 부재 시에 만약 다른 천왕이 와서 빈자리만 보더라도 모두 예禮와 공양을 올리고 간다 설해졌다고 했습니다. 우리 가슴속에 불성은 있지만 아직 깨닫지 못했으니 부재 시라는 겁니다. 우리가 깨닫지는 못했더라도 사구게만이라도 수지독송受持讀誦하고 위타인설爲他人說하면, 제석천왕이 부재 시에도 다른 천왕이 그 빈자리에 예를 올리고 공양을 하듯이 마음을 다한다는 것입니다.

육조

경이 있는 곳에서 사람을 만나면 곧 이 경을 설하되, 응당히 생각생각에 항상 무념심無念心과 무소득심無所得心을 행하여 능소심能所心을 지어서 설하지 말지니, 만약 모든 마음을 멀리하여 항상 무소득심에 의지하면 곧 이 몸 가운데 여래의 전신사리全身舍利가 있는 것이므로 부처님의 탑묘와 같다고 말하였다. 무소득심으로 이 경을 설한 자는 천룡팔부가 다 와서 듣고 받아 가짐을 느끼지만, 마음이 청정하지 못하고 다만 명예와 이익을 위해서 이 경을 설하는 자는 죽어서 삼악도에 떨어지리니 무슨 이익이 있겠는가. 만약 마음이 청정하여 이 경을 설한 자는 모든 듣는 자로 하여금 미혹되고 망령된 마음을 없애고, 본래의 불성을 깨달아서 항상 참되고 실답게 행하게 하므로 천인 · 아수라 · 인 · 비인非人 등이 다 와서 공양하리라.

해설

『돈오입도요문론』을 보면, 무념無念이란 일체 모든 곳에 무심함으로 부처님 마음이며, 참된 생각이며, 정념이라 했습니다. 무념이라 하여 생각이 없다는 것이 아니라 삿된 생각이 없는 것을 말합니다. 얻은 바 없는 마음으로 무소득이 되지요. 항상 생각생각에 무념심과 무소득심을 행하여 주객이 없어지면 불이법을 체험하게 되므로 견성하게 됩니다.

"만약 모든 마음을 멀리하여 항상 무소득심에 의지하면 곧 이 몸 가운데 여래의 전신사리가 있는 것이므로 부처님의 탑묘와 같다고 말하였다"고 했습니다. 자성을 무소득심이라고 하는 것은 우물에 눈을 퍼 넣으면 아무리 퍼 넣어도 흔적이 남지 않듯이 자성에 내려놓으면 아는 것도 없어지고 모르는 것도 없어지고, 잘난 것도 없어지고 못난 것도 없어집니다. 까마득히 놓고 가는 그 가운데에 확연히 드러나는 것, 움직이지 않는 것, 우뚝한 것 그것이 자성입니다.

경문

하물며 어떤 사람이 다 능히 수지독송함이겠는가. 수보리야, 마땅히 알라. 이 사람은 최상의 제일 희유한 법을 성취하리니,

何況有人 盡能受持讀誦 須菩提 當知是人 成就最上第一希有之法

해설

이 사람이란 사구게를 수지독송하고 위타인설하는 사람입니다.

함허설의

사구게란 경 전체에 대하여 작은 부분에 불과하다. 비록 작은 분량이지만

설한 곳을 따라서 다 탑과 같이 공양해야 하니, 작은 부분도 오히려 이와 같거늘 하물며 능히 경 전체를 가지고 설하는 것이겠는가. 이는 곧 탑묘와 같이 존중하고 숭상할 뿐만 아니라, 이 사람은 결정코 가장 높아 더 위가 없고 제일가서 견줄 데 없이 희유하여 얻기 어려운 법을 성취함을 마땅히 알아야 한다.

해설

사구게는 전체 경전에 비하면 아주 작은 부분입니다. 그러나 천 년의 어둠도 작은 등불 하나로 밝혀지듯 사구게의 위력도 이와 같습니다.

　　부처님은 천인사天人師로서 모두가 공경하므로, 이 사구게를 가지고만 있어도 공양하기를 부처님 탑묘와 같이 한다는 것을 믿어야 합니다. 믿어지면 공부가 조금씩 익어 갑니다. 그러면 이 사람은 결정코 가장 높아 더 위가 없고 제일가서 견줄 데 없이 희유하여 얻기 어려운 법을 성취할 것입니다.

경문

만약 이 경전이 있는 곳이면 곧 부처님과 존중할 제자가 계심이 되느니라.

若是經典所在之處 則爲有佛 若尊重弟子

해설

깨달음을 부처라 이름하고 깨달은 마음을 법이라 하고 깨달음의 행위를 승존중할 제자이라 합니다. 이 셋이 곧 하나로 돌아가고 낱낱의 하나는 셋을 포함한 하나가 됩니다. 경전이 있는 곳이면 부처님과 존중할 제자가 계시고, 존중제자가 있는 곳은 법과 부처님이 계시고, 부처님이 계시면 법과 존중제자가 계시는 것입니다.

함허설의

앞에서는 경이 수승함을 밝혔고, 다음엔 사람과 법을 존중함을 가르치시며, 여기에선 경이 수승한 까닭을 나타내셨다. 인간세상에서 존중해야 할 분은 현성賢聖이고, 현성이 으뜸으로 삼는 것은 부처님이며, 부처님이 으뜸으로 삼는 것은 경이다. 이 경은 부처와 현성들도 오히려 으뜸으로 여기시니 그 수승함을 가히 알 만하다. 앞에서 밝힌 불·법·승 셋이 다 이 한 경一經으로부터 흘러나왔음을 밝혀서, 일체불법이 다 이 경으로부터 나오며, 일체현성이 모두 무위법으로 차별이 있다고 말씀하셨다. 여기에선 불·법·승 셋이 한 경에 회귀會歸함을 밝혀, 경전이 있는 곳엔 곧 부처님과 존중하는 제자가 있다고 하셨다. 앞에서는 체로부터 용을 일으키는 것이고, 여기에선 용을 섭하여 체로 돌아가는 것이다. 또 앞의 불·법·승 셋이 낱낱이 자취가 없음을 밝히고, 불법이 법 아님과, 사과四果가 과果 아닌 것으로써, 장엄이 장엄 아니며, 몸이 몸 아님에 이르기까지 말씀하시고, 여기에선 불·법·승 셋이 도리어 한곳을 향해 살아 있음을 밝혀 경전이 있는 곳엔 곧 부처님과 존중하는 제자가 있음을 말씀하셨다. 앞에서는 잡아 정하면 건곤乾坤이 어둡고, 여기에선 놓아 버리니 일월日月이 밝다. 이러한즉 한 줄의 글은 온전한 체의 구句라 하며, 또한 온전한 용의 구라 할 수 있다. 이것은 쌍으로 밝고 쌍으로 어둡다雙明雙暗고 말하며, 쌍으로 놓고 쌍으로 거둔다雙放雙收라고 이를 수 있다.

해설

인간세상에서 가장 숭상하고 존중하는 분은 성인과 현인입니다. 이분들 가운데서 가장 근본으로 받드는 분은 부처님입니다. 부처님을 성중성聖中聖이라고 합니다. 이 부처님께서 으뜸으로 삼는 것은 경경전이라고 하니, 이 경의 수승함을 짐작할 만합니다.

앞에서는 불·법·승 셋이 한 경一經으로부터 나왔음을 밝히고, 여기에서는 한 경에 회귀會歸함을 밝혔다고 했습니다. 경전이 있는 곳에 곧 부처와 존중제자들이 있는 것이지요. 이는 셋이 하나임을 말하는 것입니다.

앞에서는 체로부터 용을 일으킨 것이고, 여기서는 용을 섭하여 체로 돌아간다고 했습니다. 체가 무엇이냐? 본체로 선정을 말하고, 용은 지혜작용입니다. 앞에서 일체의 불법이 이 경으로부터 나오며, 일체 현인과 성인이 무위법으로 차별이 있다는 말은 체를 좇아서 용을 일으킨 것입니다. 일체 부처·현인과 성인·범부와 중생들이 체로부터 나와, 하나의 작용인 경전으로 드러났다는 것이지요. 이 경전에 이미 부처와 존중제자가 있는 것입니다. 이렇게 보면 용을 섭하여 셋이 되었고 하나로 융섭된 것이지요. 하나로 모아져 귀착된 것입니다.

온전하게 불·법·승 셋과 체·용이 한자리이며 다르지 않기에 하나가 따로 있고 전체가 따로 있는 것이 아닙니다. 이를 일러 쌍으로 밝고 쌍으로 어둡고, 쌍으로 놓고 쌍으로 거둔다고 합니다.

육조

자기 마음으로 이 경을 외우고, 자기 마음으로 이 경의 뜻을 이해하며, 다시 능히 무착무상無着無相의 이치를 체득하여, 있는 곳에서 항상 부처님의 행을 닦아서, 생각생각이 쉬지 않으면 자기 마음이 곧 부처이다. 그러므로 이 경이 있는 곳은 곧 부처님이 계신다고 하셨다.

해설

자기 마음으로 이 경을 외우고 뜻을 이해한다는 것은 마음 안에서 둘 아니게 놓고 경을 읽어야 한다는 것입니다.

염불을 하든, 간경을 하든, 독송을 하든, 기도를 하든 자기 마음을 떠나서 따로 있다고 생각하면 공부는 빗나가 버립니다. 한 예로 관세음보살을 부르더라도 내 마음 안에 있는 관세음보살인 줄 알아야지, 저기 바깥에서 찾으면 안 됩니다.

육조스님께서 자심自心과 자성自性을 강조하는 이유는 사람들이 항상 바깥으로 찾는 버릇이 너무 강하기 때문입니다. 경을 외우더라도 자심으로 해야 합니다. 경을 수천 번 읽고 달달 외우고 내용이 줄줄 나오더라도 결코 중요하지 않습니다.

부처님이나 관세음보살님이나 화엄성중에게 기도를 해도, 자기 마음을 좇아서 나온 부처님이고 관세음보살이고 화엄성중이라는 것을 알고 염불하고 기도해야만 그 뜻과 행이 맞아 제대로 기도를 하는 것입니다.

야부

합당하기가 이와 같다.

해설

불·법·승 셋을 하나라 이름하고 각각 하나하나를 따로 들면, 그 속에 이미 모두 갖추어 셋이 됩니다.

　내가 어떻게 행을 하든, 어떤 작용을 하든, 어느 곳에 있든 간에 항상 진리如是입니다. 진리의 본체와 작용을 이미 내 안에 가지고 있다는 것이지요.

함허설의

펴고 거두는 것이 자유롭고 숨고 드러남이 걸림이 없으니, 이치의 합당함이 이와 같다. 또 흰 구름은 다만 청산에 있으니, 산이 흰 구름을 머금고 있는 것이 또한 서로 마땅하도다.

해설

어마어마한 경계가 닥쳐온다 하더라도, 부처님과 법과 존중제자들이 계시니 겁낼 것이 없습니다.

　자기 마음으로 이 경을 외우고 뜻을 알기만 한다면, 펴고 거두는 것이 자유자재하고 숨고 드러남에 걸림 없습니다.

　백운白雲은 동動이고 청산은 정定이니, 동과 정은 항상 함께합니다. 구름은 항상 산골짜기에서 나오지만 정확히 어느 곳에서 나오는지 모릅니다. 그러므로 푸른 산이 흰 구름을 둘 아니게 머금고 있는 것은 당연한 것입니다. 청산은 백운을 방해하지 않고 백운은 청산에 머물지 않으나 항상 둘 아니게 함께하는 것이 진리의 나툼입니다.

야부

바다같이 깊고 산같이 견고하며
왼쪽으로 돌고 오른쪽으로 돌아도
가지 않고 머물지도 않도다.
굴에서 나온 금빛사자 새끼가
완전한 위세로 포효함에
뭇 여우들이 의심하도다.
깊이 생각하여 무기를 쓰지 않는 곳에서
바로 천마와 외도를 포섭하여 돌아오도다.

해설

자성은 바다와 같이 깊고 산처럼 견고합니다. 부처님 왼편에 문수보살이 계시고 오른편에 보현보살이 계시듯, 왼쪽으로 도는 것은 문수인 체이고, 오른쪽으로 도는 것은 보현인 작용입니다. 체와 작용이 둘 아니게 움직이니 가지도 않고 머물지도 않습니다.

굴에서 나온 금빛사자 새끼는 자기 마음의 당체當體가 우뚝한 한 생각입니다. 법다운 한생각이 우뚝 서니 자기 마음 안의 여우소견들이 단숨에 스러집니다. 대인大人이 오면 대인을 비추고 소인小人이 오면 소인을 비출 뿐 대인도 소인도 아닙니다.

본체로 돌아가고 작용으로 나툼에 어느 곳에도 머물지 아니하니 법다운 한생각, 둘로 보지 않는 한생각에 천마와 외도를 항복받습니다.

함허설의

일월日月이 비록 밝으나 그 밝음은 『금강경』에 이르지 못하고, 겁화劫火가 무너질 때도 이 『금강경』은 무너지지 않는다. 바로 또한 주인과 객이 서로 참례함에 잘 어우러져 몸을 굴려 막힘이 없으면, 큰 작용이 온전히 드러나니 온갖 삿됨이 스스로 항복한다. 다만 구중궁궐에 단정히 앉아 있어도 사해四海에서 우러러본다.

해설

『금강경』이 있는 곳은 부처님과 존중제자가 있으니, 해와 달이 아무리 밝아도 경의 밝음만은 못합니다. 경은 진리의 본체이기에 겁의 불이 불어와 모든 세상이 무너진다 하더라도 어쩌지 못하는 것이지요.

주인과 객이 서로 참례한다는 뜻은 부처님 법문의 도리를 잘 아는 사람은 분별無明로 빠지는 것이 아니라 지혜광명으로 바뀐다는 것입니다. 모든 것은 백지 반 장 차이입니다. 이쪽으로 넘어가면 무명이고, 저쪽으로 넘어가면 보리의 지혜광명입니다. 이 도리를 알면 우리 마음 가운데서 악마 같은 마음이 나오더라도 걱정할 이유가 없습니다. 그것이 지혜광명의 씨앗種子이 되기 때문에 버릴 것이 하나도 없습니다.

이렇게 알면 평등하게 볼 수 있는 안목이 열리어, 몸을 굴려 막힘이 없이 큰 작용이 온전히 드러나기 때문에 모든 것이 법에 맞습니다.

'구중궁궐에 단정히 앉아 있어도'란 여러분이 아무것도 안 하고 몸 하나만 갖고 앉아 있어도 사해四海, 사천하가 와서 우러러본다는 말입니다. 스스로 자성을 믿고, 내가 본래부처라는 것을 믿고, 부처님 법문에 의지해서 조금씩이라도 실천하면 그 속에 부처님과 법이 항상 함께합니다.

종경

자비로써 어여삐 여기시어 세 가지 근기三根를 따라 설하니 이에 인천人天
이 우러러 공경하고, 사구게를 수지함에 다 응당히 부처님의 탑묘와 같이
존중하도다. 무념의 마음으로 행하면 곧 희유한 법이 되니, 어떤 것이 최
상의 제일구第一句인가. 비단 나만 홀로 깨달을 뿐 아니라 항하사의 제불
이 체가 다 같도다.

곳을 따라 설하되 마땅히 공에 걸림이 없으니
사구게를 가지고 권하여 유통하도다.
천룡이 보호하길 탑과 같이 존중하니
그 공덕이 가없어 찬탄함이 다함이 없도다.

해설

부처님께서는 근기에 맞춰서 자비로써 법문을 설하시니 인간과 천상
이 모두 공경하여 받들고, 이 사구게가 있는 곳은 마치 탑묘와 같이
존중한다 했습니다. 사구게만 제대로 가지고 있으면 몸과 마음이 탑
묘와 같고 천상과 인간과 아수라가 다 받들어 공경한다는 것입니다.

무념의 마음으로 행한다 함은 무심으로 보되 보지 않고 듣되 듣
지 않고 하되 함이 없어 경계와 틈이 없습니다. 마치 거울이 사물을
비추듯이 말입니다. 그러므로 희유한 법이 되고 최상의 제일구라 하
고 일체제불의 본체와 같다 하여 천룡이 보호하길 탑묘와 같이 존중
하니 그 공덕이 가없어 찬탄함이 다함이 없다고 합니다.

제

13

여법수지분

如法受持分

금강반야바라밀

경문

그때에 수보리가 부처님께 사뢰어 말씀드리기를 "세존이시여, 마땅히
이 경을 무엇이라 이름하며 저희들이 어떻게 받들어 지니오리까?" 부
처님께서 수보리에게 이르시기를 "이 경은 금강반야바라밀이라 이름
하나니 이 이름으로써 너희들은 마땅히 받들어 지닐지니라."

爾時 須菩提 白佛言 世尊 當何名此經 我等 云何奉持 佛告須菩提
是經 名爲金剛般若波羅蜜 以是名字 汝當奉持

해설

금강이란 모든 물질 가운데서 가장 단단한 것으로 절대 부서지거나
무너지지 않는 것이라 하여 절대성을 뜻합니다. 상대적인 형상을 갖
는다면 마침내는 무너지고 부서지게 되어 있습니다. 금강은 절대적
인 본체를 말하고, 반야는 만상을 밝게 비추는 지혜입니다. 금강인 본
체를 의지하여 반야의 밝음으로 비추는 것입니다.

바라밀은 해탈이며 생사가 없는 저 언덕에 이르는 것인데, 반야
의 지혜를 의지하여 절대의 세계에 이르게 됩니다.

금강은 반야가 되고 반야는 바라밀을 이루고 바라밀은 다시 금강으로 하나가 되니, 이 셋은 삼각원형을 이루어 잠시도 머물지 않고 돌아갑니다. 금강반야바라밀이라는 법륜이 돌아가는 것입니다.

자기 마음의 본체가 금강이고 자기 마음의 밝음이 반야이며 자기 마음의 해탈이 바라밀인 줄 알아야 금강반야바라밀을 마땅히 받들어 지닌다고 이름합니다.

함허설의

처음 '자리를 펴고 앉으심'으로부터 여기에 이르기까지 한 경一經의 체가 갖추어져 있고, 설하신 뜻은 이미 두루하였다. 이로 말미암아 공생空生이 경의 이름 두기安名를 간청하여서 받들어 지니기奉持를 구하니, 여기에 여래께서 그 양단安名과 奉持의 물음에 양손으로 분부하셨다.

해설

경이 시작될 때부터 여기 여법수지분如法受持分까지 이미 두루하여 『금강경』 전체가 완전하게 갖추어져 더 이상 부족함이 없습니다. 햇빛이 비칠 때 두루 비춘다고 하지요. 햇빛은 더럽다고 해서 안 비추고, 좋은 곳만 비추는 분별이 없습니다. 그냥 분별없이 무심으로 비춥니다.

수보리가 이 경의 이름을 무엇으로 할지 받들어 가지기를 구하지요. 부처님께서 수보리의 물음에 양손으로 분부하셨다고 했는데, 이 말씀은 무슨 뜻일까요? 무엇이 양손일까요? 깊이 자기에게 물어 보십시오.

야부

오늘은 작은 일로 나아갔다가 큰일을 만났도다.

해설

부처님께 경經 이름을 물어서 받아 지님을 구한 것인데 금강반야바라밀이라는 이름 속에 불법진리을 온전히 드러냈습니다. 처음 여시아문如是我聞 속에 온통 드러내듯이 말입니다.

　　진실하고 소박한 한생각의 보리심으로 인하여 제불諸佛의 무량한 지혜를 맛보았습니다.

함허설의

경의 이름을 한번 물어서 받아 지님을 구한 것인데, 소반밥상까지 내밀어 친히 분부하시니 가히 크게 얻었다고 말하지 않겠는가.

해설

수보리는 작은 뜻으로 경의 이름 두기를 물어서 받아 지님만을 구했는데, 부처님께서는 친히 밥상을 들고나와서 큰 이치 전체를 주셨습니다.

야부

불로도 태울 수 없고 물로도 빠뜨릴 수 없으며
바람으로 날릴 수 없고 칼로도 쪼갤 수 없도다.

부드럽기는 도라솜과 같고 단단하기는 철벽과 같으니
천상과 인간이 고금에 알지 못하도다. 이嘛!

해설

광명이 불을 비춤에 태울 수 없고 물을 비춤에 젖지 않고 바람을 비춤에 날릴 수 없고 칼로 쪼갤 수 없는 것은 자성이 본래 청정한 까닭입니다. 도라솜 같고 철벽 같음은 자기의 마음이 착할 때는 성인을 능가하고 악할 때는 악마를 능가하니 악을 쓰고 선을 쓰는 그 마음이 반야라, 자유권을 가지고 마음대로 비추어 아는 마음입니다.

그림을 그릴 때 빨간 물감을 들고 빨갛게 그리고, 파란 물감을 들고 파랗게 그리듯이, 빨갛고 파란 물감을 좋아하고 싫어함에 집착하지만 않으면 만 가지 물감을 써서 좋은 그림이 완성되고, 이 완성된 작용을 바라밀이라 이름합니다. 인간과 천상 또한 나툼이라 국자가 국 맛을 알지 못하듯이 나툰 놈이 어떻게 나투게 하는 놈을 알 수 있겠습니까.

한 분이 이런 질문을 했습니다. 착한 것이 부처인가, 악한 것이 부처인가? 부처는 착하고 악한 것에 해당하지 않습니다. 다만 착한 것을 쓰고 악한 것을 쓰는 사람이 부처입니다. 어떻게 쓰느냐? 모두가 둘 아니게, 모두가 나와 같으니까, 악惡을 쓰더라도 이익되게 쓰고, 선善을 쓰더라도 이익되게 씁니다.

함허설의

반야바라밀이여, 천 번을 변해도 변해 가지 않도다. 비록 그렇게 변하지 않는다 하나 중생이 오면 곧 중생에 응하고, 비록 그렇게 중생에 응하나 또한 변해 가지 않도다. 정식情識, 생각으로는 도달할 수 없으니 어찌 사려 思慮를 용납하겠는가.

해설

광명이 똥을 비추면 똥이 드러나고, 꽃을 비추면 아름다운 꽃이 드러나듯, 천 번을 변해도 반야바라밀의 본래광명은 물들지 않습니다. 찰나찰나 나툼이 다르지만 본래 청정하여 변함이 없지요.

응한다 함은 더러움이 오면 더러움과 하나가 되고 깨끗함이 오면 깨끗함과 하나가 된다는 말입니다. 더러움 속에도 지혜가 있습니다. 깨끗한 것에만 지혜가 있는 것이 아니거든요. 악이 오면 악이 되어서 악을 쓰고, 선이 오면 선이 되어서 선을 쓰는 겁니다. 악을 선으로만 대처해서는 착한 놈이 악한 놈을 못 이깁니다. 악한 놈에게는 악한 업식으로 대처해서 무너뜨려 건져야 합니다. 무너뜨리지 못하고 물들어 버리면 중생이 됩니다.

관세음보살이 중생을 구하기 위하여 용이 되어 독룡과 싸워 그의 목을 물었습니다. 그 독이 무척 독해서 관세음보살의 목이 파랗게 멍들었습니다. 이 관세음보살을 삼십이관음三十二觀音 가운데 니라간타청경관음라고 합니다. 독룡을 죽이려고 독룡보다 더 독하게 꽉 물어 버린 건데, 이렇게 해서 건진 겁니다. 죽이는 것도 자비고 살리는 것도 자비입니다. 꼭 살리기만 해서 건지는 게 아닙니다. 모습은 항상 변하므로 모습에 집착할 필요는 없습니다. 그래서 중생이 오는 대로 응해 준다고 하는 것입니다.

경문

그 까닭이 무엇인가. 수보리야, 부처가 설한 반야바라밀은 곧 반야바라밀이 아니라 그 이름이 반야바라밀이기 때문이니라.

所以者何 須菩提 佛說般若波羅蜜 卽非般若波羅蜜 是名般若波羅蜜

해설

반야바라밀은 본래 밝은 자기의 마음이 일체경계를 낱낱이 밝게 비추어 경계경계가 모두 밝아진 것입니다. 밀려왔다 밀려가는 모든 희로애락이 그대로 머물 것도 없고 애착할 것도 없는 물결임을 알아 마음이 바다의 심연에서 푹 쉬어지면, 이것이 바로 상대적인 이 언덕에서 진리의 저 언덕으로 건너간 것입니다.

모든 존재의 성품이 부처요, 진리 자체이므로 이미 밝은 까닭에 더 밝힐 것도 없고, 건너게 해 줄 것도 없습니다. 저 언덕으로 건너간다는 것은 짐짓 이름일 뿐입니다. 본래 더도 덜도 얻을 것이 없이 일체를 갖추고 있으므로 이름하여 반야바라밀이라고 합니다.

함허설의

경을 설하시고, 이름을 지어 분부하시고, 또한 말에 의지하여 지해知解, 알음알이를 낼까 두려워하셨다. 반야가 반야 아니라고 설하시어, 이로 하여금 문자의 성품이 본래 공한 것을 알게 하셨다.

해설

일타스님께서 하신 법문입니다.

해인사에 법을 강설하는 강사스님 한 분이 있었는데, 착하고 올곧았지만 융통성이 없고 지혜는 부족했습니다. 게다가 강사라는 상相이 있어서 참선 공부를 소홀히 생각했어요.

이 스님이 어느 날 갑자기 죽어서 경험한 이야기입니다. 스님은 죽어서 평상시처럼 옷 입고 걸망 짊어지고 삿갓 쓰고 신발 깨끗이 하여, 부처님 계신 적멸보궁을 찾아가는 중이었습니다. 해탈문, 천왕문, 일주문 바로 앞에서 오색광명이 쏟아져 내리니까 큰 신심이 나겠지요. 안 가고 배길 수가 없지요.

가는 도중에 아름다운 모습의 기생들이 춤추고 노래 부르며, 지나가는 자신을 보고 "스님! 잠깐 놀다 가세요!"하고 부르는 겁니다. 가고 싶은 마음은 있지만 사양하며 보궁을 향해 나아갔습니다. 한참을 가니 이제는 선비들이 활을 쏘고, 시를 짓고, 술 한잔하며 스님에게 잠깐 쉬었다 가라고 합니다. 옛날에는 선비들이 스님을 우습게 여겨서 대접해 준 적이 없었는데, 높은 신분의 사람들이 자기를 대접해 준다니까 좋아서 가려고 했지요. 그러나 한생각 돌려, 인사하고 다시 갔습니다.

부지런히 길을 가는데 일주문 바로 앞에서, 뒤쪽에서 노장스님이 "누구야!" 하고 부르는 겁니다. 순간 대답을 해야 할지 말아야 할지 망설였지만, 노장스님이 부르는데 대답하지 않을 수도 없어서 "네!" 하고 뒤를 돌아보는 순간에 다시 살았다는 것입니다.

정신을 차린 후 죽어서 걷던 길을 가 보았더니, 어여쁜 기생들이 있던 곳에는 무당개구리들이 바글바글 모여서 놀고 있었으며, 선비들이 있던 곳은 사슴벌레들이 모여 있었답니다. 적멸보궁이라고 가려고 했던 곳은 어디냐? 까치집이었습니다. 그곳에는 자기 후신인 새끼 까치 한 마리가 죽어 있었답니다. 그걸 보고 얼마나 충격을 받았 겠어요? 이후에는 평생 선방禪房에서 마음공부 하다가 생을 마쳤다고 합니다.

모든 것은 자기의 업식대로 보이기 마련입니다. 자신의 고정관 념으로 고착화시켜 보는 것이지요.

이와 같기에 부처님께서 경을 설하시고 이름을 지어 분부하시고 말에 의지하여 지해知解를 낼까 두려워하셔서, 반야가 반야 아니라고 하시며 본래성품이 공하다고 하신 것입니다.

육조

부처님께서 반야바라밀을 설하심은, 모든 학인으로 하여금 지혜를 써서 어리석은 마음이 생멸하는 것을 없애게 하심이니, 생멸이 모두 없어지면 곧 피안에 이르는 것이다. 만약 마음에 얻은 것이 있으면 곧 피안에 이르 지 못하고 마음에 한 법法도 가히 얻을 것이 없으면 곧 피안에 이르는 것 이니, 입으로 설하고 마음으로 행하는 것이 피안에 이르는 것이다.

해설

지혜인 반야바라밀을 써서 분별망상이 없어야 피안에 이르게 됩니 다. 마음에 얻은 것이 있으면 진리의 작용이 원만하지 못하므로 피안 에 이르지 못하고, 마음에 한 법도 얻을 것이 없어야 이를 수 있는 것 입니다. 얻을 것이 없는 것이 진리의 본래모습입니다. 여러분이 얻을 바가 없고, 한 것이 없다는 것을 실감 나게 체험하고 알면 좋으련만 그러기 위해서는 실천해야만 체험할 수 있습니다. 열심히 수행하면서 내가 했다는 것을 놓아야 합니다.

수행은 좌복에 앉아 있는 것만이 아니라, 정성을 다해 행을 하면서도 내가 한 바가 없음을 자각하고 놓아 버리는 것입니다. 완전히 놓을 수 있다면 얻을 것이 없는^{함이 없는} 그것을 참으로 얻을 수 있습니다.

야부

오히려 조금 모자라도다.

해설

반야바라밀은 곧 반야바라밀이 아니라고 하심이 오히려 조금 모자라다 한 것은 반야바라밀의 한량없음을 가히 말로 다 할 수 없어서입니다.

함허설의

반야가 반야가 아니라고 말함이여, 그 말이 옳기는 진실로 옳으나 오히려 한 가닥의 길이 막혔도다.

해설

반야가 반야가 아님은 진실로 옳으나 오히려 한 가닥의 길이 막혔다 함은 그것조차도 공하니 거기서 한 걸음 더 나아가야 한다는 것입니다. 실천궁행을 해야 하는 것이지요. 그래야 자기 삶 속에서 하나하나 검증하여 체험하며 증명됩니다.

야부

한 손으로 들고 한 손으로 잡으며
왼쪽으로 불고 오른쪽을 치도다.
줄 없이 무생無生의 가락을 퉁겨 내어야
궁상음계에 속하지 않고도 율조가락가 새롭나니
지음이 안 뒤에는 한갓 이름이 아득함이로다.

해설

한 손으로 들고 한 손으로 잡으며 왼쪽으로 불고 오른쪽으로 친다는
것은 자유자재하고 신묘하게 우리가 매일 작용하며 살고 있다는 말
입니다. 그런데 이와 같은 작용이 무심이 바탕이 되어 줄 없는 무생의
가락을 퉁겨 낼 줄 알아야 비로소 격조에 속하지 않고 걸림 없이 중
용을 하니 일거수일투족이 모두 법에 맞게 됩니다.

지음이 안 뒤에는 한갓 이름이 아득하다 함은 깨달아서 체험했
다 하더라도 이것도 공하니 놓아야 한다는 것입니다. 경계가 닥쳤을
때 상황에 맞는 지혜를 쓰고 다시 놓고, 다음에 또 다른 경계가 닥치
면 또 다른 지혜가 새롭게 나오니 쓰면 됩니다. 이처럼 마음공부는 싱
그럽고 멋집니다. 부지런히 힘써야 하겠습니다.

함허설의

반야가 곧 반야가 아님이여, 한 손으로 들고 한 손으로 잡으며 왼쪽으로
불고 오른쪽으로 치도다. 들고 잡고 불고 치는 것이 좋기는 좋으나 오히
려 좋은 솜씨는 못 되니 줄 없는 거문고에서 무생곡을 퉁겨 내어야 비로

소 좋은 솜씨라 이름한다. 만약 이 무생곡이라면 들고 잡고 또한 불고 치는 것에 속하지 않으니 비록 그렇게 저 궁상에 속하지는 않으나 격조가 청신淸新하여 궁상과 다른 것이다. 이 곡은 예로부터 화답하는 이가 드무니 종자기의 들음도 오히려 망연하도다.

해설

들고 잡고 불고 치는 것은 중도법입니다. 중도법을 알면 좋은 솜씨지요. 지혜가 풍부하니까요. 그런데 잘하기는 잘하지만 아직 좋은 솜씨는 아니라는 겁니다.

중도법을 쓰면 그 귀결점은 어딜까요? 이것과 저것의 중간이 아니고, 그것들에 대한 무심자리無心處입니다. 무심처에서 쉬어져야 하지요. 이 무심처가 바로 본체자리인 금강입니다.

작용한 후에 다시 본체자리로 돌아가야 합니다. 그 자리는 들고 잡고 불고 치는 것을 초월해 있습니다. 이미 앞에서 말한 대심도 없고 소심도 없이, 대심이 오면 대심을 쓰고 소심이 오면 소심을 쓰는 자리로 돌아가야 비로소 좋은 솜씨라 할 수 있습니다.

이 곡은 예로부터 화답하는 이가 드무니 종자기의 들음도 오히려 망연하다고 함은 깨달았다 하더라도 아득한 것이니 놓아 버리라는 것입니다.

경문

"수보리야, 어떻게 생각하느냐. 여래가 설한 바 법이 있느냐?"
수보리가 부처님께 사뢰어 말씀드리기를

"세존이시여, 여래께서는 설하신 바가 없습니다."

須菩提 於意云何 如來 有所說法不 須菩提 白佛言 世尊 如來 無所說

해설

설한 바가 없기 때문에 얻을 것이 없고, 들은 바도 없는 것이 진리의 모습입니다. 깨달은 진리의 입장에서는 본래 부족함이 없어서 얻을 것이 없습니다. 얻을 것이 없다는 것을 확연히 얻는다면, 진정으로 얻는 것입니다. 삼천대천세계에 칠보로 장엄된 유위의 세계를 다 준다고 하여도 바꿀 수 없습니다. 이 정도로 대단한 무진보를 얻어야지, 소심하게 '이거 해 주세요, 저거 해 주세요' 하면 안 됩니다. 얻을 바 없는 참다운 보배를 얻어야 합니다.

그러려면 얻을 바 없다는 것을 믿어 들어가야 합니다. 보시를 하더라도 바라는 바 없이 하고 봉사를 하더라도 함이 없이 해야 얻을 바 없는 것^{무위법}을 얻게 됩니다. 평소에 조금이라도 욕심을 부리다 보면, 욕심에 집착해서 참으로 큰 보배를 놓쳐 버리는 형국이 되니 그런 어리석음을 범해서는 결코 이익이 없습니다.

본래 부족함 없이 구족되어 이미 갖추고 있습니다. 이미 갖추고 있다는 것은, 언제든지 필요하면 꺼내서 쓸 수 있다는 것이지요. 우리가 용광로에 물건을 집어넣으면 흔적도 없이 사라지지만, 그곳으로부터 묘하게 새로운 만 가지가 나옵니다.

부처님께서는 이걸 얻게 하기 위해서 이런 말씀을 하신 겁니다. 일체중생은 자성 안에 본래 만법을 갖추고 있고, 자성은 본래 형상이 없고 모양이 없고 말로 할 수 없고 설명할 수도 없는데, 그 자리에서만 만 가지 법이 들고 나는 까닭에 이것을 반야바라밀이라고 한 것입니다.

함허설의

부처님께서는 공생이 공을 잘 이해한다 일컬으시니, 과연 공생은 부처님께서 본래 말이 없으심을 잘 알았다. 비록 이와 같으나 아난이 경을 결집한 이래로 이름名, 구절句, 문장文, 지위身의 차별언사差別言詞가 방책方策, 경전에 펴 있어서 인도에 넘치고 중국에 가득 차서 지금에 이르렀으니 황면노자부처님가 모두 설함이 없다고 하면 이 같은 법장法藏은 누가 설해 왔는가. 모름지기 믿어야 한다. 말이 있다고 해도 비방함이 되고, 말이 없다고 해도 또한 용납되지 않는다.

해설

부처님께서 본래 말이 없으시다는 것은 단 한마디도 한 적이 없다는 것을 말합니다. 그러나 아난이 경을 결집한 이래로 인도에서 중국으로 다시 해동우리나라으로 법장대장경이 전해졌는데, 이와 같은 법장은 누가 설했을까요?

　　말이 있다고 해도 비방함이 되고, 말이 없다고 해도 또한 용납되지 않는다 하였지요. 지금 이렇게 우리가 함께 보는 경전이 분명히 있는데 말입니다. 이론으로만 따지지 말고 자기에게 물어보십시오. 진실로 물어 오고 물어 가는 것이 바로 선禪입니다.

육조

부처님이 수보리에게 물으시되 "여래의 설법이 마음으로 얻을 바가 있는가." 수보리는 여래설법이 마음으로 얻을 바가 없음을 알므로 "설한 바가 없습니다"라고 하였다. 여래의 뜻은 세상 사람으로 하여금 얻을 바 있는 마음을 떠나게 하고자 하신 까닭에 반야바라밀법을 설하시어 일체 사람이 그것을 듣고 모두 보리심을 내어 무생의 이치를 깨달아 무상도無上道를 이루게 하려 함이다.

해설

반야바라밀법은 마음에 얻음도 설함도 없는 것입니다. 공하기 때문에 이름이 반야바라밀법입니다.

규봉스님께서는 설한 바가 없다 함을 별달리 증감이 없다는 말이라 했습니다. 이는 부처님이 설했다고 해서 진리가 드러나는 것이 아니고, 설하지 않았다고 해서 진리가 없어지는 것도 아니므로 부증불감不增不減이라는 겁니다. 모든 것이 본래부터 진리의 모습이니, 부처님께서 말씀하신다고 해서 그것만이 진리이고 나머지는 진리가 아닌 것이 아닙니다.

종종 잘못 생각할 때가 있습니다. 부처님의 법문은 진리이고, 세상에서 벌어지는 사건 사고는 버리고 없애야 할 것이라고 합니다. 세상의 사건 사고 역시 진리임을 알면 세상을 바르게 볼 수 있는 눈을 기르는 것입니다.

야부

소리를 낮추고 소리를 낮추어라.

해설

소리를 낮추고 낮추어라. 조용조용 하라고 합니다. 이건 무슨 뜻일까요? 분별을 놓고 쉬고 쉬라는 말입니다. 분별을 쉬지 못하고, 예쁘다 밉다 좋다 나쁘다고 하지요. 말이 많고 시끄럽게 쟁론이 붙고 끝없이 승부심이 생기니 소리를 낮추고 낮춰서 자기를 돌아보라는 것입니다.

함허설의

부처님께서 설한 바가 없음이여, 옳기는 진실로 옳으나 무언無言도 부처님의 본심은 아니다. 그러므로 소리를 낮추고 낮추라고 하시니 또한 한결같이 설한 바가 없다고만 말하지 말라. 인천人天의 귓속에 시끄럽기가 크고 크도다. 대단히 시끄러움이여, 엎드려 청하노니 소리를 낮추고 낮추어라.

해설

부처님이 설한 바가 없다고 하신 것이 진실로 옳기는 옳은 말씀이지만 그렇다고 말이 없는 것無言도 부처님의 본심은 아니라는 거지요. 이는 본체와 작용의 입장에서 말하면, 본체에만 있어도 안 되고 작용 속에만 있어도 안 된다는 것입니다. 집안에만 있어도 안 되고 도중에만 있어도 안 되는 것이지요. 집안에 있으면서 도중일을 생각하고, 도중에 있으면서 집안일을 같이 해야 옳습니다. 이것이 중도법입니다. 이 이치가 삶 속에 그대로 적용되어야 합니다.

야부

풀숲에 들어가 사람을 구하려 해도 어쩌지 못하며
날카로운 칼로 베고 나서 손으로 어루만지도다.

비록 그렇게 출입에 자취가 없으나
문채가 온전히 드러나는 것을 보았느냐.

해설

올라오는 중생심 하나하나를 다 제도하려면 삼아승지겁을 닦아야 한다고 하니 불가능해 보입니다. 날카로운 반야의 검으로 중생심을 베어 버린다는 것은 적멸이고, 손으로 어루만진다는 것은 적적寂寂에 머물지 않도록 성성惺惺한 것입니다. 여래는 온 바도 없고 간 바도 없지만 오고 감이 분명합니다. 그 과정은 너무나 신속해서 볼 수 없지요. 하지만 분명하게 드러나서 작용하는 것을 없다 할 수 없습니다.

함허설의

황면노자를 알고자 하는가? 이 노인은 본래 풀부처님 설법을 사랑하지 않으며 또한 풀을 싫어하지도 않으신다. 풀을 사랑하지 않는 까닭에 풀숲에 들어가서 이 노인을 보려야 볼 수 없고, 풀을 싫어하지 않는 까닭에 풀을 벗어나서 이 노인을 찾으려야 찾을 수 없다. 그러므로 말하되 비록 언어의 길을 의지하지도 않으나 또한 다시 무언설無言說을 집착하지도 않는다 하니, 잘 보아라. 황면노자가 나타남이여, 마혜대자재천신의 눈앞에서는 몸을 숨기려야 숨길 곳이 없도다.

해설

노인늙은이은 마음이 푹 늙었다, 지혜가 익었다는 뜻입니다. 꿈에 늙은 이를 보면 늙은 자기를 보는 것이고 젊은이를 보면 젊은 자기를 보는 겁니다. 80세가 되어도 이 도리를 모르면 '동몽童蒙'이라고 합니다. 아이 동童자에 몽매할 몽蒙자로, 아이처럼 몽매하다어리석다는 거지요. 나이가 어려도 지혜가 있으면 늙은이라고 합니다.

이 늙은이는 풀숲에 가도 볼 수 없고 풀을 벗어나도 찾을 수 없습니다. 마음 가운데 있는 자성의 부처황면노자입니다. 자기 부처는 풀숲에서 찾아도 흔적이 없습니다. 공해서 실체가 없으니, 흔적을 찾을 수 없는 것이지요. 그 공한 가운데서 신기하게 작용이 나옵니다. 적적한 가운데 성성하여 모든 것을 압니다.

규봉종밀스님도 그 자리자성자리를 말하길, 공적하여 텅 비어 없는 게 아니라 '영지靈知'라고 하여 신령스럽게 다 알고 듣고 나는 작용을 한다고 했습니다.

풀을 사랑하지 않는 까닭에 풀숲에 들어가서 이 늙은이를 보려야 볼 수 없고, 텅 비어 고요하니 볼 수 없다고 한 것입니다. 또 풀을 싫어하지 않는 까닭에 풀을 벗어나서도 이 늙은이를 볼 수가 없다고 한 것입니다.

경문

"수보리야, 어떻게 생각하느냐. 삼천대천세계에 있는 가는 먼지가 많다 하겠느냐?"
수보리가 말씀드리기를 "매우 많습니다. 세존이시여."
"수보리야, 모든 가는 먼지를 여래는 가는 먼지가 아니라 그 이름이 가는 먼지라 설하며, 여래가 설한 세계도 세계가 아니라 그 이름이 세계인 것이니라."

須菩提 於意云何 以三千大千世界所有微塵 是爲多不 須菩提言 甚多
世尊 須菩提 諸微塵 如來 說非微塵 是名微塵 如來 說世界非世界
是名世界

해설

삼천대천세계라는 것은 성품의 나툼이니 마음을 떠나서 따로 존재하
지 않습니다. 마음 안에서 벌어지는 모습으로 삼천대천세계의 수없
이 많은 가는 먼지는 자기 마음 안에 있는 일체중생들의 마음이며, 그
수효라 할 수 있습니다. 가는 먼지만큼 많은 세계가 나타났다 스러졌
다 하는 것이 오직 마음작용이라, 그러므로 자기가 곧 세계요, 창조주
입니다.

함허설의

이것은 가는 먼지와 세계삼천대천세계의 비유를 들어서 설한 바 없는 도리
를 밝힌 것이다. 하나의 대지에 삼천세계가 있으나, 삼천세계의 가는 먼
지는 그 수를 헤아리기가 어렵다. 본래 있는 하나의 대지를 떠나면 세계
의 가는 먼지가 모두 다 공이다. 일불승 佛乘에서 삼승성문·연각·보살을 설
하시니 무진법문無盡法門이 이로부터 시작되었다. 본래 있는 일불승을 떠
나면 법법法法이 다 공해서 있지 않다. 이러한즉 처음 사제四諦를 전함으
로부터 이제 반야를 말하는 데 이르기까지 법으로 가히 보일 수 있었으며
말로써 베풀 수 있다고 말할 수 있으나, 실제로 보건대 이치는 본래 말이
없어서 법은 가히 보일 수 없는 것이며, 부처는 본래 마음이 없어서 말로
써 베풀 것이 없다. 먼지가 먼지 아니면 이름과 수數가 곧 이름과 수가 아

니고, 세계가 세계 아니면 삼승이 곧 삼승이 아니다. 삼승을 아는데 어찌 영산회상을 기다리겠는가. 기원정사의 좌상座上에서 일찍이 하나일불승로 돌아갔도다.

해설

가는 먼지의 수는 헤아릴 수가 없습니다. 그 세계도 헤아릴 수 없죠. 먼지와 세계는 유위법의 현상세계로, 우리가 살고 있는 세계를 비유해서 말씀한 것입니다. 실체가 없다 하여 무소설의 뜻을 밝힌 것입니다. 설한 바가 없다는 말은, 있기는 있는데 실재하지 않는다는 겁니다. 있으면서 없는 도리를 알게 되면 중도법의 안목이 얻어진 것이고, 이 안목이 얻어지면 참다운 실상진짜 모습, 지혜을 봅니다. 그래서 함허득통선사는 가는 먼지와 세계의 비유를 들어서 설한 바 없음을 밝혔다고 했습니다.

하나의 대지라는 것은 무위법을 뜻하고, 삼천대천세계는 유위법을 뜻합니다. 삼천대천세계유위의 세계는 무위에 근본을 두고 있습니다. 여기에서 삼천대천세계가 벌어졌으니까요. 그래서 삼천세계의 가는 먼지는 그 수를 헤아리기 어렵다고 한 것입니다. 그러나 본래 하나의 대지본래면목, 자성, 진리를 여의고는 세계니 가는 먼지니 하는 것이 다 공하여 실체가 없습니다.

먼지가 먼지 아니면 이름과 수가 곧 이름과 수가 아니고, 세계가 세계 아니면 삼승이 곧 삼승이 아니니, 삼승을 아는데 어찌 영산회상을 기다리겠는가라고 했습니다. 이 말씀은 영산회상에서 일승법을 설하셨지만, 일승법은 초전법륜을 설하셨을 때 이미 들어 있었다는 말입니다. 이 도리를 알아야 합니다.

여러분은 나는 여자다 남자다 잘산다 못산다고 규정하지만, 고정되어 있지 않습니다. 수억겁을 비춰 보면 어떻습니까? 잠시 그 가운데 티끌만큼만 끄집어내서, 나는 이것이라고 하는 것이 맞는 건가요?

모든 분별을 놓고 근본인 하나의 큰 땅^{무위}법에 스스로 들어가서 하나가 되면, 거기서 나오는 작용은 다 무위의 작용이 됩니다. 삼승이 곧 일승이고, 일승이 곧 삼승인 것입니다.

육조

여래가 설하되 중생의 성품 가운데 망념은 삼천대천세계의 가는 먼지와 같으니 일체중생이 가는 먼지처럼 많은 망념을 일으키고 멸하며, 잠시도 머물지 못하여 불성을 막고 가려서 해탈을 얻지 못하니, 만약 능히 생각 생각을 참되고 바르게 하여 반야바라밀의 무착 무상행을 닦으면, 망념진로妄念塵勞가 곧 청정법성淸淨法性임을 깨달으리라. 망념이 이미 없어지면 곧 가는 먼지가 아니고, 진眞이 곧 망妄인 줄 깨달으며, 망이 곧 진임을 깨달아서 진과 망이 함께 없어지면 달리 법이 없는 까닭에 가는 먼지라고 이름한다. 성품 가운데 진로塵勞가 없으면 곧 불세계이고, 마음 가운에 진로가 있으면 곧 중생세계이니 모든 망념이 공적함을 깨달았기 때문에 세계가 아니라고 한다. 여래법신을 증득하여 널리 많은 세계에 나타나서 응용함에 막힘이 없으므로 이를 세계라 이름한 것이다.

해설

망념이란 망령된 생각으로 헛된 생각을 말합니다. 헛된 생각은 뭘까요? 삿된 생각으로 바른 생각이 아니라는 것입니다.

『기신론』에 "정념은 마땅히 알아야 한다. 오직 마음뿐 바깥의 경계는 없다是正念者 當知唯心 無外境界"고 했습니다.

바깥에서 악을 쓰고 욕을 하며 덤비면, 저것이 누구냐? 자기 마음인 줄 알아야 합니다. 저것이 따로 있고 내가 따로 있다고 한다면 이것이 바로 망념입니다.

육조스님은 가는 먼지를 망념으로 이야기했습니다. 이 망념이 실체인 줄 알고 그 생각에 덮여서 헤어나질 못하기에 중생이라고 합니다. 만일 생각생각이 참되고 바르게 집착을 놓고 무상행無相行을 하면 망념인 진로가 청정한 법의 성품인 청정법신 그대로임을 알게 됩니다. 이와 같이 깨달아 알면 진과 망이 함께 없어져서 따로 법이 있지 않다고 말한 도리를 알게 됩니다.

야부

남섬부주요, 북울단월이로다.

해설

『아비달마구사론』의 「분별세품」에 보면, 세계삼천대천세계의 중앙에 수미산이 있고, 그 바깥쪽으로 일곱 개의 산이 겹겹으로 수미산을 둘러싸고 있다고 합니다. 이 일곱 겹의 산 바깥에는 다시 동서남북 네 개의 대륙이 있는데, 동쪽에는 승신주, 남쪽에는 섬부주, 서쪽에는 우화주, 북쪽에는 구로주가 있습니다.

우리가 살고 있는 이곳은 남섬부주이고, 북쪽의 구로주가 북울단월인데 천상세계입니다. 이 삼천대천세계가 모두 내 마음의 나툼인 줄 알면 그대로 청정국토입니다. 가는 먼지 하나하나가 이름이 세계이지만 그 이름을 나투게 하는 것이 청정심이지요. 티끌티끌의 근원은 청정심이며 청정세계입니다.

함허설의

이제 야부스님께서 바로 티끌과 세계를 가지고 평상平常의 부동不動을 밝히시니, 티끌이 티끌 아닌즉 티끌티끌이 모두 정묘신淨妙身이 되고, 세계는 세계가 아닌즉 세계세계가 그대로 황금국黃金國이 된다. 세계세계가 이미 황금국인 줄을 알면 다시 무엇 때문에 세계가 아님을 설하며, 티끌티끌이 이미 정묘한 법신인 줄 알았다면 다시 무엇 때문에 티끌이 아니라 설함인가. 다만, 가히 남섬부주라 하고 북울단월이라 부를 뿐이다.

해설

부동은 움직이지 않는 것이고 평상은 평등하고 항상하다는 것으로, 진리가 이와 같이 부동하다는 것입니다. 허공이 움직이는 것 봤습니까? 허공이 컸다 작았다 하나요? 허공이란 클 수도 작을 수도 더러워질 수도 깨끗하지도 않습니다. 마음근본이 그와 같다는 것으로 이것을 부동이라고 합니다. 모습이 인연 따라 다르게 나타난다 해도 근본에서는 늘어남도 줄어듦도 없이 부동하며 항상합니다. 야부스님께서 티끌과 세계를 가지고 평상의 부동을 밝히셨습니다.

티끌이 티끌 아닌즉 티끌티끌이 정묘신이 된다고 함은 티끌은 상을 뜻하는 것으로 상이 상 아니면 여래진리를 본다는 말입니다. 티끌이 전부 청정하고 미묘한 몸이니, 티끌의 본체가 본래부처임을 압니다.

세계가 세계 아니면 세계가 그대로 황금국이라고 했습니다. 금은 영원성을 의미하지요. 세계가 전부 영원성을 갖는 진리의 세계이고 황금국이라는 것입니다.

이렇듯 모든 세계가 이미 황금국인데 구태여 세계가 아님을 설하며, 모든 티끌이 이미 정묘한 법신인데 다시 티끌이 아니라 설함은 남섬부주라 하고 북울단월이라 부를 뿐입니다. 남섬부주나 북울단월이 다 진리의 나툼입니다.

야부

머리는 하늘을 가리키고 다리는 땅을 밟으며
주리면 먹고 곤하면 자도다.
여기가 서천이요, 서천이 여기로다.
도처의 설날이 바로 올해이니 남북동서에 다만 이것일 뿐이로다.

해설

"머리는 하늘을 가리키고 다리는 땅을 밟으며 주리면 먹고 곤하면 자도다"는 것은 아래로는 미물로부터 위로는 인간 천상에 이르기까지 모든 중생을 이르는 말입니다. 이 모두가 자기의 몸과 마음 안에 함께 있습니다.

일체중생이 자기와 둘 아님을 알고 중도행을 하면 이곳이 서천이요, 이 사바세계가 그대로 극락입니다. 『유마경』에 말하기를 "중생의 마음이 더러우면 불국토가 더러워지고, 중생의 마음이 청정하면 불국토가 청정하여진다"고 했습니다.

함허설의

하늘을 가리키고 땅을 밟음은 사람이 모두 같음이요, 주리면 먹고 곤하면 자는 것을 누가 능히 못하리오. 다만 이 참 소식은 피차彼此에 두 가지가 없으니 다만 두 가지가 없는 도리를 어떻게 말할 것인가. 매화 가지의 한 송이 꽃은 족히 천하에 봄임을 알리고, 오동잎 하나가 떨어지면 가히 천하가 가을임을 알림이다. 이것으로써 천하의 일을 의심하지 않으니 천하의 사람이 다 응당히 나와 같도다. 응당히 나와 같음이여, 오랜 가뭄에 단비를 만났으니 어떤 사람인들 홀로 기쁘지 않겠는가. 또한 '머리는 하늘을 가리키고 운운云云'은 평상하여 모두 움직이지 않는 것이고, '여기가 운운云云'은 피차 두 가지가 없는 것이고, '도처'란 사사로움이 없는 일착자一著子가 온전히 일체처에 갖추어져 있다는 것이다.

해설

배고프면 먹고 피곤하면 자는 것은 피차 너와 나에게 있어서 두 가지가 없습니다. 불이법을 말하는 것이죠. 매화나무에 한 송이 꽃이 핀 것을 보고 천하에 봄이 온 것을 알 수 있고, 오동나무 잎 하나 떨어지는 것을 보고도 가을이 온 것을 알 수 있으니 말입니다. 모두가 똑같음을 설명한 것입니다.

　불교는 배워서 지식을 축적해 나가는 공부가 아니라 깨달음의 공부입니다. 한 가지를 통하면 만 가지에 통합니다. 사실 만 가지로 통하기가 쉽지는 않습니다. 습기가 너무 두터워서 잘 안 통하거든요.

분명히 체험했는데 또 분별하지요. 다른 사건이 닥치면 여지없이 분별하는 자신을 발견합니다. 그러니 낱낱을 마음자리에 놓고 놓는 공부를 해 나가세요.

이름하여 32청정행

경문

"수보리야 어떻게 생각하느냐. 삼십이상으로 여래를 볼 수 있겠느냐?"
"볼 수 없습니다, 세존이시여. 삼십이상으로 여래를 볼 수 없습니다. 왜
냐하면 여래께서 설하신 삼십이상은 곧 상이 아니고 그 이름이 삼십이
상이기 때문입니다."

須菩提 於意云何 可以三十二相 見如來不 不也 世尊 不可以三十二
相 得見如來 何以故 如來 說三十二相 卽是非相 是名三十二相

해설

32상은 서른두 가지의 길상吉相으로 부처님이나 전륜성왕이 갖추신
거룩한 용모와 형상입니다. 부처님은 태어날 때부터 32상을 갖추셨
는데 이것은 바로 전생인 선혜보살과 오백 전생 속에서 등장하는 보
살행의 결과로 나타난 상호입니다.

함허설의

이 상과 상 아님이 모두 부처가 아니다. 상은 곧 상 아님이라야 참다운 것이다. 만약 능히 이렇게 분명한 도리를 알면 천진면목을 어찌 다 의심하겠는가.

해설

실제로 마음 씀에 따라 상호가 달라진다는 것은 누구나 느낍니다. 마음을 악하게 쓰면 악하게 변하고, 착하고 둥글게 쓰면 얼굴도 원만해지고 밝아지듯이 마음 씀이 형상을 규정하지요. 서른두 가지 상호는 서른두 가지의 마음 씀씀이라고 할 수 있습니다.

　지혜의 눈을 통해서 상이 상 아닌, 마음을 보면 그대로 견불·견성한 것이며 참으로 부처입니다.

육조

32상이란 곧 32청정행이니 오근五根 가운데에서 육바라밀을 닦고 의근意根 가운데에서 무상과 무위를 닦으면 이것이 32청정행이라 이름한다. 항상 32청정행을 닦으면 곧 성불을 얻거니와 만약 32청정행을 닦지 않으면 마침내 성불하지 못하며 다만 여래의 32상만을 애착하고 스스로 32청정행을 닦지 않으면 마침내 여래를 보지 못하리라.

해설

육조스님께서 32상은 32청정행으로, 오근안·이·비·설·신×육바라밀보시·지계·인욕·정진·선정·지혜+무상+무위=32상이라 했습니다.

왜 32가지라고 했을까요? 한번 생각해 볼 점입니다. 이 세상에 존재하는 모든 것은 거룩한 상, 진리의 상입니다. 가장 거룩한 모습이고, 가장 아름다운 것이고, 최고로 완성된 모습으로, 진리가 바탕이 되어 작용이 완성된 것입니다.

너다 나다, 옳다 그르다, 남자 여자라는 것이 상이지요. 두 가지 상대적으로 나타난 상은 한 가지 근본을 좇아서 나타났습니다. 다른 곳에서 나온 것이 아니므로, 나와 너의 근본은 하나입니다. 하나니까 근본이라고 합니다. 이 근본본질, 본체자리은 항상 하나입니다. 그 하나로부터 너와 나, 선과 악이 나왔습니다. 근본과 상대적인 둘을 합하면 셋입니다. 어머니의 난자와 아버지의 정자에 자기 업식이 합쳐져 하나의 물건인 나라는 것이 생겼듯이, 셋이 합쳐서 하나가 된 것입니다. 분별만 놓아 버리면 셋이 하나고, 하나가 셋입니다. 이 세상은 이와 같이 존재합니다.

삼십三十의 의미를 보면, 셋이 하나가 되는 것을 십이라 합니다. 왜 십이라 하느냐? 십은 원만수이기 때문입니다. 십주·십행·십회행을 말할 때, 완전하다는 것입니다. 그래서 삼십이고, 삼십이라는 완전한 것이 드러날 때, 두 가지 상대성으로 드러나므로 이상二相이 되는 겁니다.

맑은 거울이 일체경계에 응하여 나투는 것이 수보리나 부처님이나 이 구절을 대하는 모든 이가 다 똑같이 둘이 아닌 까닭입니다. 모자란 사람을 보면 같이 모자라야지 나는 똑똑하고 너는 모자라면 둘이 되니, 같이 모자란 듯 하나가 돼서 법답게 둘이 아닌 도리로 이끎이 없이 이끄는 것이지요.

야부

할머니의 옷을 빌려 입고 할머니에게 절하도다.

해설

우리 스스로가 서른두 가지 청정행을 닦으면 걸음걸음이 둘 아닌 여래의 행입니다. 절하는 놈과 절받는 놈이 한 놈입니다. 절하는 놈도 할머니의 적삼을 빌려 입었으니 할머니라고 해야 하나, 아니라고 해야 하나요? 옷을 빌려 입었잖아요. 옷이란 몸이라 할 수 있습니다. 이 도리를 알고 둘 아니게 절을 해야 함이 없이 절을 하게 되어 이름이 32상이 되는 것입니다.

함허설의

부처께서 무상을 밝히고자 하심에 과연 상이 아니라고 답하시고, 만약 부처께서 상으로 물으시면 또한 상으로써 답함이로다.

해설

할머니의 옷은 상이고 할머니의 본체는 무상인데, 32상을 나툰다 하면 상이 되므로 여래는 아닙니다. 그러나 32청정행을 행하면 여래를 친견할 수 있습니다.

야부

그대가 있으니 나 또한 있고 그대가 없으면 나 또한 없도다.

유와 무를 함께 세우지 않으니 서로에 대하여 침묵하도다.

해설

그대라는 것은 근본자성을 말하고 나는 지금 작용하고 있는 현재 의식입니다. 부처가 없으면 중생이 없고 중생이 없으면 부처도 없듯이 이것 또한 둘이 아닌 줄 알면 유무를 모두 놓게 되어 묵연히 침묵하게 됩니다.

침묵 즉 고요함이란 있음과 없음, 이것과 저것, 너와 나, 크고 작음, 옳고 그름 이 모든 상대적인 세계를 포함한 절대 존재를 이름합니다. 색이 곧 공이고 공이 곧 색인 존재, 있음이 곧 없음이고 없음이 곧 있음인 존재의 근원은 침묵입니다. 침묵은 광대무변한 사자후입니다. 한꺼번에 광대무변하게 쏟아지므로 오히려 고요한 것입니다. 그러므로 원효스님이 "너무 시끄러우므로 너무 고요하고, 너무 고요하므로 너무 시끄럽다"고 하셨습니다.

함허설의

물음을 따라 답함이 조금도 어긋나지 않으니, 그대가 있고 그대가 없음에 나 또한 그러하다. 유와 무를 다 세우지 않음이여, 상대하여 묵묵히 말이 없도다. 유와 무를 세우지 않고 무언으로써 대함이여, 외도가 부처님께 묻자 세존께서 양구침묵하시니 그 세勢가 당연히 그러하도다. 저것은 도적의 말을 타고 도적을 쫓는 격이요, 이것은 할머니 적삼을 빌려 입고 할머니에게 절함이로다.

해설

부처님의 침묵과 유마거사의 침묵이 있습니다.

어떤 외도가 부처님에게 와서 다음과 같이 물었습니다. "말 있음으로도 묻지 않고, 말 없음으로도 묻지 않겠습니다. 한마디 일러 주십시오"라고 하니, 부처님께서 아무 말 하지 않고 고요히 앉아 계셨습니다. 이게 부처님의 침묵입니다. 이에 외도가 "세존께서는 대자대비로써 미혹의 구름을 열어 나를 깨닫게 하셨습니다" 하고 찬탄하며 절을 하고 물러갔습니다.

옆에서 보고 있던 아난이 이상해서 부처님께 물었습니다.

"저 외도는 무엇을 증득하였기에 찬탄하고 갔습니까?" 부처님께서 말씀하시기를, "세상의 좋은 말은 채찍의 그림자만 봐도 달리는 것과 같다"고 하셨습니다.

유마거사의 침묵은 다음과 같습니다.

유마거사가 지혜제일인 문수사리보살에게 물었습니다. "보살이 불이법문에 어떻게 들어가는가?" 이에 문수사리보살이 "제 생각으로는 일체법에 말할 수 없고 설할 수도 없고 제시할 수도 없고 알게 할 수도 없으며, 일체의 질문과 대답을 여읜 것이 불이법문을 깨닫는 것입니다"라고 답했습니다. 문수사리보살이 유마거사에게 다시 물었습니다. "우리들은 각자 설명을 마쳤습니다. 거사께서 말씀해 주십시오. 불이법문에 들어가는 것은 어떤 것입니까?"하고 물으니, 유마거사가 묵묵히 침묵하고 앉아 있었습니다. 이것이 유마거사의 대답입니다.

경문

수보리야, 만일 어떤 선남자 선여인이 항하의 모래 수만큼의 목숨으로 보시를 하더라도 만일 다시 어떤 사람이 이 경 가운데에서 사구게 등만 이라도 받아 지녀서 다른 사람을 위해 설한다면 그 복이 저 복보다 매우 많으니라.

須菩提 若有善男子善女人 以恒河沙等身命 布施 若復有人 於此經中 乃至受持四句偈等 爲他人說 其福 甚多

해설

재산·권력·명예가 중요하지만 목숨과 바꾸지는 못합니다. 그 중요한 목숨을 항하강의 모래 수만큼이나 보시하더라도 다시 어떤 사람이 이 경 가운데 사구게 등만이라도 받아 지녀서 다른 사람을 위해 설한다면 그 복이 저 복보다 매우 많을 것이라고 하였습니다.

사구게란 무엇인가. 생사라는 것은 한생각 일어남이 생生이요, 한생각 스러짐이 사死입니다. 생사가 한생각에 달렸습니다. 일어난 한생각을 분별심이 나온 그 자리에 놓아 버리면 생사를 초월하게 하는 것으로 이것을 사구게라 이름합니다. 그런 까닭에 유위법인 목숨으로 보시하는 것보다 무위법인 사구게를 수지하여 다른 사람을 위해 설해 준 복이 저 복보다 훨씬 많다는 것입니다.

함허설의

지혜의 안목이 없이 공연히 베풀기만 하면 이것은 보리의 바른길이 아니며 도리어 생사의 고통스런 윤회를 초래한다. 사구를 수지하여 지혜의 눈을 뜨면 이는 참다운 보리의 바른 길이어서 마땅히 열반의 참되고 항상함을 증득하리니 유위와 무위의 우열이 분명하도다.

해설

수지受持한다는 것은 믿어 받아 지니는 것을 말합니다. 믿어 받아 지니면 반드시 체험하여 지혜의 눈을 뜹니다. 지혜의 눈을 떠야만 참다운 보리의 바른길로 열반을 증득하게 됩니다. 이는 목숨으로 보시한 것보다 더 수승합니다. 우리가 제일 소중하게 여기는 것이 목숨이듯, 사구게를 얻는 것은 지혜의 생명을 얻은 것입니다. 법을 위해서 바른 안목으로 목숨을 버리면한 번 죽으면 반드시 깨달아 무아를 깨칩니다.

『서장』에 "그러다 홀연히 스스로 기꺼이 목숨 버리기를 한 번 하게 되면 비로소 깨닫게 될 것이다驀然自肯捨命一下便了"라고 했는데, 목숨을 버린다 함은 참으로 푹 죽는다는 것이고 마음을 쉬는 것이지요. 깨달으려면 육신의 목숨을 버려서 깨닫는 게 아니라 마음이 푹 죽어라! 이겁니다. 마음이 푹 죽은 그 자리에서 깨달음이 생깁니다.

"다 죽게 생겼습니다. 살려주세요!" 이렇게 말하는 분들이 간혹 있습니다. 그러면 "죽고 살고를 거기다 맡겨라! 그러면 사는 도리가 묘하게 나온다"고 말합니다.

생사가 어디서 왔느냐, 자기성품으로부터 나왔습니다. 생사가 다른 데서 나온 적이 없습니다. 병고액난 가환우환, 이 모든 것이 어디로부터 좇아 나왔습니까? 자기성품으로부터 나왔으니까 거기다 되놓아야 합니다.

이때 묘하게 해결법이 나옵니다. 그때는 죽어도 사는 것이고 살아도 사는 겁니다. 죽어도 해결하는 것이고 살아도 해결하는 것입니다. 죽고 사는 겉모습은 부차적인 것이죠. 지혜의 생명이 사느냐 죽느냐 이것이 문제입니다. 지혜의 생명이 살아야 하거든요. 우리에게 영원한 것은 지혜의 생명입니다.

육조

세간에서 소중하게 여기는 것은 목숨보다 더한 것이 없는데, 보살이 법을 위하여 무량겁 동안 목숨을 보시하고 베풀어 일체중생에게 나눠 주면 그 복이 비록 많으나, 이 경의 사구게를 받아 지닌 복과는 같지 않으니, 다겁생 동안 몸을 보시하되 공의 도리를 요달하지 못하면 망령된 마음을 없애지 못하는 것이다. 원래 이 중생인 것이요, 한순간이라도 경을 가져서 아我와 인人이 없어지면 망상도 또한 이미 없어져 언하言下에 성불하는 것이다. 그러므로 알라. 오랜 세월 동안 몸을 보시함은 경의 사구게를 가지는 복만 같지 않도다.

해설

'수受', 받는다 함은 진실로 믿어야 믿음이 분명하다는 것입니다. 분명하면 '지持' 즉 체험하게 되고 얻게 됩니다.

그 어떤 귀중한 것도 『금강경』 사구게를 수지하는 복만은 못합니다. 사구게를 수지하는 순간 사상이 설 자리가 없기 때문입니다.

야부

두 가지 색이 한 주사위로다.

해설

보시를 하는 것과 사구게를 지녀서 다른 사람에게 전하는 것이 나무의 뿌리와 잎과 열매가 둘이 아니듯 한집안 소식입니다.

함허설의

우열이 분명한 것은 곧 없지 않으나, 다 닦고 끊는 공훈功勳은 면치 못한다. 만약 본분납승이면 움직이고 고요함이 다 보시를 행함이니 어찌 수고로이 목숨을 버릴 것이며, 말과 침묵이 다 경을 전하는 것인데 무엇 때문에 번거롭게 문자를 익히겠는가. 그렇다면 경을 가짐과 보시를 행함은 일부러 겸하지 않아도 저절로 겸한 것이다.

해설

경을 수지하는 공덕이 우월하고 육신의 목숨을 보시하는 복덕이 열등함은 분명히 있기는 있는데, 두 가지 모두 닦아 끊는 공훈功勳은 면치 못한다는 것입니다. 우리는 닦는 것과 끊는 것¹을 공부합니다. 목숨을 버리는 것은 나를 놓는 것이고, 사구게에서 사상을 놓으라고 하니 알고 보면 똑같은 의미입니다.

이 도리를 아는 사람은 움직이고 고요히 있고 밥 먹고 한 눈동자를 돌리는 것도 보시입니다. 행주좌와어묵동정 일체가 보시인데 일부러 수고롭게 보시라는 말을 할 필요가 없습니다.

야부

손에 쥔 미끄러운 방망이로 칼과 바꾸지 않나니
잘 쓰는 사람은 모두 다 편리하도다.
의도하지 않아도 본래 그대로 이루어지니
이러한 사람이야말로 뛰어난 대장부라.
라라리리라라여, 산꽃이 미소하고 새가 노래하도다.
이때에 만약 뜻을 얻으면 곳마다 살바하 하리라.

해설

방망이든 칼이든 자기가 시작한 공부 방법을 끝까지 밀고 나가는 것
이 공부의 지름길입니다. 이것저것 바꾸다 보면 설익게 되지요. 공부
가 익으면 일부러 마음을 내어 계획하고 설계하지 않아도 모두 저절
로 이루어집니다.

　　본분자리는 본래부처로 미혹한 적이 없으니 깨달을 것도 없습니
다. 본래 그대로 영겁에 걸쳐 여여如如 부동한 자리임을 확연히 아는
까닭에 이런 사람을 뛰어난 근기의 대장부라 이름합니다. 대장부의
걸음걸음은 꽃이 피고 새가 노래하듯 저절로 흥취가 일며 가는 곳마
다 성취를 이룹니다.

함허설의

만약 이 본분인本分人이라면 곧 날마다 쓰는 것이 다 묘용이니 어찌 모름
지기 다시 닦고 끊는 방편을 빌리겠는가. 오늘의 안배安排를 쓰지 않더라
도 묘용이 본래 스스로 이루어져 있으니 이는 하열한 근기의 경계가 아니

다. 모름지기 과량인過量人, 뛰어난 사람이라야 비로소 옳다. 단지 저 과량인의 경계를 어떻게 말할까.

> 바다는 잔잔하고 냇물은 맑아서 풍월風月이 좋으니,
> 사람사람이 모두 태평가를 부르도다.
> 어찌 홀로 사람만이 이와 같겠는가.
> 꽃은 산 앞에서 웃으며 천기를 누설하고
> 새는 숲 밖에서 지저귀며 무생을 말하도다.
> 낱낱이 다 스스로 무궁한 뜻이 있으며,
> 얻고 나면 그 근원을 만나지 못할 곳이 없도다.

해설

깨달은 사람은 날마다 쓰는 것이 모두 법다운 작용이기 때문에 따로 수단과 방편이 필요 없습니다. 새삼스럽게 안배를 하지 않아도 묘용이 본래 스스로 이루어져 있으니 뛰어난 사람이라 하겠습니다. 그러면 이 뛰어난 사람의 경계는 어떻습니까?

바다란 이 세계 곧 우리의 마음입니다. 자기 마음이 잔잔한 것은 부딪히는 경계를 닥치는 대로 놓고 항상 마음을 쉬고 마음을 쓰면 저절로 맑아집니다. 그럼 청풍이 불어 명월明月이 드러나지요. 사람마다 나란히 태평가를 부를 수밖에 없고, 모든 중생몸과 마음속에 중생들이 태평가를 불러서 행복하다고 하겠습니다.

종경

대각존^{부처님}께서 본래 한 글자도 세우지 않고 바로 사람의 마음을 가리키셨는데, 수보리가 무단히 이름을 특별히 청하여 억지로 가지와 마디를 낸 것이다. 비록 항하의 모래 수와 같은 목숨을 보시하더라도 상은 가히 구할 게 없으며, 세계를 부수어 가는 먼지같이 할지라도 법은 가히 설할 수 없다. 또 말하라. 그 무엇을 받들어 가질 것인가. 돌!

금강보검이 하늘 높이 치솟았으니
외도와 삿된 마군이 모두 뇌가 찢어지도다.

해설

불립문자^{不立一字} 직지인심^{直指人心}, 한 글자도 세우지 않으시고 사람의 마음을 가리켰는데, 가리킨 것이 부처입니다.

『임제록』에 오늘날 도 배우는 사람의 병은 스스로를 믿지 않는 데에 있다고 했습니다. 자기 스스로를 믿지 않는 것이 첫째 병입니다. 그래서 어록이나 경전에서 무수히 자기를 믿으라고 하는 것입니다. 바깥으로 믿으라는 말은 없습니다. 밖에 있다 하더라도 그것은 내 마음의 나툼입니다.

일체법이 어디에 있느냐고 하면 만법유식^{萬法唯識}이라 하여, 오직 마음뿐입니다. 자기 마음인 것을 알아야 합니다. 그 마음이 뭐냐, 인심^{人心}이라고 하여 사람의 마음을 곧바로 가리켰습니다.

『직지심체요절』을 보면 귀종스님에게 어떤 스님이 물었습니다.

"무엇이 부처입니까?"

"내가 너에게 얘기해도 네가 믿지 않을까 걱정이다."

"어떻게 큰스님이 하신 말씀을 제가 믿지 않겠습니까?"

"그대가 곧 부처니라."

"그렇습니까" 하고 믿었습니다.

그 스님은 네가 부처라는 말을 곧바로 믿어 들어간 것입니다.

"그러면 어떻게 지키오리까?"

"눈에 병이 생기면 헛것이 보이느니라." 그 스님은 거기서 깨달았다고 합니다.

눈에 병이 생긴다는 건 분별한다는 것으로 분별망상이 눈의 병입니다. 우리는 항상 분별합니다. 병이 생기면 실체가 아닌데 실체로 봅니다. 헛것이 끝없이 보입니다.

그 스님은 좌선이나 염불을 해서 깨달은 것이 아니고, 한 글자도 내세우지 않고 오직 사람의 마음을 바로 가리킨 말을 곧장 믿고 받아들여서 여여하게 눈에 병이 생기지 않게 노력했습니다. 분별을 놓고 쉬는 공부를 한 겁니다. 눈에 항상 병이 없으면 어떻게 되겠습니까? 항상 깨달아 있는 것입니다.

함허설의

돌! 모름지기 밖을 향해서 부질없이 치달아 구하지 말아야 한다. 치달아 구하면 두 조각 만듦을 면치 못할 것이다.

해설

두 조각을 만든다는 것은 양변에 떨어진다는 것으로 달려가 구하려는 순간 이미 양변으로 나누어졌다는 겁니다. 왜 구하지 말라고 한 것일까요? 이미 자기 속에 있기 때문입니다. 자기 내면에 물어야 합니다.

　『임제록』을 보면 "밖으로 치달아 구하는 마음만 없으면 네가 본래 조사인 부처다"라고 말했습니다. 즉 양변을 벗어나야 그대로 조사인 부처와 조금도 다르지 않고 같습니다. 중도를 말한 것입니다.

종경

이 안에는 원래 글자에 대한 설명이 없으니
허공 가운데에 누가 억지로 이름을 붙이는가.
넌지시 금강안金剛眼을 끄집어내어
마왕의 팔만성八萬城을 비추어 부수도다.

해설

허공을 향하여 동쪽 허공이다 서쪽 허공이다 누가 이름을 붙일 수 있겠습니까? 다만 방편으로 동과 서를 구분한 것입니다. 임시로 너와 나, 남자와 여자란 이름을 붙여 놓은 것이란 말이지요. 그게 없으면 질서가 없고 엉망이 되기 때문에 필요한 일입니다.

　하지만 그것이 실재한다고 생각해서는 안 됩니다. 임시로 붙여진 이름이고 환상과 같은 것입니다.

　넌지시 금강 지혜의 눈을 낼 수 있는 사람만이 마왕의 8만 성 즉 모든 분별을 다 타파할 수 있다 했습니다.

함허설의

이 일은 본래 주각註脚, 설명이 필요없으니 누가 허공 가운데를 향해 억지로 이름을 붙이는가. 모름지기 밖을 향하여 부질없이 치달아 구하지 말고 다만 금강의 눈을 끄집어내라. 넌지시 금강안을 끄집어내니 눈에 가득한 허공이 부서져 내리도다. 허공이 이미 부서져 내리니 마군의 궁전이 의지할 데가 없도다.

해설

장작이 갖가지 모습으로 있지만, 그것의 본성성품은 불입니다. 모습과 본성을 생각하면 다른 모든 것도 옳은 것이고 법입니다. 이것을 부정해서는 안 되지만 집착하고 실체라고 착각하지 말아야 합니다. 다만 쓰는 물건일 뿐입니다.

도인이라고 해서 똥과 된장도 구분할 줄 모르고 뒤죽박죽 섞어서 쓰지 않습니다. 똥은 똥대로 쓰고 된장은 된장대로 씁니다. 밭에다 똥을 거름으로 쓰면 똥이 된장입니다. 똥이 거름이 돼서 콩을 키워 내면 콩은 똥을 먹고 나옵니다. 그러니 콩은 똥의 또 다른 모습으로 둘이 아닙니다. 분별하지 않습니다. 다 쓸모가 있는 것으로 어느 것이든 옳습니다. 옳지 않은 것이 없다는 것을 알게 되지요. 평등한 것을 보게 됩니다. 평등하다고 해서 싹둑 잘라서 똑같이 만드는 것이 아닙니다.

가난한 사람은 가난한 사람대로 평등하고 부자는 부자대로 평등합니다. 가난한 사람은 가난을 체험하고 부자는 부자를 체험하면서 도를 닦아 나가는 것입니다.

그걸 가지고 어떻게 도를 닦아 나가느냐가 문제입니다. 부자로 나와도 그것에 집착하지 말고, 가난하면 그것을 받아들여 체험하면서 도를 닦아 나가면 평등한 것입니다. 높낮이를 생각하고 분별하는 중생상을 쓰니까 스스로 범부에 떨어져 고통받습니다.

밖으로 치달아 구하지 말고 스스로 금강의 눈을 끄집어내어 점검해야 합니다. 이 금강의 눈은 밝은 정안正眼입니다. 경계가 닥치면 그 속에서 어떤 바른 눈을 가질 것이냐? 이런 부분을 맡겨 놓고 마음을 고요히 쉬면 거기서 바른 눈금강의 눈이 나옵니다. 금강의 눈을 점검해 내면 눈에 가득한 허공이 다 부서져 공해 버립니다. 마군의 궁전이 어디에 의지할 곳이 없어지는 것이지요.

나라는 것을 놓으면 다 스러져 버립니다. 내가 없는데 세상이 있습니까? 내가 없기 때문에 세상이 존재하지 않고, 내가 없기 때문에 이 세상이 전부 나입니다.

제

14

이
상
적
멸
분

離相寂滅分

희유한 공덕을 성취한 사람

경문

그때에 수보리가 이 경 설하심을 듣고 깊이 그 뜻을 깨달아 눈물을 흘리면서 부처님께 사뢰어 말씀드리기를,

"희유하십니다, 세존이시여. 부처님께서 설하신 이렇게 깊고 깊은 경전은 제가 예로부터 얻은 바 혜안으로도 일찍이 이와 같은 경전을 듣지 못하였나이다."

爾時 須菩提 聞說是經 深解義趣 涕淚悲泣 而白佛言 希有 世尊 佛說如是甚深經典 我從昔來所得慧眼 未曾得聞如是之經

해설

이 경이라 함은 둘 아닌 법을 설하심을 말합니다. 『금강경』을 처음 시작할 때 수보리는 부처님께서 설법하시기도 전에 이미 "희유하십니다, 세존이시여"라고 찬탄한 바 있습니다.

수보리는 공의 도리를 가장 잘 깨달은 존자이므로 깨닫지 못한 바가 없고, 경을 시작할 때부터 이미 부처님과 하나인 마음이었습니다. 『금강경』을 매듭지으면서 눈물을 흘리며 "희유하십니다, 세존이

시여"라고 찬탄하는 것은 깨달음의 깊이가 달라졌기 때문입니다.

비유하자면 자기가 켠 조그마한 촛불 하나와 부처님의 광대무변한 불기둥은 둘 다 '광명'이라는 본질에 있어서는 다른 것이 아니나 그 체험하는 맛이 다른 것입니다. 수보리는 자기의 촛불이 부처님의 불기둥과 하나가 되고 깨달은 바가 부처님의 깨달으신 마음과 한마음이 되니 그 뜻의 광대무변함을 깨달아 감격의 눈물을 흘리며 자기도 모르게 찬탄하는 말이 쏟아져 나온 것입니다.

함허설의

경의 처음에는 상근上根으로써 깨달아 들게 하시므로 슬픔이나 기쁨에 움직이지 않고 바로 희유하다고 찬탄하시고, 여기서는 자취를 중근기中根機와 같이 해서 방편으로 깨달아 들어감을 보이시므로 슬픔과 기쁨이 뒤섞인 연후에 부처님의 희유하심을 찬탄했다.

해설

여기에서 상근기와 중근기를 거론하였는데 이것은 자기 마음 가운데 있는 상근기 보살과 자기 마음 가운데 함께 있는 중근기 보살을 말한 것입니다. 자기 마음 가운데에는 육도구류인 일체중생들이 함께 공동체를 이루며 살고 있는 까닭입니다.

야부

좋게 웃어야 하거늘 얼굴을 마주하여 숨겼도다.

해설

하늘을 우러르니 한 티끌도 걸림이 없는 까닭에 웃는 것이요, 땅을 내려 보니 만 중생이 내 모습 아님이 없는 까닭에 눈물을 흘렸습니다. 문득 깨달아 자기가 자기를 돌아보니 너무 불쌍하여 또 눈물이 나옵니다. 누겁累劫의 세월 동안 자기 속에 뱀도 있고 축생도 있고, 아귀도 있고 인간도 있고 천상도 있으면서, 서로 먹고 먹히며 윤회하여 온 그 세월이 긴 것을 보았습니다.

함허설의

기쁜 일이 앞에 나타나면 웃음을 토해야 하는데, 눈물을 흘리고 슬피 우는 것은 다만 숨기고자 함이다. 또한 부처님의 뜻을 깊이 깨달음에 차마 기쁘다고 말하지 못하고, 안으로 기뻐하고 밖으로 슬퍼하니 그 까닭에 웃음을 견디도다.

해설

먹고 먹히는 생사의 삶이 손바닥의 양면과 같습니다. 죽이려는 생각을 하자마자 이내 이해가 되는 다른 마음이 나옵니다. 이렇게 두 가지 마음을 동시에 볼 줄 알아야 합니다. 항상 너와 나라는 것, 저놈이 하면서도 둘이 아닌 입장에 서야 중도행입니다. 치우치면 안 됩니다. 그래야 광명이 나와 지혜롭게 작용합니다.

야부

어려서부터 돌아다녀 먼 길이 익숙하니
몇 번이나 형악산을 돌고 소상강을 건넜던가.
하루아침에 고향길을 밟으니
비로소 도중에 세월이 긴 것을 깨달았도다.

해설

어려서부터 고아로 수억겁을 오고 가면서 죽고 살고 하다 보니 타향 살이에 익숙합니다. 부모의 정도 가족의 정도 모릅니다. 사랑을 받아 보질 않았으니 할 줄도 몰라요. 따뜻한 고향에 편안히 안주할 줄도 모릅니다. 여기 가면 저리 가고 저리 가면 여기 가고 끝없이 방황하고 돌아다니기 바쁩니다. 순간 고향길을 찾아 밟아 보니 즉 깨닫고 보니 얼마나 오랫동안 고달프게 방황하고 돌아다녔는지를 비로소 그때 알게 됩니다. 우리 인생살이를 비유해서 말한 것입니다.

함허설의

작은 이익 때문에 아버지를 버리고 멀리 도망가서 하늘가[天]를 떠도니, 몇 번이나 인아[人我]의 산하[山下]를 가고 돌아왔으며 몇 번이나 은애[恩愛]의 강물을 드나들었던가. 홀연히 좋은 친구의 가리킴[指示]을 만나서 항상 즐거운 고향을 밟으니, 비로소 옛날 생사의 길에서 부질없이 긴 세월 보냈음을 알았도다.

해설

자신의 작은 이익 때문에 아버지본래부처를 버리고 도망가 중생으로 인아의 산인 형악산과 은애의 강물인 소상강을 헤아릴 수 없이 오고 갔습니다.

부처님과 선지식의 가리킴법문을 만나서, 누겁으로부터 한생각의 무명으로 인하여 나라는 이상을 붙잡고 사랑과 미움의 강물에 빠져 허우적거리는 삶을 돌고 돌아온 것을 확연히 본 것입니다. 그 좋은 선지식은 어디에 있느냐, 자기 마음 가운데 있습니다. 내 안의 자성본래부처이 스스로를 이끌고 온 것이지요. 항상 마음에 감사해야 합니다.

경문

세존이시여, 만일 또 어떤 사람이 이 경을 듣고 믿는 마음이 청정하면 곧 실상實相을 내리니, 마땅히 이 사람은 제일 희유한 공덕을 성취한 사람임을 알겠습니다.

世尊 若復有人 得聞是經 信心淸淨 則生實相 當知是人 成就第一希有功德

해설

『신심명』에서 "신심信心은 불이不二요, 불이가 신심이다"라고 하였습니다. 실상이란 신심이 청정하면 나온다고 했는데 청정이란 물들지 않음이요, 물들지 않는다 함은 양변에 치우치지 않는 중도를 말하고, 중도는 곧 불이법을 말합니다. 따라서 이 경도 불이법이고 믿는 마음도 불이이고 청정도 불이이니 실상 또한 불이법입니다.

육조

자성이 어리석지 않음을 혜안慧眼이라 하고, 법을 듣고 스스로 깨달은 것을 법안法眼이라 한다. 수보리는 아라한이다. 오백제자 중에 공의 도리를 아는 데는 으뜸이며 이미 일찍이 많은 부처님을 부지런히 섬겼으니, 어찌 이런 깊은 법을 듣지 못하고 이제 석가모니부처님 처소에서 비로소 들었겠는가. 그러나 혹시 수보리가 옛적에 얻은 것은 성문聲聞의 혜안이어서, 지금 비로소 이 같은 깊은 경전을 듣고 마침내 부처님의 뜻을 깨달았으므로, 옛적에 깨닫지 못한 것을 슬퍼한 까닭에 눈물을 흘리며 슬프게 울었던가. 경을 듣고 깊이 이해하는 것을 청정하다고 이른다. 청정한 가운데서 반야바라밀의 깊은 법이 흘러나오니, 마땅히 알라. 결정코 모든 부처님의 공덕을 성취할 것이다.

해설

자성은 근본지인 문수묘혜로 본래 청정하며, 누구나 가지고 있습니다. 자성에 의지하면 이미 혜안을 가졌다고 할 수 있습니다. 그래서 뭐든지 자성에 맡겨 놓고 물어보라고 한 것입니다.

　　법은 일체존재의 법입니다. 일체경계를 대할 때 법답게 작용하여 깨달음이 있으면 법안입니다. 그래서 언제나 경계를 만나면 이것이 어디로부터 왔는지를 잊지 말고, 그것이 나온 자리에 다시 놓으라고 한 겁니다.

　　수보리는 공의 도리를 가장 잘 아는 제자로 해공제일입니다. 그는 이미 성문의 혜안을 얻었지만, 깊은 법문經典을 다시 듣고 부처님의 뜻을 깨달았습니다. 부처란 자기 안의 자성부처로, 거기에다 다시 묻고 법문을 들은 것입니다. 經법문을 듣고 자세히 안 것을 신심이 청정信心淸淨하다고 합니다.

깊이 공부해서참구해서 체험하면 어디에도 물들지 않는 본래부처본래 청정한 놈를 알게 됩니다.

경문

세존이시여, 이 실상이라는 것은 곧 이것이 상이 아니므로 이 까닭에 여래께서 실상이라고 이름한다고 말씀하셨습니다.

世尊是實相者 則是非相 是故 如來 說名實相

해설

실상은 일체 만법의 진실한 모양 즉 색이 공이고 공이 색인 존재의 모습이고, 불생불멸인 존재의 본질을 말합니다.

함허설의

경에서는 참되고 항상한 묘체를 나타내시니 경을 듣고 신심을 내면 묘체 실상이 바로 그 자리에서 나타난다. 그러므로 신심이 청정하면 바로 이 자리에서 실상을 낸다고 하셨다. 이 실상이란 견문각지見聞覺智로써 구할 것이 아니며 색·향·미·촉으로 찾을 수 없다. 그러므로 이르기를 이 실 상이란 곧 상이 아니므로 여래께서 실상이라 이름하셨다. 또 이 실상이란 유상有相도 아니고 무상無相도 아니며 비유상非有相도 아니고 비무상非無相 도 아니다. 이 까닭에 여래께서 실상이라 이름한다 하셨다.

'묘妙'라고 한 것은 있기는 있는데 찾으면 없기 때문입니다. 문수묘혜라고 할 때도 '묘할 묘' 자를 씁니다. 근본지는 이미 다 가지고 있습니다. 이것이 모습으로는 흔적도 없기 때문에 믿어지지 않습니다. 그래도 있습니다. 성인들께서 고구정녕하게 말씀하셨으니 믿어야 합니다. 또 진리의 세계에 들어가려면 믿음이 근본이므로 믿는 마음을 내야 합니다.

경을 듣고 신심을 내기만 하면 육근이 청정해져 칠각지를 이룹니다. 묘한 체의 실상을 그 자리에서 체험하게 되는 것입니다. 바로 견성체험 한다는 것이지요. 이 말은 완전히 깨달은 성인의 말씀이므로 땅에 떨어지지 않습니다.

이 실상은 보고 듣고 깨닫고 앎견문각지으로써 구할 수 없으며, 색·향·미·촉으로도 찾을 수가 없습니다. 분별이 다 없어져 얻을 바가 없어야 하고 얻을 바가 없는 까닭에 이름하여 실상이라 할 뿐입니다.

육조

비록 청정한 행을 행하나 만약 더러움과 깨끗함의 두 가지 상이 마음에 있으면 이것은 아울러 때문은 마음이어서 곧 청정심이 아닌 것이니, 다만 마음에 얻은 바가 있으면 곧 실상이 아니다.

해설

청정행을 한다고 해서 어떤 것은 가려서 안 먹고, 자신이 옳다고 생각하는 행만 하여 절대적으로 계율을 지켜나가는 사람이 있습니다. 자기는 깨끗하고 철저히 지키는 사람이라 생각하고, 못 지키는 사람은 더럽다고 생각하며 그 꼴을 보지 못하지요.

더럽다 깨끗하다라는 두 가지 상이 있으면 때묻은 마음입니다. 청
정함을 얻으려고 하면 이미 실상이 아니므로 실상을 얻기 어렵습니다.

야부

산하대지를 어느 곳에서 얻어오리오.

해설

삼라만상 우주천하 만물만생이 자기성품을 떠난 적이 없습니다.

함허설의

만약 한결같이 상이 아니라 하면 지금의 산하대지는 분명하게 이 상인데
어느 곳에서 얻어 왔는가.

해설

산하대지는 상이 없는 곳으로부터 나왔으니 곧 자기성품으로부터 나
온 것입니다.

야부

멀리 바라보니 산은 색이 있고 가까이 들으니 물은 소리가 없도다.
봄은 갔건만 꽃은 아직 남아 있고 사람이 와도 새는 놀라지 않네.

두두頭頭가 모두 드러나 있으니 물물物物의 본체는 원래 평등하도다.
어찌하여 모른다고 말하리오. 다만 너무나도 분명한 것을.

해설

멀리서 보니 색이 있다 함은 아직 미혹한 눈으로 보니 분별심이 남아
있다는 뜻이요, 가까이 들으니 소리가 없다 함은 마음의 눈을 뜨니 분
별심이 사라졌다는 말입니다.

봄은 갔건만 꽃은 아직도 남아 있다고 함은 바람은 멈췄는데 파
도는 계속 친다는 것입니다. 그러나 조금 지나면 잔잔해진다는 것을
잊어버리지 마세요. 사람이 와도 새는 놀라지 않는다고 함은 경계가
닥쳐도 이로 인해 걱정하지 않는다는 말입니다. 본질을 알았기에 여
여하게 기다리면 어차피 없어질 것을 알기 때문입니다.

물물의 체가 본래 평등하다고 함은 산은 산대로 옳고, 계곡은 계
곡대로 옳아 평등하고, 남자는 남자로 여자는 여자로 평등하니 옳고,
가난한 이와 부자가 평등하고, 왕과 거지가 평등합니다. 그래서 "어찌
하여 모른다고 하리오. 다만 너무나도 분명한 것을"이라고 했습니다.

함허설의

미혹한즉 눈앞에 법이 있으니 이 까닭에 도에서 멀어지고, 깨달은즉 귓가
에 소리가 없으니 이 까닭에 도에 가깝다.
그러므로 말하되 중생의 망령된 견해로는 갖가지가 시끄럽고, 여래의 진
실한 견해로는 일체가 진眞이고 적정이라 한다. 비록 색과 소리가 없다
말하나 상과 상이 항상 완연宛然하고, 비록 항상 완연하다 말하나 상과 상

을 얻지 못한다. 그래서 말하되 상도 없고 공空도 없고 불공不空도 없으니 곧 이것이 여래의 진실한 모습이라고 하셨다. 이 진실한 모습은 낱낱의 가운데 다 나타나 있고 사물과 사물 위에 분명해서 때마다 곳마다 밝게 나타나지 않음이 없으니, 이미 두두頭頭에 다 나타나고 물물物物 위에 밝은데 혜능은 무엇 때문에 불법을 알지 못한다 말하는가. 눈썹 밑에 두 눈이 지극히 분명하니 도리어 눈동자를 보아라. 무슨 모양을 지었는가.

해설

실상이란 사상이 없는 것이고, 더 나아가 법상도 없으며 비상까지도 없음을 포함합니다. 그러므로 비상이 곧 실상이며 반야입니다.

일체법을 믿지 않는 것이 반야를 믿는 것이라 하고, 이 경이 곧 깨달음이라고 했습니다. 경이 따로 있고 깨달음이 따로 있는 것이 아닙니다. 경을 참으로 믿고 받아들이면 깨달음은 저절로 드러납니다. 경의 핵심이 무엇이며 경이 나온 곳이 어디인지를 확연히 알아야 합니다.

이와 같기에 상도 없고 공도 없고 불공도 없는 것이 여래의 진실한 모습이며, 이 진실한 모습은 낱낱이 모든 존재의 법一切法 가운데 드러나는 것으로 모든 작용 속에 있습니다.

『수심결』을 보면, 옛날 이견왕이 성품이 어디에 있냐고 바라제 존자에게 묻자, "성품은 작용하는 곳에 있습니다"라고 답했습니다.

작용이란 드러나는 존재로서 너와 나, 남자 여자, 옳고 그름이라는 모든 존재의 법 속에 있는 것입니다.

끝으로 육조 혜능대사가 '불법을 알지 못한다'라고 한 뜻은, 일체가 부처의 법 아닌 것이 없는데 부처의 법이 따로 어디에 있느냐는 말입니다.

일체상을 떠난 것이 곧 일체제불

경문

세존이시여, 제가 지금 이러한 경전을 얻어 듣고 믿어 알고 받아 지니기는 족히 어렵지 않거니와,

世尊 我今得聞如是經典 信解受持 不足爲難

해설

수보리는 부처님께서 이 세상에 계실 때 태어났으니 진리의 가르침을 믿고 이해하고 받아 지니기 어렵지 않았으나, 지금 이 경을 얻어 듣고 믿어 알고 받아 지닌다면 이때가 곧 부처님이 세상에 계시는 때인 것입니다.

믿고 이해하고 받아 지닌다信解受持는 것도 수행의 단계 없는 단계라 할 수 있습니다.

부처님의 말씀인 법을 많이 듣고多聞 깊이 참구하고 이치를 터득하여緣覺 실천궁행 하면菩薩 증득하게 된다는 뜻입니다. 그래서 성문·연각·보살도 수행의 단계 없는 단계라 할 수 있습니다.

야부

만일 뒷말을 얻지 못하면 앞의 말도 원만하기 어렵도다.

해설

법이란 처음도 좋고 중간도 좋고 나중도 좋아야 법답다 하듯이, 알기만 하고 실천하지 않으면 아는 것이 다 땅에 떨어져 원만하기 어렵습니다.

함허설의

만약 공생으로 하여금 다만 그 쉬운 것만 말하고 어려움을 말하지 않았다면 그 말이 원만함을 얻지 않았겠는데, 지금의 어려운 것과 쉬운 것을 함께 설하니 말씀이 원만하게 되었도다.

해설

사상을 놓지 않고 얻으려고 하면 어렵지만, 자기를 쉬고 놓아 버리면 참으로 쉽습니다.

야부

어렵고 어렵고 어려움이여, 마치 평지에서 청천靑天에 오름과 같고,
쉽고 쉽고 쉬움이여, 옷 입은 채 한숨 자고 깨어남과 같도다.
배를 움직이는 것이 모두 삿대 잡은 이에게 있으니
누가 파도가 땅으로부터 일어났다고 말하리오.

해설

"세 살 먹은 어린애도 다 알지만 실천하기는 팔십 먹은 노인도 하기 어렵다"는 조과선사와 백락천의 유명한 문답 속에도 드러나 있듯이, 믿고 이해하고 받아 지니는 수행의 단계 없는 단계를 다 갖추어야 하지만 어렵고 쉬움이 모두 배를 끌고 가는 선장의 안목에 달렸습니다.

몸뚱이 속에 구류의 중생이 가득한데 몸뚱이가 곧 배이며 온갖 망념이 중생입니다. 선업과 악업이 교차해서 나오는 모든 업식을 종합해 아는 이 마음이 곧 선장이지요.

일체의 작용이 파도이고 이 파도는 근본성품으로부터 일어남을 알아차리니 선장의 바른 안목으로 고해의 바다가 지혜의 바다로 바뀌는 대목입니다.

함허설의

그 어려움을 말하자면 다섯 가지 눈으로 보지 못하고 두 귀로도 듣지 못함이요, 그 쉬움을 말하자면 눈만 뜨면 곧 보이고 귀를 기울이면 곧 들리며 입만 열면 낱낱이 설파하고, 발을 들면 걸음걸음이 다 그것을 밟으니 평지에서 하늘에 오름은 진실로 쉽지 않으나, 옷 입은 채 자다가 깨는 것이 어찌 어렵겠는가. 잘 보아라. 어렵고 쉬움이 다만 이 한사람의 기변機變이로다.

해설

수억겁을 살면서 빚진 것이 너무나 많습니다. 내가 존재한다는 것 자체가 빚입니다. 나라는 것은 눈·귀·코·혀·몸·뜻으로 먹어서 형성되었기에 그 업이 태산보다 더 높아 이 빚을 갚을 도리가 없습니다.

이때 나를 놓으면 누가 빚을 갚습니까? 빚진 사람은 누구이고, 빚 갚는 사람은 누구일까요? 없습니다. 놓기만 하면 내가 없으므로 빚도 없어서 자유인입니다.

유위법으로 따지면 삼아승지겁을 닦아도 갚을 도리가 없습니다. 그래서 "쉬움을 말하자면 눈만 뜨면 곧 보인다"고 했습니다.

부처님께서 설하신 경과 조사스님들의 말씀인 어록을 믿는 것이 깨달음입니다. 깨달음과 말씀이 따로 있지 않습니다. 이것이 귀한 줄 알면 저절로 깨닫게 됩니다.

경문

만일 오는 세상 후 오백 세에 그 어떤 중생이 이 경을 얻어 듣고서 믿어 알고 받아 지닌다면, 이 사람은 곧 제일 희유함이 되겠습니다.

若當來世後五百歲 其有衆生 得聞是經 信解受持 是人 卽爲第一希有

해설

오는 세상 후 오백 세는 지금 한생각 내는 여기 이곳입니다. 발보리심을 한 이 사람, 이 경을 믿고 이해하고 실천하고 증득하는 이 사람이 그대로 부처님과 한마음인 그 사람이며, 곧 제일 희유한 사람입니다.

함허설의

경에서는 사람사람이 본래 지니고 있음을 나타내시니, 이 본래 지니고 있는 일착자一著子는 굳기가 철벽과 같고 부드럽기는 도라솜과 같다. 부드럽기가 솜과 같은 까닭에 받아 지니기는 쉽고, 굳기가 철벽 같은 까닭에 받아 지니기는 어려우니, 공생이 좌로 두드리고 우로 쳐서 그 가운데를 나타내었다.

해설

중도를 드러내기 위해서 좌로 두드리고 우로 치는 것이죠.

『돈오입도요문론』에 중도는 가假로, 양변을 초월한 것이라 했습니다. 가는 중中으로 말미암아 서고, 중은 가로 말미암아 있지요. 만약 본래 가가 없으면 중은 무엇을 따라 있겠습니까. 중과 가는 서로 인하여 있음을 알아야 합니다. 모든 경계가 가이므로 공부 재료이고, 버릴 것이 없습니다. 중도가 따로 있다고 생각하는데 아닙니다.

야부

가고 머물고 앉고 누우며 옷 입고 밥 먹는 것이
다시 무슨 일이 있으리오.

해설

부처님 법은 생활을 떠나서 존재하는 것이 아니고, 모든 삶은 근본을 떠나서 존재하지 않습니다. 마치 뿌리 없는 나무는 없고 나무 없는 뿌리도 또한 없듯이.

함허설의

불법이 다만 날마다 쓰는 행주좌와처와 옷 입고 밥 먹을 때에 있는 것이어서 어느 때 어느 곳에나 낱낱이 드러나고 빠뜨림이 없다. 이미 이와 같다면 신해하고 수지함에 무슨 어려움이 있으며, 비록 신해수지 할지라도 또 무슨 희유함이 있겠는가.

해설

부처님 법은 시간과 장소 어디에나 항상 드러나 있습니다. 모두 우리 근본마음이며 성품입니다.

시간과 공간이 바로 '나'라는 것이죠. 우리는 내가 따로 있고 시공이 따로 있다고 생각합니다. 그래서는 알 수가 없지요. 낱낱이 드러나 빠짐이 없는 것이 자기입니다. 분별하는 잘못된 고정관념을 놓으면 천연한 본래부처가 드러납니다.

이와 같다면 믿어 알고 받아 가짐에 무슨 어려움이 있겠습니까. 천연적으로 믿어지는 것이고 알아지는 것이고 이미 가지고 있는 것입니다.

야부

얼음은 뜨겁지 않고 불은 차지 않으며
흙은 습하지 않고 물은 건조하지 않도다.
금강은 다리로 땅을 밟고
깃대의 머리는 하늘을 가리키도다.
만일 어떤 사람이 믿어서 이르게 되면
북두칠성을 남쪽으로 향하여 보라.

해설

진리란 저기 어디 높이 따로 있는 것이 아니고 일상 속에 그대로 있습니다. 지금 우리의 삶을 떠나 따로 있지 않습니다.

　　이 도리를 알게믿게 되면, 북두칠성을 남쪽을 향해서 보게 됨을 수긍할 것입니다.

함허설의

'얼음은 뜨겁지 않고'로부터 '하늘을 가리키도다'까지는 평상의 도리라서 모두 움직이지 않는 것이니 다만 저 평상한 도리를 어떻게 말할까. 배가 가는 데는 마땅히 삿대를 들어야 하고, 말을 달리게 하는 데는 곧 채찍을 가해야 되며, 만약 주리면 밥 먹고 곤하면 잠을 잔다.
그대가 지금의 평상한 도리를 알고자 하면 북두와 남성의 위치가 다르지 않으니 다만 저 다르지 않은 도리를 또한 어떻게 말할 것인가.

　　비 오는 가운데 좋은 달을 봄이요,
　　불 속에서 맑은 샘물을 길어 냄이며,
　　바로 서서 머리를 땅에 드리움이요,
　　가로누워 자며 다리로 하늘을 가리키도다.

해설

두 발은 땅을 딛고 서 있고 머리는 하늘을 향하는 것이 우리 삶 그대로입니다. 남자는 남자의 도리를 하고 여자는 여자의 도리를 하고 스님은 스님의 도리를 하는 것이 평상의 도리입니다. 모두 원래 그렇게 하고 있습니다.

『마조록』에 보면, 마조스님께서 대중에게 설법하시기를 "도는 닦을 것이 없으니 물들지만 말라. 무엇을 물들음이라 하는가. 생사심으로 작위와 지향이 있게 되면 모두가 물들음이다. 그 도를 당장 알려고 하는가. 평상심이 도이다. 무엇을 평상심이라고 하는가. 조작이 없고, 시비가 없고, 취사가 없고, 단상斷常이 없으며, 범부와 성인이 없는 것이다"라고 했습니다.

함허스님이 말씀하신 대로 배가 가는 데는 삿대를 들어야 하고, 말을 달리게 할 때는 채찍을 가해야 하며, 주리면 밥 먹고 곤하면 자는 등의 일상이 그대로 도리이며 진리입니다.

이 평상의 도리를 알게 되면, 그대로 북쪽과 남쪽이 다르지 않음을 압니다. 북쪽과 남쪽이 둘이 아닌 것이지요.

이어서 다시 다르지 않은 도리를 또한 어떻게 말할 것인지 자문자답하고 있습니다. 여러분이 참구해 보라고 던지는 말입니다. 이런 말 한마디 한마디가 여러분이 참구해 나갈 수 있는 공부 재료를 계속 주고 있습니다.

경문

왜냐하면 이 사람은 아상이 없으며 인상이 없으며 중생상이 없으며 수자상이 없기 때문입니다. 까닭이 무엇인가 하면 아상이 곧 이 상이 아니며 인상·중생상·수자상도 곧 이 상이 아닙니다. 왜냐하면 일체 모든 상을 떠난 것을 곧 모든 부처님이라 이름하기 때문입니다.

何以故 此人 無我相 無人相 無衆生相 無壽者相 所以者何 我相 卽

是非相 人相衆生相壽者相 即是非相 何以故 離一切相 即名諸佛

해설

제일 희유한 이 사람은 사상이 없으며, 사상이 없다는 것은 곧 이 상
이 아님을 아는 사람입니다. 부처님께서 "무릇 형상 있는 것은 다 허
망하니 만일 모든 형상이 형상 아님을 보면 곧 여래를 보리라"고 말
씀하셨습니다. 이것을 이름하여 '일체상을 떠난 것을 곧 일체제불'이
라 하는 것입니다. 일체제불의 마음은 일체중생의 마음이고 일체제
불의 몸은 일체중생의 몸입니다.

함허설의

경을 듣고서 믿어 받아 지니는 것을 어찌하여 제일 희유하다 하는가. 사상
을 떠나서 초연히 홀로 걷기 때문이다. 사상을 멀리하는 것은 어려운데 어
떻게 능히 멀리할 수 있는가. 지혜의 눈을 떠서 사상이 본래 공空함을 요
달하여야 한다. 상이 본래 공한 줄을 요달해서 능히 멀리 떠남을 어찌 제일
희유하다 하는가. 일체상을 떠난 것을 곧 제불이라 이름하기 때문이다.

해설

사상을 여의어서 초연히초월해서 홀로 걷는다 함은 상대적인 중생심으
로 걷는 것이 아니고, 부처님 법문진리에 의지하여 일상에서 자기 삶
의 걸음을 걷는 것입니다.

　사상을 멀리 여의려면 지혜의 눈을 떠야 하므로 정견正見이 중
요합니다. 팔정도는 정견부터 출발합니다. 정견은 갑자기 생기는 게

아닙니다. 부처님 법문을 자주 들려드리고 실천함으로써 정견이 섭니다.

정견이 바로 서 모든 상을 여의면 일체 부처님입니다. 여러분이 상을 여의기만 하면 부처님하고 하나가 됩니다. 상이 나오면 다시 놓고, 놓는 이 작업을 하는 순간 일체상을 여읜 부처님이 됩니다.

어려운 경계 속에서 깨달아집니다. 깨달아진다고 해서 내가 깨닫는 게 아니고 일체제불의 맛을 보는 것입니다. 내가 하나의 불을 켜서 모든 부처님의 큰 불덩이에 넣으면 내 불이 따로 있는 것이 아니라 함께 있습니다. 광명은 하나이므로 그 광명과 자기가 하나가 되어 큰 광명의 맛을 보게 되는 것입니다.

육조

수보리가 깊이 부처님 뜻을 깨달아 자기의 견처見處를 드러내시니 업이 다하고 때垢가 없어져 지혜의 눈이 밝게 트이면 믿고 알고 받아 지님은 곧 어려움이 없다. 세존이 세상에 계시면서 설법하실 때도 무량한 중생이 능히 신해수지 못했는데 하필이면 홀로 후 오백 세를 말했겠는가. 대개 부처님이 계실 때에는 비록 하근기라서 믿지 않고 의심하는 일이 있을지라도 곧 부처님께 가서 물으면 부처님이 곧 마땅함을 따라서 그들을 위해 설하시어 깨닫지 못함이 없었다. 부처님이 멸도한 후 오백 세엔 점차 말법에 이르러 성인에 가기가 더욱 멀어져서 말씀만 있으니, 만약 사람이 의심이 있으면 물어 해결할 곳이 없어서, 어리석고 미혹하여 집착을 안고서 무생의 이치를 깨닫지 못하고 상에 집착하여 치구해서 육도에 윤회하리니, 이때에 깊은 경을 얻어듣고 청정한 마음으로 공경하고 믿어서, 무생의 이치를 깨닫는 자는 심히 희유함이 되므로 '가장 희유하다' 말했다. 여래께서 멸도 후 후 오백 세에 만약 어떤 사람이 능히 반야바라밀의 심히 깊은 경전을 신해수지 하면 곧 알라. 이 사람은 아상·인상·중생상·수자상이 없다. 이 사상이 없어지면 이것이 이름하여 실상이고, 이는 곧 불심佛心이다. 그러므로 일체의 모든 상을 여읜 것을 곧 이름하여 제불이라 한다.

해설

여래께서 열반에 드신 뒤 후 오백 세에 어떤 사람이 능히 반야바라밀의 매우 깊은 경전을 믿어 알고 받아 가지면 이 사람은 사상이 없어 실상입니다. 또한 이것이 부처님의 마음이며, 일체의 상을 여읜 이를 제불이라 한다고 하셨습니다.

성인은 시공을 초월한 진리를 깨달으신 분이므로 항상 상주합니다. 지금 여기에서 한생각 발심하는 이가 있으면 즉 신해수지 하는 이가 있으면 그 마음과 하나가 되어 주시기 때문에 제불이라 하는 것입니다.

야부

마음으로 사람을 저버리지 않으면 얼굴에 부끄러운 빛이 없다.

해설

자신이 당당하면 어느 곳에서 어떤 사람을 만나도 부끄러울 것이 없습니다. 마음에서 남을 저버리지 않으려면 사람 노릇을 해야 하며, 이

때 도를 닦는다 할 수 있습니다. 사람 노릇을 제대로 하려면 일체경계를 자각하여 알아차리고 놓아야 합니다. 그러면 낱낱의 작용이 법에 맞아 모두가 이익 되고 둘 아니게 됩니다.

함허설의

부처님께는 삼신三身이 있으니 이는 법신인가 보신인가 화신인가. 저 비로자나불의 머문 곳을 보라. 셋도 아니고 하나도 아니지만, 셋도 되고 하나도 된다. 만약 문수로 하여금 도중에서 오지 않고 보현으로 하여금 청산을 망각케 한다면 벌써 비로자나불을 저버리는 것이다. 비로자나불을 저버린다면 마음에 겸연함이 있어서 얼굴에 부끄러운 빛이 있거니와 지금은 그렇지 않아서 한산은 올 때의 길을 잊어버리고 습득은 서로 손을 잡고서 돌아오니, 그러므로 마음에 겸연함이 없어 얼굴에 부끄러운 빛이 없도다.

해설

화신과 보신의 나툼 속에는 법신이 항상하고, 법신의 본체는 화신과 보신으로 인하여 완전하게 됩니다. 셋도 아니고 하나도 아니며, 셋이면서 하나입니다.

문수는 본체자리로 청산이며, 보현은 작용으로 도중에서 항상 실천궁행을 합니다. 문수로 하여금 도중에서 오지 않고 보현으로 하여금 청산을 망각케 한다고 하는 것은, 문수는 보살행실천궁행을 하지 않고 보현은 본체자리를 잊어버린다는 말입니다. 비로자나부처님을 저버린 것이 된다는 말이지요.

한산과 습득은 중국 당나라 때 선승입니다. 한산은 문수보살의 화신이라 하고 습득은 보현보살의 화신이라 일컬어집니다. 한산이 시정詩情에 들어 산에서 내려오지 않으면, 돌아다니던 습득이 가서 한산의 손을 잡고 왔다고 합니다. 이 말을 한산은 올 때의 길을 잊어버리고 습득은 서로 손을 잡고서 돌아온다고 한 것이지요. 항상 함께 있다는 것입니다.

집안에 있으면서 도중일을 생각하고, 도중에 있으면서 집안일을 같이 해야 옳습니다. 여러분들도 소임을 맡아 살면서 항상 자기의 본질자리문수를 잊어버리지 않아야 합니다. 자기가 누구인지 순간 자각해야 합니다. 혼자 좌선할 때도 그것이 큰 작용인 것을 아십시오. 고요히 앉아 있다고 해서 아무것도 안 하는 것이 아닙니다.

혼자 마음으로 모든 것을 놓고 조용히 앉아 있는 것은 한산문수이지요. 앉아 있어도 대기대용이라고 하잖아요. 큰 기틀은 큰 작용을 이미 가지고 있습니다. 항상 한산과 습득이 서로 손을 잡고 돌아왔다는 것입니다. 문수지혜와 보현행원을 갖추었기 때문에 마음에 꺼림칙한 것이 없이 당당하며 얼굴에 부끄러운 빛이 없는 것입니다.

야부

묵은 대에서 새순이 돋아나고
새 꽃은 옛 가지에서 자라도다.
비는 나그네의 길을 재촉하고
바람은 조각배를 돌아가게 하도다.
대나무 빽빽해도 흐르는 물 방해하지 않고
산이 높다고 어찌 흰 구름 흘러감을 방해하리오.

해설

'옛'은 우리의 조상이며 근본 뿌리이며, 지금 서 있는 이 자리입니다. 남의 부모가 아무리 잘나도 나를 키우고 존재케 하지 않았습니다. 나를 존재케 한 것은 내 부모입니다. 그러므로 내 부모가 가장 위대함을 알아야 합니다. 임제스님께서, 중생의 병이 어디에 있느냐면 자기를 믿지 않는 데 있고, 밖으로 치달아 구하는 이 마음 때문에 공부가 안된다고 했습니다. 이것이 가장 큰 병입니다.

그래서 묵은 대에서 새순이 나오고 새 꽃은 옛 가지에서 자란다고 한 것입니다. 하늘에서 뚝 떨어지듯이 꽃이 피는 것이 아닙니다.

비와 바람은 경계인 번뇌이고, 번뇌는 곧 보리입니다. 고苦가 있으니까 진리를 찾으려 하는 것이지요. 고가 없으면 어떻게 진리를 찾아 여기서 공부할 수 있겠습니까? 그러니 감사한 일입니다. 병고액난 가환우환이 알고 보면 다 공부 재료입니다. 그것으로 인해서 지혜가 증장되어 부처가 됩니다.

이와 같기에 대나무가 빽빽하게 있어도 흐르는 물은 방해받지 않고 산이 아무리 높아도 흰 구름이 날아가는 데 걸리지 않는다고 한 것입니다.

함허설의

본각本覺과 시각始覺을 쌍으로 이루어서 부자父子가 동업同業이라. 이미 동업일진대 집안일은 생각지 말고 도중에 객이 됨을 좋아하며, 또한 도중일은 생각지 말고 도리어 집을 향해 들어갈지어다. 비록 이와 같으나 도중일은 집안일에 걸리지 않고 집안일은 도중일에 걸리지 않음이로다. 잘 보아라. 문수·보현이 좌로 돌고 우로 도니 비로자나불의 얼굴에 춘풍의 미소가 가득하도다.

해설

자성의 본체자리는 아상이 없고 인상이 없고 중생상이 없고 수자상이 없으며, 자성의 작용도 아상이 곧 이 상이 아니며 인상·중생상·수자상도 이 상이 아닙니다. 자성의 본체는 본래 상이 없으며 자성의 작용 또한 함이 없음無爲法으로써 얻을 바 없는無所得 것입니다. 그런 까닭에 문수는 좌로 돌고 보현은 우로 돌아가니 비로자나가 광명변조光明遍照가 되었습니다.

경문

부처님께서 수보리에게 이르시되 '그러하고 그러하다.'

佛告須菩提 如是如是

해설

모든 상을 여의면 곧 모든 부처님이라 이름한다離一切相 即名諸佛는 것에 대하여 부처님께서 그러하고 그러하다고 했습니다.

육조

부처님께서 수보리가 아는 것이 자신의 마음에 잘 계합함을 인가한 까닭에 거듭 '그렇고 그렇다'고 말씀하셨다.

해설

수보리의 앎이 이치에 묘하게 일치한 까닭으로 부처님께서 '그렇고 그렇다'고 거듭 인가하시며 칭찬하셨습니다. 모두가 다 긍정하면 일체가 평등하게 돌아가게 되는 것입니다.

경문

만일 또 어떤 사람이 이 경을 듣고 놀라지 않고 겁내지 않으며 두려워하지 않으면 마땅히 알라. 이 사람은 매우 희유함이 되나니.

若復有人 得聞是經 不驚不怖不畏 當知是人 甚爲希有

해설

작은 법을 좋아하는 자들은 이 무위법의 실상을 듣고 곧 "일체 모든 상을 떠난 것을 곧 모든 부처님이라 이름한다"는 말을 듣고 놀라고 겁내고 두려워합니다.

작은 법이란 유위법이며 한계가 있는 법이며 상대적인 법입니다. 무위법을 듣고 놀라고 겁내고 두려워하지 않으면, 이 사람은 일체 유위법이 본래 공함을 알아 깨달은 안목이라 매우 희유함이 됩니다.

함허설의

공생의 희유하다는 말씀이 묘하게 이치에 계합하므로 찬탄해 말하기를 '그렇고 그렇다' 하셨다. 중생이 각왕^{覺王}, 부처님을 위배하여 온 것이 오래 되었다. 이제 부처님께서 열어 보이심을 듣고 많이 놀라고 두려움을 내니,

진실로 놀라고 두렵지 않으면 심히 희유함이 된다. 비유컨대 집 나간 빈궁한 아들窮子이 가난하고 헐벗은 지 오래되었다가 부왕을 만나 뵌 것이 실로 천행이다. 그러나 그 아버지는 문정門庭, 가르침의 요지·종지이 고준高峻하고 그 궁자는 뜻이 하열하여 보고 나니 놀랍고 두려워함을 면하지 못한다. 보고 나서도 놀라고 두려워하지 않는 자는 심히 희유함이 되도다.

해설

집 나간 빈궁한 아들에 대한 비유는 『법화경』「신해품」에 나옵니다.

부유한 장자에게 아들이 있었는데, 그 아들은 어릴 때 아버지를 떠나 오랜 세월 방랑하던 중 본국에 들르게 되었지요. 그때 마침 장자는 아들을 찾으며 한 성에 머물고 있었습니다. 어느 날 빈궁한 아들은 아버지인 장자가 있는 성의 문 앞에 이르렀지만 하인들에게 둘러싸여 앉아 있는 장자의 고준함을 보고 두려워 몸을 피했습니다. 장자는 그가 자신의 아들임을 알아보고 사람을 보내어 붙들고자 했지만 아들은 놀란 나머지 기절해 버렸어요. 장자는 아들을 놓아주고 후일 다른 사람을 보내 변소 청소부가 되도록 권유했고, 자신도 헌 옷을 입고 아들에게 다가가 안심하고 일하도록 격려했습니다. 열심히 하면 아들처럼 대하겠다고도 말했습니다. 세월이 흘러 장자는 자신의 죽음이 가까워 온 것을 알고 아들을 불러 재물과 보배의 관리인으로 일체를 맡겼습니다. 드디어 죽음이 임박했을 때, 국왕과 친족 모두를 모아 놓고 그가 자신의 진짜 아들임을 밝히고 자신의 모든 것을 주었다는 이야기입니다.

비유 속에 나오는 장자가 바로 각왕입니다. 각왕이란 항상 자기 가슴속에 있기에 심왕心王이라고도 하고 자성불이라고도 합니다. 중생은 이를 의지하지 않고 밖으로 치달아 다님이 오래되었습니다. 그렇기 때문에 부처님께서 법을 열어 보이심을 들으면 놀라고 두려움을 내며 많이들 밖으로 치닫습니다. 이 법문을 듣고도 놀라고 두려워하지 않는 이가 있다면 이 사람이야말로 진실로 희유한 사람이 되는 것입니다.

육조

성문聲聞은 오랫동안 법상에 집착하여 유위의 알음알이를 고집하고, 제법이 본래 공하여 일체 문자가 다 거짓으로 세운 것임을 요달하지 못하여, 홀연히 깊은 경전을 듣고 모든 상이 나지 않으면 언하에 곧 부처라는 말을 듣고는 놀라고 두려워한다. 오직 상근기의 보살은 이 이치를 듣고 환희로 받아 지녀서 마음에 두려워 물러남이 없으니 이러한 무리는 심히 희유함이 된다.

해설

경문에는 "모든 상을 여의면 곧 이름하여 모든 부처님이다離一切相 即名諸佛"라 하였고, 여기서는 "모든 상이 나지 않으면 언하말끝에서에 그대로 부처가 된다諸相不生하면 言下卽佛"고 했습니다. 다르게 표현했지만 같은 뜻입니다. 성문은 오랫동안 법상과 유위의 알음알이를 고집하였기에, 이런 말을 들으면 두려워합니다. 상근기의 보살은 환희로 받아 지녀서 두려움도 없고 물러남도 없기 때문에 매우 희유하다고 한다는 것이지요.

야부

다만 이것은 자기 집 것이니라.

해설

무위법의 나툼인 광대무변한 세계가 바로 자기 모습입니다. 놀라고 겁나고 두려워하는 것이 다 자기로 인한 것이니 곧 자기의 다른 모습인 것을 알면 나 아님이 없습니다. 무위법과 유위법 이것도 둘이 아니니 모두 자기 집안일입니다.

함허설의

놀라고 두려워하지 않음을 희유라 하니 이는 옳기는 옳으나, 아버지와 자식이 본래 같은 기氣이며 또한 스스로 같은 집이니 어찌 놀라고 두려워할 것이며, 비록 놀라고 두려워하지 않으나 또한 어찌 희유하다 하겠는가.

해설

아버지는 자기 안의 부처입니다. 현재의식의 내가 아들자식이고, 자기 안의 부처님을 현재의식의 내가 믿고 의지하면 하나로써 같은 기질同氣입니다. 둘로 나누어졌지만 하나라는 거지요. 또한 동가同家, 같은 집이니 이미 자기 안에 부처가 있다는 것을 알면 항상 친근하므로 놀랄 일이 아닙니다.

야부

한 터럭이 큰 바다를 삼키고

겨자에 수미산을 용납하도다.

푸른 하늘에 둥근달이 가득하니

맑은 빛이 천지에 빛나도다.

고향 땅 밟아 안온하니

다시 남북과 동서가 없도다.

해설

희유함을 얻은 사람은 한생각이 만 생각을 삼키고, 한생각 속에 만 가지 경계를 흡수할 수 있습니다. 성품의 하늘이 본래 고요하고 맑으니 둥근달이 밝게 비추어 천지사방에 가득하지요. 남북동서와 삼라만상과 만물만생은 무엇인가. 다 희유한 이 사람으로 인하여 있는 것이니 어찌 다르다 하겠습니까.

함허설의

티끌과 터럭과 겨자는 사물 가운데서 가장 작은 것이고, 큰 바다와 수미산은 사물 가운데서 가장 큰 것이다. 가장 작은 것으로 가장 큰 것을 거두는 것은 우리의 상식情識으로써 이를 바가 아니다. 그러나 지혜로 그것을 비추어 보면 티끌과 터럭과 겨자가 곧 작지 않고 큰 바다와 수미산이 곧 큰 것도 아니니, 큰 바다를 터럭 끝에 용납하고 수미산을 겨자에 받아들이니, 이것은 우리들의 상식이어서 다른 기술을 빌린 것이 아니다. 무엇을 인하여 이러한가. 성품의 하늘에 깨달음의 달이 허철영명虛徹靈明, 사무치게 밝아서**하여** 육합六合, 동서남북과 상하에 밝게 빛나고, 빛이 만상을 덮어 넓고 좁고 크고 가는 것이 하나도 그 빛을 용납하지 않음이 없다. 이 경계에 오르며 이러한 소식을 본다면 다시 무슨 동서와 남북을 말하겠는가. 남북 동서가 다 내가 만든 것이다. 일체가 다 나로 말미암아서 모두 방해가 없으니 이런즉 건립도 또한 나에게 있고 그것을 없애는 것도 또한 나에게 있도다.

해설

깨달은 지혜로 비추어 보면 반드시 작은 것이 작은 것 아니고, 큰 것이 큰 것 아닙니다. 작은 것이 큰 것을 온전히 받아들이는 도리가 진실로 있습니다. 성인이 진실되게 말해 주었으니 사실인지 아닌지 참구해 보시기 바랍니다.

넓고 좁고 크고 가늘다는 것은 상대성을 말합니다. 이들은 작으면 작은 대로 크면 큰 대로 빛을 받아서 밝게 드러납니다. 이러한 경계와 소식을 보면 어느 곳을 남쪽이니 북쪽이니 동쪽이니 서쪽이니 하는 분별이 있겠습니까. 남북동서가 따로 있는 것이 아니고 다 내가 만든 것이지요.

일체가 나로 말미암아서 방해가 없습니다. 전부 나니까 서로서로 부딪힘이 없지요. 건립하는 것도 나에게 있고 없애 버림도 나에게 있습니다.

제일바라밀이란
머무는 바 없는 마음이다

경문

왜냐하면 수보리야, 여래가 설한 제일바라밀이 곧 제일바라밀이 아니
라 그 이름이 제일바라밀이기 때문이니라.

何以故 須菩提 如來 說第一波羅蜜 卽非第一波羅蜜 是名第一波羅蜜

해설

제일바라밀이란 머무는 바 없는 마음으로 '무위법행'이라 하고, '응무
소주 이생기심'이라 하고, '반야바라밀'이라 합니다.

함허설의

경을 듣고서 두려워하지 않음을 왜 심히 희유하다 하는가. 이 법은 어떤
사물과 더불어 같지 않으며 또한 능히 사물과 더불어 평등하다. 깊이 현묘
하고 그윽히 오묘하여 인정에 가깝지 않으니, 듣는 사람이 많은 놀라움과
두려움을 내어서 믿고 이해한다는 것이 진실로 어렵다. 지금 능히 청정한
믿음을 내어서 겁내고 두려워하지 않으니 이런 까닭으로 희유하도다.

해설

이 법은 다른 모양이나 형상으로 같이하지 않고 물들지 않습니다. 그러나 능히 다른 물건들과 같이합니다.

광명을 비유로 들어 더러움을 비춰서 드러냈다 해도 더러움에 물들지 않는 것이 너의 참 성품이라고 했습니다. 광명이 오물을 비춰서 오물을 드러내지만 그 더러움에 광명이 물들지 않거든요.

법은 깊이 현묘하고 그윽히 오묘하여 사람의 알음알이로는 가까이하지 못합니다. 지금 법을 듣고 청정한 믿음을 내서 놀라고 두려워하지 않으니 희유하다고 말한 것입니다.

육조

입으로 말하고 마음으로 행하지 않으면 곧 그름이고, 입으로 말하고 마음으로 행하면 곧 옳음이니, 마음에 능과 소가 있으면 곧 그름이고, 마음에 능소가 없으면 곧 옳은 것이다.

해설

마음에 주관과 객관, 나와 너가 없으면 제일바라밀이니 이 또한 상을 멀리 떠난 자기성품입니다.

야부

팔자八字로 타개打開하여 양손에 나누어 주었다.

해설

제일바라밀을 양손으로 쪼개어 열어 보여 낱낱이 드러냈습니다. 맑은 거울은 경계가 오면 단박에 알아차리고 응하여 작용함이 신속하지요. 밥상을 대함에 국 맛이 짜다 싱겁다 말하지 마십시오. 싱거우면 소금을 쳐서 먹고 짜면 물을 더하여 먹으면 되지 군더더기를 붙이지 말아야 합니다.

함허설의

제일바라밀이여, 다시는 향상向上, 위로 향함이 없다. 제일바라밀이 아님이여, 향하向下, 아래로 향함와 다르지 않다. 제일바라밀이라 이름함이여, 이는 향상인가 향하인가. 향상 향하를 모두 설해 보여서 양손으로 다 나누어 주었도다.

해설

향상이 없고 향하와 다르지 않다는 것을 『화엄경』에서는 십신·십주·십행·십회향·십지의 단계 없는 단계로 이야기합니다. 십신 법문은 땅에서 설하고, 십주 법문은 도리천에서 설하고, 십행 법문은 그 위 야마천에서 설하고, 십회향 법문은 도솔천에서 설하니 점점 더 높이 올라갑니다.

점점 더 높이 올라가지만, 이것은 단계 없는 단계이기 때문에 향상이 없어 제일바라밀이 아니고, 향하와 다르지 않기에 이름이 제일바라밀인 것입니다.

야부

제일바라밀이라 이름함이여,
천차만별이 이로부터 나왔도다.
귀신의 얼굴에 신의 머리가 대면하여 오니
이때에 서로 알지 못한다 말하지 말라.

해설

삼천대천세계의 삼라만상이 제일바라밀로부터 나왔습니다. 신의 머리에 귀신의 얼굴이라, 하나의 근본에서 두 가지 작용이 나오니 악이 나오고 선이 나오는 것이 모두 한집안 소식입니다. 근본과 두 가지 작용, 이 셋이 모두 하나임을 깨달아야 제일바라밀에 계합합니다.

　　마음근본제일바라밀을 닦아 밝히려면 선의 마음과 악의 마음이 동시에 쏟아져 들어와야 이 두 가지 마음을 지켜보는 마음이 뚜렷이 드러나 분명해집니다.

함허설의

제일바라밀이여, 온갖 차별이 이로부터 나왔다. 요연了然히 아득히 깊어 측량하기 어려우나, 낱낱이 항상 드러나 있음을 어찌하겠는가. 항상 드러나 있음이여, 따로 참다운 것이 없으니 이때에 서로 모른다고 말하지 말라.

해설

자성을 확연히 믿기 전에는 경계가 닥치면 놓아야 한다는 생각에 억지로 놨는데, 자성을 깨닫고 난 지금은 놓는다는 말도 필요 없이 경계가 오는 즉시 없어져 버립니다.

보조의 『진심직설』에서 공부의 단계 없는 단계로 다음 네 가지를 이야기합니다. 첫째는 '지무생사知無生死'로 생사가 없는 것을 아는信는 단계입니다. 그러기 위해서는 성인의 법문을 자주 들어야 합니다. 둘째는 '체무생사體無生死', 생사가 없음을 체험하는 단계입니다. 성인의 법문을 자주 듣고 자기 마음에 의지하여 참구하면 반드시 체험하게 됩니다. 오직 한마음만을 남겨서 외로이 우뚝 세워 두는 것입니다. 셋째는 '계무생사契無生死'로 생사가 없음에 계합되어 들어가는 단계, 놓았다는 생각 자체도 놓아 버린 것으로 확철대오廓撤大悟했다 합니다. 넷째는 '용무생사用無生死'로 생사가 없음을 자유자재하게 쓰는 단계이며 관세음보살마하살·지장보살마하살·대세지보살마하살 이런 분들은 용무생사하시는 분들입니다.

우리 공부는 지무생사인 생사 없는 것을 알아 가는 것입니다. 생사 없는 것이 부처본무생사이므로 부처를 알아 가는 것이고 믿어 가는 것입니다. 그 믿음이 가득 차면 체무생사하게 됩니다. 이 체험도 한 번이 아니라 열 번을 해야 합니다. 열 번이라고 한 것은 완전하게 해야 된다는 말입니다. 십十이란 완전수로 체험을 완전하게 하면 십행 법문에 곧장 들어갑니다. 이때부터는 자기 삶 속에서 능수능란하게 작용할 줄 압니다.

경문

수보리야, 인욕바라밀이라 하는 것도 여래가 설하되 인욕바라밀이 아니라 그 이름이 인욕바라밀이니라. 왜냐하면 수보리야, 내가 옛적 가리왕에게 신체를 베이고 잘림을 당하였을 적에 나는 그때에 아상이 없었으며 인상이 없었으며 수자상이 없었느니라. 왜냐하면 내가 옛적에 마디마디 사지를 베일 때에 만일 아상·인상·중생상·수자상이 있었으면 응당 성내고 원망함을 내었으리라.

須菩提 忍辱波羅蜜 如來 說非忍辱波羅蜜 是名忍辱波羅蜜 何以故 須菩提 如我昔爲歌利王 割截身體 我於爾時 無我相 無人相 無衆生相 無壽者相 何以故 我於往昔節節支解時 若有我相人相衆生相壽者相 應生嗔恨

해설

인욕바라밀을 하되 함이 없이 해야 합니다. 함이 없으므로 공한 것입니다. 그래서 인욕바라밀이 아니고 그 이름이 인욕바라밀이라고 합니다.

부처님께서 옛적에 인욕선인이셨을 당시 가리왕에게 신체를 낱낱이 베일 때 사상이 없었으며, 만약 있었으면 응당 성내고 원망함을 내었을 거라고 했습니다. 이렇듯 상이 없어야 인욕바라밀입니다.

공부하는 방법으로 계戒·정定·혜慧 삼학三學이 있습니다. 정은 무조건 놓는 것으로, 놓으면 다음에 혜로써 평정이 됩니다. 혜는 둘이 아님을 확연히 아는 것입니다.

부처님께서 당신이 인욕선인이셨을 때에 가리왕과 둘이 아님을 알았기에 성내고 원망함이 없었습니다. 연기법을 확연히 아셨기 때문입니다.

가리왕이 있으므로 인욕선인이 있고, 죽이려는 자가 있으므로 죽임을 당하는 자가 있습니다. 이 둘이 서로 마주치는 그곳지혜광명을 비출 수 있으면, 깨달음과 밝음과 체험이 생깁니다.

함허설의

위에서는 신해信解를 찬탄하여 이로 하여금 발심하게 하여 마치시고, 장차 보살의 상 떠난 발심을 권하기 위하여 먼저 자기가 보살도를 행할 때, 어려움을 만나서 인忍, 참음에 안주하던, 상을 떠난 자취를 드신 것이다. 인욕바라밀이란 어려움을 만나서 인忍에 안주하여 피안에 이름을 구해 가는 것이요, 인욕바라밀이 아니라 한 것은 욕경辱境이 본래 공하고, 참는 마음이 본래 공적하여 피안에 이를 것이 없다는 것이다. 어찌하여 이와 같은가. 내가 옛적에 가리왕에게 베이고 잘림을 당해서도 욕된 경계가 마음에 있음도 보지 못하며, 또한 몸과 마음이 해치는 것을 당함도 보지 못하여서 애초에 아상·인상이 없었다. 오히려 욕경과 신심身心이 있음을 보지 못했는데 어찌 다시 피안에 이름이 있음을 보겠는가. 그러면 무엇을 인하여 아상이 없음을 아는가. 내가 저 때에 만약 아상이 있었으면 마땅히 성내고 원망하는 마음을 내었을 것이나, 이미 성내고 원망을 내지 않았으므로 상이 없음을 알았다.

해설

인忍은 단순히 참는다는 의미를 뛰어넘어 견성체험 함을 말합니다.

한 번 체험한 사람은 최악의 상황이 벌어져도 분별없이 받아들일 수 있습니다. 체험했기 때문에 믿음이 확실해서 의심이 없으며 진리가 그러하다는 것을 압니다.

설령 체험하지 못했더라도 참으로 믿어진다면 상관없습니다. 견성체험 한 것과 조금도 다르지 않으니 물러서는 생각을 내지 마십시오. 체험한 것이든 확연히 믿어진 것이든 거기忍에 안주住하여 피안에 이르면 확연히 증득한 것입니다.

육조

욕경이 마음에 있음을 보면 곧 그른 것이고, 욕경이 마음에 있음을 보지 못하면 곧 옳은 것이다. 신상身相, 몸뚱이이 어떤 상해 당함이 있음을 보면 곧 그릇된 것이고, 신상이 상해 당함을 볼 수 없으면 곧 옳은 것이다. 여래가 인행시 초지보살에 있을 때에 일찍이 인욕선인이 되어 가리왕에게 신체를 베이고 잘림을 당하되, 마음에 한생각도 아파하거나 괴롭다는 생각이 없으셨으니, 만약 아프고 괴롭다는 마음이 있었으면 곧 화를 내고 원통하였을 것이다. 가리왕은 범어인데 극악무도한 임금을 이른다. 일설에는 여래께서 인행 중에 일찍이 국왕이 되어서 십선十善을 행하여 창생을 이익 되게 하므로 국민이 노래로 이 왕을 칭송하기를 가리왕이라 불렀다. 왕이 무상보리를 구하여 인욕행을 닦으니 이때에 제석천이 전다라栴陀羅가 되어 왕의 신체 살을 구걸하니 왕이 몸을 베어서 베풀면서 조금도 성내고 괴로워하지 않았다고 했다. 지금의 두 가지 설이 있음은 이치에 있어서 모두 다 통한다.

해설

범어로 가리왕은 극악무도한 임금이라 하지만 일설에는 여래께서 인행하실 때에 국왕이 되어 열 가지 선善을 행하여 세상의 모든 사람을 이익 되게 하여 그들이 이 왕을 노래로 가리歌利라 불렀다 하니, 가리는 부처님의 전생 이름입니다. 결국 지금의 가리왕과 전생의 가리왕인 부처님은 같은 사람입니다. 죽이는 놈도 죽임을 당하는 사람인욕선인도 그 사람인 것이지요. 잔인하게 죽이는 놈과 잔인하게 죽임을 당하는 놈이 한 놈인 줄을 확연히 알면 또한 고통과 두려움도 없습니다.

야부

지혜는 어리석음을 책망하지 않느니라.

해설

어리석음이 따로 있고 지혜로움이 따로 있는 것이 아닙니다. 지혜는 무념·무주이기 때문에 어리석음에도 동요가 없습니다. 인욕선인과 가리왕이 둘이 아닌 줄 알면 사상이 없는 상태입니다. 인욕바라밀을 닦으면 지혜가 뚜렷이 밝아 반야바라밀을 성취합니다.

함허설의

선인仙人은 어려움을 만나도 움직이지 않으시거늘, 가리왕은 선인이 공을 증득한 것을 몰랐으니 어리석음과 지혜는 밝고 분명하다. 어려움을 만나도 움직이지 않음이 어리석음을 책망하지 않는 것이다.

해설

어려움이 닥치면 탓하지 말고 해결할 생각을 하십시오. 나에게 닥치면 나의 일입니다.

길을 걷다 쓰레기에 걸려 넘어져 코가 깨지면 그것을 놓은 사람을 탓하지요. 자신의 눈이 밝으면 걸려 넘어질 이유가 없습니다. 쓰레기 더미를 치우면 됩니다. 이렇게 잘 해결해야 합니다. 자신의 눈이 밝음은 '상구보리'이고 치우면 '하화중생'인 것입니다.

이것이 어려움을 만나도 움직이지 않고 어리석음을 책망하지 않는 것, 도道입니다.

야부

칼로써 물을 베는 것과 같고 불로써 빛을 부는 것과 같도다.

밝음이 오면 어둠이 가니 어떤 일도 방해롭지 않도다.

가리왕 가리왕이여,

누가 아득히 안개 끼어 어두운 곳에 좋은 사량이 있음을 알겠는가.

해설

인욕선인과 가리왕이 둘이 아님을 알면 칼로 물을 베는 것과 같이 벤 바가 없고, 해가 지면 달이 뜨듯이 생사가 둘이 아닙니다. 가리왕의 어리석음으로 인하여 밝은 지혜를 얻었으니 이것이 원수인가, 은인 인가?

함허설의

신령스런 근원이 밝고 고요하여 흔들어도 움직이지 않으며, 신령스런 불꽃이 밝게 빛나서 불어도 꺼지지 않는다. 저 팔풍八風이 교치交馳함에 맡겨서 안으로의 지혜가 맑아 항상 엉겨 있으니 가리왕의 어리석음이 어려움을 만난 가운데서 무한한 좋은 소식이 갖추어 있음을 어찌 알리오.

해설

초기경전인 『증일아함경』 「목우품」에 데바닷다는 부처님 발가락에 피를 내고 몇 번이나 죽이려고 한 악독한 사람으로 살아서 생암지옥에 떨어졌습니다. 그러나 『법화경』 「데바닷다품」에서는 부처님의 스승입니다. 정해져 있지 않은 것이죠. 이런 뜻에서 가리왕의 어리석음이 어려움을 만난 가운데 무한한 좋은 소식이 갖추어 있음을 어찌 알겠냐고 한 것입니다. 꼭 좋은 것이 좋은 게 아니고, 나쁜 것이 나쁜 게 아닙니다. 내 마음에 달려 있습니다. 자기 마음의 차원이 수승해지면 이 세상 모든 법이 다 수승하게 보입니다.

『화엄경』에 "비로소 정각을 이루어 그 땅이 견고하여 금강으로 이루어졌다始成正覺 其地堅固 金剛所成"고 했습니다. 이 말만 믿고 지금 부다가야에 가면 다이아몬드 하나 주워 올 수 있을까요? 깨달아야 이 세상이 금강과 황금 칠보로 보입니다. 나무·열매·사과·귤·황금이 다 칠보로 되어 있는데 이 상태로 직접 먹을 수는 없겠지요. 그런데 먹는 것입니다.

우리의 삶 모든 것이 진리 아님이 없습니다. 이것을 볼 수 있어야 합니다.

경문

수보리야, 또 과거 오백 세 동안에 인욕선인이었던 일을 생각해 보니 그때의 세상에서도 아상이 없었으며 인상이 없었으며 중생상이 없었으며 수자상이 없었느니라.

須菩提 又念過去於五百世 作忍辱仙人 於爾所世 無我相 無人相 無衆生相 無壽者相

해설

오五는 오온을, 백百은 공함을 나타냅니다.

『반야심경』에서 "오온개공五蘊皆空 도일체고액渡一切苦厄"이라 했습니다. 오온이 공함은 청정하다는 것이며, 일체 고를 건넌다는 뜻입니다.

　오백 세 오온이 청정한가 어디에 있느냐. 바로 이 자리에서 일어나는 한생각입니다. 지금 한생각 청정하여 물들지 않는 그 자리를 알아서 모든 것을 청정하게 끌고 가야 합니다. 이것이 수행입니다.

　과거 오백 세 동안에 인욕선인으로 있었던 일을 생각하니 그때에도 아상이 없었고 지금 바로 이 자리도 아상이 없습니다. 경전 말씀이 한 치의 오차도 없이, 앞말이 원만하니 뒷말도 원만합니다. 오온이 본래 청정함을 요달하여 깨달은 그 사람을 지금의 인욕선인이라 이름합니다. 인욕선인이 따로 있는 것이 아니라 바로 자신인 줄 알아야 하며, 순간순간 닥치는 경계를 인욕하여 인욕선인이 되어야 합니다. 끊임없이 닥쳐오는 것이 수행의 재료임을 알고, 모든 것은 자기의 안목을 기르기 위함임을 알아야 합니다.

함허설의

비단 일생을 잘 참아서 상이 없었을 뿐만 아니라 오백 생 중에서 자주 이런 고통을 만났어도 모두 다 상이 없었다.

해설

일생은 한생각과 같습니다. 한생각 생각 잘 인욕해서 안주하니 상 이 없었을 뿐만 아니라 오백 생의 가지가지 업식들이 고통을 자주 만났어도, 모두 한생각을 좇아서 나온 것으로 상이 없습니다.

　육도구류중생이 지금 찰나찰나 끝없이 나와서 만나고 있지만 상이 없었음을 알아야 합니다. 공인 줄 알아야 상이 없는 것입니다.

육조

세빠란 생生이다. 여래께서 인중囚中의 오백 생에 인욕바라밀을 수행하여서 사상四相이 일어나지 않음을 얻으셨다. 여래께서 스스로 지난 인행囚行을 말씀하심은 일체의 수행인으로 하여금 인욕바라밀을 성취하게 하고자 함이다. 인욕바라밀을 행하는 사람이 이미 인욕행을 하고자 하면 먼저 모름지기 일체사람의 허물과 잘못을 보지 않고, 원수나 친한 이나 평등히 하며, 옳고 그름도 없이하여, 남에게 욕을 당하고 상해를 받더라도 기쁘게 받아 주어서 더욱더 그를 공경해야 한다. 이와 같은 행을 하는 이는 곧 인욕바라밀을 성취한다.

해설

'인중'은 인행시囚行時로 보살행입니다. 찰나찰나 닥쳐오는 경계를 제도해야 합니다.

인욕은 처음에는 참고 이어서 바로 놓는 것입니다. 놓으면 업식이 녹아지니 지혜가 생깁니다. 일체 잘잘못을 보지 않고, 어렵지만 친소親疏 없이 평등히 해야 합니다. 이 모든 것이 내 마음이 밝다면 다 옳은 것입니다. 내 마음이 청정하지 못하다면 분별로 보니까요. 오로지 내 마음의 밝고 어두움에 달려 있을 뿐입니다. 이 어둠인 무명으로부터 벗어날 수 있게 제시해 주는 것이 바로 부처님의 말씀이며 성인의 법문입니다.

아무리 악한 사람도 불성이 있음을 믿고 공경해야만 자기수행도 원만해지고 그 사람의 업식도 벗길 수 있습니다.

이렇게 하는 사람을 우리는 '인욕바라밀을 성취했다'고 할 수 있지요. 성취함은 깨달았다는 말입니다. 고정관념의 옷을 다 벗고 청정무구한 자기성품을 믿어 들어갔다는 것입니다.

야부

눈앞에 법이 없으니 버들이 푸르고 꽃이 붉은 대로 맡겨 두고,
귓가에 들리는 것 없으니 꾀꼬리 읊조리고 제비 지저귐에 맡겨 두도다.

해설

자연을 대함에 누구나 좋아하는 것은 자연이 무심한 까닭이니 보는
이도 무심이 되어 버립니다. 자연에게 잘 보이려고 애쓰지도 신경 쓰
지도 않고 같이 하나가 되어 돌아가 모두 무심입니다. 무심을 보고 좋
아하고 편안해하는 까닭은 우리의 본래면목이 무심이기 때문입니다.

함허설의

법성이 공함을 깊이 통달해서 도塗, 약을 발라줌와 해割, 해침에 둘 다 무심하
다. 성품이 공함을 통달하면 육근과 육진이 걸림이 없고, 무심을 얻으면
일마다 방해롭지 않다. 그러므로 말하되 지혜가 밝으면 낱낱이 다 밝고,
마음이 한가하면 일마다 다 한가하다고 한다.

해설

선善과 악惡에 둘 다 무심하면 성품의 공함을 통달하게 되어 육근과
육진의 경계에 걸림이 없습니다. 걸림이 없다면 눈이 색을 봐도 색을
얻을 수가 없습니다.

『종경록』에서는 "제 육식의식이 움직이면 분별이 있고 움직이지만 않으면 법계와 평등하여 두루하다" 하여 무심을 얻기만 하면 경계 경계마다 걸림이 없음을 말하고 있습니다.

야부

사대四大가 원래 내가 없고 오온이 모두 공하도다.
툭 트이고 텅 빈 이치여, 하늘과 땅이 만고에 같도다.
묘봉妙峯은 높고 높아 항상 옛과 같으니
땅을 휩쓸고 가는 회오리바람을 누가 상관하리오.

해설

나라는 것은 지수화풍의 모임입니다. 죽음을 맞이하게 되면 숨은 바람으로 돌아가고, 따뜻했던火의 성질 몸은 점점 차가워지고, 육신은 썩어 물로 돌아갑니다. 나를 이루고 있던 사대는 흩어지고 수·상·행·식의 정신작용도 본래 공한 자리로 돌아갑니다.

툭 트이고 텅 빈 자기 마음 가운데를 좇아서 밝음인 반야지혜가 나오기에 하늘과 땅은 만고에 같습니다. 오욕팔풍의 바람이 불어와도 자성의 밝음에 맡겨 두면 다 진리의 작용으로 돌아갑니다. 또한 오욕팔풍도 진리의 작용으로 달리 자기 참마음을 벗어난 적이 없습니다.

함허설의

사대와 오온이 거울 속의 모습과 같으니 공하고 공해서 아我도 없고 인人

도 없도다. 아도 없고 인도 없어서 성性品이 항상 머무니 땅도 같고 하늘도 같아서 예나 지금이 같음이로다. 예나 지금이 같음이여, 변하거나 달라진 것이 없으니 팔풍이 와도 시끄러운 대로 맡기도다.

해설

너와 내가 같고 고금古今이 같고 연기로 존재하니 공합니다. 팔풍이 와서 왕성하거나 말거나 거기에 맡겨 두세요. 제행이 무상하니 그대로 맡기면 진리를 깨닫게 됩니다.

무엇이 바르게 머무는 것인가

경문

그러므로 수보리야, 보살은 마땅히 모든 상相을 떠나서 아뇩다라삼먁
삼보리의 마음을 발하여야 하니

是故 須菩提 菩薩 應離一切相 發阿耨多羅三藐三菩提心

해설

모든 상을 떠난 것을 보살이라 하고 또한 아뇩다라삼먁삼보리의 마
음을 일으키려면 마땅히 모든 상을 떠나야 합니다. 세상은 공하여 하
나도 붙잡을 것이 없고 버릴 것이 없습니다.

함허설의

이미 자기 마음이 부처님과 다름이 없음을 깨달았으면, 다시는 사물사물
에 집착하지 않고 생각생각이 일어나지 않아야 이것이 참으로 발심한 것
이며 참다운 보살이라고 한다. 이로 말미암아 무릇 발심한 사람은 종요로
이 응당 상을 떠나야 한다. 이는 바로 상을 떠나고 발심할 것을 권한 것이

다. 또 상을 떠나서 발심한다는 것은 시비와 인아가 다 허망한 것이어서 다 멀리 떠나고 다만 무상보리심만 발할 뿐이다. 그러나 다만 상을 떠난다는 것은, 다만 상이 허망한 줄을 요달하여서 능과 소라는 생각을 일으키지 않는 것이 바로 상을 떠난 것이지, 따로 상이 있어서 가히 떠나야 될 상이 있는 것은 아니다.

해설

자기 마음이 부처라는 것을 믿으면 경계경계 사물사물에 집착하지 않게 되며 생각생각이 일어나지 않아 아뇩보리를 얻습니다. 믿어지면 발심이 되고, 발심하면 깨닫고 견성체험 하게 됩니다.

처음 공부를 십신에서 시작하여 십주인 체험의 자리에 들어가면 진리의 세계인 여래가문에 태어나게 됩니다. 이후에는 저절로 공부를 잘 지어 갈 수 있습니다. 자식이 울면 부모가 알아서 자식을 보살피듯 자성부처가 알아서 스스로를 키웁니다.

이러한 믿음이 서게 하기 위하여 성인의 법문을 자주 듣고 능소라는 생각과 상을 떠나도록 해야 합니다. 무능소지증無能所之證이라 하여 능주관과 소객관가 없어야 증득을 합니다. 능과 소가 하나로 합쳐져야 그 자리에서 지혜광명이 자재하게 나옵니다. 절대로 둘이라는 상대적인 상태에서는 불이 들어오지 않음을 잊지 마십시오.

야부

이것이 이 작용用에 맞는卽 것인가, 이 작용을 떠난離 것인가.

해설

머묾이 없는 그 마음을 바로 보고 근기에 맞춰 묘하게 작용합니다.

꽃과 향과 초와 쌀과 과일과 청정수로 공양하여 부처님 세계를 장엄하니 이것이 작용에 맞는 것인가, 작용을 떠난 것인가. 이것이 마음인가, 물질인가. 모든 것을 법공양으로 보아야 합니다.

함허설의

이미 상을 떠난 발심이라 말하면 마음과 상이 서로의 거리가 얼마인가. 텅 비어 묘하게 순수하고 크고 신령스럽게 밝아서 모든 환과 망을 여의는 것을 이름하여 마음이라 하고, 일용의 시비인아^{是非人我}와 현전^{現前}의 색향미촉이 다 허망한 것을 모두 이름하여 상이라 한다. 그러나 이 상이란 밖에서 온 것이 아니고 모두 제 마음에서 일어난 작용이니 이러한즉 이 마음이 이 용에 즉한 것인가^{곧 이 用인가}, 이 용을 떠난 것인가. 만약 이 용에 즉했다면 어찌 상을 끊고 이름을 떠날 수 있으며, 만약 용을 떠났다면 어찌 모든 상에 걸리지 않겠는가. 필경에는 어떻게 말할 것인가. 만약 사람이 마음을 알아 얻으면 대지에 촌토^{寸土}도 없을 것이다^{모두 마음으로만 보인다}. 그러므로 말하되 한 터럭 끝에 보왕찰^{寶王刹, 佛刹}이 나타나고 미진 속에 앉아서 대법륜을 굴린다 하였다.

해설

상^{四相}을 다 놓게 되면 마음과 상의 거리가 없어, 모든 경계가 참마음의 나툼임을 알기 때문에 본체와 당체와 작용이 하나로 바로 마음임을 알게 됩니다.

『화엄경』에서 한 티끌 속에 삼천대천세계가 들어감이요, 겨자씨 속에 수미산이 들어간다 했습니다. 사상을 놓으면 믿어지게 되고 반드시 이와 같음을 체험하게 됩니다.

야부

얻는 것은 마음에 있고
응하는 것은 손에 있으니
눈과 달과 바람에 나부끼는 꽃이요,
하늘은 아득하고 땅은 영원하도다.
아침마다 닭은 오경五·更에 울고
봄이 오면 산마다 꽃이 빼어나도다.

해설

마음을 얻으면 몸은 저절로 얻어집니다. 마음을 떠난 작용은 없고 작용을 떠난 마음도 없습니다. 자기 마음의 근원을 알아서 자유롭게 수용하는 것입니다.

달과 눈과 바람꽃은 법신과 보신과 화신을 말합니다. 이 셋이 각각 다른 몸이 아님을 알면 그대로 온통 부처님의 세계로 걸림이 없이 모두 한자리 한소식입니다.

함허설의

그 뜻을 잃어버리면 일상생활을 떠나서 따로 생애를 구하고, 그 근원을 얻으면 일체경계 위에서도 그것을 잡아 곧 쓴다. 이러한즉 낱낱이 정묘淨妙한 국토마음자리이고 사물사물이 항상 머물러 있는 진신眞身, 청정법신이다. 일체의 모든 소리는 다 부처님 음성이고 일체의 모든 물질이 다 불색佛色이니 닿는 곳마다 천진하여 자황雌黃을 가릴 수 없다. 닭은 오경에 울고 산마다 꽃들이 수려하니 가히 자황을 얻겠는가.

해설

근원을 얻으면믿으면, 알면 일체경계 위에서도 자기 마음대로 자유자재로 쓸 수 있습니다. 어렵고 힘들고 죽을 것 같은 고통 속에서도 살길이 생깁니다. 스스로 오직 그 자리에 맡겨 놓고 지켜보고 갈 뿐입니다.

부처님 공부는 진취적이고 적극적인 공부입니다. 참으로 진실하고 순수하게 믿고 밀고 나아가야 참선 공부하는 사람이라 할 수 있습니다.

그러므로 나눌 수도 가를 수도 없는 자황처럼 일체존재의 법이 그대로 부처님 법이 되는 것입니다.

경문

응당히 색에 머물러 마음을 내지 말며, 응당히 성·향·미·촉·법에 머물러 마음을 내지 말고 응당히 머문 바 없이 그 마음을 낼지니라.

不應住色生心 不應住聲香味觸法生心 應生無所住心

해설

중생의 마음이란 색·성·향·미·촉·법인 바깥경계에 끄달려 마음이 움직이는 것을 말합니다. 마음 밖의 상황들이 웃으라 하면 웃고, 울라 하면 울고, 화내라 하면 화를 내며, 기뻐하고 슬퍼하고 좋아하고 싫어하는 등 갖가지 작용을 하는 것이 곧 노예와 같고 허수아비와 같습니다.

누구나 자기가 주체적으로 산다 하지만 경계에 머물러 마음을 내어 사니 경계가 주인이 되고 자기는 도리어 객이 되어 버리는 형국입니다. 마땅히 육진에 머문 바 없이 그 마음을 내야 합니다.

육조

응당히 색에 머물러 마음을 내지 말아야 한다는 것은 전체를 표^標한 것이고, 성·향 등은 따로 그 이름을 열거한 것이다. 이 육진에서 증애심을 일으키면 이로 말미암아 망심이 쌓여 한량없는 업이 맺어져 불성을 덮어버리니, 비록 갖가지 힘든 수행을 할지라도 마음의 때를 없애지 못하면 마침내 해탈의 이치가 없다. 그 근본을 추구해 보건대 모두 색 위에 마음을 머무는 까닭이니 만약 생각생각에 항상 반야바라밀을 행하면 모든 법이 공한 것을 미루어 알아서 계교와 집착을 내지 않으며, 생각생각 항상 스스로 정진하고 일심으로 수호하여 이로 하여금 방일함이 없게 해야 할 것이다. 『정명경』에 이르되 "일체지를 구하려면 어느 때나 다 구하라" 하고, 『대반야경』에 이르되 "보살마하살이 밤낮으로 정진하되 항상 반야바라밀다에 머물러 서로 응하게 뜻을 지어서 잠시도 때를 버림이 없게 하라"하였다.

해설

색 위에 마음이 머무는 순간 바로 증애가 생기고, 망심이 되니 무량한 업이 맺어져 불성을 덮어 버려 해탈할 수 없습니다.

색에 마음이 머물면 이것을 빨리 알아차려 머문 생각을 놓아야 합니다. 생각생각에 반야바라밀을 행해야 하는 것이지요. 반야바라밀이란 밝게 비춰서 아는 것이니 지혜로 아는 것입니다. 그럼 일체법이 고정되어 있지 않고 공하다는 것을 알게 되어 사량하고 계탁計度하지 않으며 집착도 내지 않습니다.

이렇게 될 수 있는 이유가 반야바라밀이 자기의 본래면목이며 지혜광명이기 때문입니다.

이를 믿고 맡겨야 합니다. 우리는 경계가 닥치면 뭐든지 거기에 맡겨야 하는데 알음알이업식로 대적합니다. 업식은 무명이니 어둠으로 어둠을 물리칠 수 없듯이 무명으로 무명을 해결할 수 없습니다.

어둠을 물리칠 수 있는 것은 지혜광명밖에 없으므로 자기 마음에 맡겨야 합니다. 어둠은 저절로 무너지므로, '항상 반야바라밀을 행하면'이라고 한 것입니다.

『정명경』에도 일체지를 구하려면 어느 때나 순간순간 항상 정진하여 다 구하라 하고, 『대반야경』에서도 잠시도 때를 버리지 않도록 했습니다.

경문

만약 마음에 머무름이 있다면 곧 머무름이 아님이 되느니라.

若心有住 卽爲非住

해설

머무름이 없는 마음이 부처님의 마음입니다.

육조

만약 마음이 열반에 머무른다면 이것은 보살이 머물 곳이 아니다. 열반에 머물지 않으며, 제법에도 머물지 않으며 일체처에도 머물지 않아야 바야흐로 보살이 머물 곳이다. 위에서 설한 '응당히 머문 바 없이 그 마음을 내야한다'는 것이 이것이다.

해설

『돈오입도요문론』에 "마음이 어느 곳에 머물러야 바로 머무는 것입니까?"라고 물으니, "머무는 곳이 없는데 머무는 것이 바로 머무는 것이니라" 했습니다.

우리는 항상 생각에 머물지요. 있는 그대로 보면 머물 수 없는데 고정관념四相으로 보는 순간 이미 머무는 것입니다. 머물 수 없는 것에 머무르려고 하니 어리석은 일입니다.

경문

그러므로 부처님께서 말씀하시기를 '보살은 응당히 마음을 색에 머물러서 보시해서는 안 된다'라고 하셨느니라.

是故 佛說菩薩心 不應住色布施

해설

머무름이 없는 보시가 공덕의 완성입니다.

육조

보살은 자신의 오욕 쾌락을 위해서 보시를 행하지 않고, 다만 안으로 아끼는 마음을 깨뜨리며 밖으로는 일체중생을 이익케 하기 위하여 보시를 행한다.

해설

아끼는 마음은 수억겁을 지나면서 형성된 마음으로 업보입니다. 잘못됐다고 생각하지도 않고 없애려고 애쓰지도 않으니 항상 있습니다. 그게 우리 삶에 결정적인 영향을 줍니다. 그래서 일체중생을 이익되게 하기 위하여 보시를 행해야 합니다.

일체중생은 밖에 있는 사람만 말하는 것이 아니고 나의 몸과 마음속의 자성중생을 다 포함합니다. 자성중생은 놔두고 밖에 있는 중생들을 위해서 보시를 하는 것은 자기 역량도 안되면서 밖으로만 치달아 가는 것입니다.

자기 내면으로 출발하다 보면 밖에 있는 중생과 둘이 아닌 것을 알게 됩니다. 이때 안팎이 없어지고, 거기서 체험이 나오며 일체중생을 이익 되게 하는 진정한 보시가 이루어집니다.

경문

수보리야, 보살은 일체중생을 이익 되게 하기 위하여 응당 이와 같이 보시하느니,

須菩提 菩薩 爲利益一切衆生 應如是布施

해설

보살은 깊고 심오한 지혜와 자비로 중생을 이익 되게 행하므로 인천의 스승이 됩니다.

함허설의

식識의 물결이 안으로 용솟음치면 경계의 바람이 일어나서 항상 움직이고, 지혜의 물이 안으로 엉기면 풍진風塵, 일체경계이 쉬게 되어 항상 고요하다. 고요하되 고요하다는 상相이 없어야 참되고 밝은 것이 스스로 비추는 것이니 이것을 머무른 바 없이 마음을 낸다고 하며, 이것이 참된 보살이 머물 곳이다. 이로 말미암아 발심한 사람은 무릇 응용할 때에 다만 마땅히 무념으로 응하고, 응당 뜻에 집착하여 반연하지 말 것이니, 뜻에 집착하면 마군이의 구덩이에 떨어지게 되어 참다운 보살이 머물 곳이 아니다. 그런 까닭은 보살의 발심은 다만 중생을 이익 되게 하기 위한 것이니 만약 스스로 머무름이 있으면 어찌 다른 이로 하여금 머물지 않게 할 수 있겠는가. 이른바 자기에게 있는 연후에 남에게도 있기를 구할 것이며, 자기에게 (허물이) 없는 연후에 남을 그르다 하는 것이 이것이다.

이른바 무념·무주라는 것은 가을 하늘과 맑은 물 위에 삼라만상이 저절로 드러남과 같으니, 어찌 싸늘한 재와 고목처럼 한결같이 생각만 잊는 것과 같겠는가. 생각을 잊는 것은 귀신의 굴에 잠기는 것이어서 또한 보살이 머물 곳이 아니니 만약 참다운 머물 곳이라면 유주를 의지하여 머물지 말고, 무주를 의지하여 머물지도 말며, 또한 중도를 의지하여 머물지도 않아야 이와 같이 머무는 것이다.

해설

경계의 바람이 일어나면 항상 분별을 일으켜 움직입니다.

　움직이면 지혜작용이 아닙니다. 움직이지 않는다고 해서 작용하지 않는 것은 아니고, 이때는 평등하게 두루 작용합니다. 마치 하늘의 해가 만상을 차별 없이 두루 비추니, 꽃은 꽃대로 비추어 열매를 맺고 똥은 똥대로 비추어 거름이 되니 나름대로 다 쓸모 있게 작용합니다.

　발심한 사람은 경계가 닥쳐도 지혜안목이 분명하여 그 경계에 굴림을 당하지 않고 무념으로 응하여 씁니다.

　부처님은 삼천대천세계가 자신의 살림살이인데, 우리는 처음부터 그렇게 하면 너무 공허해지므로 자기 안의 중생부터 시작해서 삼천대천세계로 점점 넓혀 나가는 것이 합당하지요.

　이렇게 해서 둘 아닌 도리를 조금씩 감을 잡아 알아 가면 체험할 수 있는 길이 열립니다. 처음부터 바깥에 있는 대상을 하나로 합치는 건 거의 불가능합니다. 자기 중생부터 제도하여 정복한 후, 역량이 커지면 다음에 바깥에 있는 중생도 둘 아니게 정복해 나가 작용할 수 있는 것입니다.

육조

보살이란 법과 재물 등을 똑같이 베풀어서 이익을 끝없이 하는 것이니, 만일 이익케 한다는 마음을 내면 곧 법이 아니고, 능히 이익케 한다는 마음을 내지 않으면 이것을 무주라 한다. 이 무주가 곧 부처님 마음이다.

해설

죽을병에 걸렸을 때, 살려주세요! 하고 기도하면 병이 낫고자 하는 이익된 생각이 있는 것으로 결국 병이 낫지 않는 경우가 많습니다. 이익 되게 한다는 생각을 내면 법이 아닙니다.

　　죽이든 살리든 당신그 자리이 알아서 하라고 맡기면 여지없이 이익 되게 돌아갑니다. 바라는 마음이 없어야 법답게 결정됩니다.

야부

부처님 있는 곳에 머물지 말고
부처님 없는 곳에서는 급히 지나가라.
삼십 년 후에 말하지 않았다고 하지 말지어다.

해설

머무는 바 없는 마음이 부처님 마음입니다. 머무름이 없음에 머무르면 삼십 년 후를 논할 필요도 없지요.

함허설의

부처님 계신 곳에는 따를 만한 가르침에 있고, 부처님 없는 곳에는 본받을 만한 가르침이 없다. 그러나 가르침이 있고 없는 것은 다 사람으로 하여금 쇄쇄낙락洒洒落落, 깨끗한 상태하게 하지 못한다. 이미 양변에 앉지 않았다면 또한 중도中道에도 머물지 말고, 삼관三關, 有敎·無敎·中道을 뚫고 지나서는 다시 자취에도 머물지 말라.

해설

사람으로 하여금 옳고 그르고, 좋고 나쁘고, 깨끗하고 더러운 것으로 는 본래의 깨끗한 상태로 있게 하지 못합니다. 이미 양변에 있지 않았을 때는 중도에도 머물지 말고, 세 가지 관문三關을 뚫고 지나갔어도 그 자취에 머물지 말라는 것입니다.

내가 깨달아 체험했다 하더라도 그것조차 놓을 줄 알아야 대장부입니다. 절벽에서 밧줄 하나를 잡은 것도 기이하지만 밧줄을 놓을 줄 알아야 참 대장부입니다.

야부

아침에는 남악南岳에서 놀고 저물면 천태天台에 가도다.
좇으려 해도 미치지 못하더니 홀연히 저절로 오도다.
홀로 행하고 홀로 앉아 걸림이 없으니
너그러운 곳에서 또한 너그럽도다.

해설

남악에는 회양선사가 있고 천태에는 지자대사가 있는데 다 한집안 한 식구라, 요즘 말로 한다면 아침에는 교회에서 놀고 저녁에는 절에서 잔다는 이야기로 무심이고 무주이면 자유자재하게 됩니다.

무주심을 알려고 하는가. "좇으려 해도 미치지 못하고 놔 버리니 저절로 얻어진다. 너와 나가 둘이 아닌 까닭에 홀로 행하고 홀로 앉아 걸림이 없다" 하고, "너그러운 곳에서 또한 너그럽다" 했는데 홀로인 절대의 지위에서 누가 너그러운 생각을 내는가? 누가 너그럽게 되는

가? 모두 자기 하나입니다. 너그러운 생각을 내므로 또한 너그러워지
는 것입니다. 모두 나 아님이 없습니다.

함허설의

피차에 머물 것이 없고 중간도 또한 자취가 없다. 소연히 홀로 벗어나서
구속과 얽매임이 없으니, 구름의 자취와 학의 자태로 비유하여도 똑같이
표현하기 어렵도. 이미 삼천리有教·無教·中道안에 앉아 있지 않고 또한
삼천리 밖에도 서 있지 않다. 이것은 가히 춘풍광야春風廣野에서 준마가
달림과 같고, 달 밝은 푸른 바다에 신룡神龍이 오름과 같도다.

해설

구름의 자취와 학의 자태로 비유한다 해도 똑같이 표현하기 어려워
선사들은 다음과 같은 게송을 읊었습니다.

> 산당의 고요한 밤 말없이 앉아山堂靜夜坐無言
> 고요하고 고요하여 본래 자연이라寂寂寥寥本自然
> 무슨 일로 서풍은 고요한 숲을 흔드는가何事西風動林野
> 한 소리 찬 기러기 장천을 울리도다一聲寒雁唳長天

경문

여래가 설한 일체 모든 상이 곧 이 상이 아니며 또한 설한 일체중생도
곧 중생이 아니니라.

如來 說一切諸相 卽是非相 又說一切衆生 則非衆生

해설

자기성품의 나툼일 뿐 부처다 중생이다, 옳다 그르다 하는 분별을 떠났습니다. 배고프면 밥 먹고 졸리면 자고 기쁘면 웃고 슬프면 울 따름입니다.

함허설의

모든 상이 본래 공하여 상에 가히 머물 것이 없고, 중생이 본래 고요하여 중생 가히 제도할 것이 없다. 이 까닭에 상을 떠난 발심을 권함이라.

해설

모습으로 나타났으면 공한 것입니다. 나라는 한물건도 공합니다. 모습도 없고 형태도 없고 이름 붙일 수도 없어서 잡을 수 없습니다.

텅 비어 공한 가운데 밝고 밝게 작용하는 놈이 있습니다. 그게 바로 본래면목입니다. 그래서 모든 상은 상이 아닙니다.

중생의 마음은 끝없이 출렁物결이므로 중생이라고 하지만, 본체는 본래 고요本寂합니다. 출렁이므로 이름하여 중생이라 하고, 고요하면 본래성품이므로 부처보신입니다. 보신은 온갖 것을 비춰서 드러냅니다. 이름이 중생是名衆生이라고 할 뿐입니다. 이러한 까닭에 상을 떠난 발심을 권한 것입니다.

육조

여㐀는 불생이고 래㐀는 불멸이니, 불생이란 아상 인상을 내지 않는 것이고, 불멸이란 깨달아 비춤이 없어지지 않는 것이다. 아래 글에 이르시기를, 여래란 좇아온 바도 없으며 또한 가는 바도 없으므로 여래라 하시니, 여래가 설하신 아인我人 등 사상은 마침내 다 무너질 것이라서 참다운 각覺의 체가 아니며, 일체중생은 모두 다 거짓 이름이어서 만약 망령된 마음을 여의면 곧 중생은 얻을 것이 없으므로 곧 중생이 아니라고 말씀하셨다.

해설

아상과 인상을 내지 않게 되면 밝아지므로 깨달아 비추는 마음이 생깁니다. 견성했다는 말이지요.

모든 법은 텅 비어 실체가 없어서 고정되어 있지 않기에 언젠가는 무너집니다. 이 세상은 원래 영원하지 않으므로 제행무상이라고 합니다. 완전히 받아들이면 제법무아를 확연히 깨닫게 되어, 사상이 참다운 깨달음覺의 체가 아니므로 의지할 것이 못 된다는 것을 알게 됩니다.

모든 것은 임시로 그림자처럼 환幻으로 있고 허깨비처럼 있습니다. 오온으로 형성된 이것이 실체인 줄 굳게 착각하고 있어서 받아들이기가 어려울 뿐입니다.

야부

별도로 좋은 곳이 있으니 잡아내는 데 방해롭지 않도다.

해설

특별히 노력을 기울여서 있는 것이 아니라 저절로 비춰져서 드러납니다. 좋은 말에 웃고 궂은 말에 찡그리고, 말 못하는 어린애도 웃으면 같이 웃고 소리 지르며 야단치면 우는데, 배워서가 아니고 천연적으로 작용합니다.

연극무대에 올라가면 배역에 따라 왕 노릇, 거지 노릇, 악한 역할, 선한 역할을 맡아 합니다. 갖가지 배역이 실체인 줄 잘못 알고 집착하며 어리석게 착각을 하는 바보 같은 배우가 어디 있겠습니까. 연기를 하고 연극을 보는 것은 스스로 둘이 아님을 깨달아 여여如如함을 증득하기 위한 까닭입니다.

함허설의

상은 곧 상이 아니고 중생이 곧 중생이 아님이여. 다만 반半만 말했고 반은 아직 말로써 미치지 못했으니, 반을 다시 모름지기 잡아내야 비로소 옳다.

해설

말이 중요한 것이 아닙니다. 지금은 반만 말한 것으로 이것을 받아들여 체험해야 다 말한 것입니다. 아직 말하지 못한 반은 자신의 참 성품 가운데서 찾아야 하므로 깊이 참구하고 실천해서 잡아내야 옳습니다.

야부

중생도 아니고 상도 아님이여,

따뜻한 봄날 노란 꾀꼬리 버드나무 위에서 울도다.

산의 구름과 바다 달海月의 정情을 다 설했거늘

예전처럼 알지 못하고 공연히 슬퍼하도다.

슬퍼하지 마라. 만리에 구름 한 점 없으니 하늘이 한모양뿐이더라.

해설

자연에 일어나는 현상은 걸림 없고 순수하고 조작이 없는 천진한 마음세계無位眞人의 표현입니다. 자기의 본래 밝음을 체험하고 이 상대적인 무명의 세계에서 절대의 광명을 체득하여 드러내기 위하여 이 세상에 출현한 것입니다. 슬퍼하지 마십시오. 지혜광명이 눈앞에 그대로 있습니다.

함허설의

가는 털도 걸지 못하는 곳에 만상이 단박 드러날 때로다.

산봉우리의 흰 구름은 봉封하여 열지 않았고 해천海天의 명월明月은 정히 분명하도다. 보고 나서 정情이 절로 즐거우니 이 정情을 누구를 향해 말할까. 곁에 먼 고향의 나그네가 꿈을 꾸고 있어서 붙잡아 일으켜 분명한 이 정경情景을 말하니, 잠이 막 깼지라 눈이 혼혼하여 예전처럼 알지 못하고 공연히 서글퍼하도다.

서글퍼하지 마라.

한 줄기 차가운 광명이 눈앞에 가득한 것을!

해설

중생도 아니고 상도 아닌 지위는 마음근본이 본래 공하여 흔적도 찾을 수 없을 때가 바로 만상이 단박에 드러날 때입니다.

산봉우리의 흰 구름은 봉하여 열지 않았다는 말은 문수보살의 근본지를 뜻합니다. 문수보살은 항상 깊은 산속 산꼭대기에 있어서 봉하여 열지 않지요. 이 지혜의 맛을 보고 나면 저절로 즐겁습니다.

해천의 명월은 정히 분명하다는 말은 보현보살로 봐도 됩니다. 가슴 가득 와 닿는 말지혜을 들어 즐거우니 그 마음을 먼 고향의 나그네 즉 진리를 믿는 마음이 먼 사람을 일으켜서 분명한 이 마음의 정경을 말해 주었습니다. 그 말을 받아들이는 순간 잠에서 깼는데, 깨자마자믿음이 생기자마자 눈이 어두워 예전처럼 알지 못하고 공연히 서글퍼 합니다. 좋기는 좋은데 이해가 되지 않고 잘 안 받아지므로 공연히 서글퍼 하는 것입니다.

그렇더라도 온통 진리입니다. 깨달은 사람이라고 해서 광명이 더 밝은 것이 아니며 깨닫지 못한 사람이라고 해서 광명이 부족한 것이 아닙니다. 누구나 평등하게 본래 가지고 있으니 광명이라 합니다.

자성은 본래 무실 무허이다

경문

수보리야, 여래는 참다운 말을 하는 자며 실다운 말을 하는 자며 여법한 말을 하는 자며 속이는 말을 하지 않는 자며 다른 말을 하지 않는 자이니라.

須菩提 如來 是眞語者 實語者 如語者 不誑語者 不異語者

해설

성인의 말씀을 믿게 하고자 이렇게 말했습니다. 여래는 부모라 할 수 있고 스승이라고도 할 수 있고 자기가 가장 좋아하는 모습이라고도 할 수 있으며 항상 마음 가운데 있습니다.

　　여래가 자기 마음 가운데 있는 줄 알아야 불이不二입니다. 내가 있고 여래가 따로 있으면 믿음이 아닙니다. 둘이 아닌 것을 알아야 참다운 믿음입니다.

함허설의

모든 법의 실상을 설하고 설하여 다하시고, 이에 이르러 내가 설한 바 법은 참다워서 거짓이 아니며 실다워서 헛되지 않으며 위로는 여여한 이치에 어기지 않고 아래로는 중생을 속이지 않는다. 모든 부처님이 다 그래서 애초에 다른 말씀이 없다 하셨다.

해설

모든 존재의 법은 실상을 설하고 있습니다. 생로병사를 벗어나기 위해서 공부하는데, 생로병사가 실상진리의 나툼인 것을 알면 여기서 벗어나는 겁니다. 이것을 받아들일 줄 알면 실상을 설하는 부처님의 설법을 들을 줄 아는 귀가 열린 것입니다.

육조

참다운 말眞語이란 일체 유정有情 무정無情이 모두 불성佛性이 있음을 설한 것이고, 실다운 말實語이란 중생이 악업을 지으면 결정코 괴로움의 과보를 받는 것이고, 여법한 말如語이란 중생이 선법善法을 닦으면 결정코 즐거움의 과보를 받는 것이고, 속이지 않는 말不誑語이란 반야바라밀법이 삼세제불을 출생하되 결정코 헛되지 않다는 것이다. 말이 다르지 않다不異語는 것은 여래가 하신 언설이 처음도 좋고 중간도 좋으며 나중도 좋음을 설하시니, 뜻이 미묘하여 일체의 천마외도들이 능히 초월할 수 없고 부처님의 말씀을 파괴할 수 없다는 것이다.

해설

작은 법을 좋아하고 큰 법을 들으면 놀라고 겁내고 두려워하는 사람들을 안쓰럽게 여기셔서 부처님께서 한없이 스스로를 낮추시어 참다운 말씀임을 다시 한번 증명하셨습니다. 참다운 말, 실다운 말을 하는 자는 진여의 성품을 체험한 그 사람과 둘이 아닙니다.

야부

은혜를 아는 자는 적고 은혜를 저버리는 자는 많도다.

해설

스스로 불자라 하지만 정작 부처님의 말씀을 받아들여 실천하고 있는지 돌아보아야 합니다. 부처님의 말씀을 듣고 알음알이를 내어 분별하면 '은혜를 저버리는 자'이고, 말씀을 받아들여 실천하면 '은혜를 아는 자'입니다.

함허설의

지극하고 지극한 자비가 이르지 못한 곳은 없지만 말을 따라 알음알이를 내는 자는 많고, 말을 받아 듣고 뜻을 아는 자는 드무니 말을 받아 뜻을 아는 것은 은혜를 아는 것이고, 말을 따라서 알음알이를 내는 것은 은혜를 저버리는 것이다.

해설

부모 노릇 잘하는 것은 자식이 잘될 것을 믿고 지켜보는 것입니다. 잠시 빗나가더라도 맡겨 놓고 계속 볼 뿐이지요. 그러면 언젠가는 돌아옵니다.

　　말을 받아들이고 뜻을 안다는 것은 믿음을 말합니다. 믿는 마음이 있기 때문에 뜻을 아는 것입니다. 경과 자기가 둘이 아닌 도리를 알아야 믿음이 생깁니다. 둘 아니게 들어가야 그 뜻을 알게 됩니다. 경을 몇 번 쓰면 좋다고 하여 목표만 세워서 쓰는 놈이 있고 쓰이는 대상이 있고 몇 번 썼다는 것만 세고 있으니 밖으로만 치닫습니다. 이래서는 믿는 마음이 서지 않습니다. 어느 것을 해도 부처님 법문 아닌 것이 없는 지금, 스스로를 점검해 볼 필요가 있습니다.

야부

두 개의 오백 근이 일 관이요, 아버지는 원래 장부로다.
분명히 대면하여 그를 향해 말하나
좋은 마음에 좋은 과보가 없음을 어찌하리오.
참다운 말 하는 자와 실다운 말 하는 자여,
하하하, 그렇고 그렇도다.

해설

일체의 상대적인 세계는 근본 한곳에서 나왔으므로, 모두가 본래부처인 자기 본래면목입니다. 자성의 부처님이 항상 이 진리를 말하나 스스로 미혹하여 깨닫지 못합니다.

진어자眞語者여, 실어자實語者여, 누구인가? 시각始覺이 본각本覺과 계합된 자리로 성품을 체험한 자리입니다.

함허설의

천하에는 두 도道가 없고 성인은 두 마음이 없으니, 여래의 진실한 말이여 다만 이 법을 설할 뿐이다. 거문고를 퉁기어 분명히 알리나 한 곡조 무생곡無生曲에 화답하는 사람이 드물다. 아득한 천지 사이에서 오직 스님야부만이 홀로 은혜를 알아서, 그 준걸함을 참을래야 참지 못하여 '하하하' 웃고, 기꺼이 스스로 허락하여 말하기를 '야야야그렇고 그렇도다'라 하도다. 또한 구담瞿曇, 부처님께서 이 노인 만남을 기뻐하셨으니 흰 구름만 뒤덮인 천년 사이에 한 지음자를 만났음이라. 아래로 이은 세 소리가가가, 야야야를 자세히 보아라. 또한 충노혜충국사와 더불어 지음자를 지었도다.

해설

진리는 하나이고 성인은 두 마음이 없으니 상대적인 세계를 초월해 있습니다. 초월했다는 것은 모든 분별을 놓은 것입니다. 예를 들어 사경을 할 때도 무심으로 쓰면 무심한 그때가 초월 된 자리불이법문이고, 무엇을 하든 제대로 하면 통하지 않을 것이 없고, 옳고 그른 것이 없습니다.

　무생곡이란, 생사가 없는 곡진리으로 몸과 마음이 없기에, 입에서 항상 무생곡을 읊습니다. 말만 하면 입에서 분별이 아니라 법문이 나오는 것이 무생곡을 읊는 것입니다. 그러니 무생곡에 화답하는 사람은 참된 지음자입니다.

경문

수보리야, 여래가 얻은 바 법인 이 법은 실다움도 없고 헛됨도 없느니라.

須菩提 如來所得法 此法 無實無虛

해설

자성의 본체는 찾으려 해야 찾을 수 없고 보려 해도 볼 수 없고 얻으려 해도 얻을 수 없는 까닭에 무실無實이지만 또한 그러하기 때문에 참다운 모습眞實입니다.

　　자성의 작용은 무량무변하여 분명하고 분명하여 무허無虛이지만 또한 공하여 찰나찰나 나투는 까닭에 참다운 모습이 아닙니다. 무실과 무허로써 본체와 작용을 다 갖추었으니 진리를 완전히 드러내었습니다.

함허설의

앞에서는 설한 바를 밝히시고, 여기서는 얻은 바를 밝히시니 설한 바도 또한 두 법이 아니며, 얻은 것도 역시 두 법이 아니다. 무실무허는 둘이 아닌 도리를 말한 것이다.

해설

공부 체험을 함도 둘이 아닌 법을 공부하는 것으로, 절하는 것도 절하는 사람과 절받는 사람이 한사람입니다. 그렇다고 하나만 있는 것은 아닙니다. 절하는 사람도 있고 절받는 사람이 있기는 있지만 둘이 아니라는 것입니다.

불교를 모르는 사람들에게 어떻게 설명을 해야 알아듣게 말할 수 있을까? 이런 것을 고민하게 됩니다. 법문 내용을 다 바꿀 수는 없습니다. 인도에서 중국으로 불교가 전해졌을 때도 '반야'를 그대로 '반야'라고 번역했습니다. '아뇩다라삼먁삼보리'라는 용어도 그대로 썼는데, 그것은 번역을 안 하는 것이 더 좋으니까요. 쉽게 하되 그 종지를 잃어버리면 안 됩니다. 만약에 종지를 잃어버리게 되면 방편을 쓰지 않는 것이 오히려 낫습니다.

무실무허 또한 불이법입니다.

승찬스님의 『신심명』에 '신심불이信心不二 불이신심不二信心'이란 말이 있습니다. "믿는 마음은 둘이 아니요, 둘 아님이 믿는 마음이다" 이래야 진정한 믿는 마음이다. 멋진 해석입니다. 믿음도 신심불이요 법도 불이로 둘이 아니죠. 너와 내가 나누어지면 믿지 못하는 그 사이에 틈이 생겨서 둘이 되어 버립니다. 그래서 너와 내가 따로 있지만 둘이 아니라는 것입니다. 그렇다고 완전히 하나는 아닙니다. 참으로 믿으면 둘이 아니게 됩니다. 어떤 상황에서 무엇을 해도 둘이 아니기 때문에 맡기게 되고 상황을 탓하지 않습니다. 상황에 규정되지 않으므로 신심입니다. 둘이 아니게 되므로 신심불이, 신심은 둘이 아니고 둘이 아니어야 믿는 마음입니다.

육조

무실이란 법의 체가 공적해서 상을 얻을 수 없다. 그러나 그 가운데는 항하사 같은 성덕性德을 갖추고 있어서 써도 다하지 않으므로 무허라고 말했다. 그 실實을 말하고자 하면 상은 가히 얻지 못하고, 그 허虛를 말하고

자 하면 쓰되 끊어질 사이가 없다. 그러므로 유有라고 말할 수도 없고, 무無라고 말할 수도 없다. 있어도 있음이 아니고 없어도 없음이 아니니, 언사로써 미치지 못하는 것은 오직 그 참다운 지혜로다. 만약 상을 떠나서 수행하지 않으면 여기에 이를 수가 없다.

해설

텅 비어 고요한 곳에 편안히 안주할 수 있으면 부처와 같고 참마음의 본체와 하나가 되어 있는 자리입니다. 그곳에 편안하게 안주하는 것이 공부이고 그 공적한 자리에 머무는 것이 선정입니다. 상이 있어서 얻을 수 있는 곳이 아닙니다.

그 가운데 항하사만큼 많은 성덕을 갖추고 있기 때문에 아무리 써도 다하지 못합니다. 무허라는 것입니다.

공덕은 용광로로 비유하면 온갖 물건을 만들어 낼 수 있는 원재료光明가 있는 곳입니다. 거기서 삽·괭이·낫·칼들의 만 가지 물건을 만들어 내는 가지가지 작용을 합니다. 쓰되 끊어질 사이가 없습니다. 그 밝음이 만상을 비추니 밝게 말하고 밝게 보고 밝게 듣고 밝게 행합니다.

팔정도로 정견正見·정사유正思惟·정어正語·정업正業·정명正命·정념正念·정정진正精進·정정正定입니다. 밝게는 바르다正는 뜻입니다. 팔정도라는 법의 수레바퀴法輪가 굴러갑니다. 이 법의 수레바퀴가 공덕의 작용입니다. 법륜이 굴러가므로 끊어질 사이가 없습니다. 일체가 거기서 나오니까요. 나온다고 하지만 이미 있는 것을 밝게 비출 뿐입니다.

온갖 것 중에서 악이 나와도 악이 아니고, 선이 나와도 선이 아닙니다. 선악이 함께 와도 지혜롭게 밝게 쓰면 다 밝아지므로 끊어질 사이가 없다고 한 것입니다. 사상을 떠나서 수행한다면 여기에 이를 수 있습니다.

야부

물속의 짠맛이요, 색깔 속 아교의 투명함이로다.

해설

광명이 만상을 드러낼 때 자기성품을 고집하지 않으니 실다움이 없다 하고, 자기성품을 고집하지 않는 까닭에 만상과 하나가 되어 나투지 못하는 것이 없어 헛됨이 없다 합니다.

함허설의

있는 것인가 없는 것인가. 실다운 것인가 헛된 것인가.

해설

있지도 없지도 않으며, 실답지도 헛되지도 않습니다. 항상 있는 것 속에도 없는 것 속에도 있고, 실다운 것 속에도 헛된 것 속에도 있습니다. 내가 기분 나쁘면 기분 나쁜 것이 자신인 줄 알지만, 기분 나쁜 자신을 비춰서 드러내는 그것이 참된 본체의 작용입니다.

야부

단단하기는 철과 같고 부드럽기는 연유와 같으며
볼 때엔 있는 듯하나 찾으면 또한 없도다.
비록 그렇게 걸음걸음에 항상 서로 지키나
또한 그를 아는 이 아무도 없도다. 억唉!

해설

광명이 단단한 철을 비추면 철이 드러나고 부드러운 연유를 비추면
연유가 드러납니다. 작용할 때는 있는 듯하나 찾으면 또한 없습니다.
비록 그렇게 온갖 존재 속에 항상 같이 있으나 그를 아는 이 아무도
없지요. 마치 공기와 같이 잠시도 없으면 살지 못하면서 인식하지 못
하는 것과 같습니다.

함허설의

또한 강하기도 하고 부드럽기도 하니 쉽게 보되 밝히기는 어렵도다. 비록
일체처에서 헤쳐 드러내면 분명하나, 그러나 일체처에서 찾으려면 찾을
수 없도다. 다시 알라. 십성삼현十聖三賢도 그 있는 곳을 알지 못하나 어느
땐 한가롭게 절 문 앞에 걸려 있도다.

해설

일체 모든 것 속에서 찾으면 찾을 수 없지만, 일체 모든 것을 드러나
게 하는 그 자리는 본체자리입니다.
　　십성삼현이 삼현십성입니다. 화엄의 수행계위 가운데 십주·십

행·십회향의 지위에 있는 수행자는 삼현이고, 십성은 십지의 지위에 든 수행자를 말합니다. 이 정도 공부가 된 수행자들도 알지 못하나 어느 땐 한가롭게 절 문 앞에 걸려 있다고 합니다.

경문

수보리야, 만일 보살이 마음이 법에 머물러 보시하면 마치 사람이 어두운 곳에 들어감에 곧 보이는 것이 없는 것과 같고, 만일 보살이 마음이 법에 머물지 않고 보시하면 마치 사람이 눈이 있고 햇빛도 밝게 비쳐서 여러 가지 사물을 보는 것과 같느니라.

須菩提 若菩薩 心住於法 而行布施 如人 入暗 則無所見 若菩薩 心不住法 而行布施 如人 有目日光明照 見種種色

해설

나와 저 사람이라는 상이 나뉘면 법에 머물러 보시하는 것으로 눈을 감고 동굴 속에 들어가듯 엎친 데 덮친 격입니다. 반면 둘로 보지 않고 너그럽게 마음을 내면 밝은 광명 아래 만천하 두두물물을 소상히 알게 되는 것과 같습니다.

육조

일체법에 마음이 머물고 집착하면 삼륜三輪의 체가 공함을 요달하지 못한 것이 마치 눈먼 자가 어두운 곳에 처하여 밝음을 알 수 없는 것과 같다. 그래서 『화엄경』에 성문들이 여래법회 가운데서 법문을 들으면 장님과 같고 귀머거리와 같이 되는 것은 법상에 머무르기 때문이라고 하였다. 만약 보살이 항상 반야바라밀다의 무착무상행을 행하면 사람이 눈이 있고 밝은 햇빛 가운데 있는 것과 같으니 무엇인들 보지 못하겠는가.

해설

마음이 상에 머물고 집착하면 상대성의 세계 밖을 보는 눈이 어두워집니다. 삼륜의 체가 공함을 요달하지 못한 것은 청정하지 못하다는 것이고, 눈이 멀었다는 것은 무명으로 인하여 밝게 알지 못한다는 것입니다. 여기서 삼륜이란 보시하는 사람과 받는 사람과 주고받는 물건을 말합니다.

　　법상이란 수행자가 지켜야 할 것, 하지 말아야 할 것, 행해야 할 것 등 정해져 있는 것을 말합니다. 이것을 지키되 집착하면 법상이 되므로 법을 들어도 장님과 같고 귀머거리와 같습니다.

　　그러니 보살이 집착하지 않고 상 없이 행하면, 밝게 볼 수 있는 눈이 있고 밝은 햇빛 속에 있음과 같으니 실상을 보게 됩니다.

경문

수보리야, 오는 세상에 만일 어떤 선남자 선여인이 능히 이 경을 받아 지니고 읽고 외우면 여래가 부처의 지혜로써 이 사람을 다 알며 이 사람을 다 보아서 모두가 한량없고 끝없는 공덕을 성취하게 되리라.

須菩提 當來之世 若有善男子善女人 能於此經受持讀誦 則爲如來 以佛智慧 悉知是人 悉見是人 皆得成就無量無邊功德

해설

수행자는 부처님과 말씀에 의지하여 일거수일투족에서 항상 내면에 물어야 합니다. 자기가 하려고 하지 않고 모든 문제를 물어서 행한다면 이 행함이 모두 부처님의 뜻과 둘이 아니기에 "여래가 다 알고 다 본다"고 하고, "한량없는 공덕을 성취한다"고 합니다. 돈오頓悟하고 돈수頓修하여 성불하는 것입니다.

함허설의

앞에서는 무주한 까닭을 밝히고 여기서는 비유로 무주를 밝히셨다. 법은 본래 실다움이 없으니, 응당히 유에도 주하지 말 것이며, 법은 본래 헛되지 않아서 응당 무에도 주하지 말아야 한다. 유에 주하면 저 공적한 본체를 어기게 되고, 무에 주하면 저 신령스럽게 밝은 본래의 작용에 어긋난다. 이미 본체본용本體本用과 더불어 서로 어긋나면 성품 위에 만덕萬德이 나타날 수 없을 것이니, 마치 사람이 어두운 곳에 들어가면 곧 아무것도 보지 못하는 것과 같다. 이는 가히 눈먼 자가 빛이 있는 곳을 알지 못하여 머리를 떨구고 냉랭히 앉아서 그윽히 사랑함을 말하는 것이다. 유에 주하지 않으면 본체에 계합하고 무에 주하지 않으면 본용에 계합하니, 이미 본체·본용과 더불어 서로 계합하면 성품 위에 만덕이 그 자리에서 드러날 것이다. 이는 마치 사람이 눈이 있어서 햇빛에서 사물을 보는 것과 같다. 이것은 가히 뜬구름을 다 흩날리고 둥근 달만이 떠오르니, 대천사계大千沙界가 일시에 밝아짐을 말한다.

해설

있다^有는 데에 머문다면 텅 비고 고요한 본체를 어기게 되는 것이고, 없다^無는 것을 고집하여 머문다면 신령스럽게 밝은 본용을 어기는 것이지요. 또한 본체본용과 더불어 서로 어긋난다면 이는 성품에 있는 만 가지 덕이 나타날 수 없습니다.

어떠한 일이 일어난다 하여도 참으로 도량^{법당}에 가서 부지런히 정진할 뿐 남을 탓하지 말아야 합니다. 탓하는 순간 갈등이 생깁니다. 도량이란 적정처이므로 참마음의 본체, 무실무허입니다. 아무것도 없는 것이 아니고 여기서 만 가지 성스러운 것이 나옵니다.

불을 켜면 어둠은 스러지듯이, 어둠아 물러가라! 하고 아무리 기도한다 해도 어둠은 물러가지 않습니다. 자신이 불을 켤 생각은 하지 않고 어둠 탓을 하는 것이 오히려 어둠을 발생시키는 것입니다. 참으로 적정한 곳에 앉아서 수행하는 사람이 그곳의 주인입니다.

육조

당래지세^{當來之世}는 여래가 멸하신 후 오백 세의 혼탁하고 악한 때이니, 삿된 법^{邪法}이 일어나서 정법^{正法}을 행하기 어렵다. 이런 때에 만약 선남자 선여인이 이 경을 얻어서 스승으로부터 전해 받고 독송하며 마음에 두고 오로지 정진해서 잊지 않으며 뜻에 의지하여 수행해서, 부처님의 지견에 깨달아 들어가면 곧 아뇩다라삼먁삼보리를 성취한다. 이로써 삼세제불이 이것을 알지 못함이 없다.

해설

허공계의 모든 존재들이 우리 마음을 다 보고 알고 있습니다.

　　믿음과 깨달음은 차이가 없습니다. 믿어지면 끝입니다. 그러면 삼세제불이 거기에 응해 줍니다. 응해 주는 것이 곧 깨달음입니다.

야부

땅으로 인해 넘어지매 땅으로 인해서 일어나니,
땅이 너를 향해 무엇이라 말하던가.

해설

부처님의 법문으로써 바른 믿음이 근본이 되어 깨달아 실천하면, 여래가 부처의 지혜로 이 사람을 다 알며 이 사람을 다 보아서 모두가 한량없고 끝없는 공덕을 성취하게 됩니다.

함허설의

땅은 사람으로 하여금 넘어지게 하지도 않고 또한 사람을 일어나게 하지도 않으니, 일어나고 넘어지는 것이 사람으로 말미암음이어서 땅은 관계하지 않는다. 법은 사람으로 하여금 깨닫게 하지 않으며 또한 사람을 미혹하게 하지도 않으니 깨달음과 미혹은 사람에게 있고 법은 관계하지 않는다. 법은 사람을 집착하게 하지 않으며 또한 사람을 버리게 하지도 않으니 취하고 버리는 것은 사람으로 말미암음이어서 법에 있는 것이 아니다.

해설

독사 같은 악한 마음도 법으로, 그 마음을 그대로 쓰지 말고 다시 놓으면 법은 관계하지 않습니다. 깨달음과 미혹은 사람에게 있는 것입니다.

야부

세상만사의 항상하지 않음不如常이여!
또한 사람을 놀라게 하지도 않고 또한 오래가도다.
영원불변함如常이여!
흡사 가을바람과 같아서 사람을 서늘하게 할 뜻이 없는데
사람들이 저절로 서늘해 하도다.

해설

일체존재의 근원인 여상如常과 불여상不如常은 시계추와 같습니다. 여상인 듯하면 곧 불여상이요, 불여상인 듯하면 곧 여상입니다. 여상과 불여상이 둘이 아닌 까닭에 머무르지 않고, 머무르지 않는 까닭에 분명히 나타내어 낱낱이 드러내고 있습니다.

함허설의

세간 만사가 상常, 항상함과 불상不常, 항상하지 않음에 지나지 않으니, 그 상常을 말하자면 이마는 하늘에 두고 땅에 서 있으며, 주리면 먹고 목마르면 마시도다. 또 사람을 놀라게 하지 않으며 또한 오래간다. 그 불상不常을 말

하자면 몸 위에서 물이 나오고 몸 밑으로 불이 나온다. 이것은 사람의 마음을 놀라 움직이게 하며 또한 오래가지 않는다. 비록 기특하다고 하나 사실에 나아가 관하면 여상如常하지 못하다. 이러면 눈에 닿는 것마다 다 도道이다. 이것이 평상의 도리이니 평상이 어찌 사람을 놀라게 하겠는가. 상이 있음으로써 사람을 놀라게도 하지 않으며 무상으로써 사람을 놀라게도 하지 않는데, 사람이 그 사이에 스스로 장애를 내어서 혹 상이 있다고 여겨 유에 집착해서 상견의 구덩이에 떨어지며 혹은 무상이라고 여겨 무에 집착해서 단견의 구덩이에 떨어지니, 바로 가을바람은 무심한데 사람들이 스스로 서늘해함과 같다. 깨달음과 미혹도 또한 그러하다.

해설

『진심직설』에 "참마음의 본체는 인과를 뛰어넘었으며 고금에 통하였으며, 범부와 성현을 구별하지 않고 아무 상대할 것이 없다. 마치 허공이 어디나 두루한 것처럼 그 묘한 본체는 고요하여 모든 실없는 말들이 끊어져 나지도 않고 없어지지도 않으며, 있는 것도 아니요 없는 것도 아니며, 움직이지도 않고 흔들리지도 않아 고요히 항상 머무른다" 하여 여상을 잘 드러냈습니다.

불여상은 참마음의 묘한 본체에서 묘한 작용이 나타납니다. 이와 같은 작용은 찰나찰나 나투어 변해가므로 신통묘용이라 하고 오래 머물지 않습니다.

종경

공생은 이 경 설함을 듣고 그 뜻을 알아서 비 오듯 눈물을 흘리시며, 선인

仙人은 자비를 드리워 크게 참으사 설인雪끼으로 부질없이 허공 베는 것을 비웃도다. 이와 같이 그 말을 인가하시니 능히 일체 모든 상을 떠났도다.

알 수 없어라.
느껴서 깨달은 곳에 무슨 기특함이 있는가.
활연히 혜안을 여니 밝기가 해와 같으시고,
반조하니 미진세계가 공함이로다.

해설

사상이 없는 까닭에 사상이 곧 상이 아니게 됩니다.

함허설의

공생의 상 떠났다는 말이 묘하게 이치에 계합하니 부처님이 '그렇다'라고 말하시어 그 말을 인가했도다.

해설

왜냐하면 일체 모든 상을 떠난 것이 곧 모든 부처님이라 이름하기 때문입니다.

종경

선길善吉, 수보리이 친히 듣고 근원을 사무쳐 보니
슬픔과 기쁨이 뒤섞여 자존慈尊을 찬탄하도다.

마음이 공하고 법이 밝아 진제眞際에 뛰어나시니
종전에 갚지 못한 은혜를 능히 갚았도다.

해설

자기가 커서 부모가 되어 봐야 부모의 마음을 헤아려 알 수 있습니다.
부모님이 나에게 하듯 나 또한 자식에게 행해야 부모의 은혜를 갚았
다고 할 수 있습니다.

방함록

한국선불교연구회

회장	무각
부회장	원철
부회장	정담
상임연구원	청오
상임연구원	성진
상임연구원	석두
연구원	능휴
연구원	청여

도움주신 분

강정화, 주순중, 이순화, 조유경, 안규찬

금강경삼가해 강설을 논강하다

ⓒ 무각, 한국선불교연구회

2023년 1월 27일 초판 1쇄 발행

강설 무각 • 논강 한국선불교연구회
발행인 박상근(至弘) • 편집인 류지호 • 상무이사 김상기 • 편집이사 양동민
책임편집 권순범 • 편집 김재호, 양민호, 김소영, 최호승, 하다해 • 디자인 쿠담디자인
제작 김명환 • 마케팅 김대현, 이선호 • 관리 윤정안
콘텐츠국 유권준, 정승채
펴낸 곳 불광출판사 (03169) 서울시 종로구 사직로10길 17 인왕빌딩 301호
        대표전화 02) 420-3200 편집부 02) 420-3300 팩시밀리 02) 420-3400
        출판등록 제300-2009-130호(1979. 10. 10.)

ISBN 979-11-92476-83-4 (03220)

값 27,000원